Margret Reimer

Die *College Mystery Novel – A Blurred Genre*

Gattungshybridisierung am Beispiel der Typologie eines Subgenres des zeitgenössischen anglo-amerikanischen Romans

Jörg Vogelsang Verlag
Bielefeld
1999

Reimer, Margret
Die College Mystery Novel
1. Auflage
Bielefeld, Jörg Vogelsang Verlag
ISBN 3-00-004763-8

1. Auflage September 1999

Printed in Germany

Für meine Mutter

und

in Erinnerung an meinen Vater

Jörg Vogelsang Verlag
Bielefeld
1999

Vorbemerkung

Mein größter Dank gilt meiner Mutter Christa Reimer und meinem Bruder Georg Christian Reimer, die nie ihr Vertrauen in mich aufgegeben und nie ihre Geduld mit mir verloren haben.

Ebenso wäre diese Arbeit nie vollendet worden ohne die Hilfe meiner Freundinnen Susanne Kreibig und Ulrike Beer. Ihre stetige Kritik, ihr fleißiges Korrekturlesen und nicht zuletzt ihre unendliche Er- und Aufmunterung waren mir eine wirkliche Stütze. Danke!

Inhaltsübersicht

'It's our Crime, don't you see, and a real beauty! How many other universities can boast a crime - an acknowledged, indisputable *crime*, that's to say? It gives us a quality all our own, lifts us high above every other university on this continent. It was international news! Worth at least three Nobel Laureates! Raises us all immeasurably in our professional stature.'

(Robertson Davies, *The Rebel Angels*)

I. Einleitung

Die Auseinandersetzung um die Existenz und/oder Relevanz von Textsorteneinteilungen ist ein vorherrschendes Thema in der heutigen Literaturwissenschaft. Es finden sich fast ebensoviele Definitionen für verschiedene Textsorten wie es Theorien für die Diskussion von Texten gibt. Ob man es nun *genre, species, type, mode, form, kind* oder *class* nennt, diesen Konzepten liegt die gemeinsame Annahme zugrunde, daß eine gewisse Begrifflichkeit von Nöten ist, um in der Diskussion und Interpretation den Texten gerecht zu werden, bzw. um überhaupt über sie sprechen zu können: »In reception, genre operates in at least three ways, corresponding to the logical phases of criticism - construction, interpretation, and evaluation.«[1] Nur die Theorie der Dekonstruktion beseitigt mit ihrer Infragestellung einer finiten Aussage und der literarischen Autorität eines Textes das Konzept von definierbaren Gattungen und ihren Merkmalen: »Every text *participates* in one or several genres, there is no genreless text, there is always a genre and genres, yet such participation never amounts to belonging.«[2]

Nicht nur von der Kritik wird Genre als Konzept mit gattungsspezifischen Merkmalen diskutiert, die Literatur selbst wird zum Medium der Auseinandersetzung:

> Postmodern fiction foregrounds traditional generic elements as material and, by deforming and recombining them, exalts them to become part of the narrative discourse itself. Thus discursive representation immediately coincides with critique of representative discourses, whether literary or non-literary.[3]

Durch das Aufbrechen linearer Erzählstrukturen, z.B. durch Multiperspektivität, Überlagerung und/oder Ineinandergehen verschiedener Handlungsstränge, Parodie, Zitat, Pastiche und Intertextualität, sind Fiktionen entstanden, die die Autorität des Autors, der Sprache und der Vorstellung, Realität darstellen zu können, diskutieren und oft den Prozeß des Schreibens selbst thematisieren. Auffällig ist »[...] postmodernism's attraction to popular art forms [...] such as the detective story (Fowles' *A Maggot*) or the western (Doctorow's *Welcome to Hard Times* or Thomas Berger's *Little Big Man).«*[4] Aber nicht nur die mainstream-Literatur übernahm Merkmale populärer Textsorten, der Prozeß erfolgte auch umgekehrt und gilt als Aufwertung der meist als minderwertig betrachteten Unterhaltungsliteratur[5]: »Dieses 'Phänomen der Genreüberschreitung' findet sich in populären Subgattungen wie dem Kriminal- und Agentenroman, im neueren Schauerroman, im akademischen Roman, im Reiseroman und in der fiktiven Biographie.«[6]

Der festgefügte Kanon der anglo-amerikanischen Literatur ist ins Wanken geraten. Oft ist er nur noch Grundlage für ironischen »Mißbrauch«. Es entstanden und entstehen Texte, die sich einer eindeutigen Typologie entziehen und als Hybride bezeichnet werden: »The most obvious sort of generic mixture is the outright hybrid where two or more complete repertoires are present in such proportions that no one of them dominates.«[7]

Treffender jedoch als der Terminus *hybride Gattung* erweist sich der Begriff *blurred genre*[8], der die komplexen Beziehungen verschiedener Textsorten beschreibt, die über eine reine Mischung hinausgehen: »Postmodern writing blurs genres, transgresses them, or unfixes boundaries that conceal domination or authority.«[9] Eines dieser *blurred genres* ist die anglo-amerikanische *college mystery novel*, eine »Mischform zwischen *academic novel* und *detective novel*«[10], deren Typologie beispielhaft das Wirken verschiedener Textsorten darstellt, wobei eine eigenständige neue Form entstanden ist. Die *college mystery novel* stellt gleichzeitig auch die alte Hierarchie zwischen hoher und sogenannter Unterhaltungsliteratur in Frage. Die Diskussion dieser Romanform unterliegt dabei dem Widerspruch der heutigen Literatur und ihrer Kritik, die die Auflösung der Genres propagieren, gleichzeitig das Neue aber wieder einordnen und beschreiben wollen: »It is the paradox of postmodern genre that the more radical the dissolution of traditional generic boundaries, the more important the concept of genericity becomes.«[11]

1. Begrifflichkeit, Fragestellung und Vorgehensweise

Es kann und braucht wohl nicht entschieden zu werden, welche literaturtheoretischen Ansätze und Termini letztendlich maßgebend sind.

Ich verwende im folgenden die Begriffe »Genre« und »Subgenre« bzw. »Gattung« und »Untergattung«, aber selbst deren Definition stellt ein Problem dar. Während ursprünglich nur die drei Gattungen Epik, Lyrik und Drama unterschieden wurden[12], gilt heute jede literarische Form, die sich in Struktur, Länge, Intention, Inhalt und Herkunft eindeutig von anderen absetzt, als ein eigenständiges Genre.[13] Gleichzeitig existieren innerhalb dieser Klassifizierungsmöglichkeit noch Untergattungen, die ihrerseits anderen Varianten übergeordnet werden können.

Darüber hinaus ist sich die Literaturkritik nicht einig über die Einordnung der für diese Untersuchung relevanten Textsorten in die Hierarchie der Prosaliteratur. So geht es um die Frage, ob der Kriminal-/Detektivroman[14] ein Subgenre des Romans oder eine eigenständige Gattung ist, wobei die zahlreichen Varianten des Detektivromans die Begrifflichkeit weiter verwirren. Meist wird der Kriminal-/Detektivroman als eigenständiges Genre verstanden, aus dem Untergattungen und/oder Entwicklungsstufen entstanden sind.[15]

Ähnlich verwirrend zeigt sich die Kritik in Hinsicht auf den anglo-amerikanischen Universitätsroman. Bevan bezeichnet ihn als ein »Subgenre«[16], während Schumann von »Gattung des Universitätsromans«[17] spricht. Das Dilemma, das bei einem unpräzisen Gebrauch von Termini entsteht, verdeutlicht ein Zitat von Weiß, in dem er beide Begriffe gleichzeitig verwendet:

> Die Schwierigkeiten der Definition dieser Untergattung liegen zweifellos nicht zuletzt darin begründet, daß zum einen kein stilbildender Archetypus am Anfang der Geschichte des Universitätsroman steht, der der Gattung ihr Gepräge hätte geben können [...].[18]

Für die Diskussion der *college mystery novel* werden im folgenden der Kriminal-/Detektivroman und der Universitätsroman jeweils als ein eigenständiges Subgenre des anglo-amerikanischen Romans verstanden.[19]

Ebenso kontrovers stellt sich die Klassifizierung der *college mystery novel* in der Kritik dar. Es wird nicht in Frage gestellt, daß die *college mystery novel* ein Subgenre des Romans ist[20], umstritten ist jedoch, ob sie eine Untergattung des Kriminal-/Detektivromans oder des Universitätsromans ist. Letztere Überzeugung vertritt Carter, wenn er schreibt: »[...] detective novel, thriller, science fiction, novels of manner, romance, comic novel. Together they constitute a separate genre, the modern British university novel.«[21] Bei Kramer heißt es dagegen:

> A college mystery novel, as we defined it, is a full length work of mystery or suspense fiction which is set at an institution of higher education and/or has as principal character a student, a faculty member, or an administrator at a college or university.[22]

Der Ansatz vorliegender Arbeit ist es, die *college mystery novel* als ein *blurred genre* zu charakterisieren, welches sowohl dem Kriminal-/Detektivroman als auch dem Universitätsroman Merkmale entliehen hat. Dabei ist eine neue Romanform entstanden, die typische Formen, Stoffe, Traditionen und Figuren aufweist, so daß sich eine eigene Typologie[23] erstellen läßt. Die *college mystery novel* wird als Subgenre des anglo-amerikanischen Romans dem Kriminal-/Detektivroman und dem Universitätsroman gleichberechtigt gegenübergestellt und unterliegt wie diese damit auch Beeinflussungen anderer Formen und allgemeinen literarischen Strömungen.

Ziel dieser Untersuchung ist es, eine Typologie der *college mystery novel* zu erstellen, indem herausgearbeitet wird, welche Merkmale sie von den anderen Romanformen übernommen hat, inwieweit und warum ein neues Subgenre des anglo-amerikanischen Romans entstanden ist. Auf diese Weise kann aufgezeigt werden, wie verschiedene Textsorten in einem *blurred genre* weiterbestehen, sich gegenseitig beeinflussen, ergänzen, einander aufheben und neue Charakteristika schaffen. Damit verbunden ist die Frage, warum spezifische Merkmale aus weiteren Subgenres übernommen werden.

Ebenso wird an der *college mystery novel* die Frage nach literarischer Qualität von sogenannter *genre fiction* und die Rolle dieses Subgenres im allgemeinen Auflösungsprozeß der Gattungsgrenzen und der Überbrückung des Grabens zwischen populärer Unterhaltungs- und der *mainstream*-Literatur diskutiert.

Der intensiven Erörterung der *college mystery novel* gehen zwei Kapitel voraus, in denen jeweils die typologischen Merkmale des Kriminal-/Detektivromans und des Universitätsromans aufgezeigt werden.

Die detaillierte Analyse der *college mystery novel* anhand von neun Romanen beginnt mit der Erarbeitung von Kennzeichen, die vom Kriminal-/Detektivroman übernommen wurden. Dann erfolgt eine Untersuchung der Charakteristika des Universitätsromans in der *college mystery novel*. Merkmale, die nur der *college mystery novel* eigen sind, werden nach einem kurzen Überblick über die Anfänge des Subgenres erarbeitet.

Kriterium bei der Auswahl der Romane war, der Vielfältigkeit des Subgenres gerecht zu werden, denn es gibt nicht nur »donnish detectives«[24], die auf einem Campus ermitteln, vielmehr umfaßt die *college mystery story*: »[...] police procedurals with academic setting, private-eye-on-the campus sagas, professor-on-sabbatical novels, and a host of other subspecies of college-related fiction.«[25]

2. Forschungslage

Die Forschungslage hinsichtlich der in dieser Arbeit vorgestellten Romanformen weist quantitave Unterschiede auf.

Der Kriminal-/Detektivroman ist häufig Gegenstand literaturwissenschaftlicher Betrachtungen, daher kann die Forschungslage nur stichpunktartig skizziert werden. Schon in den zwanziger und dreißiger Jahren, also in der Blütezeit des klassischen Detektivromans, begann die Diskussion über den literarischen Wert dieses Subgenres.[26] Mit Messacs *Le 'Detective Novel'*[27] liegt eine der frühesten theoretischen Arbeiten zum Detektivroman vor. Unverzichtbar für einen Überblick über die Entwicklung des Detektivromans sind die Untersuchungen von Murch, LeRoy und Symons.[28] Manche Publikationen beschäftigen sich mit Einzelaspekten, z.B. Binyon mit der Figur des Detektivs oder Drexler mit den sozial- und rechtsgeschichtlichen Entwicklungen, die zum Entstehen des Detektivromans beitrugen.[29] Auch die Varianten des Kriminal-/Detektivromans werden in mehreren Untersuchungen thematisiert. So befaßt sich u.a. Dove[30] mit dem Polizeiroman, während Geherin und Baker/Nietzel[31] den »hartgesottenen« Detektiv ins Zentrum ihrer Betrachtungen stellen. Seit Beginn der achtziger Jahre findet man feministische Ansätze in der Kritik und Untersuchungen zum feministischen Detektivroman.[32] Auch der Frage der literarischen Qualität dieser Untergattung wird in Monographien nachgegangen. Während u.a. Cawelti diese dem Detektivroman abspricht, stellt Thompson eine Verbindung dieses Subgenres mit dem Modernismus und der Postmoderne her und wertet es damit auf.[33]

Im deutschsprachigen Raum begann erst in den sechziger Jahren eine ernsthafte Diskussion sogenannter Trivialliteratur. Zuerst überwog, wie die Essaysammlung von Vogt[34] zeigt, eine philosophische Betrachtungsweise. Erst in Publikationen wie von Buchloh/Becker in den Siebzigern oder von Suerbaum in den Achtzigern erfolgte eine literaturgeschichtliche Auseinandersetzung mit dem

Kriminal-/Detektivroman.[35] Neuere Publikationen z.B. von Leonhardt und Schindler[36] richten sich an ein größeres Publikum und sind eher populärwissenschaftlicher Art.[37]

Verglichen mit dieser Fülle erscheint die Zahl der Untersuchungen zum anglo-amerikanischen Universitätsroman gering, obwohl in den letzten Jahren das Interesse der Literaturwissenschaft an diesem Subgenre gestiegen ist. Nach den Monographien von Proctor und Lyons, die jeweils die unterschiedlich verlaufende frühe Entwicklung der Untergattung in Großbritannien und den USA darstellen[38], fand in einigen Aufsätzen und der Untersuchung von Weiß[39] auch die Nachkriegsentwicklung des Subgenres Beachtung. 1991 versuchte Dubber[40], durch konkrete Textanalysen eine Typologie des Universitätsromans zu erstellen. Ein Jahr später veröffentlichte Barbara Himmelsbach[41] eine Darstellung der Gattungentsentwicklung. Im gleichen Jahr bemängelte Goch[42], daß man sich bislang in der Gegenüberstellung von literarischer Fiktion und außerliterarischer Realität zu sehr der inhaltlichen Analyse des Universitätsromans zugewandt hätte. Daher verfolgt er den Ansatz, sich rein werkimmanent mit den stilistischen Mitteln des Subgenres auseinanderzusetzen. Cordelia Borchardt zeichnet in ihrer Publikation[43] das Bild der Bildung, das in den Universitätsromanen fiktional diskutiert wird.

In der englischsprachigen Kritik der letzten Jahre sind besonders die Arbeiten von Carter und Rossen zu erwähnen.[44] Carter vertritt die These, daß die Romane der Nachkriegszeit, auch wenn sie nicht in Oxbridge spielen, inhaltlich von der Dominanz dieser Universitäten geprägt werden. Rossen fokussiert ihre Untersuchung auf die Darstellung von Machtstrukturen im Universitätsroman.

Die *college mystery novel* war bislang noch nicht Thema einer eigenständigen Darstellung, obwohl sich schon in den zwanziger Jahren ein Aufsatz mit dieser Romanform beschäftigte.[45] Einzelne Romane werden in Arbeiten über den Kriminal-/Detektivroman und den Universitätsroman diskutiert, allerdings wird dabei nicht auf ihren Status als *college mystery novel* eingegangen. Neben der Bibliographie von Kramer, die schon mehrfach erwähnt wurde, berücksichtigt Olderr[46] den universitären Schauplatz und akademische Detektive. Daneben finden sich vereinzelte Aufsätze u.a. von DePaolo, Gottschalk oder Leonardi.[47]

Den Romanen, die in dieser Arbeit analysiert werden, schenkte die Kritik unterschiedlich stark Beachtung.

Poisoned Ivy[48], *Death Among the Dons*[49] und *Murder at the MLA*[50] fanden bislang kaum literaturwissenschaftliche Erwähnung. Es liegen lediglich vereinzelte Rezensionen und Eintragungen in Nachschlagewerken vor.

Ergiebiger erweist sich die Forschungslage zu den Romanen *Rest You Merry*[51], *Emily Dickinson Is Dead*[52], *Oxford Blood*[53] und *The Silent Work of Nicolas Quinn*[54]. Neben Rezensionen und Einträgen in Nachschlagewerken standen einzelne Aufsätze, Interviewniederschriften und Beiträge in Darstellungen zum Kriminal-/Detektivroman zur Verfügung.[55]

Mit Robert B. Parker und Amanda Cross hat sich die Kritik sehr ausführlich beschäftigt. Parker findet in allen Arbeiten über den zeitgenössischen »hartgesottenen« Detektivroman ausführliche Erwähnung. Es gibt mehrere Interviews und zwei Dissertationen[56] über sein Werk. Über *Playmates*[57] liegen zudem zahlreiche Rezensionen vor.

DF von Amanda Cross wird in der Kritik, besonders in Veröffentlichungen zum feministischen Detektivroman, diskutiert. Daneben gibt es verschiedene Interviews sowie eine eigene Darstellung der Autorin über das Schreiben von Kriminal-/Detektivromanen.[58]

Die Kritik, soweit sie zu einigen Romanen vorliegt, verdeutlicht, daß in ihnen verschiedene Subgenres wirken, wobei die Hybridisierung selbst nicht problematisiert wird.

RYM wird als »spätklassische Spielform des Genres [Detektivroman]«[59] verstanden, aber der Roman schildert »[...] parodies of activities on American campuses [...]«[60], und »witty satire«[61] verweist auf die Funktion als Universitätsroman.

An *DAD* wird kritisiert, daß es kein Detektivroman im eigentlichen Sinn ist: »[...*DAD*] is rightly described on the dustjacket as the fourth Francesca Wilson *mystery*, rather than *case*, since Janet Neel's heroine does little or no detecting at all in this instance [...].«[62] Die Kritik erkennt in der Darstellung des akademischen Lebens das Hauptinteresse des Plots: »[...] the book turns into a competent, and engaging account of academic tensions, and the vicissitudes of a college devoted to maintaining its own high standards, while grappling with administrators and other problems.«[63]

Der Bruch mit dem klassischen Detektivroman durch *DF* wird positiv herausgestrichen: »[... *DF*] reaches a high level of innovation and artistry. [...] it represents her [Cross'] sharpest break with both literary and social conventions. She has skillfully molded the classical mystery form into a near perfect vehicle for her strong feminist visions.«[64] Rossen bedient sich des Romans, um ihre Thesen über die *campus novel* zu untermauern.[65]

Wirklich uneins sind sich die Rezensenten in ihrer Beurteilung von *PM*. Auf der einen Seite wird die Darstellung des universitären Systems gelobt: »[...] connoisseurs of Parker's work will enjoy the return to the academic satire of his early work when he was still an obscure instructor at the Northeastern. There's a real sense of milieu here, several of them in fact [...].«[66] Gerade die wird auf der anderen Seite bemängelt, denn der Roman sei deshalb kein »hartgesottener« Detektivroman mehr: »'Playmates', however isn't a mystery.«[67] Es findet sich jedoch ebenso die abweichende Meinung:

> [...] a thickening Puzzle. 'Playmates' is the most handsome plotted and Spenser has to do some real detective work for a chance,

> pouring over tapes of basketball games, groping here and prodding there, piecing things together until he has hold of as villainous a scheme as you could ask for.[68]

Gleichfalls zweigeteilt erweist sich die Kritik zu *MLA*. Es wird mißbilligt, daß der Schwerpunkt des Plot nicht auf der Ermittlung liege, und deshalb sei es ein schlechter Detektivroman: »Besides, the plot is too thin, the mystery portion is unfair since no clues are given to the reader, and the killer is never met until capture.«[69] Neben dem Vorwurf eines schlechten detektivischen Plot wird die Schilderung des akademischen Milieus als enttäuschend angeführt: »Amateurish brainwork, far-fetched conclusions, sophomoric gossip - not unlike the MLA itself. Fans of David Lodge's satires and Robert Barnard's academic mysteries will regret pseudonymous Jones's missed opportunities.«[70] Gleichzeitig werden gerade diese Seiten des Romans gelobt: » [... *MLA*] is at once a deftly designed mystery and a rambunctious satire of today's academy.«[71]

Die Untersuchung der anglo-amerikanischen *college mystery novel* wird erklären, daß diese Romane solch eine unterschiedliche Bewertung erfahren, weil sie an dem Kriminal-/Detektivroman oder Universitätsroman gemessen wurden, und man nicht ihre Stellung als eigenständig Subgenre berücksichtigte.

II. Der anglo-amerikanische Detektiv- und Kriminalroman

> What exactly is a crime novel? The two words can embrace a wide spectrum of writing and achievement from the cozy entertainment of Mayhem Parva through Trollope and Dickens to the great Russian novelists and some of the highest works of human imagination.[72]

Autoren haben sich von jeher literarisch mit Mord und Verbrechen auseinandergesetzt, dennoch ist nicht jeder Roman, der eine Straftat in den Mittelpunkt stellt, ein »Krimi«, wie Suerbaum[73] diese Romanform, dem allgemeinen Sprachgebrauch angepaßt, nennt. Die besondere Form des Detektivromans entstand erst, als man die Darstellung des Verbrechens auf die Suche nach dem Täter, den Motiven, dem Tathergang und der Ergreifung des Verbrechers reduzierte. Im Laufe der Entwicklung haben sich Varianten und Subgenres des Detektivromans gebildet, so daß der Erstellung einer Typologie die Klärung der Termini vorangestellt ist. Die Hauptmerkmale des Detektiv- und des Kriminalromans werden durch eine Rekonstruktion ihrer literarhistorischen Entwicklung dargestellt. Anschließend wird der Frage nach der Literarizität des Detektiv- und des Kriminalromans nachgegangen.

1. Terminologie des Detektiv- und Kriminalromans

»Then there is the question of what to call this literature: detective fiction? crime fiction? murder mystery? thriller?«[74] Auch wenn keine allgemeingültige Antwort auf diese Frage gegeben werden kann, muß für eine adäquate Analyse der Elemente des Detektiv- und Kriminalromans in der *college mystery novel* eine Arbeitsdefinition gefunden werden.

Das Hauptproblem in der Diskussion um die Begrifflichkeit ist das Verhältnis von »Detektivroman« (»detective novel«) zu »Kriminalroman« (»crime novel«).[75] Schulz-Buschhaus verwendet den Terminus »Kriminalroman« für alle fiktionalen Texte, die sich mit einem Verbrechen und seiner Aufklärung beschäftigen.[76] Schmidt-Henkel geht in seiner Verwendung des Begriffes noch weiter: »Im Mittelpunkt des Kriminalromans steht ein Crimen. Dostojewskis 'Raskalnikov' gehört dorthin wie ein Reißer Mickey Spillanes, um die äußersten Gegenpole zu nennen.«[77]

Nusser verwendet »Kriminalliteratur«, »Kriminalerzählung« und »Kriminalroman« für ein Subgenre des anglo-amerikanischen Romans, dem die Varianten Detektivroman und Thriller untergeordnet sind.[78] Ähnlich argumentiert Gerber: »Die Spannweite dieses Kriminalromans erstreckt sich vom Extrem des Kriminalrätsels zum anderen Extrem des Kriminalreißers.«[79]

Škreb dagegen versteht die Begriffe »Kriminalroman« und »Detektivroman« synonym, wenn er formuliert, daß diese Formen: »[...] in England den Namen *detective story* oder *crime novel* erhielten, in Deutschland als *Detektivroman* oder *-geschichte* bzw. *Kriminalroman*, familiär 'Krimi' bezeichnet wurden, in Frankreich als *roman policier*.«[80]

Eine andere Definition der Termini findet sich im *Oxford Companion to English Literature*. Hier sind *crime* und *detective novel* verschiedene Romanformen:

> In the detective story, or 'whodunit', a crime (generally, though not necessarily, murder) is committed by one of a group of people; the puzzle of the criminal's identity is finally solved, through a process of investigation, observation, and deduction, by an expert detective, who may be either police or private: It is a genre distinct from that of the crime novel, in which a criminal's identity is known from the start, and the interest consists in observing his psychology and his attempt to escape justice [...].[81]

Symons und Hilfer bieten ein anderes Modell der Begriffserklärung an, dem sich diese Arbeit anschließen wird. Beide unterscheiden Detektiv- und Kriminalroman und sehen im Letzteren eine Weiterentwicklung des Ersteren. »*The detective novel has changed into the crime novel.*«[82] Hilfer bezeichnet den Kriminalroman als »antigenre«[83] des Detektivromans, welches Merkmale übernommen hat, diese aber oft parodiert, ironisiert und kritisiert. Beide Romanformen werden als eigenständige Subgenres des anglo-amerikanischen Romans verstanden[84], auch wenn es Grenzüberschreitungen gibt.

Die Verwendung der Termini »mystery« und »mystery story/novel« in der Literaturkritik erschwert zusätzlich die Diskussion der Begrifflichkeit. Sie können synonym mit »detective story/novel« verstanden werden: »[...] a piece of fiction in which the evidence relating to a crime or occasionally to another mysterious event is so presented that the reader has an opportunity to solve the problem, the author's solution being the final phase of the piece.«[85]

Haycraft dagegen macht eine deutliche Unterscheidung: »The conclusive test might well be whether, in the final analysis, the conclusion is accomplished by incident (mystery story) or deduction (detective story).«[86] Es gibt aber die Auffassung, daß »mystery story« der Oberbegriff für verschiedene Varianten der Rätselliteratur ist:

> Today a mystery story is, loosely, any story containing a mystery. It may be, and frequently is, a tale of horror and terror; but it may also be a pseudoscientific fantasy, a tale of diplomatic intrigue, an affair of codes and ciphers and secret societies, a crime story, or a dozen other things involving an enigma. [...] It will be noted that the detective story *per se* is omitted from the above list. By recent arbitrary definition, the detective story, lustiest offspring of the

> mystery story, is a separate and distinct division of literature [...] However, it is obviously a mystery story; the separation is largely one of convenience.[87]

Murch sieht einen Unterschied zwischen den Subgenres, allerdings zieht sie die Trennungslinie nicht ganz so scharf: »The mystery story is also akin to, but not identical with the detective story.«[88] Letzterer Ansatz wird der Bewertung der *college mystery novel* zugrunde gelegt.

2. Der Detektivroman

»Since the pleasure and effectiveness of an individual formulaic work depends on its intensification of a familiar experience, the formula creates its own world with which we become familiar by repetition.«[89] Diese Welt des Detektivromans wird durch eine typische Figurenkonstellation, Handlungsaufbau und Schauplatz gekennzeichnet. Die Entwicklung dieser Merkmale begann bereits mit der ersten Detektiverzählung der westlichen Literaturgeschichte: »The Murders in the Rue Morgue« (1841) von Edgar Allan Poe.[90] Höhepunkt der Weiterentwicklung war das Erstarren der Charakteristika zu einer formelhaften Stereotypisierung des Detektivromans in den zwanziger und dreißiger Jahren, dem sogenannten »Golden Age«[91]. Zu dieser Zeit erkannten die Autoren aber die Grenzen der Form und suchten neue Wege, zunächst in den neuen Subgenres des Detektivromans der *hard-boiled novel* und dem Polizeiroman, später entwickelte sich der Kriminalroman.

In den sechziger Jahren verhalfen neue Autoren dem Detektivroman zu einem zweiten Aufstieg, aber erst mit Beginn der Achtziger kann man von dem »neuen« Detektivroman, einem Anstieg der Autorenzahl und einem Boom bei den Lesern sprechen.

2.1. Vorläufer des Detektivromans

Das Interesse der Menschen an Verbrechen und ihren Tätern fand schon früh in der »literature of roguery«[92] seinen Ausdruck. Im 17. und 18. Jahrhundert wurden *street ballads, broadsheets* und *chapbooks* populär.[93] Verbrecher-biographien, z.B. von Daniel Defoe und Henry Fielding, gehören auch in diese Tradition.[94]

Eine Sammlung von berühmten Rechtsfällen, den *Causes célèbres et intéressantes, avec les jugements qui les onts décidés* (1735), nach dem Herausgeber kurz »Pitaval« genannt, war in ganz Europa beliebt. In England begann man 1775 *The Newgate Calendar* herauszugeben, der Berichte über Verbrechen, ihre Täter, die Prozesse und die Hinrichtungen beinhaltete und zahlreiche Nachahmer fand.

Daneben ist der Einfluß verschiedener Romanformen und Autoren auf die Entwicklung des Detektivromans nicht wegzudenken. Oft wird William Godwins Werk *Caleb Williams: or Things as They Are* (1794) als ein Vorläufer des Detektiv- und Kriminalromans verstanden, da er Merkmale dieser Subgenres vorweggenommen hat.[95] Es gab die Romanformen wie *Newgate Novel, Penny Dreadful, Shilling Shocker* und *Romance of Crime*, die sich am *Newgate Calendar* orientierten.[96] Einfluß nahmen ebenso französische Feuilletonromane z.B. von Honoré de Balzac und Eugéne Sue. Bedeutender als Vorläufer waren jedoch die *gothic novel*[97] und die frühe *sensation novel*[98].

Die Literatur des Verbrechens entwickelte sich durch die Betonung der Rolle des Ermittlers zum Detektivroman. Der Aufbau eines Polizeiapparates und die veränderte Strafprozeßform erforderten die Arbeit eines Detektivs.[99] Das wachsende Interesse des Publikums an der Polizeiarbeit schlug sich in Werken wie *Richmond, or Scenes from the Life of a Bow Street Runner* (1827) von Thomas Gaspey nieder.[100]

2.2. Die Figur des Detektivs

> In Dupin Poe created the prototype of the great detective, the eccentric genius with stupendous reasoning powers, whose brilliance is given added refulgence by the fact that he is always accompanied and his investive *tours de force* always set down by a loyal, admiring, but uncomprehending and imperceptive friend and assistant.[101]

Poe stattete seinen Helden mit zahlreichen Merkmalen aus, die von vielen Autoren übernommen wurden und damit die Figur des literarischen Detektivs schufen, der über Generationen die Leser fesseln sollte. Poes Detektiv ist äußerst exzentrisch. Er ist ein Außenseiter, verläßt nur nachts seine Wohnung, löst die Verbrechen durch rationale Analyse von Hinweisen, die er aus der Zeitung und einem Besuch am Tatort erhält. Erzählt werden die Geschehnisse von Dupins namenlosem Gefährten, wodurch eine Distanz zwischen dem Leser und dem Detektiv geschaffen wird. Der Leser teilt die Ver- und Bewunderung des Erzählers gegenüber Dupin, der zum »erhöhten Scharfsinnshelden« wird. Um die Genialität des Detektivs noch zu unterstreichen, führte Poe den Topos des erfolglosen Polizisten ein, dessen Unfähigkeit wie eine Folie für die Genialität des Detektivs wirkt und seine Ausnahmeerscheinung verstärkt.

Wenige Jahre nach Poe betrat in den Romanen von Wilkie Collins und Emile Gaboriau die Figur des fähigen professionellen Ermittlers die literarische Bühne: »Poe created the aristocratic amateur who was to endure, and upon the whole to be supreme, until World War II, Collins and Gaboriau gave us the honest professional, often disdained by the amateur.«[102] Gaboriau begründete mit dem Polizeidetektiv Lecoq den Polizeiroman. Die Figur ermittelt das erste Mal in

L'affaire Lerouge (1866), aber erst in *Les Crimes d'Orcival* (1867) ist der Polizist für die Ermittlung allein verantwortlich. Neu ist, daß Lecoq als Detektiv keine gesellschaftliche Außenseiterposition bekleidet und in die Figurenkonstellation integriert ist. Er ist der erste literarische Detektiv, der trotz seiner analytischen Fähigkeiten auch die tägliche Routinearbeit des Polizisten erledigt und sich technischer Hilfsmittel bedient: »He [Lecoq] calls science to his aid to examine evidence; he reasons, if less spectacularly, no less logically than Dupin; and he has at his disposal the machinery and organization of the police force.«[103] Zudem bietet Lecoq anders als der Geistesaristokrat Dupin dem Leser bessere Identifikationsmöglichkeiten:

> Einerseits Kleinbürger, andererseits omnipotenter Held, wobei der erstere die Bedingung des letzteren ist, wenn dieser seine Wirkung ganz ausspielen will, erfüllt Lecoq alle Voraussetzungen zur Personifikation der Kompensationswünsche breiter Leserschaft.[104]

Wilkie Collins ließ sich für seinen Roman *The Moonstone* (1868) von Gaboriau inspirieren. Zwar weist schon *The Woman in White* (1860) Elemente des Detektivromans auf, aber erst in *The Moonstone* stellt der Autor die Aufklärung des Verbrechens in den Mittelpunkt des Geschehens.[105]

Der handelnde Polizist, Sergeant Cuff, ist kein gesellschaftlicher Außenseiter, sein Ruf als erfolgreicher Ermittler eilt ihm voraus, als er von außen an den Schauplatz des Verbrechens kommt, um den Fall eines verschwundenen Edelsteins aufzuklären. Äußerlich eher unscheinbar, offenbart er kleinere auffällige Eigenschaften wie das ständige Pfeifen eines Liedes und die Liebe zu Rosen. Zudem »Cuff is, like many later detectives, a master of apparently irrelevant remarks, the unexpected observation.«[106] Zu Poes logischer Deduktion kommt bei Collins das »[...] Erkenntnisprinzip in der Verbindung von *common sense* und der Richtigkeit der communis opinio [...].«[107] Cuff wird zum »[...] ancestor of healthy generations of amiable, efficient, professional but fallible inspector of fiction among whom we live today.«[108]

Neben Gaboriau und Collins nahm auch Charles Dickens Einfluß auf die Entwicklung der Detektivfigur. Mit seinen Essays in der Zeitschrift *Household Words* wirbt er durch Schilderungen der täglichen Kleinarbeit und Berichte über die Erfolge der Polizei für eine Aufwertung des Berufstandes in den Augen der Öffentlichkeit: »The detective hero, as a protector of established society, gradually replaced the criminal hero.«[109] Neben dem Romanfragment *The Mystery of Edwin Drood* wird meist Dickens' *Bleak House* (1852-1853)[110] als ein Schritt in der Entwicklung des Detektivromans genannt:

> Detective-Inspector Bucket and Sergeant Cuff [...] form the prototype for the English police detective in later fiction. They are sound, dependable, self-respecting men of middle-class, taking a

> pride in their work and conscious that they function not merely as individuals but as members of a great organisation.[111]

Bei der Betrachtung der Entwicklung des Detektivromans geht die Kritik meist zu Conan Doyle über, dabei die amerikanische Schriftstellerin Anna Katherine Green vergessend, »[...] the mother, grandmother, and godmother of detective fiction.«[112] Green verwandte als erste in ihrem Roman *The Leavenworth Case* (1887) den Begriff Detektivroman. Richtungweisend für die Figur des Detektivs wurde ihre Heldin Amelia Butterworth in *That Affair Next Door* (1897), »[...] the prototype of the elderly busybody female sleuth.«[113]

Erster Höhepunkt der Stereotypisierung der Detektivfigur ist Sir Arthur Conan Doyles Sherlock Holmes, der zwischen 1887 und 1925 in fünf Romanen und 56 Erzählungen ermittelte. Holmes ist der erste professionelle Amateur, der von Klienten oder sogar von der Polizei offiziell mit einem Fall betraut wird. Ihn reizt an einem Verbrechen die wissenschaftliche Herausforderung, und oft treibt ihn die Langeweile, einen Fall zu übernehmen. Holmes entstammt der gehobenen Mittelschicht, ist finanziell unabhängig und führt als Junggeselle fast das Leben eines Dandys. Er steht, bzw. er stellt sich außerhalb der Gesellschaft. Nicht nur von der äußeren Erscheinung außergewöhnlich, neigt er zu Depressionen und ist kokainsüchtig. Er ist ein Meister der Verkleidung, in der er sich oft in die Unterwelt Londons begibt und damit den Geschichten einen Hauch von Abenteuer und Gefahr verleiht.

Anders als Dupin ist Holmes nicht der reine Denker, sondern ähnelt in seiner Vorgehensweise einem Wissenschaftler. Die *science of deduction* ergänzt Dupins Rationalismus mit bewußtem Empirismus: »Wo Poe nur Anlässe für das Spiel des Scharfsinns sah, gründet Doyle sozusagen das System einer Disziplin, die sich von 'observation' über 'deduction' zu 'knowledge' erhebt und festigt.«[114] Holmes ist nicht unbedingt anderen Menschen geistig überlegen, am Anfang eines Falles irrt er sich oft, aber er hat eine bessere Beobachtungsgabe und verläßt sich auf Intuition sowie Vorstellungskraft. Trotzdem gilt er als »a Nitzschean superior man«[115], weil er sich über das Gesetz und die gesellschaftliche Moral seiner Umwelt stellt. Neben seinem Meisterdetektiv stereotypisierte Doyle die Figur des unfähigen, dem Amateur unterlegenen Polizisten in den Figuren Gregson und Lestrade, führte aber später mit Inspektor Baynes eine positive Polizistenfigur ein.

Doyle machte die Watson-Figur zu einem festen Topos der Detektivliteratur. Mit Dr. Watson als Erzähler und Dialogpartner Holmes' gelingt es ihm, »[...] die gedanklichen Operationen von Holmes in so unterhaltsamer Weise darzustellen, daß diese weitgehend alle traktathafte Sprödigkeit verlieren.«[116]

Die Autoren in der Nachfolge Doyles übernahmen die Figur des Detektivs als »Übermenschen«, jedoch oft, um sie zu parodieren oder sich bewußt von ihr abzusetzen.

Die *science of deduction* wurde in der Figur des Wissenschaftlers Prof. Dr. phil Dr. jur. Dr. med. S.F.X. Van Dusen fortgeführt. In zwei Kurzgeschichtensammlungen, *The Thinking Machine* (1907) und *The Thinking Machine on the Case* (1908), erschuf Jacques Futrelle ihn als »Denkmaschine«, die die Fälle nur durch Auswertung der Fakten löst, wobei die »Holmesian omniscience«[117] fast ins Absurde geführt wird.

Ernsthafter und überzeugender ist Austin Freemans Prof. Thorndyke, der zum erstenmal 1907 in *The Red Thumbmark* ermittelte.

Der Durchschnittsmensch als Detektiv findet seine Fortsetzung in der Figur des Martin Hewitt in den Erzählungen von Arthur Morrison seit 1894 im *Strand Magazine*: »In looks and behaviour Hewitt represents a conscious reaction - and first reaction [...] from the Superman detective.«[118]

Eine weitere bewußte Antifigur zu Holmes ist Keith Chestertons Father Brown seit *The Innocence of Father Brown* (1911). Pater Brown ist sowohl in Hinsicht auf seine Weltanschauung als auch durch sein Äußeres der Gegenpol zu Holmes. Er löst seine Fälle nicht durch das Auswerten von sachlichen Hinweisen, sondern als Seelsorger, der sich für die Psychologie und die Motive der Täter interessiert. Trotzdem bleibt er eine Art Übermensch durch »[...] knowledge given to him by God.«[119]

Die Frauen, die zur gleichen Zeit beginnen, in den verschiedensten Fällen zu ermitteln, kennzeichnet dagegen gerade ihre Durchschnittlichkeit.[120] Bekanntestes Beispiel sind die Werke von Mary Roberts Rhinehart, deren erster Roman, *The Circular Staircase*, 1908 erschien. Ihre Serienheldin, die Krankenschwester Hilda Adams, Miss Pinkerton genannt, ermittelte zum ersten Mal 1914 in der Erzählung »The Buckled Bag«. Diese Detektivinnen haben ein gutes Auge für das Ungewöhnliche im Alltäglichem. Von ihrer Umwelt werden sie nie ganz ernst genommen, so daß sie, halbvergessen im Hintergrund, mehr Dinge zu sehen und zu hören bekommen, als sie eigentlich sollten. Zudem sind sie gute Zuhörerinnen, und scheinbar harmloser Klatsch ist für sie eine wichtige Informationsquelle.

Daneben kommen *gentleman crooks* in Mode wie E.W. Hornungs Raffles oder Maurice Leblancs Arsene Lupin. Sie umgibt ein Hauch von Dekadenz, und sie gelten als Ästheten. Mit »[...] light-hearted nonchalance and disguised schoolboy pranks«[121] haben sie Einfluß auf Figuren wie Dorothy L. Sayers' Lord Peter Wimsey.

Weiterhin wird die Figur des *master criminal* populär, z.B. Rohmers Dr. Fu Manchu. Gleichzeitig wird damit das Motiv des verrückten Wissenschaftlers eingeführt.

Mit den Romanen von Agatha Christie im *Golden Age* des Detektivromans erlebt die Stereotypisierung des Ermittlers ihren zweiten Höhepunkt. In ihrem ersten Roman *The Mysterious Affair at Styles* (1920) schuf sie die Figur des belgischen Privatdetektivs Hercule Poirot. Er ist mit »seinen kleinen grauen Zellen« zwar ein »Scharfsinnsheld«, wird aber durch seine äußere Erscheinung (von kleiner Statur, Eierkopf), verschiedene Manierismen (u.a. seine übermäßige Ordnungsliebe) und sein leicht gebrochenes, mit französischen Phrasen durchsetztes Englisch fast zu einer Karikatur. Ihm steht mit dem einfältigen Captain Hastings eine Watson-Figur zur Seite.

Zehn Jahre später führte Christie in *Murder at the Vicarage* mit Miss Marple die Tradition weiblicher Detektive mit einer *spinster detective*[122] fort. Neugier treibt die alte Dame dazu, sich mit Verbrechen zu beschäftigen. Sie bleibt dabei unauffällig im Hintergrund, beobachtet nur und überläßt die aktive Ermittlung anderen. Allerdings ist sie Meisterin darin, Verdächtige in ein scheinbar harmloses Gespräch zu verwickeln, durch das sie neue Informationen erhält. Miss Marple übernimmt erst am Ende des Romans eine exponierte Rolle, wenn die Handlung eine Figur benötigt, die alle Einzelergebnisse zusammenfaßt und das Rätsel auflöst. Hilfreich ist ihr, neben der Deutung von Hinweisen, die andere als solche nicht erkannt haben, das Wissen um die menschliche Seele und ihre Gabe der Intuition[123].

Es waren gerade Autorinnen, die schon Ende der zwanziger Jahre den Typus des Detektivs zu verändern begannen:

> Women's male heroes like Wimsey, Campion, Grant, Alleyn [...] undercut the schoolboy masculinity and neutred nature of the traditionally male detective. [...] most of them fall in love and marry during the course of their books. Their relationships with their wives open them a fuller, more sensitive, and more vulnerable humanity which they in turn, bring to their detection. Women writers helped detectives to become human beings.[124]

Verbunden mit der Entwicklung des Detektivs vom Typus zum Charakter ist vor allem die Reduzierung seiner Allgegenwärtigkeit und Exzentrizität. Er ist nicht unfehlbar. Es gehört nun zum Detektivroman, daß der Detektiv erst zu einer falschen Lösung kommt. Seine Überlegenheit entstammt seiner humanistisch-literarischen Erziehung. Die Autorinnen behalten zwar den Mythos des *great detective* bei, aber er überzeugt nicht allein durch intellektuelle, sondern auch durch menschliche Größe:

> The Great Detective [...] is a figure to parallel with the great poet and the great scientist because in solving the sort of genuinely baffling mystery that confronts him, in fact he goes some way to solving a yet greater mystery, the mystery of the human personality.[125]

Die angestrebte Realitätsnähe wird gleichzeitig jedoch wieder durch die Biographien und Arbeitsweisen der Detektive eingeschränkt. Neben den *gentleman detectives*, die als reine Amateure ermitteln (Sayers' Peter Wimsey und Margaret Allinghams Albert Campion, beide britische Aristokraten und der reiche Amerikaner Philo Vance in den Romanen von S.S. Van Dine), bearbeiten mit Josephine Teys Alan Grant und Ngaio Marshs Roderick Alleyn Polizisten einen Fall. Grant gehört in Lebensweise und Ausbildung zur gehobenen Mittelschicht, Alleyn ist Aristokrat. Beide arbeiten jedoch wenig mit dem Polizeiapparat zusammen, sondern ermitteln in der Art des Amateurdetektivs, daher werden sie auch »amateur professionals«[126] oder »gentleman-policemen«[127] genannt. Sie zeichnen sich durch eine gehobene Bildung aus: »By and large, the cultural level of the Great Policemen is above that of the run-of-the-mile-cop, as his conversation, his reading, and his taste of art will testify.«[128]

Den größten Schritt zur Überführung des Typus Detektiv in einen Charakter macht Sayers in *Busman's Honeymoon.* Sie bricht mit dem größten Tabu des Detektivromans, indem sie die Bestrafung des Täters, in diesem Falle seine Hinrichtung, anspricht. Wimsey wird sich seiner Verantwortung für das Leben und den Tod eines Menschen bewußt: »Mit seiner Verantwortung in ihrer konkreten Realität jenseits aller Gedankenspiele konfrontiert, zerbricht der Detektiv: das Bild des weinenden Wimseys bezeichnet das Ende der Identität des 'Scharfsinnshelden' und für Sayers das Ende der Gattung [...]«.[129]

2.3. Erzählstruktur, Figurenkonstellation und Schauplatz im klassischen Detektivroman

In der Detektivliteratur steht seit Poe ein Mord, den es aufzuklären gilt, im Mittelpunkt. Er ist jedoch nicht Anlaß zur Diskussion von Schuld, Wahrheit und Gerechtigkeit, sondern das Verbrechen gibt dem Detektiv die Gelegenheit, die Überlegenheit seines Verstandes zu zeigen. Die Tat hat die Funktion eines Rätsels, und verschiedene Hinweise sind nur Teile eines Puzzles, das intellektuelle Neugier weckt. Verstärkt wird dies durch die Wahl eines möglichst bizarren Mordes, kompliziert und unwahrscheinlich in seiner Art, an einem unvorstellbaren Ort. Das extremste Beispiel dabei ist die Form des *locked room mystery*. Die Leiche wird in einem von innen verschlossenen Raum gefunden, zu dem es scheinbar für den Mörder weder Zu- noch Ausgang gibt.

Diese reine Funktionalität aller Elemente des Romans wurde in den zwanziger Jahren auf die Spitze getrieben, und Termini wie »crossword puzzle type«[130], »jigsaw«[131], »reiner Detektivroman«[132] oder »pointierter Rätselroman«[133] verdeutlichen diese Entwicklung. Die Etablierung der Form des Detektivromans schlägt sich in Bezeichnungen wie »orthodox detective fiction«[134] und »klassischer Detektivroman«[135] nieder.

Das Verbrechen zum Ausgangspunkt eines *ratiocinative play*[136] reduziert, erfordert eine bestimmte Erzählstruktur. Die Handlung des Detektivromans läßt sich seit Poe in drei[137] Abschnitte untergliedern: Auffindung der Leiche und Darstellung der bekannten Umstände der Tat, Ermittlung und Suche nach den unbekannten Faktoren der Tat sowie Auflösung des Verbrechens und Beantwortung aller offenen Fragen.

Bedeutend für die Aufklärung werden die Fragen *who?*, *how?* und *why?*, wobei durch eine unterschiedliche Akzentuierung dieser Fragen Varianten des Detektivromans entstehen. Im *Golden Age* beherrschte noch das *whodunit* das literarische Geschehen.

Seit Gaston Leroux' Roman *Mystère de la chambre jaune* (1908) werden dem Leser im Detektivroman im Laufe der Geschehnisse verschiedene Lösungsmöglichkeiten und Verdächtige präsentiert, der wahre Täter muß aber die unwahrscheinlichste Person sein. Die Handlung läuft auf eine Denouement-Szene hinaus, in der in Anwesenheit aller Betroffenen die Lösung ausgesprochen wird. Unwahrscheinlichkeit ist auch hier das oberste Prinzip, die Lösung muß aber faktisch möglich sein. Die Handlung ist rückwärts gerichtet, auf die Rekonstruktion von Ereignissen, die vor Beginn der Romanhandlung stattgefunden haben. Hauptaugenmerk legt der Detektiv bei der Rekonstruktion auf ein *clue*, ein Indiz oder eine Spur. Meist ist ein *clue* nur eine geringfügige Abweichung von der Normalität, die nur dort von Bedeutung ist, wo ein Verbrechen begangen wurde. Dabei ist ein *clue* oft mit einem Spiel mit Sprache verbunden und macht deutlich, wie vielschichtig interpretierbar ein Zeichen ist. Eng verbunden mit den *clues* sind die *red herrings*, die falschen Spuren, die der Täter dem Detektiv und der Autor dem Leser legt:

> Der ganze Text ist ein Netz von sprachlichen Maßnahmen, die zugleich der Tarnung und der Lösungsvorbereitung dienen. Keine Spur, wie geringfügig sie auch sein mag, wird bei der Technik der mehrfachen Kontextualisierung ausgelassen.[138]

Der Text ist auf ein Frage- und Antwortspiel reduziert, wobei die Fragen nicht aber die Antworten vom Autor markiert sind. Der klassische Detektivroman arbeitet mit Unbestimmtheitsstellen[139], die allerdings in dieser Romanform nur vorläufig sind. Sie konstituieren das Rätsel und werden am Ende aufgelöst. Man spricht beim Detektivroman von markierten und unmarkierten Unbestimmtheitsstellen.[140] Bei markierten Unbestimmtheitsstellen bemerkt der Leser handlungssynchron das Fehlen von Informationen. Unmarkierte Unbestimmtheitsstellen werden erst zu einem späteren Zeitpunkt in der Handlung oder bei der Lösung vom Leser registriert. Dies macht einen Teil der Spannung des Detektivromans aus.

Die längere Form des Romans ermöglichte den Autoren, den Schauplatz, die Personen, mögliche Motive und die Ermittlung ausführlicher zu schildern als in den Erzählungen. Dabei sind im klassischen Detektivroman Personen und Schauplatz auf ihre Rolle im Rätselspiel reduziert. Die Personen haben die Funktion von Opfer, Verdächtigen und Täter. Meist ist es eine Personengruppe, die durch geographische, metereologische oder gesellschaftliche Verhältnisse isoliert ist. So wird gewährleistet, daß einer von ihnen der Täter sein muß. Die Personen sind typisiert, und ihr Verhalten entspricht ihrem beruflichen und gesellschaftlichen Status. Jeder der Anwesenden steht in Beziehung zum Opfer und bewahrt meist ein Geheimnis, durch das er verdächtig ist. Es wird im Laufe der Entwicklung aufgedeckt, steht aber in keiner Beziehung zum Mord. Um die Lösung zu erschweren, geschieht oft ein zweiter Mord; das neue Opfer ist die bis dahin verdächtigste Person.

Auch der Schauplatz des orthodoxen Detektivromans ist funktionalisiert. Räume und Gegenstände sind den Erfordernissen der Rätselspannung und der Verunsicherung unterworfen. Sie werden realistisch dargestellt, um den Leser in eine Pseudosicherheit zu wiegen:

> Nicht nur die Leiche schockiert, weil sie sich an einem schrecklich unpassenden Ort befindet [...]; nicht nur verdächtige Gesten und Äußerungen von 'Respektspersonen' machen mißtrauisch; sondern durch die bloße Vorstellung von Gegenständen erscheint die gewohnte Umgebung plötzlich verfremdet, wird beispielsweise plötzlich klar, daß die Üppigkeit der Einrichtung nicht menschlichen Beziehungen sondern eher 'dem Verbergen, Versperren, Verdunkeln' dient [...].[141]

Die häufige Verwendung von Lageplänen, Fahrplänen und Dokumenten dient, neben der Bereitstellung von Hinweisen, der Vorspiegelung von Realität, gleichzeitig betont es die Künstlichkeit des Puzzles.

Der Schauplatz ist die heile Welt, geprägt von Ordnung, Stabilität, menschlichen Werten, die in Bezeichnungen wie »'cosy' school of detective fiction«[142] und »country house crossword-puzzle«[143] ihren Ausdruck finden. In dieser Umgebung wirkt das Verbrechen sensationeller, aber auch unwahrscheinlicher. Gleichzeitig wird durch die Lösung des Rätsels die Normalität wiederhergestellt, die Ordnung gesichert. Das begründet u.a. den Erfolg des klassischen Detektivromans:

> Die Unsicherheit oder Angst verursachende Abweichung vom Gewohnten (hier das Verbrechen) wird durch die Vergnügen bereitende Abweichung vom Normalen (hier den idealisierten Detektiv) aufgewogen. Wunschvorstellungen sind das Gegengewicht für Ängste. Die Unterhaltungsliteratur evoziert beide und pendelt das psychische Gleichgewicht des Lesers danach wieder ein.[144]

Die Wirkung »Kraft durch Beruhigung«[145] entsteht überdies durch den erkenntnistheoretischen Optimismus, der in der Lösung des Rätsels durch den Detektiv seinen Ausdruck findet: »[...] *das geistige Kollektivbedürfnis der Leser zu befriedigen, indem es ihnen Erlösung aus einer Welt des Grauens kraft der Allmacht des menschlichen Intellekts verheißt.*«[146]

Am Ende der Entwicklung zum klassischen Detektivroman steht das intellektuelle Spiel, der Roman als Schauplatz des Wettstreits zwischen Leser und Autor, für den das Fair Play und andere feste Regeln[147] statuiert wurden. So dürfen dem Leser keine Hinweise vorenthalten werden, und der Täter muß früh als Person in die Handlung eingeführt werden. Der Täter darf nicht der Detektiv, ein Bediensteter oder ein professioneller Verbrecher sein. Jegliche wissenschaftlichen Hilfsmittel müssen dem Leser erklärt werden. Eine Liebeshandlung darf nicht vom Rätselspiel ablenken.

Gegen Ende der zwanziger Jahre regte sich Widerstand gegen die »arid formula«[148]. Die Autoren wollten realistischere Romane schreiben. Milieubeschreibungen und eingeführte Nebenhandlungen werden um ihrer selbst willen wichtig und nicht als reine Lieferanten von *clues*. Daneben wird auf den Sensationscharakter des Mordes und seiner Auflösung verzichtet. Es wird Wert auf die Psychologisierung der Personen gelegt, die Romane werden zu »detection-cum-character«[149]. Seit Dorothy L. Sayers' Romanen spricht man von *detective novels of manners*. Das Verbrechen ist jetzt Anlaß für die Autoren, eine Gesellschaft, ihre Lebensweise und Weltsicht darzustellen. Motive finden sich in diesem System ebenso wie *clues*:

> The detective novel of manners shapes its own society, where understanding of social and moral norms is expected, where crime must be taken into account, where conventions provide a shorthand for a morality asserted and reasserted, where distinctions become a matter of life and death, and where narrators can speak to readers through the pervasive guise of an accepted fable and without the intricate guile of torturous 'sincerity'.[150]

Gleichzeitig entstehen auch neue Varianten[151] des Detektivromans. In der *inverted story* erlebt der Leser die Tat mit und kennt den Mörder; die Spannung liegt darin, wie der Mörder, trotz perfekten Plans, überführt wird. Ebenso ist der Täter im *howdunit* dem Leser bekannt, die Ausführung des Mordes muß ermittelt werden. Die Ermittlung der psychologischen Motive der Tat zeigt schließlich die Form des *whydunit*. In allen Formen wird der Täter aber, wie es der orthodoxe Detektivroman vorschreibt, der Gerechtigkeit zugeführt. Trotzdem ist ein Schritt in Richtung Kriminalroman getan, und Chandler kann 1944 schreiben: »[...] the detective or mystery story as an art form has been so thoroughly explored that the real problem for a writer now is to avoid writing a mystery story while appearing to do so.«[152]

2.4. Der »hartgesottene« Detektivroman

Die *hard-boiled school*, das ursprünglich amerikanische Subgenre des Detektivromans, gilt als früheste Rebellion gegen die klassische Formel. Zum einen, weil sie mit den »mean streets«[153] einen scheinbar realistischeren Schauplatz gewählt hat, zum anderen mit der Figur des Privatdetektivs, dem *private investigator* oder *private eye*[154], kurz PI genannt, der sich in Herkunft, Lebensstil, Weltsicht und Vorgehensweise vom klassischen Detektiv unterscheidet. »Gumshoe. Shamus. Hawkshaw. Peeper. Snooper. Sleuth«[155] - unter vielen Namen bekannt, hat die Figur ihren Ursprung in den *pulp magazines*. 1920 erschien im *Black Mask Magazine* die erste *hard-boiled*-Erzählung mit dem Privatdetektiv Race Williams, erschaffen von Caroll John Daly. Dieser Detektiv verkörperte schon einige typische Merkmale des PI. Er ist hart, gleichzeitig aber auch sentimental; er will autonom und nach seinem Ehrenkodex leben; er steht zwischen der Polizei und den Kriminellen.

Drei Jahre später erschien im gleichen Magazin die erste zahlreicher Kurzgeschichten Dashiell Hammetts über den *Continental Op(erator)*. Sein Held erlebt die Welt existentialistisch-pessimistisch, in der es kein Vertrauen, keine Freundschaft oder Liebe gibt. Desillusionierung und Zynismus sind die Folge, der Op verläßt sich nur auf sich selbst, die Arbeit ist sein Lebensinhalt. Wie der Op sind auch Hammetts spätere PIs, Sam Spade in *The Maltese Falcon* (1930) und Ned Beaumont in *The Glass Key* (1931), gewalttätig und übertreten das Gesetz. Trotzdem sind sie die positiven Figuren in den Romanen, denn sie versuchen, etwas Gerechtigkeit in eine korrupte Gesellschaft zu bringen, jedoch nicht unbedingt die, die offiziell als solche verstanden wird. Der PI ist sich bewußt, daß dies ein vergeblicher Kampf ist:

> A second quality of these PIs is the complexity of their personality, a mixture of roughness and sentimentality. Their terse, laconic exterior belied a much more complicated soul that was troubled with the unfairness and inequality that plagued life's victims. Sad-eyed, world-weary, fed up, these sleuths worked at their trade not because they thought they could make the world better but because maybe they could postpone its becoming worse.[156]

Genauso ambivalent ist das Verhältnis des Privatdetektivs zu Frauen. Sie sind für ihn Heilige oder Huren. Meist fühlt er sich von ihnen angezogen, wird betrogen und demonstriert dann seine physische Überlegenheit entweder durch Ablehnung, Verhaftung oder Tötung.

Raymond Chandler entwickelte in *The Big Sleep* (1939) und den folgenden Romanen den PI weiter. Hammett hatte versucht, die Figur des Detektivs vom Sockel zu stoßen, Chandler macht ihn wieder zu einem »Übermenschen«, vor allem in moralischer Hinsicht, besonders, indem er ihn mit dem Mythos des einsamen Kämpfers, des »[...] cowboy adapted to the life on the city street [...]«[157] und »deerslayer archetype« verband[158]. Chandlers Philip Marlowe ist heldenhafter, pathetischer und idealistischer als Spade. Er kämpft als Ritter »[...] with touches of sainthood«[159] für die Unterdrückten, und trotz des

Umgangs mit menschlichem »Abschaum« bewahrt er seine Integrität und Autonomie:

> The hard-boiled hero is aware that honor has no definition. [...] But he knows that there are things a man does and things he doesn't do, and it is usually very hard to decide which is which. [...] The fact that such men elect to be honorable in a dishonorable world makes them heroic.[160]

Chandler gibt seinem Detektiv den Hauch eines gebildeten Gentleman, indem er ihn Schach spielen und Shakespeare zitieren läßt. Der PI bleibt ein literarisches Konzept, je mehr sein Handeln von seinem Kodex und nicht vom Auftrag des Klienten bestimmt wird. Je korrupter die Gesellschaft, desto stärker betont der Autor, trotz Desillusionierung, die Integrität seines Helden. Damit schwächt er aber seine Kritik an der Gesellschaft ab, denn sie erlaubt dem Individuum die Bewahrung seiner moralischen Normen: »Der Detektiv wird zum Verfechter einer idealisierten Demokratie.«[161] Er vertritt die Hoffnung auf eine heile Welt, und damit übernimmt der »hartgesottene« Detektivroman diesen Topos des orthodoxen Detektivromans.

Auch der scheinbar realistischer gestaltete Schauplatz, der die Schattenseiten der amerikanischen Großstadt darstellt, auf denen Gewalt und Mord herrschen, ist keine adäquate Schilderung des amerikanischen Alltags. Er dient zur Erhöhung des Detektivs und als Bestätigung der Vorstellung des Lesers, dessen eigene Wirklichkeit weit entfernt von dieser Scheinrealität liegt und der sich deshalb in Sicherheit wiegen kann:

> Beim harten wie beim orthodoxen Krimi werden die Materialien der Wirklichkeit (genauer: Materialien, die den Wirklichkeitsvorstellungen von Autor und Publikum entsprechen) zusammen mit fiktiven Elementen zu einer artifiziellen Spielwelt verarbeitet.[162]

Erst mit den Romanen von Ross Macdonald, zuerst in *The Moving Target* (1949), kann man von einem realistischen Schauplatz ausgehen. Sein Held, Lew Archer, gebildeter als seine Vorgänger, erscheint wenig heroisch beim »[...] 'peeping on fleabag hotels, untying marital knots, blackmailing blackmailers out of their business' [...]«.[163] Aber es geht Archer, besonders in den Romanen, die nach 1956 verfasst wurden, nicht so sehr um die Lösung des Falls, sondern darum, das Leben der Beteiligten wieder in Ordnung zu bringen:

> For Marlowe, a case became a moral crusade. For Archer, a case leads him on an emotional and psychological odyssey into the past and into the self, forcing him to assume the multiple roles of psychologist, marriage counsellor, social worker and clergyman:[164]

Seine Romane gelten deshalb als »psychoanalytic parable[s].[165]

Nicht nur durch die Darstellung des Detektivs, sondern auch durch die Sprache versuchten die Autoren der *hard-boiled novel*, sich einer realistischeren Schilderung zu nähern, indem sie Dialekte und Soziolekte einsetzten. Während Hammett in emotionsloser Prosa schrieb, schuf Chandler mit seinem gefühlvollen und extrem metaphorischen Stil etwas Neues. Er wollte in der und durch die Sprache das moderne Amerika widerspiegeln. Chandler gab allerdings nicht das realistische Idiom seiner Zeit wieder, sondern erschuf eine Kunstsprache, die typisch für die *hard-boiled novel* wurde. Sie ist jedoch ebenso funktionalisiert wie diejenige im klassischen Detektivroman.

Die *hard-boiled novels* haben einen Ich-Erzähler. Der vorherrschende Dialog besteht aus kurzen, zum Teil unvollständigen Sätzen. Dies hat einen harten, abgehackten Sprechrhythmus zur Folge, der dem alltäglichen Gespräch Spannung verleiht. Durch die scheinbar kunstlos aneinandergereihten Sätze entsteht der Eindruck von Direktheit. Ein umfangreicher Wortschatz, Metaphern und verschiedene rhetorische Stilmittel beherrschen den Dialog und die deskriptiven Passagen: »Through tough talk, wisecracks, and elaborate 'Hard-boiled conceits' - colloquial and poignant metaphors and similes - the best writers of this genre convey their protagonists' autonomy, and exercise language as power.«[166]

Physische Gewalt setzt Chandler in verbale Agressivität um. Sein PI Marlowe übt wenig körperliche Gewalt aus, deshalb enden Begegnungen mit seinem Gegnern oft in sprachlichen Gefechten, wobei rhetorische Mittel als Waffe funktionieren. Meist siegt der Detektiv. In diesen Duellen wird zwischen *tough talk* und *smart talk* unterschieden, wobei die Metaphorik der *wisecracks* sich an den Dialogpartner, die *hard-boiled conceits* in deskriptiven Textstellen an den Leser richtet: »If talking tough is one way to assert oneself - to use, if you will, *language as power* - the hard boiled dick also invariably *talks smart* in a combination of glibners, wisecracks and highly metaphorical utterances.«[167]

Auf den ersten Blick scheint der inhaltliche Aufbau des »hartgesottenen« Detektivromans der Realität näher als der des klassischen Detektivromans. Ein Klient beauftragt den PI mit einem scheinbar einfachen Fall, den er schnell löst. Trotzdem treten Komplikationen auf, und ein Mord geschieht, der zum Auslöser der Ermittlung, unabhängig vom Klienten, wird. Auch der »hartgesottene« Detektiv hat ein Auge für ungewöhnliche Kleinigkeiten, die ihm als *clues* dienen. Am Ende steht, wie im Rätselspiel, eine überraschende Auflösung.

Anders als in der klassischen Variante werden die Personen nicht gleich bei ihrem ersten Auftreten ihrer Stellung in der sozialen Hierarchie zugeordnet. Ihre meist nicht redlichen Absichten werden erst im Laufe der Handlung deutlich. Das eigentliche Verbrechen hat auch in der *hard-boiled novel* die unverdächtigste Person begangen. Allerdings befreit das Denouement am Ende die anderen Figuren nicht von Schuld. Es gibt keine eindeutige Grenze zwischen Gut und Böse.

Die Polizei spielt auch im hartgesottenen Roman die Rolle des Detektivgegners. Sie ist entweder unfähig, korrupt, oder der Polizeiapparat und die Gesetze schränken ihre Arbeit ein.

Anders als im klassischen Detektivroman ist die Arbeit des Detektivs und damit die Erzählstruktur des Romans nicht durch reine intellektuelle Deduktion geprägt. Die Technik des Nachforschens und des hartnäckigen Fragens macht die Ermittlung zu einem Aufspüren und einer Aneinanderreihung von physischen Such- und Kampfaktionen. Die *intellectual chase* wurde durch eine *actual chase* ersetzt.[168] Der Roman besteht deshalb aus einzelnen Episoden mit einem mehr oder weniger gleichen Schema: Situationserkundung, konflikthaltige Interaktion, ambivalenter Schluß mit Lösung eines Nebenproblems und Markierung des offenbleibenden Problems. Wie im klassischen Detektivroman steht von vornherein fest, daß der Detektiv am Ende den Fall lösen wird.

Aus der *hard-boiled novel* entwickelten sich zwei Strömungen. Eine Richtung betont die *violence-is-fun-technique* und stellt die Ausübung von physischer Gewalt in den Mittelpunkt. Erster Vertreter auf amerikanischer Seite war Mickey Spillane mit seinem Mike Hammer Roman *I, the Jury* (1949), auf britischer Seite James Hadley Chase mit *No Orchids for Miss Blandish* (1939). Diese Form wird auch »sex-and-crime-novel« oder »degenerierte hardboiled school« genannt.[169]

Der zweite Entwicklungsstrang knüpft an die Romane Macdonalds an bzw. wird von ihm selbst weitergeführt - sein letzter Roman erscheint 1980 - und geht in den Kriminalroman über. Ansonsten verlor der »hartgesottene« Detektivroman in den sechziger Jahren an Popularität, erst Ende der Siebziger erfolgte ein erneuter Aufschwung.

2.5. Der Polizeiroman

Die Entwicklung des Detektivromans zu einer realistischeren Darstellung der Ermittlung eines Verbrechens führte in den vierziger Jahren zu dem Subgenre Polizeiroman oder *police procedural.* Lawrence Treats *V as in Victim* (1945) ist der erste amerikanische Vertreter. Die erste britische Veröffentlichung erschien 1951 mit *The Chief Inspector's Statement* von Maurice Proctor. Etabliert hat sich das Subgenre erst 1956 mit Ed McBains Romanen über den Alltag des 87. Reviers in Manhattan, zuerst in *Cop Hater.* In Großbritannien setzte sich der Polizeiroman mit *Gideon's Day* (1955) von John Creasey durch. Die erste fiktionale Polizistin Christie Opera ermittelte 1968 in Dorothy Uhnaks *The Bait.*

Der Polizeiroman veränderte die Darstellung der ermittelnden Beamten. Er ist nie moralischer oder geistiger Übermensch, jedoch kompetent und äußerst fähig in der Ausführung seiner Arbeit. Die Fälle werden meist von einem Team gelöst, wobei oft der ranghöchste Offizier eine leicht herausragende Stellung in der Handlung hat.[170]

Die Protagonisten sind weitaus realistischer gezeichnet als in den anderen Formen des Detektivromans. Sie entstammen der Mittelschicht mit den dazugehörigen Normen und Anschauungen. Meist haben sie Familie, aber das Verhältnis kann gestört sein, da sie zwischen ihrer aufreibenden Arbeit und den Anforderungen des Familienlebens stehen. Zudem sind sie durch die tägliche Konfrontation mit Gewalt und Tod desillusioniert und von Selbstzweifeln geplagt, insbesondere da sie erkennen müssen, daß ihre Tätigkeit keine Veränderung bewirkt.

Trotz der Mittelmäßigkeit der Figuren entsteht Spannung: »The result is a double image, in which the protagonist perceives himself to be an ordinary cop who is only doing his job, but under the right stimulation he can perform on a level that may - and usually does - surprise himself.«[171]

Die Gemeinschaft der Polizei wird als Subkultur dargestellt mit eigenen, oft ungeschriebenen Regeln und Kodizes. Die Rangordnung, Fragen der Beförderung und Ämterpolitik spielen eine wichtige Rolle im Verhalten. Der Vorgesetzte ist oft eine negative Figur, Insubordination ist häufig für eine erfolgreiche Ermittlung erforderlich. Rivalität zwischen den einzelnen Abteilungen oder Revieren ist ein weiteres Merkmal des dargestellten Systems. Die Subkultur des Polizeiapparates wird durch eine eigene Sprache betont:

> Horseplay and banter are a type of communication that establishes a level of camraderie among policemen. It is customarily rough (demonstrating the ability of the participants to take it as well as dish it out), good-natured (intended to sting but not to do serious damage), and manly (orientated to the world of male aggressiveness; when a policewoman is involved in it she knows she is really accepted). As a group communication it serves several ritualistic functions. Most often it is a device for exorcising the horrors and other tensions of the job. [...] Horseplay and banter also serve to strengthen the solidarity of the team: [...].[172]

Die Darstellung der Ermittlung orientiert sich an der realen Polizeiarbeit, wobei die Erzählstruktur dieser Routine folgt. Manche Autoren geben die Identität des Täters früh preis, so daß nur die reine Ermittlung im Mittelpunkt steht. Kennt der Leser den Täter nicht, gilt auch für den Polizeiroman die Fairplay-Regel. Polizeiliche Methoden, wie Verhör oder pathologische und forensische Untersuchungen, werden realistisch beschrieben, ebenso der alltägliche Papierkrieg. Die Ermittlung ist meist nicht aufregend und durch langweilige, deprimierende Routine geprägt. Die Genauigkeit der Beweise ist von großer Bedeutung, da die Ermittlung kein intellektuelles Spiel, sondern auf die Überführung des Täters und seine Verurteilung vor Gericht ausgerichtet ist. Der Zufall oder das Glück spielen eine große Rolle. Die Polizisten arbeiten unter Druck sowohl der Vorgesetzten als auch der Öffentlichkeit.

Das Verbrechen im Polizeiroman ist realer als im klassischen Detektivroman und meist auch nicht sehr komplex. Neben Mord stehen Drogendelikte, Kinderschändung und Vergewaltigung im Mittelpunkt. Es wird meist in mehreren Fällen gleichzeitig ermittelt.

Die Welt, in welcher der Polizist seine Nachforschungen anstellt, hat nichts mehr mit dem Schauplatz des orthodoxen Detektivromans gemein:

> [...] the police officer walks down streets far meaner than those through which the hard-boiled heroes drive. Police heroes deal with literal human garbage and filth more degrading and dangerous than anything which confronts the hard-boiled detective:[173]

Dieser »menschliche Unrat« findet sich aber nicht nur in kriminellen Kreisen, sondern häufiger hinter jeder normalen Wohnungstür. Die Polizisten sehen sich menschlichen Abgründen gegenübergestellt, und sie werden zu psychologischen Ermittlern. Besonders die britischen Vertreter dieses Subgenre werden mit solchen Fällen konfrontiert.

Die realistische Darstellung von Verbrechen und die Psychologisierung der Hintergründe stellen den Polizeiroman zwischen den klassischen Detektivroman und den zur gleichen Zeit entstehenden Kriminalroman. Der Polizeiroman ist jedoch noch ein Subgenre des Detektivromans auf gleicher Ebene wie die »hartgesottene« Variante, da die Ermittlung der Tat im Mittelpunkt steht und nicht das Verbrechen und der Täter.

3. Der Kriminalroman

Mit dem Zweiten Weltkrieg zerbrach die alte Ordnung und ihre Wertvorstellungen; die Autoren erkannten, daß das reine intellektuelle Spiel mit dem Tod überholt war. Sie versuchten nun, die populäre literarische Form stärker mit moralischen, gesellschaftlichen und sozialkritischen Kommentaren zur Situation der Nachkriegszeit aufzuwerten. Sie brachen endgültig mit der starren Form des orthodoxen Detektivromans und näherten sich in Stil, Aufbau und Inhalt der zeitgenössischen *mainstream novel* an oder stellten sich auf das gleiche literarische Niveau. Nicht die Aufklärung des Verbrechens steht im Mittelpunkt, sondern der Grund für die Tat. Der kriminelle Akt wird als soziales und psychologisches Problem thematisiert, die Autoren stellen die Frage nach der Schuld, wobei diese nicht eindeutig beantwortet wird: »*But the central and defining feature of the crime novel is that in it self and world, guilt and innocence are problematic.* The world of the crime novel is constituted by what is problematic in it.«[174]

Am Anfang steht John Bingham, der mit *My Name is Michael Sibley* (1956) dem Leser einen Einblick in die Psyche des Täters gewährt und dessen Verhalten nachvollziehbar macht. Julian Symons' *The Progress of Crime* (1961) schildert die Entwicklung eines Jugendlichen zum Kriminellen.

Die populärsten Romane aus der Perspektive des Täters finden sich in der Ripley Reihe aus der Feder Patricia Highsmiths, beginnend mit *The Talented Mr. Ripley* (1955): »Her heroes are therefore often criminals, heroic in the sense that they are the most likeable people in the story.«[175] Die Autorin thematisiert immer wieder die Frage nach Recht, Gerechtigkeit und Abstufungen von Schuld. Pierre Boileau und Thomas Narcejac dagegen bieten einen Einblick in die Psyche des Opfers wie in *Celle qui n'était plus* (1952). Jeder Schritt der Handlung führt weiter in die verwirrenden Tiefen der menschlichen Seele: »Die Suche nach Antworten kann zur Suche nach der eigenen Identität, die Furcht zur existentiellen Angst werden, die, da man die Ursachen nicht erkennen kann, auch nicht wirklich zu bewältigen ist.«[176]

Für diese Autoren ist die Welt *per se* undurchschaubar. Rationalität als eine handlungsbestimmende Fähigkeit wird abgewertet, ***die*** Ordnung gibt es nicht mehr, unter der Oberfläche herrscht nur menschliches Chaos. Die Macht des menschlichen Intellekts ist gebrochen, seine Personifikation in der Figur des Detektivs wird *ad absurdum* geführt, der Kriminalroman bietet dem Leser keine Beruhigung mehr: »The crime novel presents a phenomenologically upside-down world, inverting or intensifying to the point of breakdown [...]«[177].

Postmoderne Autoren, wie Alain Robbe-Grillet, Jorge Luis Borges, Vladimir Nabokov und Thomas Pynchon, die »[...] avant-garde writers of metaphysical detective and crime novels [...]«[178], untergruben durch Verfremdung, Parodie oder Pastiche die Konventionen des klassischen Detektivromans, um die Irrationalität und das Mysterium »Realität« zu thematieren.

Die »antidetective novel«[179] beeinflußte die Erben des klassischen Detektivromans, die ihn seit Beginn der achtziger Jahre zu erneuter Popularität führen sollten.

4. Der zeitgenössische Detektivroman

> Recent developments in detective fiction have blown the usual categories wide open: there are feminist hard boiled male detectives and female private eyes; there are intellectual detectives who do more than find bodies in libraries; and there is a host of 'postmodernist' literature, which borrows from detective fiction and other popular genres to evoke the 'postmodern condition' or experience.[180]

Dieses Zitat deutet die zahlreichen Entwicklungen und Varianten des zeitgenössischen Detektiv- und Kriminalromans nur an. Die Grenzen zwischen den einzelnen Formen sind aufgeweicht. Viele Autoren brauchen den Vergleich mit der *mainstream literature* nicht zu scheuen, bzw. solch eine Unterscheidung ist heute überholt. Zudem schreiben manche Autoren in beiden Lagern.[181]

Die sechziger und siebziger Jahre sind vor allem durch die Erfolge des Kriminalromans und des postmodernen Detektivromans geprägt. Zudem gewannen unter dem Eindruck des Kalten Krieges der Thriller und der Agentenroman an Popularität. Natürlich wurde auch der orthodoxe Detektivroman noch geschrieben und gelesen, allerdings meist aus nostalgischen Gründen. Ihm fühlte sich Agatha Christie noch bis zu ihrem Tod im Jahre 1976 verpflichtet.

Die Erneuerung zum modernen Detektivroman begann in den sechziger Jahren. Besonders britische Autoren orientierten sich an den *detective novels of manners* in der Art Dorothy L. Sayers'. Sie übernahmen viele Fragestellungen des Kriminalromans aber blieben bei der Ermittlung als zentrales Handlungselement:

> The modern detective novelist, even when writing within the long-established conventions, is concerned with character rather than clues, with motive before mystery and, in exploring the ambiguities of modern morality, no longer pretends that peace and order can always be restored even by the Great Detective.[182]

Am Beginn dieser Entwicklung stehen vor allem P.D. James' *Cover Her Face* (1962) und Ruth Rendells *From Doon with Death* (1964). Für die neuen Autoren sind die Regeln des Detektivromans nicht einengend[183]. Sie bleiben dem klassischen Handlungsaufbau mit einem Verbrechen als Ausgangssituation, der Figur des Polizisten, der wie ein *professional amateur* oder *gentleman policeman* in einer geschlossenen Gesellschaft oder einem kleinem Ort ermittelt, in welchen der Polizist von außen eindringt, treu. Dieser konventionelle Aufbau wird nun zum Vehikel für Sozialkritik. Die neuen Autoren sind erfolgreich, weil sie die Erwartungen der Leser an die populäre Form erfüllen und zur gleichen Zeit mit Neuerungen begeistern. Sie sind sich der literarischen Traditionen bewußt, denen sie folgen, spielen aber auch gleichzeitig mit ihnen. Das *whodunnit* wird zum *whydunnit*.

Bis Ende der siebziger Jahre zählten P.D. James und Ruth Rendell zu den führenden Frauen des Subgenres, dann bekamen sie Konkurrenz besonders von amerikanischen Autorinnen, die jedoch zum Teil Großbritannien als Schauplatz wählten. Martha Grimes begann mit *The Man with a Load of Mischief* (1981), es folgten u.a. Autoren wie Elizabeth George oder Deborah Crombie.

Aber nicht nur realistischere Charaktere oder Handlungsinhalte erneuerten den Detektivroman. Feministische Fragestellungen und »neue weibliche Detektive«, die sowohl in ihrer Ermittlungs- wie auch Lebensweise nur noch wenig mit Miss Marple gemeinsam haben, ließen den feministischen Detektivroman entstehen. Die konventionelle Erzählstruktur des Subgenres wird als Symbol des patriarchalen Systems verstanden. Dieses System und damit die tradierte Rolle der Frau werden durch Unterwanderung und Parodie in Frage gestellt:

> The emphasis is less on the suspense of the outcome as the detective puts her life on the line, than it is on her investigation which probes deeper into the sexism of the social order and compounds danger and threats she must confront. For they are not just the product of a single, irrational act but are endemic in the social system. Ultimately too, there is an emphasis on the new type of activity necessary to solve the crime, activity which includes consciousness raising strategies and collective action on the part of the women mobilizing for social reform.[184]

Die Ermittlung führt zur Aufdeckung der sozialen und ökonomischen Mißstände für Frauen in der Gesellschaft, für die die Erfahrungen der Detektivin repräsentativ sind. Sie ist weder Außenseiterin noch moralische Autorität wie der orthodoxe Detektiv. Sie identifiziert sich oft mit dem Opfer oder wird selbst zu einem. Zugleich ermöglicht die Figur der Detektivin, die klassische Opferrolle der Frau in die der Jägerin umzukehren. Festzustellen gilt: »The woman detective comes down to us through many voices, some of *which* are themselves hardly monolithic in their approach to the woman detective.«[185]

Auch im Subgenre Polizeiroman haben Veränderungen stattgefunden, die neue Popularität zur Folge hatten. Hinzu kam das gesteigerte Interesse der Leser an *true crime stories* und Politthrillers, an denen sich besonders *mainstream* Autoren versuchten.[186] Den Wendepunkt für den amerikanischen Polizeiroman bildet Joseph Wambaughs *The Choirboys* (1975). Er stellt die zerrissene Psyche der Polizisten in den Mittelpunkt, die er als korrupt und psychopathisch darstellt. Sie haben Spaß an der Gewalt- und Machtausübung. So auch James Ellroys Sergeant Hopkins in den Romanen seit *Blood on the Moon*. Sein »Held« ertränkt seinen Frust in einem Blutbad. Die neuen Polizisten begehen ohne Skrupel Einbruch oder Vergewaltigung.

Der fiktionale britische Polizist ist weniger gewalttätig, seine Arbeit wird meist sehr realistisch geschildert, so in den Romanen von John Harvey über Charles Resnick von der Polizei in Nottingham. Gründe für Verbrechen sind sozial und wirtschaftlich bedingt, meist geschehen sie im Kleinbürger- oder Arbeitermilieu.

Polizistinnen und ihre Probleme mit dem Polizeiapparat und -system stehen immer öfter im Mittelpunkt. Katherine V. Forrest läßt Kate Delafield seit *Amateur City* (1984) für das LAPD (Los Angeles Police Department) arbeiten. Herausragend auf britischer Seite ist die Autorin Lynda La Plante mit ihren Romanen über die Polizistin Jane Tennison.

Weiter- und Neuentwicklungen haben auch im hartgesottenen Detektivroman stattgefunden. Ende der siebziger Jahre begann der erneute Aufstieg des *private eye*. Er ermittelt größtenteils immer noch als Einzelgänger in Großstädten, jedoch nicht nur mehr in den USA. Sein Ziel ist nach wie vor, etwas mehr Gerechtigkeit in der Welt zu schaffen: »Most of these private eyes are likeable, and gallant righters of the wrongs and dispensers of justice in an oftentimes cruel and unjust world. They are, truly, our modern knights.«[187] Ihre Rüstungen bekommen jedoch Kratzer. Zu oft haben sie Niederlagen einstecken müssen oder die Probleme nicht lösen können. Angesichts der brutalen Realität sind die PIs gewalttätiger als ihre Vorgänger, gleichzeitig reflektieren sie aber mehr über ihr Handeln und ihre Motive. Das Verbrechen im modernen »hartgesottenen« Detektivroman ist nicht mehr das Symbol für das Böse in der Welt, sondern es sind konkrete Taten, ob es organisiertes Verbrechen, Glücksspiel, Rauschgifthandel oder Prostitution ist. Soziale Probleme der Großstadt werden in den Mittelpunkt gerückt: »Many of the new heroes are, in fact, social workers with guns.«[188]

Neue Dimensionen erhielt die *hard-boiled novel* vor allem durch die zahlreichen Autorinnen, die weibliche PIs zu ihren Protagonistinnen machen. Begründerin dieser Richtung ist Marcia Muller mit ihrer Detektivin Sharon McCone in *Edwin of the Iron Shoes* (1977). Die neuen Heldinnen amerikanischer Autorinnen wie Sara Paretsky in *Indemnity Only* (1982), Sue Grafton in *»A« is for Alibi* (1982) und Linda Barnes in *A Trouble for Fools* (1987)[189] haben zwar zahlreiche Charakterzüge ihrer männlichen Vorgänger übernommen (Autonomie, Arbeitsweise, Sprache, Milieu, Gewalt), aber diese Detektivinnen sind keine Abziehbilder der männlichen Figuren. Die Romane zeigen nicht eine Frau in der männlichen Rolle, sondern eine Möglichkeit, als Frau in der patriarchalischen Gesellschaft zu leben, die Verhältnisse aufzudecken und gegen sie zu kämpfen. Die weiblichen PIs definieren sich durch die Negation der ideologischen Orientierung der *hard-boiled novel* (männlich, hetereosexuell). Dadurch geraten sie in eine Außenseiterposition bzw. wählen diese freiwillig: »[...] these novels explore the consequence of choosing to make one's life within different social and personal frame-works. The new investigator heroines are also used to explore and challenge conventional ideas of female sexuality.«[190] Die Grenze zum feministischen *mainstream*-Roman wird fließend.

Eine Erweiterung des Themenspektrums um Minderheitenprobleme bieten zahlreiche Detektive, die einer diskriminierten Bevölkerungsgruppe angehören. Tony Hillerman war mit seinen *native-American* Polizisten ein Vorreiter. Inzwischen ermitteln auch afro-amerikanische Detektive, vor allem immer mehr Frauen, z.B. Nikki Bakers Virginia Kelly in *In the Cram* (1991) oder Barbara Neelys Blanche White in *Blanche in the Lam* (1992).

Ein Hauptmerkmal des modernen Detektivromans ist die Hybridisierung mit anderen Romanformen. Sowohl P.N. Elrod mit *Bloodlist* (1990) als auch Tanya Huff mit *Blood Prince* (1991) heben die Grenzen zwischen Fantasy- und Detektivroman auf. Lynn S. Hightower in *Alien Blues* (1992) läßt ihren Detektiv David Silver in einer zukünftigen Gesellschaft ermitteln. Am häufigsten finden sich jedoch Grenzüberschreitungen zwischen dem historischen und dem

Detektivroman. Es gibt wohl keine Ära der Geschichte, in der nicht ein fiktionaler Detektiv seine Arbeit verrichtet. Ob die Handlung im alten Ägypten, in China oder im antiken Rom spielt, meist ist sie historisch sehr gut recherchiert. Besonders beliebt sind Romane, die einen mittelalterlichen Schauplatz wählen z.B. von Ellis Peters oder P.C. Doherty.[191] Eine perfekte Synthese bilden die Romane von Anne Perry mit ihrer Darstellung der spätviktorianischen Gesellschaft, mit all ihren Zwängen, sozialen Ungerechtigkeiten und ihrer Scheinheiligkeit. Sie bietet eine spannende Detektivhandlung und eine genaue historische Schilderung der Zeit.[192] M.J. Trow verbindet seine historischen Detektivromane mit der fiktionalen Welt Conan Doyles. Er stellt Doyles Polizisten Lestrade in den Mittelpunkt des Geschehens, wobei er ihn als einen äußerst fähigen Ermittler agieren läßt, Holmes wird dagegen als einfältiger, unfähiger Kokainsüchtiger beschrieben. Trow läßt zudem historische Persönlichkeiten, u.a. Oscar Wilde oder den jungen Churchill, auftreten.

Eine Vermischung des Detektivromans findet nicht nur mit anderen literarischen Formen statt. Peter Watson verbindet in *Landscape of Lies* (1990) Bildende Kunst und Kunstgeschichte mit einer Detektivhandlung. Ein mittelalterliches Gemälde, das auf dem Buchdeckel abgebildet ist, fungiert als Schatzkarte. Im Laufe der Handlung werden die Symbole des Bildes erklärt und entschlüsselt, dafür muß der Leser immer wieder auf den Buchdeckel schauen. Die Lösung des Rätsels ist gleichzeitig eine Einführung in die Symbolsprache der mittelalterlichen Kunst. Einen philosophiehistorischen Exkurs bekommt der Leser dagegen in dem Roman *A Philosophical Question* (1993) von Phillip Kerr.

Mit dem Aufgreifen von Kunst und Philosophie ist die Brücke zum postmodernen Detektivroman geschlagen. Ob nun Paul Austers *The New York Trilogy* (1985/86) oder Peter Ackroyds *Hawksmoor* (1985), Realität, Identität und Wahrheit sind nicht mehr faßbar. Zusammenfassend läßt sich feststellen:

> [...] we will find ourselves more and more uncertain about the possibility of any 'master' conventions for the detective fiction and reluctant to speak with too much assurance about the rules of even the subgenres. We will find ourselves focusing more upon the ways in which detective fiction has adapted to and adopted from other writing and upon the ways in which it merges with those other kinds. At present, we are running up against walls around the genre that we ourselves have made. Perhaps it is time they came down.[193]

III. Der anglo-amerikanische Universitätsroman

> This [the campus novel] is by now a fiction so well established that addicts of the campus novel, like addicts of the detective stories and spy thrillers, relish its familiar and recurrent features almost as much as they enjoy whatever new twist or texture the novelist is able to impart.[194]

Die typischen inhaltlichen Merkmale des anglo-amerikanischen Universitätsromans lassen sich meist herausarbeiten, während eine formale Definition Schwierigkeiten bereitet, denn der Universitätsroman tritt dem Leser u.a. als Satire, Romanze, Bildungs- oder Pikaro-Roman entgegen. Zudem gilt, daß »[...] die Grenzen zwischen den verschiedenen Kategorien nicht zu scharf zu ziehen sind, sondern es durchaus Überlappungen geben kann.«[195] Die Betonung des Inhalts hinsichtlich einer Definition des Subgenres zeigt die Forschung, wenn sie die soziale und nicht die ästhetische Rolle des Universitätsromans in der anglo-amerikanischen Literaturgeschichte betont.[196] Schon der Universitätsroman des 19. Jahrhunderts diskutiert die Rolle und den Wert der Institution und der Bildung in der Gesellschaft. Er wird zu einem »[...] literarischen Forum der Gesellschafts-, Kultur- und Wissenschaftskritik, vor allem auch der Selbstkritik.«[197] Mit der Postmoderne drängen auch formale Aspekte des Universitätsromans in den Vordergrund. Das Schreiben selbst wird thematisiert, die Form verdeutlicht den Inhalt.

Für das Subgenre werden verschiedene Termini verwendet, die nicht immer synonym sind. Die Bezeichnung Universitätsroman bzw. *university novel* oder *college novel* sind die Oberbegriffe für: »[...] a full length work of fiction which incorporates an institution of higher learning as a crucial part of its total setting and which includes among its principal characters graduate or undergraduate students, faculty members, administrators, and/ or other academic personnel.«[198]
Academic novel ist ein weiter gefaßter Begriff, da er auch Werke einschließt, die an Schulen oder Internaten spielen.[199] *Oxbridge* oder *varsity novel* bezeichnen Romane, die Oxford oder Cambridge zum Schauplatz haben, wobei letzterer Begriff vor allem für die Werke des 19. Jahrhunderts verwendet wird.[200] In der Nachkriegszeit mit der Darstellung der Universität als »[...] battleground of major ideas and ideologies [...]«[201], wird der Begriff *campus novel* eingeführt.

1. Geschichte des anglo-amerikanischen Universitätsromans

Der Universitätsroman war lange ein Stiefkind der Literaturwissenschaft, die erst auf ihn aufmerksam wurde, als er als »rising popular subgenre«[202] auch gesellschaftlich signifikante Themen aufgriff. Typische Figuren, Motive und Darstellungsformen des Schauplatzes entstanden schon sehr früh in der Geschichte des Subgenres und lassen sich auch in zeitgenössischen Romanen wiederfinden. Die Entwicklung des Universitätsromans weist bis zum Zweiten Weltkrieg Unterschiede zwischen amerikanischen und britischen Werken hinsichtlich der dargestellten Bildungsideale, deren Thematisierung als

»zentrales Kennzeichen einer Gattung«[203] verstanden wird, auf. Daher wird die Geschichte des Subgenres bis 1945 getrennt betrachtet werden.

1.1. Der britische Universitätsroman bis 1945

Schon im Mittelalter fand die Figur des Gelehrten Eingang in die Literatur. In den Scholarenportraits der *Canterbury Tales* wird der Typus des weltfremden oder frauenhassenden Gelehrten beschrieben, ebenso findet sich dort das Motiv studentischer Streiche. Die negative Darstellung der Gelehrten setzt sich im 15. Jahrhundert durch. In der Literatur des 17. Jahrhunderts werden Oxford und Cambridge zum Tummelplatz junger Müßiggänger, wie Thomas Overbury sie in seinen satirischen Schriften schildert.[204] Die Universität und ihr Lehrkörper verloren an Ansehen:

> [...] the commonest picture of an eighteenth-century don is that of an idle old sinner, fat and coarse, too vain and lazy to attend to his students beyond toadying the wealthy ones, content to feast and slumber, drink vast quantities of brandy and port, engage in amours with college bedmakers, and aspire to the profitable consequences of being college head, professor, and bishop all at the same time.[205]

Das lasterhafte Leben eines Studenten wird als Versuchung für junge Männer des Bürgertums verurteilt. Es entsteht die Figur des *rake*, des Studenten, der ein ausschweifendes Leben führt und das Studium vernachlässigt. Als bösartigste Schilderung der Zustände in Oxford gilt das anonym publizierte Werk *The Adventures of Oxymel Classic, Esqu.: Once an Oxford Scholar* (1768).[206]
Den Wendepunkt in der Entwicklung der literarischen Schilderungen des akademischen Milieus zu einer positiven, ja, idealisierten Präsentation, ist John Gibson Lockharts Roman *Reginald Dalton: A Story of English University Life* (1823), der als erster Universitätsroman verstanden wird.[207] Cuthbert Bedes *The Adventures of Mr. Verdant Green* (1854-57) steht für den Beginn der unkritischen und komischen Darstellung des Universitätslebens:

> In der Entschärfung des Bildes von der Universität als Lasterhöhle zu einer Stätte, in der letztendlich gutartige junge Burschen sich austoben und die Professoren weltfremde, in ihrer Wissenschaft versunkene Gelehrte sind, die allenfalls komisch wirken, dokumentiert sich eine neue, von ursprünglichen Ängsten freie und selbstbewußte Einstellung des Bürgers zur exklusiven, von Aristokraten dominierten Universität.[208]

William Farrars *Julian Home: A Tale of College Life* (1859) begründet einen zweiten Strang des Subgenres, die »novels of reform«[209]. Er führt den Stereotyp des fleißigen Studenten ein, dessen Arbeit von Erfolg gekrönt ist. Den größten Einfluß auf die weitere Entwicklung hatte Thomas Hughes' Roman *Tom Brown at Oxford* (1861). Er vereinigt viele typische Merkmale, die den Universitätsroman prägen sollten. Der Werdegang des Titelhelden wird geschildert, gleichzeitig beschreibt der Autor Oxford in seiner Schönheit, seiner Tradition und Atmosphäre. Er greift die Privilegien der adligen oder wohlhabenden Studenten sowie eine mangelhafte Lehre an:

> In it [the novel] are the conventional undergraduate rakes and comedians. It avoided the crudeness of the earlier reforming novels and at the same time was dedicated to the process of reform. And more important to the convention of the university novel, in it appeared the undergraduate who was also a normal youth working out his adjustment to the new world by making his way through the vicissitudes of extravagance and high living toward maturity.[210]

Dies veränderte Bild zeigte sich nach Reformen, nach der Demokratisierung und der Durchsetzung utilitaristischer Bildungsvorstellungen. Die Universitäten sollten Ausbildungsstätte der technischen und administrativen Elite werden. Neben Oxbridge waren neue Universitäten, »new civic universities«[211], gegründet worden.

Gleichzeitig entstand unter dem Einfluß der Ideen John Henry Newmans und besonders Matthew Arnolds eine Gegenbewegung zur Wiederbelebung des humanistischen Bildungsideals. Newman forderte in seinen Vorlesungen, die 1852 als *The Idea of a University* veröffentlicht wurden, die Kultivierung des Geistes, worunter er nicht die Anhäufung von Fachwissen, sondern die Vervollkommnung des Charakters auf vielen Gebieten verstand. Arnold sieht in seinem Essay *Culture and Anarchy* (1869) in Oxford die letzte Bastion für seine »study of perfection«[212], für seinen Kulturbegriff. Mit dieser Idealisierung hatte er großen Einfluß auf den Universitätsroman der folgenden Jahrzehnte. Die Romane thematisieren den »university Chrichtonism«[213]: Das Studium wird als beste Zeit im Leben eines Mannes geschildert, in der er viel Sport treibt, sich mit Freunden vergnügt, dabei jedoch das Lernen nicht vergißt. So schildert Max Beerbohm in *Zuleika Dobson* (1911) die unterschiedlichen Lebensweisen der *undergraduates*:

> The conflict between the so-called 'Hearties' and 'Arties' (here the 'beefy' athletic set and the 'aesthetic' philosophical crowd) is one kind of college rivalry that is generally recognized by those novelists writing about male undergraduate experience in the early decades of this century [...].[214]

Höhepunkt des »cult of Oxford«[215], der die Universität als Hort der Arnoldschen »self-culture« preist[216], ist Compton Mackenzies *Sinister Street* (1913-14). Er schildert Oxfords einzigartige Schönheit und Atmosphäre, seine Studenten zeigen wenig wissenschaftliches Interesse, sondern interessieren sich für Kunst und Literatur um deren selbst willen. Der Roman wurde nach dem Ersten Weltkrieg »[...] zu einer Art Bibel des Kultus von Oxford«[217] und fand in den nächsten Jahrzehnten zahlreiche Nachahmer.

Da Frauen erst 1921 in Oxford am Frauencollege Somerville (in Cambridge nicht vor 1947) einen Abschluß anstreben konnten, fanden ihre Erfahrungen mit der Institution Universität erst in späteren Jahren Niederschlag in der Literatur, z.B. in den Romanen der *Somerville college novelists* ab 1929. Auch sie schilderten ihre Studienzeit als etwas Besonderes, idealisierten Oxford, aber gleichzeitig thematisierten sie ihre Außenseiterstellung, da ihnen viele Einrichtungen der Universität verschlossen geblieben waren.[218]

1.2. Der amerikanische Universitätsroman bis 1945

Mit Nathaniel Hawthornes *Fanshawe* erschien 1828 der erste amerikanische Universitätsroman.[219] Populär wurde die Romanform erst gegen Ende des Jahrhunderts unter dem Einfluß britischer Vorbilder. Yale, Princeton oder Harvard waren meist die Schauplätze dieser Romane. Aber erst mit Macomb Flandraus *Harvard Episodes* (1897) erschien »[... the] first work of fiction about American college life that is worth the idle reader's time [...].«[220]

Education steht auch im Mittelpunkt der amerikanischen Vertreter des Subgenres, jedoch gelten andere Bildungsvorstellungen. Die theoretische (Aus)Bildung, die man sich an einer Universität aneignet, wird dem gesunden Menschenverstand, der durch praktische Erfahrung, das Erleben der Natur und durch körperliche Arbeit in einer demokratischen Gesellschaft geschult wird, gegenübergestellt: »Durch sie wird der Mensch zu einem freien, aktiven und sozialen Wesen mit *common sense*, dem gegenüber der akademische Gelehrte schwächlich, unsicher und isoliert erscheinen mußte.«[221] Symbolisiert wird dieser Streit durch die Gegenüberstellung von Bibliothek und Natur bzw. dem Intellektuellen auf der einen und dem Sportler oder *frontier man* auf der anderen Seite. Eine der besten Darstellungen der Überlegenheit des *common sense* ist Owen Wisters Kurzroman *Philosophy 4: A Story of Harvard University* (1903). Owen M. Johnson verbindet das Ideal des *common sense* mit der Forderung nach Demokratisierung der Universität in *Stover at Yale* (1912).

Nach dem Ersten Weltkrieg gibt es auch im amerikanischen Universitätsroman das Motiv der *self-culture* im »academic Bildungsroman«[222]. Die Protagonisten erwerben geistige Reife durch selbstgewählte Lektüre und persönliche Erlebnisse; diese führen jedoch nicht zu einer erfolgreichen beruflichen Karriere, sondern zur Ablehnung gesellschaftlicher Normen und dem Ausstieg aus dem System, z.B. in *This Side of Paradise* (1920), F. Scott Fitzgeralds Erstlingswerk.

Der Überblick über die frühe Entwicklung des anglo-amerikanischen Universitätsromans läßt erkennen, daß er »student-centred« war, während, wie nun gezeigt wird, die *campus novel* der Nachkriegszeit »staff-centred« ist.[223]

1.3. Der zeitgenössische Universitätsroman

Das Subgenre gewann erst in den fünfziger Jahren an literaturhistorischer Bedeutung: »Since the 1950s, academe has provided fiction with a major theme for the first time in our literary history.«[224] Anstatt einer Diskussion verschiedener Bildungsideale anhand der Beschreibung des Reifungsprozeßes junger Menschen steht nun die Problematisierung des akademischen

Berufsfeldes und Selbstverständnisses sowie die Auseinandersetzung mit gesellschaftlichen Mißständen am Beispiel der Institution Universität im Vordergrund.

Mary McCarthys *Groves of Academe* (1952) und Randall Jarrells *Pictures from an Institution* (1954) gelten als frühe amerikanische Beispiele dieser Entwicklung.[225] Auf britischer Seite werden meist C.P. Snows *The Masters* (1951) und Kingsley Amis' *Lucky Jim* (1953) genannt.[226] Um den inhaltlichen Unterschied zu den Romanen der Vorkriegszeit zu betonen, wird für den Universitätsroman der Begriff *campus novel* eingeführt: »[...] we might then need another term - say campus novel - to serve account for the kind of novel that appeared after the war [...] and was much less concerned with nostalgia or social recollection, more with intellectual and social change.«[227] Diese Verlagerung der Themenbereiche ist eine Folge der veränderten Sozialstruktur der Studenten und der Dozenten nach den Bildungsreformen im Laufe der vierziger Jahre.[228] Dies brachte eine größere Zahl an Autoren und ein größeres Potential an Lesern. Das Subgenre zeigte sich prädestiniert als Sprachorgan der akademischen Intelligentia:

> Fiction about academe can be considered self-reflexive [...] it makes sense for those who wish to comment on academe to choose the novel form; the activities of writing and reading are so closely bound together that it seems natural to write and read about ourselves as academics - even to write and read about others who write *about* our profession.[229]

Die charakteristischen Themen der *campus novel* sind eng mit der Entwicklung der Universitäten zu Masseninstitutionen verbunden. Als Folge der Reformen[230] stiegen die Studentenzahlen an, die alten Universitäten wurden ausgebaut und neue gegründet.[231] Die veränderte Zusammensetzung des Lehrkörpers und der Studentenschaft ermöglichte es, soziale Entwicklungen, die Stellung des Individuums in der Gesellschaft und kulturelle Entwicklungen an der Institution Universität, die als »gesellschaftliche[r] Mikrokosmos«[232] verstanden wird, widerzuspiegeln:

> But the academic novel can perform another, rather more historically concrete function, in imaging the more general condition of the nation. The academic novel offers interesting opportunities to explore conflicts and transitions between competing values and structures of belief as well as between different ideological time-scales. [...] both an asocial enclave, protected from the uncertainties and excesses of the social, and yet also an exact scale model of it, a burnished surface on which the dangerous and unpredictable lines of force of the social and political world maybe seen faintly but finely incised.[233]

Diskutiert werden in der *campus novel* die Machtstrukturen innerhalb der Universitäten und die Beziehungen zur Gesellschaft, die innere Zerissenheit des

Wissenschaftlers zwischen akademischem Idealismus und den Erfordernissen einer akademischen Karriere. Die Frage nach Sinn und Zweck besonders der Geisteswissenschaften und damit nach dem Selbstverständnis und Selbstzweifel des Akademikers wird gestellt. Die *campus novel* kann dabei als soziales Dokument verstanden werden, als Fiktion drückt sie die Wünsche und Erwartungen ihrer Autoren und Leser aus.

Satire, Komik und Parodie werden zu definierenden Stilmitteln des Subgenres.

Die frühen *campus novels* sind selbstironische Darstellungen der neuen Dozenten, die vergeblich versuchen, in den Strukturen der alten akademischen Welt ihren Platz zu finden. Durch Kingsley Amis' Jim Dixon z.B. entsteht in *Lucky Jim* die Figur des Antihelden, der trotz aller Widrigkeiten versucht, Liberalismus, Humanismus und Integrität zu bewahren. Die Kritik am System ist eher mild, denn das Bild der Lehrenden ist eine »[...] softish satire and mischievous pasquinades of the quirks, eccentricities and foibles of the intellectual.«[234]

Ab Mitte der sechziger Jahre überwiegt eine pessimistischere Darstellung des universitären Lebens. Die Hochschule wird zum Schlachtfeld der Ideologien, Chaos setzt sich durch, die Geisteswisssenschaft ist verunsichert. Man erhofft neue Anstöße, gleichzeitig fürchtet man die gesellschaftliche Relevanz zu verlieren. Beißende Satire wird zum beherrschenden Stilmittel. In der Welt der Wissenschaft herrschen Eitelkeit, Selbstsucht, Arglist und Perversion. Mit dem Nachlassen der Bildungseuphorie gegen Ende der siebziger Jahre, besonders seit den Kürzungen in den Bildungsetats, setzt sich vornehmlich der britische Universitätsroman mit der Resignation der Geisteswissenschaften und dem Damoklesschwert der akademischen Arbeitslosigkeit auseinander. Die *campus novel*s der Achtziger sind die Reaktion auf »[...] universities having been made to feel that they were particularly useless institutions, were forced onto the defensive and have still not recovered from the onslaught.«[235]

Die Romane reagieren auf die Verwaltungsreformen der Universitäten, die diese zu profitorientierten Firmen »degradierten«. Der Frontalangriff auf das akademische Selbstverständnis, besonders der Geisteswissenschaften, und der Kulturkampf zwischen Geist und Geld, spiegeln sich in den *campus novels* wider. Spielen sie an einer neuen Universität, wird beklagt, daß diese den Aufgaben von Forschung und Lehre, als Schöpferin, Bewahrerin und Vermittlerin von Kultur und als Ort des kritischen Bewußtseins, also der »multiversity«[236], nicht mehr nachkommen kann. Die Dozenten haben ein gestörtes Verhältnis zu ihrem Arbeitsplatz. Klagen über die Reglementierung des Lehrplans, das Verkommen von Bildung zur Ware, den mittelmäßigen oder geringen Leistungsstand der Studenten durchziehen die Romane wie ein roter Faden. Schuld wird dem Zulassungsverfahren, dem unzulänglichen Unterricht, den gleichgültigen Lehrenden und den desinteressierten Lernenden in überfüllten Kursen gegeben. Dem einzelnen Lehrer fehlt die Motivation angesichts der ständigen Bedrohung seines Arbeitsplatzes und des Mangels an Lehrmitteln besonders an geisteswissenschaftlichen Instituten, die um ihre Daseinsberechtigung kämpfen müssen. Nicht von ungefähr bilden Literaturdozenten, Goch spricht deshalb auch von der »English Department novel«[237], die größte Gruppe von Autoren und »[...] the novels themselves may be seen as manifestations of loss of confidence in the central importance of literature.«[238] Die wirtschaftliche Situation verschärft den Konkurrenzkampf unter den Lehrenden. Es geht ihnen um Geld und wissenschaftliches Ansehen. Die Romane schildern den Leistungsdruck, der durch z.B. den Zwang zur Publikation, durch die Hoffnung auf einen Aufstieg in der universitären Hierarchie und auf ein unbefristetes Arbeitsverhältnis entsteht: »He [the professor] is either a pedant whose studies have ill-equipped him to deal with life, or he is a person who has used his knowledge to control others.«[239] Neben den weltentrückten Professor tritt der Akademiker, der als rücksichtsloser Hochschulpolitiker Karriere machen will. Der Geisteswissenschaftler verliert im Kampf um Prestige und Gelder gegen den naturwissenschaftlichen Zweig, gegen die Verwaltung und gegen den Druck der Öffentlichkeit.

Neben den beruflichen Problemen plagen den Akademiker familiäre Schwierigkeiten. Zum Stereotyp der *campus novel* wird der meist männliche Protagonist, der von dauernder Geldnot, einer nörgelnden Ehefrau, vorlauten Kindern und attraktiven Studentinnen gequält wird. Die Erkenntnis der eigenen Mittelmäßigkeit trifft ihn um so härter.

Der ständige Kampf der Dozenten mit der Verwaltung schlägt sich in den Romanen in einer äußerst negativen Charakterisierung der administrativen Vertreter nieder. Sie stellen sich und ihre Aufgabe über Forschung und Lehre; besonders die Spitze dieser Hierarchie, die Präsidenten, trifft der satirische Stachel. Äußerst eitel neigen sie zur Durchführung von neuen Programmen und Bauvorhaben, die mehr ihrem eigenem Prestige dienen als dem Wohl der Universität. Die Einschränkung der akademischen Freiheit oder die Entlassung ihnen unliebsamer Dozenten scheint ihre Hauptaufgabe zu sein. Die Frage nach akademischer Politik und Macht ist immer eng mit dem Paradox von Macht und Streben nach akademischer Wahrheit und Idealismus verbunden.

Die Autoren lassen oft einen Gastprofessor auftreten, durch dessen Augen der Leser Einblicke ins System erhält. Zudem bietet diese Figur die Möglichkeit, Bildungssysteme zu vergleichen, z.B. in David Lodges *Changing Places* (1975) oder Alison Luries *Foreign Affairs* (1984). Die Zeit an einer anderen Hochschule ermöglicht dem Protagonisten auch, sich selbst wiederzufinden und andere Perspektiven für sich zu entdecken. Neben dem Austausch ist auch die Internationalisierung des akademischen Arbeitens Thema der *campus novel*, z. B. in Lodges *Small World* (1984). Der *global campus* verstärkt die Konkurrenz der Wissenschaftler untereinander sowie der akademischen Systeme Großbritanniens und der USA. Zudem ermöglicht dieser Schauplatz auf komische und satirische Art, nationale Stereotypen gegeneinander auszuspielen. In diesem Kampf wird Wissen zu persönlichem Besitz und zu einem Machtpotential:

> [...] the realm of competition divides up another sort of territory, and offers another sort of power. This includes the delight of hoarding special knowledge, as in private ownership of secrets about one's chosen subject, or the possession of manuscripts; it also includes staking a claim to a particular approach, literary figure or specific task, such as writing a biography or editing a manuscript.[240]

Bei diesem Spektakel sind Studenten meistens ausgeschlossen. Erst in den Romanen, die in den späten Achtzigern verfaßt wurden und besonders die Etatkürzungen thematisieren, werden ebenso ihre Probleme dargestellt. Das studentische Leben in der *campus novel* hat wenig mit dem Bild der idealisierten Ausbildung der Jahrhundertwende gemein. Ihnen fehlt es an Geld für Bücher, Nahrung oder eine vernünftige Unterkunft: »The idea of a university as an educational institution has been abandoned. Students spend their time in sheer materialistic struggle for survival.«[241]

Frauen spielten auch im Universitätsroman der Nachkriegszeit lange keine Rolle: »In British university fiction women are subject to what a critic has called, felicitously, textual harassment.«[242] Neben den Ehefrauen, oft auf der Suche nach einer Affäre mit einem Studenten, findet sich die ältere, unverheiratete, energisch und selbstbewußt auftretende Dozentin oder die junge, emanzipierte Frau, deren Emanzipation sich vornehmlich in einer freizügigen Sexualmoral zeigt. Daneben gibt es den Typus der intelligenten Dozentin, die äußerlich wenig attraktiv ist, mit einer neurotischen Mentalität, die sich in einem gestörten Verhältnis zum anderen Geschlecht und in sexuellen Komplexen ausdrückt. Erst seit Ende der siebziger Jahre gibt es in der *campus novel* weibliche Figuren, die sich mit ihren spezifischen Problemen, nämlich Beruf, Familie und ihre Rolle als Frau in der Gesellschaft zu vereinen, repräsentieren, so in Kitty B. Floreys *Family Matters* (1979), Joyce Carol Oates' *Unholy Lovers* (1979) oder Joan Smiths *Masculine Ending* (1987). Die Frauen fordern und kämpfen für ein erfülltes Leben:

> The portrayal of women academics by women writers generally tends to take the conferring of University [...] degrees extremely seriously; it is the major source of their heroines' identities. [...] the covert battle with men in the University continues as a subtle background to the general maneuvering for position which goes on in the academic powerstructure.[243]

Wurde bisher von dem Universitätsroman der Nachkriegszeit gesprochen, war damit die anglo-amerikanische *campus novel* mit einer Nicht-Oxbridge-Universität als Schauplatz gemeint. Dabei sind Oxford und Cambridge bzw. eine der amerikanischen *Ivy-League*-Hochschulen[244] nicht aus der fiktionalen Auseinandersetzung mit der Universität seit 1945 wegzudenken. Die zeitgenössische *Oxbridge novel*, obwohl in der Forschung vernachlässigt, ist zahlenmäßig die bedeutendste Variante des britischen Universitätsromans.[245] Darüber hinaus ist der Einfluß von Oxbridge und der *Ivy-League* auf die *campus novel* enorm:

> Although the most popular and interesting campus novels of the last twenty-five years are not set in Oxbridge, all of them refer to the myth of English university life which is based on Oxford and Cambridge tradition. Basically, this myth consists of a cultural concept of Englishness which finds its educational and academic equivalent in the two old universities.[246]

Carter spricht von dem »Oxbridge-centred discourse«[247] der *campus novel*, die, wie er provokativ formuliert, nur beschreibt »[...] how rotten life was as a student or teacher outside Oxford and Cambridge.«[248] Die Autoren/Protagonisten sehnen sich nach einem Bildungsideal, symbolisiert durch Oxbridge, das sie selbst nicht erleben dürfen und das in ihnen das Gefühl des Außenseiters verstärkt. Oxbridge oder die amerikanischen *Ivy-League* Universitäten bilden die Meßlatte hinsichtlich des Bildungsideals, der vorbildlichen Lehre und Forschung und des schönen Äußeren, an der alle anderen Universitäten gemessen werden, die im Vergleich viel zu wünschen lassen. Schon die Gebäude der neueren Universitäten spiegeln die inneren Mißstände des Systems wider: Kaputt, schmutzig, wenig menschenfreundlich laden sie, im Gegensatz zu den Colleges in Oxbridge, nicht zur intensiven Lehre und Forschung ein.

Die *Oxbridge novel*s selbst zeigen ein weniger kritisches Bild der Universität. Leben und Arbeit der Dozenten ist eng miteinander verbunden, gleichzeitig unterstützt die Intimität der Colleges Rivalität und persönliche Antipathie. Auch hier hadern die Protagonisten mit ihrem akademischen Dasein; auf die finanzielle und intellektuelle Krise der Achtziger reagierten sie jedoch mit einer Nostalgiewelle. In dieser Variante des Universitätsromans spielen Studenten eine größere Rolle:

> Ninetheenth-century novelists had used four categories to describe Oxford undergraduate culture: aristocratic bloodies, sporting hearties, weedy - and, it was hinted, sexually unsound - aesthetes, and dim reading men. Post-war novels continue to use these categories [...].[249]

Neben den genannten inhaltlichen Merkmalen des Universitätsromans weist das Subgenre besonders in den letzten 15 Jahren die Thematisierung des literarischen Diskurses auf, sei es nun Theorie oder Fiktion. Der Universitätsroman wird eine sich selbst reflektierende Form und Forum verschiedenster Genres und Theorien. Zwar verbleiben viele Autoren, oberflächlich betrachtet, bei der realistischen Erzähltradition, aber nur um diese durch neue Muster zu brechen. Intertextuelle und metafiktionale Spielereien nehmen eine zentrale Stellung ein, eine »layered fiction«[250] entsteht. Texte werden mit Zitaten angereichert, verschiedene Romanformen adaptiert und/oder vermischt, Bezüge zu anderen Universitätsromanen hergestellt oder die Fiktionalität aufgebrochen. Der Universitätsroman wird zum Schlachtfeld der Postmoderne.

Zugleich setzen sich die Autoren in diesem Subgenre mit ihrer ambivalenten Position als Kritiker und Autor, die sich sonst oft in feindlichen Lagern gegenüberstehen, auseinander:

> [...] the basic conflict between these two modes of writing: creativity or inspiration as opposed to criticism and craftsmanship - both of which are necessary to both critic and novelist, but which work well in tandem precisely because they conflict each other.[251]

Der Universitätsroman bietet dem Autor und dem Leser eine gefahrlose Möglichkeit, sich mit seinen intellektuellen und existentiellen Ängsten auseinanderzusetzen. Es geht von ihnen eine Art Beruhigungseffekt aus, so daß nicht verwunderlich ist, daß der Universitäts- und der Detektivroman die gleiche Leserschaft ansprechen.[252]

IV. Die anglo-amerikanische *College Mystery Novel*

»Judging from the numbers of crime novels set in academe, murder - committing it or investigating it - would seem to rank just behind research and teaching in the list of professorial activities:«[253] Mag diese ironische Einschätzung auch überzogen wirken, so trifft sie doch den literarischen Sachverhalt, wie die Bibliographien von Kramer, Carter und Olderr zeigen.[254]

Akademiker bilden seit den dreißiger Jahren die größte Gruppe der literarischen Amateurdetektive[255] und ihrer Schöpfer. Auch die Mehrzahl der Autoren und Protagonisten der *college mystery novel* sind Literaturwissenschaftler.[256] Der literarische Aufstieg des Subgenres fällt zeitlich mit dem Höhepunkt des orthodoxen Detektivromans zusammen. Zwar wird bereits in dem 1880 (?) anonym verfaßten Oxbridgeroman *The Oxford and the Cambridge Eights* ein versuchter Giftmord an einem Mitglied der Rudermannschaft aus Oxford geschildert, doch von einem eigenständigen Subgenre kann man erst seit *The Dartmouth Murders* (1929) des amerikanischen Autors Clifford Orr sprechen. Vier Jahre später erschien dann mit John Cecil Mastermanns *The Oxford Tragedy* der erste britische Roman der Untergattung. Den eigentlichen Grundstein für die Entwicklung der *college mystery novel* legten die britischen Autoren Dorothy L. Sayers, Michael Innes und Edmund Crispin.[257] Ihre Romane waren mehr als »backgrounder«[258]. Indem sie die Formelhaftigkeit des orthodoxen Detektivroman zu überwinden versuchten, schufen sie die ersten eigenständigen Charakteristika der *college mystery novel.* Michael Innes gab dem Subgenre eine mögliche Richtung vor, indem er als Begründer der *donnish school* mit seinem Erstlingswerk *Death at the President's Lodgings* (1935) Komik als einen Charakterzug einführte.[259] Ihn zum Vorbild nehmend, überführte Edmund Crispin mit *The Case of the Gilded Fly* (1944) durch die Stilisierung des wortgewandten, exzentrischen Literaturprofessors und Amateurdetektivs Gervase Fen[260] und die Schilderung burlesker Situationskomik die Romanform zur Farce. Als ernsthaftere *novel of manners* beginnt Sayers' Roman *Gaudy Night* (1936) einen anderen Traditionsstrang des Subgenres und bietet Anlaß zur Diskussion um die Einordnung in die Gattungshierarchie; sie selbst hatte dem Werk den Untertitel »An Oxford Novel«[261] gegeben.

Schon diese Anfänge zeigen die Variationsbreite der anglo-amerikanischen *college mystery novel* und illustrieren, daß zur Typologisierung sowohl Merkmale des Kriminal-/Detektivromans als auch des Universitätsromans herangezogen werden müssen. Die Untersuchung der Typologie der *college mystery novel* beginnt mit der Erarbeitung der Charakteristika dieser zwei Subgenres, um anschließend diejenigen Merkmale aufzuzeigen, die speziell in der Hybridisierung entstehen.

1. Typologische Merkmale des Detektiv- und Kriminalromans in der *College Mystery Novel*

In den neun Romanen, die dieser Untersuchung zugrunde liegen, finden sich Merkmale des klassischen und zeitgenössischen Detektivromans mit seinen Subgenres *police procedural* und *hard-boiled novel* sowie des Kriminalromans. Zunächst werden die Verfasser und ihre Karriere als »Krimiautoren« vorgestellt. Es folgt eine Betrachtung der verschiedenen Detektivfiguren, um dann die Figurenkonstellation und Erzählstruktur zu analysieren.

1.1. Die Autoren und Autorinnen

Die Autoren und Autorinnen schreiben mit Ausnahme von D.J.H. Jones erfolgreich Buchreihen über die detektivische Arbeit ihrer Protagonisten, manche seit mehr als dreißig Jahren, andere wiederum erst seit kurzer Zeit.

Charlotte MacLeod (geb. 1922) begann ihre literarische Karriere in den sechziger Jahren mit Kinderbüchern und Romanen, die zum Teil unter dem Pseudonym Mathilda Hughes veröffentlicht wurden. Der literarische Durchbruch gelang ihr erst 1978 mit *RYM*. Sie wurde als Verfasserin von »[...] not only one, not two, but four of the most popular series in mystery fiction[...]«[262] zu einer konstanten Größe des Subgenres. Der Botanikprofessor Peter Shandy ermittelt am *Balaclava Acricultural College*, während das Detektivpaar Sarah Kelling und Max Bittersohn in der Bostoner Oberschicht auf Verbrecherjagd geht. Unter dem Pseudonym Alisia Craig schreibt MacLeod die in Kanada spielenden Romane über Madoc Rhys, der für die *Royal Canadian Mounted Police* arbeitet, und über die Fälle der Mitglieder des kanadischen Garten- und Wandervereins *Grub-and-Stakers*. Vor kurzem veröffentlichte MacLeod eine Biographie Mary Roberts Rhineharts.

Robert B. Parker (geb. 1932) ist einer der erfolgreichsten zeitgenössischen *hard-boiled* Autoren: »Robert B. Parker writes the best American hardboiled detective fiction since Ross MacDonald and Raymond Chandler.«[263] 1973 ermittelte Parkers in Boston agierender PI Spenser zum ersten Mal in *The Godwulf Manuscript*. Mitte der achtziger Jahre wurde er zum Helden einer Fernsehserie. Parker schrieb ein Buch über das Gewichtheben und zwei *mainstream* Romane: *Wilderness* (1979) und *Love and Glory* (1984). Zudem hat er 1989 Chandlers Romanfragment *Poodle Springs* vollendet und mit *Perchance to Dream* (1991) eine Fortsetzung von dessen *The Big Sleep* verfaßt. 1976 erhielt Parker für *Promised Land* den *Edgar Allan Poe Award* für den besten Detektivroman des Jahres. Seit 1997 ermittelt in *Night Passage* mit einem ehemaligen Beamten der Polizei Los Angeles' ein neuer Detektiv für den Autor.

Colin Norman Dexter (geb. 1930) ist einer der erfolgreichsten »Krimiautoren«, und der Protagonist seiner Romane, Detective Chief Inspector Morse, einer der beliebtesten fiktiven Detektive Großbritanniens[264], auch in einer sehr populären Fernsehreihe. 1975 erschien Dexters erster Roman *Last Bus to Woodstock*. Für seine Romane *The Wench Is Dead* (1989) und *The Way Through the Woods* (1992) erhielt er den *Golden Dagger* der *Crime Writer's Association* für den besten Detektivroman, den *Silver Dagger* für *Service of All the Dead* (1980) und *The Dead of Jericho* (1981).

Die Amerikanerin Jane Langton (geb. 1922) begann 1964 ihre Detektivromanreihe mit *The Transcendental Murder*, in dem ihr Protagonist Homer Kelly erstmals auftrat. Daneben schrieb sie erfolgreich Kinderbücher, die sie, wie ihre Detektivromane, selbst illustrierte. 1984 erhielt sie den amerikanischen *Nero Wolfe Award* für *EDD*.

1964 war auch das Jahr, in dem Carolyn G. Heilbrun unter dem Pseudonym Amanda Cross *The Last Analysis* veröffentlichte und damit ihre erfolgreiche Karriere als »Krimiautorin« startete. Cross begann Detektivromane zu schreiben, so die Autorin, weil »[...] she had run out of English detective novels, having read them all many times. [...] Why not try to write one.«[265] Ihre Amateurdetektivin Kate Fansler beginnt ganz in der Tradition des klassischen Detektivromans zu ermitteln, aber Cross gelang es, im Laufe der Zeit das Subgenre zu erweitern: »Knowing how commodius the genre of detective fiction is, Carolyn Heilbrun began writing novels of manners with strong detective subplots.«[266] Der Roman *DF*, für den die Autorin den *Nero Wolfe Award* erhielt, gilt als Höhepunkt ihres Schaffens. Inzwischen schreibt Cross auch Kurzgeschichten aus der Sicht von Kate Fanslers Nichte Leighton, die als Watson-Figur agiert.

Auf ähnlich analytische Weise wie Kate Fansler ermittelt seit dem Roman *Quiet as a Nun* (1977) Antonia Frasers (geb. 1932) Heldin, die britische Fernsehjournalistin Jemima Shore: »Man kann bei diesem Werk von einer geglückten Erneuerung des Detektivromans sprechen.«[267] Der erste Roman wurde für das Fernsehen verfilmt.

Verglichen mit diesen Autoren, die schon lange erfolgreich schreiben, ist M.D. Lake mit der Reihe über die Campuspolizistin Peggy O'Neill ein Newcomer, aber nicht weniger erfolgreich. Seit *Amends for Murder* (1989) erschien, schrieb Lake acht weitere, zum Teil preisgekrönte Romane.

Auch Janet Neel ist eine Newcomerin des Subgenres. 1988 erschien der erste Roman *Death's Bright Angel*, für den die Autorin auch den *John Creasy Award* der *Crime Writer's Association* für das beste Erstlingswerk erhielt.[268] Unter ihrem eigenem Namen Janet Cohen veröffentlichte die Autorin 1992 mit *The*

Highest Bidder einen Thriller, der im Finanzmilieu angesiedelt ist. *DAD* war für den *Crime Writer's Association Gold Dagger Award* nominiert.

MLA ist das erste, vielleicht auch das einzige Werk des unter D.J.H. Jones schreibenden Autors. Hinter diesem Pseudonym stehen mehrere Personen, über deren Identität nichts bekannt ist.[269]

1.2. Die Figur des Detektivs

In den ausgewählten Romanen sind die vier Grundtypen des literarischen Detektivs vertreten: der Amateurdetektiv, der *gentleman policemen*, der »hartgesottene« Privatdetektiv und der Polizist. Es werden im folgenden jene Merkmale herausgearbeitet, die die Protagonisten mit der Tradition der Detektivfigur verbinden. Es erweist sich, daß in den zeitgenössischen Detektivromanen keine »reinen« Vertreter der klassischen Grundtypen vertreten sind. Die Ermittler werden vielmehr zu Persönlichkeiten mit eigener Geschichte. Häufig werden sie benutzt, um gesellschaftlich und moralisch relevante Themen im Roman zu diskutieren. Das Spektrum reicht von einer ironisierenden Brechung der Darstellung des traditionellen Amateurdetektivs und *gentleman policeman* bis hin zu dem Versuch, den PI und den Polizisten realistischer zu gestalten. Dabei ist nicht nur ein Detektivtypus Vorbild, sondern es werden Charakterzüge unterschiedlicher Grundtypen in einer Figur vereint. In diesem Kapitel wird die Figur des Detektivs daraufhin untersucht, in wieweit sie den traditionellen Vorgaben des Subgenres entspricht und/oder von ihnen abweicht oder sie erweitert.

1.2.1. Der Amateurdetektiv

Zu den Ermittlern, die als Amateurdetektiv bzw. als *gentleman detective/amateur professional* zu verstehen sind, zählen Peter Shandy und Helen Marsh in *RYM*, Chief Inspector Morse in *SWNQ*, Inspector Boaz Dixon und Nancy Cook in *MLA*, Homer und Mary Kelly in *EDD* sowie Sarah Murchieson in *DAD*. Die Kellys und Sarah Murchieson ermitteln jedoch nur am Rande des Plot.

Inspector Morse und Sarah Murchieson vertreten den Junggesellentypus des Subgenres, die Kellys das ermittelnde Ehepaar und Shandy/Marsh bzw. Dixon/Cook die Detektive, die sich im Laufe der Ereignisse ineinander verlieben. Shandy/Marsh wollen am Ende heiraten (*RYM*, 222), Dixon/Cook freuen sich auf ein lang geplantes Wiedersehen nach einem halben Jahr (*MLA*, 215).

In der Figur des Peter Shandy verbindet MacLeod zahlreiche Charakterzüge des klassischen Amateurdetektivs, parodiert und ironisiert diese jedoch oft und reiht damit den Roman in die Reihe der *comic detective novels* ein.[270] Shandy besticht gerade durch seine Durchschnittlichkeit. Weder eine überragende Intelligenz noch Exzentrizität verbindet ihn mit den klassischen Vorbildern, lediglich seine Vorliebe für das Zählen ist auffällig[271]. Bis zum mysteriösen Tod seiner Nachbarin Jemima Ames führte er ein beschauliches Leben, mit dem er zufrieden war (*RYM*, 41). Shandy mag seine Kollegen, die Studenten und das Leben auf dem Campus des Balaclava Colleges (*RYM*, 31). Zwar ist er, sein Fachgebiet betreffend, sich bewußt, daß »'[a]grostology is not the most -er- flamboyant of professions [...]'« (*RYM*, 204), aber er liebt seine Arbeit: »He [Shandy] looked into the Germination Laboratory, smiled fondly at the flats of vermiculite under whose misted plastic roofs lay promise of Portulaca Purple Passion [...].'« (*RYM*, 114) Dem Leser entgeht nicht die leise Spott der Autorin, einen durchschnittlichen Mann mit diesem wenig glamourösen Beruf zum Helden eines Detektivromans zu machen. Am deutlichsten ironisiert MacLeod die klassische Konvention, daß der Detektiv wohlhabend zu sein hat. Shandys beachtliches Vermögen und sein Ruhm, zumindest in der Fachwelt, gründet nämlich auf der Neuzüchtung einer Kohlrübe:

> Shandy, Ames, and the college had made a killing on the Balaclava Buster, a giant rutabaga so prolific and so nutritious as cowfeed that it alone generated most of the manure to produce the methane that ran the college power plant, not to mention a stream of royalties from seed companies far and wide. (*RYM*, 28)[272]

Mit ihrem vermögenden Shandy hält sich MacLeod an die Konvention, daß ein finanziell unabhängiger Detektiv bei seinen Nachforschungen keine Rücksicht auf Job und Vorgesetzte zu nehmen braucht:

> In any event, his own share of royalties from that [Balaclava Buster] and other successful experiments, coupled with his salary as full professor and his relatively modest life style, had made Peter Shandy a rather wealthy man. He could retire tomorrow, if it came to that. (*RYM*, 31)

Shandy findet jedoch auch Gefallen an seiner neuen Tätigkeit, und durch die Ereignisse angespornt, genießt er das abenteuerliche Leben. So vergleicht er sich mit dem Gentleman-Verbrecher Lupin aus der Feder Maurice Leblancs:

> 'Dearest Watson,
> The game is afoot. Stay in the roundhouse till I get back. They can't corner you there.
> Devotedly
> Arséne Lupin' (*RYM* 207)

Unterstützung bei seinen Nachforschungen erhält Shandy durch Helen Marsh. Sie wird als »[s]ome old-maid aunt« (*RYM*, 44) eingeführt und deutet damit auf die Tradition der *spinster detectives*. Sie geht wie diese Detektivinnen vor: »'I'll get cosy with some of the secretaries, if you want: They're always the ones who really know what's going on.'« (*RYM*, 197) Shandys Bezeichnung »Watson« (*RYM*, 207) trifft auf Helen Marsh nicht zu. Anders als das literarische Stereotyp ist sie dem Detektiv als ebenbürtige Partnerin an die Seite gestellt. Sie nimmt gleichberechtigt an den Ermittlungen teil (*RYM*, 107-112, 201ff.), bespricht mit Shandy den Fall (*RYM*, 171ff.) und bringt diesen durch eigene Ermittlungen voran (*RYM*, 198ff.). Der Vorschlag, den Tätern eine Falle zu stellen, kommt von ihr, wobei sie sich selbst in Gefahr begibt:

> 'Back in Victorian days, the gentry used to have beaters who'd flush the birds for them to shoot. What you need is a beater.'
> 'Often as not, the hunter missed the bird and hit the beater.'
> 'That's the chance we beaters have to take.' (*RYM*, 211)

Was Helen Marsh vor allem aber von den typischen Watson-Figuren unterscheidet, ist ihre intellektuelle Ebenbürtigkeit mit Shandy, die bereits bei ihrer ersten Begegnung deutlich wird:

> 'I [Helen] hope you're going to tell me about the *Brassicae*?'
> He [Peter] stopped in his tracks. 'Did you say *Brassicae*?'
> 'Oh, dear, should it be *Brassicidae* or something? I'm so stupid about botanical names.'
> 'My dear madam, I was merely overwhelmed with joy at hearing a simple Latin noun pluralized correctly. It was like seeing a familiar face in a foreign land.' (*RYM*, 74)

Beruflich ist Helen Peter gleichgestellt, sie hat auch promoviert: »'I got my doctorate in library science from Simmons College in Boston.'« (*RYM*, 100). Außerdem ist sie eine gleichermaßen leidenschaftliche Zählerin: »'[...] Peter, I have to confess to you that I have this ridiculous habit of counting things. I simply can't be left alone with more than three related objects for two minutes before I find myself tooting them up.'« (*RYM*, 198) In Shandy und Marsh haben sich zwei gleichwertige Amateurdetektive zu einem Team zusammengefunden.

Obwohl sie als offizielle Polizeiermittler in den jeweiligen Mordfällen tätig sind, repräsentieren Boaz Dixon und Morse den *amateur professional*, da ihr detektivisches Vorgehen, ihre Lebensweise und bei Dixon sogar sein Äußeres sie als *gentleman policemen* kennzeichnen.

Boaz Dixon hat die durchschnittliche Karriere eines Polizisten durchlaufen: Er war einer uniformierten Einheit als Streife zugeteilt, dann arbeitete er als *detective* und als Undercoveragent. Jetzt ist er der Spezialist für Mord in der

»Violent Crime Unit« (*MLA*, 10). Wie viele seiner Kollegen ist er geschieden (*MLA*, 10). In seiner Profession als Polizist erhält Boaz von seinem Vorgesetzten den Auftrag, die Todesfälle auf der MLA-Konferenz in Chicago zu untersuchen (*MLA*, 7). Er schlägt mit seinen Kollegen Halleran, Hong und Malley sein Hauptquartier im Hotel auf (*MLA*, 23). Sachliche Hinweise, Todeszeit und Todesursache ermitteln jedoch die Mitarbeiter der forensischen und gerichtsmedizinischen Abteilungen, die Lauf- und Routinearbeit, die in einem Mordfall Standard sind, werden von seinen Kollegen übernommen: »During the next few midday hours, Hong and Malley made background checks.« (*MLA*, 16) Boaz dagegen geht wie ein Amateurdetektiv vor. So verhört er die Menschen nicht im eigentlichen Sinne: »Boaz got people to talk by doing some talking first and watching all the responses.« (*MLA*, 40).

Aber nicht nur in seiner Vorgehensweise unterscheidet sich Boaz Dixon von seinen Kollegen. Schon in seinem Äußeren zeigt sich seine Andersartigkeit und erinnert an Sherlock Holmes:

> Boaz Dixon was in his early forties. Angular and knobby. 175 pounds at six feet tall, he'd inherited the stubborn Ozarkan metabolism that doesn't put blobbiness onto a man regardless of the greasy food he ingests. His face preserved the shrewd boniness of men with Appalachia and the British Highlands in their backgrounds. [...] a straight thin mouth that almost never laughed.
>
> This was a long-limbed man with a prominent Adam's apple and bony knots for his elbows and knees. [...] But Boaz was surprisingly graceful. [...] he moved with an economy that had to do with learning to hunt at an early age. (*MLA*, 9)

Auch in der Kleidung hat Dixon einen anderen, feineren Geschmack als seine Kollegen, z.B. Halleran. Er besitzt: »[...] well-cut suits and a collection of splashy off duty ties. At the moment his dark, flecked sports coat, his dark blue wool trousers, his blue button-down shirt, and silk windsor-striped tie blended into the surroundings well enough to please him.« (*MLA*, 27)

Weiterhin unterscheidet sich Boaz durch seine Herkunft von den Kollegen, da er erstens nicht aus Chicago stammt und zweitens schottischer und nicht irischer Abstammung ist, wie die Mehrzahl der dortigen Polizisten. Zudem besitzt er ein kultivierteres Auftreten als seine Kollegen:

> [...] but a distaste for pointless swearing, as well as a self-possession that is part of the riches of southern courtesy. These made Boaz the butt of savage jeering some years ago, when he was a beat cop in Area Six. Another patrolman, Terry Rigby, had insisted for months on calling him 'Mr. Manners', along with other implications. [...] (*MLA*, 39)

Der *gentleman detective* wird hier angedeutet. Ungewöhnlich ist auch, daß die Polizeiarbeit Boaz nicht desillusioniert hat:

> Like most people in the police work, Boaz was generally convinced he knew all there was to know about corruption [of the world]. Unlike most cops, though, he'd never believed that corruption was the most important knowledge to have. The assessment had kept him balanced [...] it kept him from burnout and from predictability. (*MLA*, 130-131)

Er ist noch nicht abgestumpft gegen die ihm alltäglich begegnende Gewalt[273], zudem scheint seine eigene Waffe gleich einem Fremdkörper für ihn zu sein:

> He shifted his shoulders in his blue suit jacket and moved on. A few moments later, he unbuttoned that jacket and surreptiously rubbed a couple of his vertebra. The belt clip of his short-barreled .357 Colt Python continued to scrape his back ribs and irritate him a little. (*MLA*, 113)

Boaz versucht immer, ein Außenstehender im Geschehen zu bleiben (*MLA*, 11-12). Er verhält sich auch der Professorin Nancy Cook, die ihm bei den Ermittlungen hilft, gegenüber distanziert, obwohl sie ihm gleich gefällt und sie sich sehr offen gibt: »Boaz laughed a little and held her brown eyes with his own but disclosed nothing. That impertubality and self-control had been frustrating, then infuriating to his ex-wife.« (*MLA*, 57)
Seine Professionalität und Beharrlichkeit unterstreichen Boaz als Ausnahmeerscheinung. Obwohl ihn die Anstrengungen der Ermittlung körperlich mitnehmen - »He looked a little fatigued, more hollow-cheeked under his brown eyes [...]« (*MLA*, 120) - bleibt er während der gesamten Ermittlungen bis auf wenige Ausnahmen im Hotel: »Halleran had gone home for the night, but Boaz, restless, went on prowling and thinking. [...] Five o'clock Saturday morning found Boaz back at his apartment for another clean up and change.« (*MLA*, 155).

Noch weniger als Boaz beschäftigt sich Chief Inspector Morse von der Thames Valley Police bei der Untersuchung des Mordes an dem gehörlosen Nicholas Quinn, einem Mitarbeiter des *Foreign Examination Syndicate* der Universität Oxford, mit tatsächlicher Polizeiarbeit, z.B. mit Pathologie: »Morse had never been in the slightest degree interested in the technicalities of science of pathology, and on Wednesday morning he read the reports before him with the selectivity of a pornophilist seeking out the juciest crudities.« (*SWNQ*, 66) Zudem räumt Morse ein, daß er über keinerlei Kenntnisse über die geltenden Gesetze verfügt: »'Legal? I know nothing about the law!'« (*SWNQ*, 151) Die Routinearbeit des Falles in *SWNQ* übernimmt Sergeant Lewis: »[...] and it was clear to Lewis that as usual he would have to do the donkey-work himself.« (*SWNQ*, 196)[274] Es ist jedoch gerade Lewis' methodische Kleinarbeit[275], die Hinweise für Morses Schlußfolgerungen liefert:

> But it was Lewis who, quite accidentally, was to stumble through the trip-wire and set off the explosive that blew the case wide open, although he himself was quite unaware at the time of his momentous achievement. [...] 'Lewis, my boy, you've done it again!' (*SWNQ*, 62-63)

Es bedarf aber des *great detective* Morse, die Bedeutung des Fundes, in diesem Fall ein Brief in den Akten Nicholas Quinns, zu erkennen:

> 'Look at the letter again, Lewis, and ask youself why such a seemingly trivial piece of correspondance was marked 'Strictly Private and Confidential'. Well?'
>
> [...] 'I agree, sir, that it doesn't seem very important but -'
>
> 'But it *is* important, Lewis. [...] But they tell me that some of these cockeyed foreigners start from the right and read down.'
>
> Lewis studied the letter once more and his eyes gradually widened. 'You're a clever old bugger, sir.' (*SWNQ*, 64)

Lewis dient in der traditionellen Watson-Rolle als Resonanzboden für die Ideen des Detektivs. Allerdings ist er dabei sehr kritisch und hat berechtigte Zweifel an Morses Schlußfolgerungen, z.B. nach Bartletts Festnahme:

> Lewis reflected. Yes, that's how it must have happened all right, but one thing still puzzled him mightily: 'What about Ogleby? Where does he fit in?'
>
> 'As I told you, Lewis, a good deal of what Ogleby told us was true, and I think he was virtually certain that Bartlett had killed Quinn before I ever -'
>
> 'Why did he keep it all to himself, though?'
>
> 'I dunno. I suppose he must have been trying to prove something himself before -'
>
> 'It doesn't sound very convincing, sir.' (*SWNQ*, 193)

Diese Einschränkung des Detektivs als »Übermensch« wird verstärkt durch die Tatsache, daß der Mann der Tat, Lewis, dem Mann des Geistes, Morse, bei der Verhaftung des Mörders Donald Martin durch seinen Einsatz das Leben rettet:

> 'You should get yourself into the better shape, Morse. You're pretty flabby, you know.'
>
> 'It's the beer,' mumbled Morse. 'Ouch!' [...]

> 'Bloody good job I had Lewis with me! Otherwise you'd had another corpse.'
> 'Good was he?'
> Morse smiled crookedly and nodded. 'Christ you should have seen him, doc!' (*SWNQ*, 198)

Es ist deutlich, daß der *great detective* Morse nur mit Lewis an seiner Seite zu seiner wahren Größe auflaufen kann.

Aber nicht nur durch seine Abhängigkeit von Lewis wird Morse als Übermensch-Detektiv eingeschränkt. Dexter verleiht seinem Protagonisten äußerst menschliche, fast tragische Züge. Er wird als alternder, einsamer und seiner Arbeit überdrüssiger Charakter geschildert: »At times his seediness is similar to the seediness of a Graham Greene character.«[276]

Morse besitzt gemäß den Vorgaben des *gentleman detective* Kultur und Bildung, wobei seine besondere Leidenschaft der Musik Richard Wagners gilt: »[...] he and Morse discussed the respective merits of the Solti and Furtwängler recordings of the Ring.« (*SWNQ*, 125) Gleichzeitig sind seine anderen charakterlichen Auffälligkeiten sehr unrühmlich; Morse betritt den Schauplatz nicht sehr ehrenvoll: »Bartlett knew that the man had been drinking and found himself surprised and disappointed.« (*SWNQ*, 52) Am Beginn der Untersuchung steht Morses Neigung zur Pornographie: »[..] he had found nothing more incriminating than previous month's copy of *Playboy*; and it was whilst sitting on the uncovered mattress scanning a succession of naked breast and crotches that Lewis [...] had found him.« (*SWNQ*, 51) So wie Morse den Fall begonnen hat, mit der Betrachtung nackter Frauen, so feiert er mit Lewis den erfolgreichen Abschluß. Sie besuchen eine Vorstellung in einem Pornokino:

> Morse had bought the tickets himself - rear lounge: after all, it was something of a celebration.
> 'Christ, look at those!' whispered Morse, as the camera moved in on the buxom blonde beauty, her breasts almost toppling out over the low-cut closely-clinging gown. [...] Morse settled himself comfortably in his seat and prepared to gratify his baser instincts. (*SWNQ*, 203)

Ein weiterer auffälliger Charakterzug Morses ist seine Eitelkeit und Penibilität hinsichtlich seines Äußeren, wie z.B. nach dem Friseurbesuch: »That felt much better! He was never happy when his hair began to grow in untidy, curly profusion just above his collar, and he wondered sadly why it now failed to sustain such luxuriance upon the top of his head.« (*SWNQ*, 39)[277] Eitel, damit für den Leser gleichzeitig sehr menschlich, erscheint er auch seiner Umwelt: »Too old - and too vain. Combing his hair when'd come in, and trying to cover up that balding head patch at the back. Men!« (*SWNQ*, 152)

Die Reduzierung des *great detective* auf ein normales menschliches Maß geht so weit, daß man von Morse, wie wohl von keinem anderen Detektiv, allzu Menschliches erfährt: »Inside was a tiny lavatory with a small washbasin tucked away behind the door; and Morse blissfully emptied his aching bladder, Bartlett was reminded of the mighty out-pourings of Niagara.« (*SWNQ*, 55)

Menschlich zeigt Dexter seinen Detektiv auch am Tatort. Seine Arbeit hat Morse keineswegs abgestumpft, der Anblick einer Leiche setzt ihm zu. So bittet er den Pathologen, die Taschen des Mordopfers Nicholas Quinn zu untersuchen: »'You getting squeamish, Morse?'« (*SWNQ*, 51) Beim Anblick des zweiten Opfers, Philip Ogleby, wird ihm sogar übel: »It was an ugly sight, and Morse turned his head away, and he felt the nausea rising high in his gorge.« (*SWNQ*, 130) Ebenso lassen ihn Aufgaben, wie die Befragung von Quinns Eltern, nicht unberührt: »And as Morse watched the tragic couple climb into the police car for Oxford, he felt great admiration - and even greater relief. The whole interview had upset him [...].« (*SWNQ*, 96)

Mit dem Tod beschäftigt er sich nicht nur beruflich, gedanklich hat er sich bereits oft mit seiner eigenen Sterblichkeit auseinandergesetzt. Schon sein eigener Name erinnert ihn an die Vergänglichkeit menschlicher Existenz:

> 'Sad thing, death,' said Morse.
> '*Mors, mortis*, feminine,' mumbled the ageing police surgeon.
> Morse nodded morosely. 'Don't remind me.'
> 'Never mind Morse. We're all dying slowly.' (*SWNQ*, 50)

Quinn ist für Morse nicht einfach nur ein Fall. Er bleibt für ihn ein Mensch mit einem Schicksal, das er mit seinem eigenen verbindet:

> He selected Marvell's *Collected Poems*, and as if someone had recently been studying the same page, the book fell open of its own accord at the poem written 'To his Coy Mistress', and Morse read again the lines which had formed part of his own mental baggage for rather more years than he wished to remember:
> 'The grave's a fine and private place,
> But none, I think, do there embrace ...' (*SWNQ*, 60)

Der Inspector führt ein einsames, sehr zurückgezogenes Leben, das dem eines hartgesottenen Privatdetektivs ähnelt.[278] Nicht einmal Sergeant Lewis, die Person, die ihm am nächsten steht, kennt seinen Vornamen: »Lewis frowned a few seconds. Funny really. He'd never thought of Morse as having one. 'I don't know. I've never heard anyone call him by his Christian name.'« (*SW NQ*, 150)[279] Diese Züge und eine Art Weltschmerz bestimmen Morses Gemütslage: »[...] but in general he appeared preoccupied with other things./ 'You don't seem very happy with life, Sir.'/ 'The majority of men lead lives of quiet desparation.'« (*SWNQ*, 84) Manchmal wünscht er sich sogar ein Familienleben: »[...] Morse wished he had a home to welcome, with a wife to have his slippers warmed and ready.« (*SWNQ*, 91)

Zu schönen Frauen fühlt sich Morse, wieder eine Verbindung zum PI, hingezogen:

> Biddable, by the look of it - and eminently beddable. Morse felt quite sure that at certain times and in certain moods she must have proved well-nigh irresistable to the young and susceptible. [...] Morse knew that himself, the middle-aged and the susceptible. (*SWNQ*, 56)

Auch er übt seinen Reiz auf Frauen aus, z.B. auf Monica Heights: »She liked his voice, too; and when he informed them that each of them would be interviewed separately, either by himself or by Sergeant Lewis, she found herself hoping that in her case it would be him.« (*SWNQ*, 152)

Allerdings schlägt sein Problem mit dem Älterwerden und der daraus resultierenden düsteren seelischen Disposition sich auf sein Verhältnis zum anderen Geschlecht nieder: »There were times (not very frequent, he admitted) when he seemed to loose all interest in the female sex, and this was one of them. It happened to all men or at least, so Morse had heard. The womenopause, they called it.« (*SWNQ*, 111)

Anders als bei Dixon und Morse ist die Frage, ob Homer Kelly nun Amateurdetektiv oder *amateur professional* ist, nicht eindeutig zu klären. Er war Polizist (*EDD*, 16), hat nun aber den Status eines Amateurs. Als eine Brandstiftung an einem Studentenwohnheim der Universität von Massachussetts begangen wird, geht er aus Interesse zur Polizei: »'I stopped in at the police to talk to Archie Gripp, an old friend of mine from Middlesex County. They've put him in charge of the investigation.'« (*EDD*, 31) Nach dem Verschwinden der Studentin Alison Grove und dem Todesfall Winifred Gaw beginnt er mit Zustimmung der Polizei als halboffizieller Ermittler seine Nachforschungen[280]:

> 'I want to go to Ware and talk to Mr. and Mrs. Gaw.' [...]
> 'Winnie's father owns a garage?'
> 'That's right. He's got some sort of car-repair business. Archie thought it was kind of interesting. 'Take a look around,' he said. (*EDD*, 186-187)[281]

Hinsichtlich ihrer Tätigkeit verbindet die *amateur professionals* und die Amateurdetektive in diesem Kapitel mit den klassischen Vorbildern, daß es eine scheinbar unbedeutende Ungereimtheit ist, die sie ein Verbrechen vermuten läßt oder die eine Spur zur Lösung des Falles darstellt.

Der Grund für Peter Shandy in *RYM* von Mord an seiner Nachbarin Jemima Ames, die in seinem Haus zu Tode gestürzt ist, zu sprechen, ist das Fehlen einer Murmel aus einer umgestürzten Schale: »'Thirty-four, thirty-five, thirty-six and the one I stepped on in the hall. Must be another somewhere. Yellow with brown streaks.' [...] He didn't find his marble.« (*RYM*, 15) Shandy erkennt, anders als der offizielle Ermittler, daß das Fehlen der Murmel ein Hinweis auf ein Verbrechen ist: »'It's important that he [the police officer] hunts for the missing marble. If it turns up in Mrs. Ames clothing, we can assume she knocked over the dish herself. If it doesn't, we'll have to re-examine our data.'« (*RYM*, 24) Die Polizei glaubt, im Gegensatz zu Shandy, an einen Unfall: »'She is presumed to have fallen and fractured her skull while -er- checking on my [Shandy's] trimmings while I was away on holiday.'« (*RYM*, 79)

Ihre Leidenschaft für das Zählen von Objekten läßt auch Helen Marsh eine Ungereimtheit erkennen, die sich als wichtiger Hinweis auf den Diebstahl von wertvollen Büchern entpuppt: »'That's the mystery. Yesterday, there were two thousand, six hundred and thirty eight [books]. Today there are two thousand, six hundred and thirty-three. And the room was locked and nobody's been there except me.'« (*RYM*, 198)

Chief Inspector Morse erkennt an einer kleinen Abweichung von dem zu Erwartenden, daß Quinn wohl nicht in seiner Wohnung ermordet wurde:

> The bottom of the door had been amateurishly planed to enable it to ride over the carpet and a noticeable draught was coming beneath it. [...] 'Funny, isn't it, Lewis? If I lived in this room I wouldn't choose the armchair immediately in the line with the draught.'
>
> 'Looks as if he did, sir.'
>
> 'I wonder, Lewis. I wonder if he did.' (*SWNQ*, 44-45)

Ebenso lassen die Einkäufe, die Quinn scheinbar an seinem Todestag getätigt hat, verglichen mit seinen Vorräten, Morse stutzen (*SWNQ*, 45). Ein unbedeutender Fehler im Datum eines Briefes führt ihn schließlich zum Motiv für den Mord an dem Mitarbeiter des *Foreign Examination Syndicate*. Quinn ist der Manipulation bei Examensaufgaben der ausländischen Schulen auf die Schliche gekommen:

> Idly he opened the Letts diary again and his eyes fell upon the calendar inside the front page. [...] 'What's the date of the postmark on that envelope, Lewis?'
>
> 'Third of March.'
>
> 'This year?'
>
> Lewis looked again. 'Yes, sir.' [...]
>
> 'Funny wouldn't you say, Lewis? Friday the 20th, it says in the letter. But *which* Friday the 20th?' He looked down at the calendar again. 'Not March. Not April. Not May. Not June. Not July. And it must refer to entry forms for the last summer's examinations' (*SWNQ*, 63)

Die Erinnerung an eine scheinbar triviale Begebenheit in der Gehörlosenschule führt auf die Spur des Täters:

> Morse thought back for a few moments to the lip-reading class he'd attended. Would Quinn have been able to cope at the office if his hearing had failed him completely? No, perhaps not. Lip-reading might be a wonderful thing, but even the teacher of the class had made a mistake, hadn't she? When he'd asked her ... (*SWNQ*, 197)

Gerade diese Fähigkeit, Hinweise, die andere nicht einmal als solche erkennen, zu identifizieren und zu bewerten, ist es, die zu Morses »[...] bumbling but brilliant methods of investigations undertaken almost in spite of himself [...]«[282] gehören, und ihn über den Durchschnittspolizisten hinausheben:

> 'I supposse you think I'm not very bright, sir.'
> 'Nothing of the sort! It was a very clever crime, Lewis. I was just a bit lucky here and there, that's all.'
> 'I suppose I missed the obvious clues - as usual.'
> 'But they weren't obvious my dear old friend. Well, perhaps ...' (*SWNQ*, 169)

Dexter geht in *SWNQ* so weit, die klassische Parallele zwischen dem Detektivroman und einem Kreuzworträtsel im wortwörtlichen Sinne zu verwenden. Morse ist ein Connaisseur von Kreuzworträtseln[283]: »[...] at least he could sharpen his brain on the crossword [...] of *The Times* [...] It took him twelve and a half minutes. Not his best week; but not bad. And barring that one clue, he would have been within ten minutes [...].« (*SWNQ*, 133) Er zieht selbst die Paralle zwischen dem Fall und einem Kreuzworträtsel: »The case was throwing up enough clues to solve a jumbo crossword, but somehow they wouldn't quiet fit into the diagramm.« (*SWNW*, 119) Morse glaubt, die entscheidende Lösung für den Fall beim Kreuzworträtsellösen entdeckt zu haben:

> It was a beautiful idea, and the old questions flooded his brains. [...] When was George Washington assassinated? Who was Kansas-Nebraska Bill? [...] *The questions were all non-questions.* George W. wasn't assassinated, K.-N. Bill wasn't *anybody*; he was a bill before the Senate. [...] Morse had become besotted with trying to find out who had been at Studio 2 [...] But what if they were all non-questions? What if *no one* had been in Studio 2. (*SWNQ*, 137)

Diese Erkenntnis löst jedoch nur einen Teil des Mordrätsels. *Ad absurdum* führt Dexter die Konvention der Parallele Fall-Kreuzworträtsel und die Fixierung des Detektivs darauf, als Morse die Erkenntnisse erneut anwendet:

> 'We learned fairly early in the case, Lewis, that there was some animosity between Bartlett and Roope; and I kept asking myself why [...] I'd been asking myself the wrong questions - a non-question, in fact. There was *no* antagonism between the two at all, although there had to *appear* to be.' (*SWNQ*, 186)

Der Leser erhält, da Dexter als Erzählsituation den multiperspektivischen Wechsel verschiedener Reflektorfiguren gewählt hat, in manchen Situationen einen Wissensvorsprung vor dem Detektiv. So weiß er, daß die Antipathie zwischen Bartlett und Roope nicht gespielt ist:

> The syndicate seemed to be on the verge of total collapse. He [Bartlett] thought back on the years during which he had worked so hard to build it all up. And somehow, at some point, the foundation had begun to shift and cracks to appear in the edifice above. He could almost put an exact time to it: the time when Roope had been elected on the board of syndics. Yes. That was when things started crumbling. Roope! (*SWNQ*, 177)

Der zweite *gentleman policeman* unter den Ermittlern, Boaz Dixon, ist auch an den Kleinigkeiten eines Falles interessiert: »'Just one of my little ways, Professor,' Boaz remarked. 'Just want to know how things work. Details.'« (*MLA*, 115) Dies wird verstärkt durch seine Gabe, sich Einzelheiten merken zu können: »Boaz riffed the five pages of the examiner's report thoughtfully. He'd know them thoroughly very soon along with the pages of the Engleton report.« (*MLA*, 100) Boaz' Angewohnheit, sich Details genau erklären zu lassen, in diesem Fall die Vorgehensweise, falls ein Teilnehmer der Konferenz sein Namensschild verliert, gepaart mit seinem Erinnerungsvermögen, läßt ihn die Kleinigkeit erkennen, die zur Überführung des Mörders von vier Akademikern führt:

> [...] five faculty members had been fired in that period: Buck Nickens, Aaron Botomer, James Bilk, Deborah Rames, and Pierce Neidenthal. [...]
>
> Jotting the five names into his notebook, Boaz stopped and looked at what he'd written. [...] he was remembering something. (*MLA*, 187)

Ein Name stand auf der Liste mit den nachgeforderten Namensschildern. Damit hat Boaz die Täterin gefunden: Deborah Rames.

Auch wenn die Ermittlung des Amateurdetektivs Homer Kelly in *EDD* keine handlungstrukturierende Rolle spielt, er kein Puzzle vor den Augen des Lesers löst, da der Roman eine *crime novel* ist, weist er einige Merkmale des Amateurdetektivs auf. So ist es auch für ihn eine Ungereimtheit, die ihn veranlaßt, für die Figuren im Roman die Ereignisse gegen Ende des Plot zu erhellen. Als man Winifried Gaw, eine ehemalige Assistentin am Englischen Seminar und Fremdenführerin im Emily-Dickinson-Haus, gerade dort tot im Schlafzimmer der Dichterin findet, glauben alle zuerst an Selbstmord. Nicht so Homer Kelly:

> 'Homer noticed something very interesting.'
> 'The decanter,' said Homer wisely, holding up one finger. 'The decanter was still nearly full of water. And so was the wine glass beside it. How could the girl have choked down a lot of large dry pills without drinking any water?' (*EDD*, 161)

Die Autopsie wird bestätigen, daß Winnie an einem Herzanfall gestorben ist (*EDD*, 161).

Intuition als die zweite charakterisierende Eigenschaft des Amateurdetektivs und des *gentleman professional* zeichnet auch die hier vorgestellten Ermittler aus.

*RYM*s Detektiv Shandy weiß um seine Gabe der Eingebung: »'I was only -er- trying to add verisimilitude to an otherwise implausible request. Do you ever have hunches, Grimble?'« (*RYM*, 24)

Ebenso besitzt Morse die Eigenschaften des *great detective*: Intuition, Vorstellungskraft und ein ungewöhnliches Gefühl für die Zusammenhänge der Ereignisse. Allerdings ironisiert Dexter in *SWNQ* diese Kennzeichen der klassischen Figur, da bei Morse diese Gaben erst wirksam werden, wenn er Bier getrunken hat: »He had long since recognized the undoubted fact that his imagination was almost invariably fired by beer, especially by beer in considerable quantities.« (*SWNQ*, 51) Ein Pub ist sein Lieblingsort[284], und es wird schon als große Ausnahme betrachtet, wenn Morse einmal nüchtern ist: »Morse was not in his office when Lewis arrived back. [...] Had Morse finished his inquiries yet? Like as not he had, and gone out for a pint. [...] Morse came in and it was quite clear that for once in a lifetime he had *not* been drinking!« (*SWNQ*, 151) Verstärkt wird die Ironisierung der intellektuellen Überlegenheit des Detektivs in *SWNQ* durch Morses häufige Fehleinschätzungen, wie sein Vorgesetzter ihm vorhält: »'Have I ever let you down, sir?'/ 'Frequently.'« (*SWNQ*, 153) Morses häufige Fehlurteile sind darin begründet, daß er, gegen die Regel des Detektivromans, beginnt, zu theoretisieren anstatt Schlüsse aus Fakten zu ziehen. Der Chief Inspector weiß um diese Schwäche: »For half an hour he let his thoughts run wild and free, like randy rabbits in an orgiastic intercourse. And then he put a stop to it. He needed a few more facts [...].« (*SWNQ*, 92)[285] Im vorliegenden Fall hat Morse »Anlaufschwierigkeiten«, auch wenn er am Tatort mit »'Ere comes the brains [...]'« (*SWNQ*, 42) angekündigt wird. Morses Verstand funktioniert nicht in seinem normalen Rahmen: »But today, for some reason, his mind seemed curiously disengaged; sluggish even.« (*SWNQ*, 51) Dexter verwendet das traditionelle Motiv des Verstandes als »Denkmaschine«, das bis zum 1. Weltkrieg vorherrschend war. Allerdings arbeitet diese bei Morse auch bei den Befragungen der Kollegen Quinns noch nicht störungsfrei: »But again Morse's mind remained infuriatingly blank. The cogs in the machine were beginning to turn all right, but somehow refused to engage.« (*SWNQ*, 53) Dann reicht aber plötzlich eine kleine Regung, die »Maschine« wieder in Gang zu setzen: »Did Morse catch a hint of guardedness in Bartlett's eyes? He wasn't sure. What he did know was that the teeth of the smallest cog had now begun to bite.« (*SWNQ*, 54)[286]

Eine Fehlentscheidung wird dem Detektiv der Konvention nach zugestanden. Morse verdächtigt zuerst Philip Ogleby als Mörder seines Kollegen Quinn (*SWNQ*, 115), aber auch er wird ermordet (*SWNQ*, 130). Morse leistet sich aber noch einen zweiten Fehler, als er den Leiter des *Syndicate*, Bartlett, festnimmt und in Kapitel 31 (*SWNQ*, 186-194) dessen Schuld logisch für ihn und den Leser zu beweisen scheint. Als Morse dann den richtigen Täter, Donald Martin, verhaftet, überführt er ihn mit der gleichen, immer noch logischen, jetzt aber richtigen Beweisführung (*SWNQ*, 200ff.).

Auch Boaz Dixon in *MLA* ist mit Intuition - »his hunches« (*MLA*, 13) - ausgestattet. Er erkennt, im Gegensatz zu seinen Kollegen, eine Verbindung zwischen dem als Unfall deklarierten Tod Michael Alcotts und dem späteren Giftmord an Susan Engleton:

> 'No Arizona [Alcott] - Wellesley [Engleton] connection. [...] Just doesn't feel right.' [...]
>
> 'Poisoner's don't push people, Bo. [...] The morgue's ready to assume jurisdiction over it as an accident and close out the case.' [...] But Boaz was still frowning heavily. The other cops watched him for a moment. He made a brief 'thch' sound off a front tooth and his mouthed pursed. But he did not nod. (*MLA*, 102)

In *DAD* ist es Sarah Murchieson, Warden des Gladstone College, die einige Züge des Amateurdetektivs trägt, so auch die Intuition, als sie über die tätlichen Übergriffe auf Angehörige des Frauencolleges nachdenkt:

> She sat down, deciding that the only thing to do was to give herself seriously to consideration of John McLeish's hypothesis and try and make it work. [...] It was better not to try to structure her thinking, but let her disjointed, uncomfortable thoughts come to the surface.
>
> She closed her eyes and in the darkness she saw the term's events in a series of cinematic shots [...] A worrying sense of something just outside her vision, something half seen out of the corner of an eye. (*DAD*, 221)

In *EDD* ist es nicht Homer Kelly, sondern seine Frau Mary, die nach einem Gespräch mit Winifred Gaws Eltern die verschiedenen *clues*, die sich daraus ergeben haben, durch Eingebung zusammensetzt und so zu einer Lösung kommt:

> Dismally they got back in Homer's car. And then Mary had another idea. [...] 'I just wonder if we could find our way to Shaft twelve.' [...] 'I really think we should take a look at it. Look, Homer, somebody stole a can of paint from Jesse Gaw, and tried to burn down Coolidge Hall. Somebody also stole the key to Shaft twelve, and - what's the name of the missing girl?'
>
> 'Alison Grove? My God, do you think she might be down the hole?'
>
> 'Well, why would you steal the key to a hole in the ground, unless you wanted to get rid of something? Something big?' (*EDD*, 204)

Ein weiterer klassischer Grundzug des Amateurdetektivs ist, sich mit einem Fall zu beschäftigen, um einen Verdächtigen, gegen den die Beweislage spricht, von gerade diesen Verdachtsmomenten zu befreien. So glaubt Peter Shandy nicht, daß der zweite Ermordete Ben Cadwall von seiner Ehefrau Hannah, wie die Polizei vermutet (*RYM*, 177-178), mit Taxin vergiftet wurde: »Arresting Hannah Cadwall wasn't going to solve anything. [...] True, the police seemed to believe it, too, but he supposed they had to, once a jug of taxine turned up in her medicine cabinet and a whopping motive in Ben's bankbooks.« (*RYM*, 184) Shandy findet dann auch den Beweis, daß Mrs. Cadwall ihren Mann nicht ermordet hat (*RYM*, 193ff.).

Ein Grund für Nancy Cook, sich mit den Mordfällen auf der MLA-Konferenz zu befassen, ist die mögliche Täterschaft ihrer Freundin Annette Lisordi. Diese hatte gerade ein Vorstellungsgespräch bei dem Wellesley-Kommitee, als dessen Mitglieder durch Taxin im Kaffe vergiftet wurden, Susan Engleton sogar daran starb: »'And Annette, if that's what you're [Boaz Dixon] getting at, did not come here with a grudge against Wellesley. [...] Besides, Annette is not a vindictive person.'« (*MLA*, 82)

Der Ruf eines erfolgreichen Ermittlers eilt nur zwei der in diesem Kapitel vorgestellten Detektive voran. Boaz Dixon ist mit seinem Partner Timmy Halleran wegen ihrer unterschiedlichen Ermittlungstechniken ein ausgezeichnetes Team:

> Throughout Areas Six and One, Boaz was particularly valued for his hunches, for a memory for details that gave him a large overview of a case, and for his testimony in court. It was Halleran who was known for tenacity and the extraction of information. The two men quietly deferred to one another, depending on the area of expertise. (*MLA*, 13)

Auch Homer Kelly hat ein Renommee als erfolgreicher Amateurdetektiv. Die Geschichten seiner Fälle sind geradezu berüchtigt:

> '[...] that course we taught a couple of years ago in Memorial Hall at Harvard. Remember? All that hoopla with the music, and the explosion, and the poor chap who was buried alive.'
> 'Oh, yes, of course.' Owen smiled.'The papers were full of it, even in this remote corner of the world. You attained a good deal of celebrity, as I recall.'
> 'Notority is more like it,' grumbled Homer. (*DAD*, 18)[287]

Neugierde als typisches Merkmal der Amateurdetektive findet sich bei Nancy Cook. Als Boaz sie fragt, ob sie den Ort des Mordes an Susan Engleton anschauen könne, siegt ihre Wißbegier: »Startled, Nancy was silent. It was with a curiosity she hoped wasn't just morbid that she said she'd try to help however she could.« (*MLA*, 64) Zudem: »Questions. She's always asking questions.« (*MLA*, 111)

Homer Kellys Neugier bezieht sich auf die menschliche Psyche: »'Bitterness interests me. It goes back a long way in a person, that kind of ingrown, self-destructive, all-consuming grudge.'« (*EDD*, 189)[288] Dieses Interesse verbindet den Detektiv mit seinem literarischen Spezialgebiet, Henry David Thoreau. Als die Kellys bei den Gaws die Beweise für Winifreds Brandstiftung am Studentenwohnheim entdecken, ist sein Wissensdurst noch nicht gestillt: »'So maybe the fat girl in Coolidge Hall was Jesse Gaw's own daughter Winnie. Maybe she started here, right here in her father's garage. [...] But, Christ, whatever for?'« (*EDD*, 203-204)

Das Streben nach Wahrheit ist Shandys Antriebskraft. »He intended to add 'accident' but the word wouldn't come out. Professor Shandy was a truthful man, and there was that missing marble still to be accounted for.« (*RYM*, 18) Entgegen der Überzeugung seiner Umwelt besteht er auf seiner Mordtheorie, und er findet sogar den Mut, gegenüber dem furchteinflößenden Präsidenten Svenson für seine Überzeugung einzutreten:

> Professor Shandy had to stand on tiptoe and lean over backwards to look his superior square in the eyes, but he managed.
> 'As far as I'm concerned,' he roared back [at Svenson], 'you can take the Balaclava Buster and squat on it till you rot. There's been a murder done in my house and I'm not going to stand for it. If you didn't carry your brains in your backside, you'd realize you can't afford to either. [...] he had defied Thorkjeld Svenson and was still alive. (*RYM*, 66-67)

Auch treibt Shandy sein Verantwortungsgefühl in seinen Ermittlungen voran: »'Thanks to me, she's dead,' said Shandy bitterly. 'If I hadn't lost my temper with her and pulled this damn fool stunt [with the Christmas decorations], she wouldn't come here in the first place.'« (*RYM*, 34)[289] Deshalb übernimmt er auch die Verantwortung für die Lösung des Falles: »But Svenson would have handled the dirty work himself if Shandy hadn't given him a glorious excuse to dump responsibility.« (*RYM*, 67) Gleichzeitig ist er sich nach dem zweiten Mord der Verantwortung eines Detektivs für die Folgen seines Tuns bewußt:

> Shandy didn't know whether strong black coffee could mask the bitter taste of taxine. It might, he supposed, if the coffee was worse than usual, and that could also have happened with waitresses doing double duty as cooks during the Illumination. If he hadn't breakfasted with Helen he'd know. A conscientious investigator ought, perhaps, to feel regret. (*RYM*, 147)

Sarah Murchieson ist ebenso bereit, die Verantwortung zu tragen, z.B. falls der Täter George Hellier durch sie getötet worden wäre:

> Sarah [...] thought briefly of the deaths in Holland for which she had so long ago been responsible; of Louise Taylor, still mortally ill in hospital; and Francesca, her face pressed ruthlessly into the pillows. Also of the three small children who were dependent on her two young colleagues. 'I expect I could have lived with it.' (*DAD*, 228)

Im Aufdecken der Wahrheit sind die Detektive unterschiedlich effizient.

Erfolgreich als Ermittler sind Shandy/Marsh, Dixon/Cook und Morse/Lewis, weil sie die Mörder überführen. Sarah Murchieson dagegen ist von der Identität des Täters überrascht: »'George?', she said, stupidly. '*George*?'« (*DAD*, 226)

Nur einen Teilerfolg hinsichtlich der Eingrenzung der Wahrheit kann Homer Kelly in *EDD* verbuchen. Wie bei *DAD* steht auch in *EDD* nicht die Suche nach dem Täter im Mittelpunkt der Handlung. In *EDD* erlebt der Leser durch auktoriale Erzählsituation mit wechselnden Reflexionsfiguren die Gedanken, die Bewegründe Winifred Gaws und genauso die Ausführung ihrer Verbrechen. Einen Teil des Geschehens um sie kann der Amateurdetektiv erhellen. Kelly weiß, daß sie keinen Selbstmord beging, aber er stellt trotzdem keine Nachforschungen an, so daß niemand der Personen im Plot erfährt, daß Winifred bei einer tätlichen Auseinandersetzung mit dem Dozenten Peter Wiggins ihren tödlichen Herzanfall erlitten hat (*EDD*, 136). Der Arzt Harvey Kloops gibt zu, daß er gesehen hat, wie Winifred Alison Groove überfahren hat (*EDD*, 226), und Ellen Oaks klärt das Rätsel um die Axt, die Winnie bei ihrem vorgetäuschten Selbstmord dabei hatte, auf und an wen sich der Abschiedsbrief richtete (*EDD*, 227ff.). Die Gründe für ihr Verhalten bleiben den »Detektiven« jedoch verschlossen:

> 'Winnie couldn't have killed Alison Grove. Why would she do such a thing? And why on earth would poor Winnie set fire to Coolidge hall?'
>
> 'Damned if I know.' Homer grinned at Owen. 'I suppose there are things we aren't meant to understand in this world. Holes in the nature of things? Yawning cracks and voids in the rational universe.' (*EDD*, 227)

Die Verbrechen, die der Dozent Peter Wiggins begangen hat, z.B. der Mordversuch an Professor Owen Kraznik und Ellen Oaks, werden nicht aufgedeckt. Der Detektiv ist in *EDD* nicht das Symbol für Wahrheit und Gerechtigkeit, wie auch Homer Kelly selbst weiß: »'God knows what really happened,' [...].« (*EDD*, 233)

1.2.2. Der »hartgesottene« Privatdetektiv

Nur einer der ausgewählten fiktionalen Ermittler ist als Privatdetektiv zu definieren, aber auch Robert B. Parkers Protagonist Spenser ist kein »reiner« Vertreter des Typus:

> Blending much of the best of the hard-boiled tradition - the stark realism of Dashiell Hammett, the adroit, quick-witted dialogue of Raymond Chandler, and the moral and social ambience of Ross MacDonald [...] - his books also develop an engaging and unique character, the Boston-based detective Spenser.[290]

Parker begann, »hartgesottene« Detektivromane zu schreiben, weil Chandler tot war, und er nach einem neuen Philip Marlowe suchte.[291] Schon bei der Wahl eines Namens richtete Parker sich nach seinem Vorbild und griff gleichermaßen auf einen englischen Dichter zurück. Er nannte seinen Protagonisten nach Edmund Spenser, weil in dessen *Faerie Queene* ritterliche Abenteuer, Diskussionen um moralisches Verhalten und Prinzipien der persönlichen Ehre dargestellt sind.[292] Spensers Vornamen kennen nicht einmal seine Freunde.

Parker löst sich mit seinem PI von den Vorbildern und stattet Spenser mit eigenem Charakter und Ehrenkodex sowie Wertvorstellungen aus. Vor allem hat er seinem Protagonisten die Fähigkeit verliehen, menschliche Beziehungen einzugehen und aufrechtzuerhalten.[293]

Spenser wird, typisch für das Subgenre, von einem Klienten mit einer Untersuchung betraut. Auftraggeber ist die fiktionale *Taft University* in Boston. Der Detektiv soll herausfinden, ob einer der Spieler der erfolgreichen Basketballmannschaft Spielergebnisse absichtlich manipuliert, indem er die Punktzahl niedrig hält: »'There's rumors of point shaving, [...].'« (*PM*, 12)[294] In bester PI-Manier beginnt Spenser mit seinen Ermittlungen durch Befragungen und viel Laufarbeit: »'Detective stuff is pretty much weaseling around and finding out anything you can and then sitting down afterward and figuring out worth knowing.'« (*PM*, 41) Er ist zunächst nicht sehr erfolgreich: »[...] I knew nothing I hadn't known when I came in. Maybe a little less.« (*PM*, 31) Erst als er einen der Spieler, Dwayne Woodcock, spricht, glaubt Spenser intuitiv, eine Spur zu haben: »Dwayne seemed too easy to talk to. He'd seemed too interested in who knew what. Or maybe I just thought so because I wanted to. Because it would be a place to start.« (*PM*, 43) Bald kommt Spenser auf die Lösung des Auftrages, indem er sich Videos von Spielen der Mannschaft anschaut: Dwayne und sein Teamkamerad Danny Davis spielen absichtlich unter ihrem Niveau (*PM*, 52ff.). Damit hat Spenser seinen offiziellen Auftrag erledigt, aber er hat Skrupel, Dwayne auffliegen zu lassen: »And shall I ruin your life by proving it.« (*PM*, 56) Der PI konfrontiert Dwayne mit den Vorwürfen und muß dabei feststellen, daß dieser, obwohl Student an einer Universität, Analphabet ist. Spenser entscheidet sich für den Spieler und typgerecht gegen seine offiziellen Auftraggeber:

> So I was going to bust Dwayne for his own good? *Hurts me more than it does you, Dwayne.*
> 'Shit', I said.
> I owed Baron Morton and the Taft University the job I'd agreed to do when they hired me. I owned Dwayne Woodcock nothing. He was an arrogant kid, but he was sullen. *Okay.* So I don't turn the kid in. (*PM*, 77)

Der PI stellt sich damit auf die Seite Dwaynes, da dieser in seinen Augen noch ein Kind ist: »The voice was angry, street tough, Bed-Sty tough. But the eyes were hurt. The eyes were a kid who'd been startled and felt bad.« (*PM*, 63) Für Spenser zählt er deshalb zu den Machtlosen und Unterdrückten[295] der Gesellschaft, die der Hilfe des PIs bedürfen.

Hinzu kommt, daß Spenser Dwayne trotz der Spielmanipulation für einen der Besten in seinem Beruf hält. Dies respektiert der Detektiv und hält es für bewahrenswert: »'Dwayne is one of the best that ever lived at what he does,' I said./ 'Which is playing basketball,' Susan said./ 'Yes. Not brain surgery, but something.'« (*PM*, 223) Zudem bewundert Spenser an Dwayne, daß er die Fähigkeit besitzt, eine gute Beziehung mit seiner Freundin Chantal zu führen:

> 'And if you do what you're hired to do all [Dwayne's career] goes to hell,' Susan said.
> 'Except maybe the girlfriend.' [...]
> 'That's what it really is, isn't it,' she said. 'You are one of the three or four most romantic diddles in the world, and because this guy has a young woman who you think will stand by her man, you want to adopt them both.' (*PM*, 68)

Spenser gibt sich eine neue Aufgabe, nämlich aus dem orientierungslosen Jungen Dwayne einen erwachsenen Mann zu machen, der bereit ist, Verantwortung für sein Handeln zu übernehmen: »'He is a kid. He hasn't got the shrewdness or the strength to admit he can't read and get help so he can. [...] I'm going to treat him like a man. [...] But whatever I do, I'm going to treat him like he's responsible for himself and his life.'« (*PM*, 82-83)

Parker kehrt damit zu einem seiner Lieblingsthemen zurück[296], wobei für ihn Erwachsensein immer mit Autonomie und Integrität verbunden ist. *PM*s Problematik und Rätsel ist nicht die Manipulation von Basketballspielen, sondern »[...] the story of Dwayne Woodcock's redemption [...]«[297], und Parker sagt selbst über den Roman: »'What really interested me was the kid.'«[298] Der Schriftsteller übt Kritik an einer Gesellschaft, die inbesondere farbige Jugendliche benachteiligt: »Racial problems and social distinctions are more than decor this time.«[299] Es ist für Spenser lange unverständlich, welche Gründe Dwayne dazu bewogen haben, sich von dem Kriminellen Bobby Deegan zu den Spielmanipulationen überreden zu lassen. Dwaynes Freundin Chantal begründet es mit fehlenden afro-amerikanischen Vorbildern:

> 'Dwayne been a star most of his life but he been poor most of his life too and where he lived was all black people [...]. And you see all these cool whoze guys on TV, and you didn't really think about it, and if you did you wouldn't admit it, but being a success got kind of mixed up with being white, or being like a white person, or having white people like you. Mr. Deegan is what Dwayne thinks he ought to be.' (*PM*, 114)

Hawk, selbst Afro-Amerikaner, Spensers Partner und Freund, macht deutlich, daß Dwayne einem System nicht vertrauen kann, welches ihn sein Leben lang erniedrigt hat (*PM*, 198). Spenser betont, daß es nicht ausreichend ist, Dwayne nur die Möglichkeit zu geben, Geld zu verdienen:

> 'He [Dwayne] thinks he's going to make so much dough playing basketball that he won't ever have to read. He'll get a smart agent. And he'll be entirely dependent on him. And when Dwayne's about thirty-four, thirty five, he won't be making any more money playing basketball, and so he won't have an agent and then what's he going to do.' (*PM*, 82)

Spenser erweitert seinen selbstgewählten Auftrag, als er erfährt, daß Dwayne die Spiele manipuliert hat, weil er sich von Deegan bewundert glaubt: »'I show Dwayne that Deegan's a sleaze, prove to Dwayne that he himself is not a sleaze, get Deegan off his back, keep anyone from finding out he shaved points, teach him to read and write and not let anyone know that he can't.'« (*PM,* 114) Spenser läßt sich davon auch nicht abhalten, als er von der Universität gefeuert wird. Die Universitätsleitung hat seine Autonomie und seinen Kodex nicht ernstgenommen, wie der Anwalt Haller den Verantwortlichen bei *Taft* deutlich macht:

> 'You think firing will get him out of your hair. It won't. He's got hold of something's tail. [...] he's not going to let it go until he pulls it out of its hole and sees what it is. [...] he isn't welcome most places. He doesn't give a shit, Adrian, whether he is welcome or he isn't. [...] he's good. There isn't anyone as good, let it alone better. But he does what the hell he is going to do and if you don't like it he doesn't care. [...] You hire Spenser and sometimes you get more than you hoped for and sometimes you don't like it.' (*PM*, 158-159)

In *PM* wird Spensers Kodex auf eine harte Probe gestellt. Der PI ist nicht mehr bereit, alles für die Erfüllung seiner selbstgewählten Aufgabe zu tun. Als Hawk den Vorschlag macht, alle Personen, die Dwayne unter Druck setzen, zu töten, lehnt Spenser, anders als in früheren Romanen, diese Lösung ab: »'The reasons were better,' I said, 'than any we've got now.'« (*PM*, 172)

Darüber hinaus verliert Spenser die von ihm so hochgeschätzte Kontrolle über die Ereignisse, und ein Mensch muß dafür mit seinem Leben bezahlen. Er weiß, daß Deegan, nachdem er die Macht über Dwayne verloren hat, diesen umbringen will. Spenser läßt den Spieler beschützen, und ein Mordanschlag kann vereitelt werden. Allerdings hat der PI nicht an den zweiten an der Manipulation beteiligten Spieler gedacht: Danny Davis wird ermordet (*PM*, 190): »'I should have had Davis covered too,' I said [...]/ 'And I simply didn't think of it,' I said./ I turned and looked at Quirk and Belson./ 'I didn't think of it./ 'Too late now,' Belson said.« (*PM*, 193)

Parker stößt damit seinen Protagonisten vom Sockel der Unfehlbarkeit. Spenser gelingt die Erfüllung seiner Aufgaben, allerdings kann er dabei nicht seine Integrität bewahren. Er muß einen Kompromiß mit einem Kriminellen eingehen. Als er erfährt, daß Deegan in New York wegen eines Überfalles auf ein Wettbüro gesucht wird, schlägt er ihm einen Handel vor: Deegan schweigt darüber, daß es Dwayne und Danny waren, die die Spiele manipuliert haben. Im Gegenzug klagen Spenser und Dwayne ihn nicht wegen der illegalen Wetten an, die er über diese Spiele abgeschlossen hat. Gerechtigkeit muß vom Detektiv erkauft werden:

> 'Got to get something for Davis,' I said [...]
> 'What do you want for Davis?' Deegan said. [...]
> 'You and some other guys knocked over an Off Track Betting parlor in New York. I want the guys you did it with.' (*PM*, 221)

Deegan geht auf den Handel ein und endet mit einer neuen Identität im Zeugenschutz. Dwayne ist frei, begibt sich in ein Alphabetisierungsprogramm und kann seine Profikarriere beginnen. Der Detektiv hat den Fall gelöst, doch der Preis war hoch - der Tod eines jungen Menschen und die Freiheit eines Kriminellen.

Parker hat seinem Detektiv hinsichtlich dessen Privatleben neue Charakterzüge verliehen. Selbstbestimmung ist eine Bedingung für die Arbeit: »'Spenser had a little trouble conforming,' Haller said. 'He's as I told you, Baron, bit of a free spirit.'/ 'Like a stormy kestrel,' I said.« (*PM*, 11) Er akzeptiert auch die Einsamkeit, die Folge seiner Autonomie ist: »I'd been alone a lot in my life and I never tired of it.« (*PM*, 56) Gleichzeitig ist er zu einer langjährigen, tiefgehenden Beziehung mit der Psychiaterin Susan Silverman fähig.[300] Mit ihr stellt Parker dem Detektiv eine gleichberechtigte Partnerin an die Seite, die nichts mehr mit den »hartgesottenen« Klischees der verführerischen Blondine, der untergeordneten Sekretärin oder des hilflosen Opfers gemein hat[301]: »Susan seemed to me the most beautiful and intelligent woman I'd ever met. She had great warmth and compassion and humor. She had a top-of-the-line body and strength of character and an appropiate sexual appetite.« (*PM*, 50) Spenser fragt sie um professionellen Rat (*PM*, 64ff.), und sie übernimmt eine aktive Rolle in den Ermittlungen (*PM*, 135ff.).

Die zweite Größe in Spensers Leben ist der Profikiller Hawk, den er aus gemeinsamen Boxertagen kennt.[302] Hawk repräsentiert als *alter ego* die dunkle Seite Spensers, da er keine Skrupel besitzt: »'Worried about reason all my life, I be along time dead by now,' Hawk said. [...] 'Don't make much difference to me, [...] he said. 'Kill them, interact with them, tell them about God. Whatever works. Or make you happy.'« (*PM*, 172-173) Hawk ist der wirkliche *loner* des Romans: »'[...] Hawk doesn't have feelings about anybody.'/ 'Except you,', Susan said./ 'And you,' I said.« (*PM*, 221).[303] Auf diese Freundschaft[304] kann sich Spenser, ohne daß dies zwischen den Männern verbalisiert werden muß, verlassen:

> 'And where is Hawk?' she said.
> 'Around,' I said.
> 'So how come I don't see him?'
> 'I don't know how he does that,' I said. 'But he can disappear if he needs to.'
> 'But you know he's there,' Susan said. [...]
> 'Yes.'
> 'Because he said so?'
> 'Yes.'
> 'And if those people try to kill you again and he's not there you're very likely dead.'
> 'He's there,' I said. (*PM*, 136)

Gewalt bestimmt auch Spensers Alltag. Sie ist brutaler als die, der sich seine literarischen Vorgänger gegenüber sahen, aber auch der PI selbst ist gewalttätiger. Er geht nie ohne Waffe aus dem Haus, nicht einmal bei seinem Treffen mit den Repräsentanten der Universität: »[...] I had a brand new Browning 9 mm on my belt just back of my right hip. The Browning was flat and the holster canted forward so that the gun snuggled into the hollow over my right kidney and didn't disturb the rakish drape of my suit.« (*PM*, 9-10) Seine physische Überlegenheit setzt Spenser als Druckmittel ein, z.B. beim Trainer Dixie Dunham: »'You're a big strong guy, and you're probably in shape. But I've been doing this most of my life and if we have a fight I will put you in hospital.'« (*PM*, 27-28)

Spenser tötet, wenn er muß, und das ohne Gewissensbisse. Er sieht in einer tödlichen Situation sogar einen Hauch von Schönheit:

> In real time the whole sequence had probably taken ten seconds. In the slow motion of crisis time it had unreeled in ponderous elegance, and the crystalline immobility that followed was intensified by the lingering smell of gunfire, like an olfactory echo of the big bang. (*PM*, 119)

In bester Tradition der *hard-boiled novel* wird Macht und Gewalt in der Sprache ausgedrückt. Ein Beispiel für *talking smart* mit einem sozial Höhergestellten ist ein Rededuell Spensers mit dem Universitätspräsidenten Cort. Der Detektiv geht konventionsgemäß als Sieger hervor:

> 'And you have nothing to report?' he [Morton] said.
>
> 'Hard to believe, isn't it,' I said.
>
> 'Mr. Spenser,' Cort said, 'we have been paying you to find out things that we want to find out, not to disrupt this campus and annoy our faculty.'
>
> 'No extra charge for that,' I said. 'It's professional courtesy.' [...]
>
> 'Counterproductive,' I said. 'Vince, you have been taking night courses?'
>
> 'Flippancy is no substitute for competence Mr. Spenser,' Cort said.
>
> 'That's too bad,' I said. 'I was hoping to get by on it.' [...]
>
> 'You leave us no choice,' Cort said, 'I'm afraid we're going to have to terminate our arrangement as of now. We will honor your expenses through this afternoon until five.'
>
> 'Call it even,' I said. [...]
>
> Cort was angry. [...]
>
> 'I love it when you're angry,' I said. 'Your whole face lights up.' (*PM*, 157-159)[305]

Diese Umsetzung von Gewalt und Macht in Sprache zeigt das Aufeinandertreffen Spensers mit dem Unterweltboß Gerry Broz. Wieder ist

Spenser überlegen, sein Gegner dagegen gerät in die Defensive und kann nur noch reagieren:

> 'What do you want, creep?' Gerry said. [...]
> 'I asked a question,' Gerry said.
> 'Commendable,' I said. 'So many people these days are always talking *me, me, me* but you've developed listening skills. You're a sensitive guy, Ger.' [...]
> 'You get in my way and you're going to sleep with the fishes.' [...]
> 'Gerry says if I get in his way I'm going to sleep with the fishes.' [...]
> 'Guppies,' I said to Gerry, 'could I sleep with some guppies? I always sort of liked guppies.'
> Gerry was redder than before. He jerked his head at Jojo and said, 'Let's get the fuck out of here.' (*PM*, 102-105)

Mit *wisecracks* versucht Spenser, sich vor einer Auseinandersetzung Mut zu machen, z.B., als er weiß, daß er in eine Falle gelockt werden soll: »No point arriving early.« (*PM*, 117). Aber er kann mit sprachlichen Mitteln seinen Gegner einschüchtern: »'That's the ugliest baseball cap I've ever seen,' I said. He put his head up towards it, then caught himself and rubbed his face instead.« (*PM*, 118)

Parker versucht die traditionellen Vorgaben mit realistischen Problemen zu verbinden und durch Spensers Kampf um Autonomie bei gleichzeitiger Betonung persönlicher Bindung wichtige Erneuerungen für die Figur des hartgesottenen Detektivs durchzusetzen, die ihn menschlicher erscheinen lassen. Gleichzeitig wird sein PI aber durch das Festhalten an seinen Prinzipien und durch die Gewaltausübung wieder zu einer Kunstfigur.

1.2.3. Der Polizist

Die Analyse der Figur des Polizisten wird nur die Darstellung von Ermittlungsbeamten berücksichtigen, die sich an den Vorgaben des Polizeiromans orientiert. In *MLA* und *DAD* wird gemäß den Konventionen des *police procedurals* ein Einblick in die Arbeitsweise der Polizei, die Institution *per se* und das Leben eines Polizeibeamten gewährt.

In *MLA* wird deutlich, daß neben den vier namentlich genannten Polizisten Dixon, Halleran, Hong und Malley zahlreiche weitere Beamten den Fall und die Routinearbeiten kompetent und beharrlich erledigen:

> Halleran set a couple of bat cops from the kitchen search party to the task of sifting again for common staff names in all departments at the times of the hotel deaths. Soon, dozens of sheets of names and hours had spread across the card tables and floated down onto

> the folder chairs like leaves. One by one they'd be located and rigorously questioned. (*MLA*, 150)[306]

Als Menschen sind auch Polizisten fehlbar, z.B. am Tatort: »[...] a delivery truck had turned into the west end of the alley and had obliterated the boot prints. [...] No cordon had been put up to protect that end of the crime scene. » (*MLA*, 145)

DAD schildert sehr kompetente Beamte, so bei der Besichtigung des Tatortes des ersten Überfalls:

> Both policemen [...] for all their calm, were absolutely on the *quivive*, eyes everywhere, noting everything. Two young men, known to her by sight as regular boyfriends of third year undergraduates, went past by, talking, utterly unaware of the two strangers, but Sarah understood suddenly that the policemen could have produced an accurate description of both young men from no more than the apparently casual sidelong glance they had given them. (*DAD*, 81)

Gleichzeitig steht aber die grobe Fehleinschätzung der Todesursache von Judith Symonds am Anfang des Romans auf dem Minuskonto der Polizei. Darüber hinaus kann sie die Frauen am College nicht vor weiteren Übergriffen schützen, weil nicht genügend Beamte zur Verfügung stehen: »'But he doesn't have the manpower - or rather his uniformed colleague doesn't - to patrol all your grounds after dark. You're down to a couple of lads with torches, so you really need to make sure your girls don't go out alone after dark.'« (*DAD*, 136)

Neben diesen Einzelfällen gibt es sowohl in *MLA* als auch in *DAD* Kritik an der Institution Polizei.

In *MLA* wird angedeutet, daß es Spannungen zwischen der Polizei und verschiedenen gesellschaftlichen Gruppen gibt: »'So radical feminists and gays and minorities - their positions you're somewhat familiar with.'/ 'Oh yes,' replied the public servant, with a wry, closed-mouth smile. 'They all just love me to pieces.'« (*MLA*, 66) Weder in *MLA* noch in *DAD* ermitteln weibliche Beamte. In *MLA* wird deren Rolle im System nur skizziert, u.a., daß sie bei Beförderungen aufgrund der Quotenregelung bevorzugt werden (*MLA*, 125). Boaz Dixons Verhältnis zu seinen Kolleginnen ist ambivalent:

> The women think *you* don't think they're tough enough, and by God, they're gonna prove you're wrong. [...] They'll shoot before anybody else has even thought about it.
>
> Good cops after a while, though, Boaz thought, when they get just a little more confident. (*MLA*, 125)

Das Problem, daß einzelne Abteilungen verschworene Gemeinschaften bilden, wird in *DAD* angerissen. Die Beamten stehen füreinander ein: »'I'm rather cross with my husband for bringing Alan down on us, but all police, even the modern sort-like John, do that for each other's wives and associates.'« (*DAD*, 107)[307] Mit diesem Gemeinschaftssinn ist aber auch Rivalität zwischen den verschiedenen Abteilungen und Klüngelei der Kollegen untereinander verbunden, der man jedoch von oben versucht, Herr zu werden:

> [...] the edict requiring CID officers to serve in the uniformed branch with each promotion rather than spend their whole career in CID was right. Whether in the Metropolitan Police or the regional forces, the CID was a closed group, and the consequences of this clanny independence had been unattractive and damaging; many forces had become élite groups which did their things their way with no regard at all for the wider public interest. (*DAD*, 24)[308]

Die negativen Vorfälle reichen jedoch noch weiter, denn es gibt Einheiten, z.B. in Nordirland, die sich nicht mehr an geltendes Gesetz halten:

> 'It's a classic case where it's become clear that the local force has gone native. [...] Gone native, in the sense of adopting criminal tactics just like their opponents,' [...] 'passing names of IRA supporters to the fanatics on the loyalist side. Not just conniving at Murder, inspiring it.' (*DAD*, 211)[309]

Gesetzesuntreue Polizisten sind in *MLA* die Beamten Hong und Malley. Hong ist asiatischer Herkunft, sein Spezialgebiet die Kriminalität der Gangs dieser Länder. Dabei ist seine Vorgehensweise oft mehr als fraglich, und die Gangs nennen ihn: »[...] among other things, 'Fu Manchu'«. (*MLA*, 17) Malley gehört zu den gewalttätigen Polizisten, die zu schnell zur Waffe greifen. Zudem ist er bestechlich. Unschätzbar wird er jedoch durch seine Quellen und Informanten, und selbst Halleran, der wenig für Malleys Methoden übrig hat, gibt zu: »'A good thing about Malley, one good thing: he hates people. Really *hates* them. Makes him a good man to have at your back if you get a call into Grant Park some night.'« (*MLA*, 93) Es ist üblich, gesetzesuntreue Polizisten bis zu einem gewissen Grad zu akzeptieren:

> Area One being what it is, its jurisdiction including not only the coop but extremely violent and volatile south-side regions as well, certain ambiguities of character in part of the police force can be useful in the *realpolitik* of Chicago neighborhoods. (*MLA*, 16-17)[310]

In *MLA* wird das Leben eines Polizisten nicht glamourös, sondern von Streß und Frustration geprägt, geschildert. Dies hat Auswirkungen auf die Psyche der

Polizisten: »Some of the other hazards of police life - the 'Three Ds' of divorce, drinking, and drug use [...].« (*MLA*, 11) Aber ebenso leidet das Aussehen eines Beamten: »Uncounted meals in diners and greasy spoons and riding around in a car all day had given him, as it gives most cops, the occupational outcomes of police life: fat rolls at the waist, hemorrhoids, and an early hip-spread.« (*MLA*, 10) Mit Inspector Halleran wird in *MLA* ein durchschnittlicher Polizist geschildert:

> Halleran, in fact, looked a lot like most cops. He was clean shaven and heavy-faced; his sandy hair was parted on the left with short back and sides, he could be seen chewing gum at eight o'clock in the morning. [...] Halleran also maintained, unintentionally, the tradition of the police department haberdashy: polyester double-knit trousers with hideous plaid patterning; ill-fitting, mismatched jackets pulled out of shape in the back; lots of brown. (*MLA*, 10)

Halleran hatte, wie die meisten fiktionalen Polizisten, familiäre Probleme, die zu zwei Scheidungen und Alkoholmißbrauch führten, von ihm jedoch überwunden wurden (*MLA*, 11). Er ist ein äußerst fähiger und engagierter Polizist: »Towards the ends of that investigation, when the leads were narrowing, he showed up ten shifts in a row and would not let up.« (*MLA*, 12) Seine Arbeit hat ihn schwermütig werden lassen: »It was not part of the memory at the District One station that Halleran had ever laughed out loud. Boaz a few times, but Halleran never. » (*MLA*, 11)

Auch in *DAD* spielen das Leben und die Arbeit Chief Inspectors John McLeish eine wichtige thematische Rolle, jedoch kaum dessen ermittlerischen Fähigkeiten. Sein Leben, seine Karriere und die Auswirkungen des Berufes auf das Familienleben stehen im Vordergrund. Er ist einer der wenigen männlichen Charaktere, die positiv geschildert werden. Er ist eine beeindruckende Persönlichkeit[311] und als Polizist sehr erfolgreich:

> [...] an extremely competent detective who had started his career, unusually, in the Flying Squad. Not normally tolerant of graduates ('What *use* would he be!' the senior officer had asked in honest bewilderment when it was proposed that McLeish, six months out of the University of Reading, should join), the squad had grudgingly admitted him on the basis of his several years in county-class Rugby. He had been a success and from there had risen meteorically and loved the work. (*DAD*, 24)

McLeish freut sich über eine Beförderung, fürchtet jedoch, in eine andere Stadt versetzt zu werden: »'I won't be able to say no, whatever it is.' [...] 'You *can* say no, and I have done it in my time, I wouldn't transfer out of London because of Fran's job.'« (*DAD*, 202) Hinzu kommt, daß es möglicherweise eine sehr gefährliche Position wäre: »'It's every police wife's nightmare. Northern Ireland,' [...] 'John could say no, surely? [...] 'It wouldn't be a permanent job, that's the trouble. If it were, he could.'« (*DAD*, 211)

Seine Ehefrau ist McLeishs emotionale Schwachstelle, aber zugleich Stärke. Für Francesca würde der ansonsten vorbildliche Polizist alles riskieren. »'[...] and you would have pursued George Hellier for the rest of your life - you couldn't have helped it. And that would have been your life ruined as well.'« (*DAD*, 230)

Die Beförderungsmodalitäten der Polizei beherrschen nicht nur sein Leben, sie haben auch Auswirkungen auf die Ereignisse am Gladstone College. Entsprechend den Vorschriften muß John McLeish für einige Zeit das *CID* (Criminal Investigation Department) verlassen, um die Leitung einer Polizeistation zu übernehmen: »He was responsible for the day-to-day functioning and administration of Notting Dale police station.« (*DAD*, 26) Neel verwendet die zeitweilige Abwesenheit McLeishs vom CID nicht nur, um die Beförderungsmodalitäten und ihre Auswirkungen darzustellen. Sie sind dafür verantwortlich, daß der Superintendent deshalb nicht der offizielle Ermittler im Todesfall Judith Symonds, *Warden* des Gladstone College, ist. Daß er dennoch an den Fundort der Leiche gerufen wird, ist in zahlreichen Krankmeldungen beim CID und der Dienstreise seines Chefs[312] begründet, aber »[h]e had interfered in CID's affairs to the limited extents of going to see the body; no need to go further.« (*DAD*, 33) McLeish ermittelt auch nicht selbst die tätlichen Übergriffe auf die Studentinnen und Dozentinnen des Gladstone College, da sie nicht in seinen Zuständigkeitsbereich fallen. Er sorgt jedoch dafür, aus Angst um seine Frau, daß ein kompetenter Beamter und persönlicher Freund, Detective Chief Superintendent Alan Toms, den Fall übernimmt: »'I expect you've got the whole thing sussed by now, Fields. I was called out by a colleague, John McLeish, the Super at Notting Dale. [...] I told him you were in good hands, but I said also look in myself.'« (*DAD*, 84-85)[313]

In Anlehnung an den Amateurdetektiv weicht McLeish von den Schlußfolgerungen seiner Kollegen ab. Er glaubt nicht, daß Michael Taylor versucht hat, seine Frau zu töten: »'I'm not happy about Taylor, though Alan Toms had no alternative but to charge him.'« (*EDD*, 202) Durch die Erfordernisse des Plot, den Täter zu offenbaren, obwohl kaum Ermittlungsarbeit stattgefunden hat, stattet die Autorin den Polizisten mit Intuition aus, die ihn veranlaßt, Sarah Murchieson aufzufordern, nach Francesca zu sehen. Die Identität des Mörders scheint er jedoch nicht zu kennen:

> 'To see if she is all right.' John McLeish was embarassed but uncompromising. 'I've got an anxiety attack,' he said unapologetically. 'I've had these all my life and they're usually right. [...]'
> 'What *is* it, John? A pricking of the thumbs?'
> 'Yes. I've missed something. It's out of the corner of one eye - do

you know what I mean?'
'I do,' Sarah said, [...]. (*DAD*, 222)[314]

Realistisch dagegen enden die Fälle der Übergriffe und der Unterschlagung von College-Geldern. Da nicht genügend Beweise gegen den Täter vorliegen, kann er nur wegen Hinterziehung, aber nicht wegen der Morde und Mordversuche angeklagt werden (*DAD*, 232):

> 'You mean that you - the police cannot charge George with the Judith Symonds's murder? But he tried to do the same to Francesca.'
> 'It'll be a question of proof, won't it? Francesca can't identify him as the person who held her head into the pillows.' (*DAD*, 231)

Die Polizei und ihre Vertreter müssen sich an Gesetze halten, das bedeutet nicht, daß sie Gerechtigkeit erwirken können.

1.2.4. Zeitgenössische Detektivinnen

Drei ungewöhnliche Detektivinnen und außerordentliche Persönlichkeiten werden mit Jemima Shore in *OB*, Kate Fansler in *DF* und Peggy O'Neill in *PI* beschrieben. Diese Protagonistinnen erweitern die Figur des fiktionalen Ermittlers, indem ihre individuelle Geschichte für den Plot ebenso bedeutend ist wie ihre Funktion als Detektivin. Als Ermittlerinnen erhalten die drei Frauen Merkmale verschiedener Detektivtypen, so daß eine eindeutige Zuordnung nicht mehr möglich ist. Diese Übernahme typologischer Kennzeichen ist es jedoch, die Protagonistinnen, trotz der realistischeren Figurendarstellung und Themenwahl, immer noch als Kunstfiguren erscheinen lassen.

Shore, Fansler und O'Neill sind *spinster detectives*, allerdings im zeitgenössischen Sinn, d.h. daß sie familiär, beruflich und finanziell unabhängig sind,[315] wobei dieses klassische Kennzeichen gleichzeitig eine Aussage über die Lebensmöglichkeiten und das Selbstverständnis von modernen Frauen ist.

Antonia Fraser vereint in Jemima Shore, die nach Angaben der Autorin die amerikanische Moderatorin Barbara Walters zum Vorbild hat[316], »[...] expensive elegance, social concern, and unusual sexual independence.«[317] Jemimas Privatleben ist, trotz der Beziehung zu dem Anwalt Cass Brinkley, durch persönliche Freiheit geprägt: »Possessiveness in any form he knew to be her bane [...].« (*OB,* 23)[318] Allerdings erkennt sie durch die tragischen Ereignisse sowie durch die Gefühle und Leidenschaften, die der Fall zu Tage gebracht hat, ihre eigenen Emotionen. So kann sie sich z.B. ihre Eifersucht eingestehen:

> [... she] was reminding herself of fairness, justice, equality of opportunity, personal freedom, individual liberty, possessiveness-is-theft, and many other fine concepts, all in an effort to prevent an enormous wave of furious indignation and jealousy sweeping over her and knocking her right off her elegant porch on a rock, as she saw it, way above such horrible human passions. (*OB*, 223-224)

Jemima Shore ist erst jetzt bereit, eine feste Bindung mit Cass Brinkley einzugehen.

Amanda Cross' Kate Fansler, eine der beliebtesten feministischen Detektivinnen der letzten Jahrzehnte, wird oft als weibliche Variation Dupins oder als amerikanische Harriet Vane bezeichnet.[319] Treffender ist der Vergleich der Detektivin mit Sayers' Lord Peter Wimsey: »Fansler is in the tradition of aristocratic sleuths as Lord Peter Wimsey, and as such could be read as parodic, although evidence for this rests more with the text's self-conscious literariness [...] rather than with the character construction itself.«[320]
Unabhängigkeit ist ein signifikanter Charakterzug Kates, z.B. hinsichtlich ihrer Familie: »Kate did not especially care for families, and especially did not care for hers.« (*DF*, 30) Sie ist mit dem Staatsanwalt Reed Amhearst verheiratet, aber behält in der Ehe ihre persönlichen Freiräume: » 'Reed always knew I had to have times without him.'« (*DF*, 20) Da sich ihr Ehemann einige Zeit in Afrika aufhält (*DF*, 5-6), hat Kate Fansler in *DF* den Status einer Junggesellin. Ihr Mann spielt somit momentan keine Rolle in ihren Entscheidungen: »'He's [Reed] in Africa, Asia, the Third World.' Another world, she was thinking.« (*DF*, 44)

Auch die Campuspolizistin Peggy O'Neill schätzt ihre persönliche Freiheit. Es gibt Beziehungen in ihrem Leben, aber sie hat kein Interesse an einer dauerhaften Beziehung oder gar familiären Bindungen:

> Al had been fun and comfortable to be with. And predictable and sometimes boring, too. We'd never lived together. He'd made marriage-type noises occasionally, but I'd managed to put him off without causing irreparable damage. [...] until Al's son came to live with him. [...] I wasn't interested in marriage or in moving in with Al [...]. (*PI*, 105)

Peggy trägt in ihrem Drang nach Unabhängigkeit beinahe Züge eines hartgesottenen Detektivs, da sie die Einsamkeit liebt, daher auch immer nachts arbeitet: »I always work the dog watch, from eleven P.M. to seven A.M.« (*PI*, 25)[321] Sie ist aber kein *loner*, sondern braucht zwischenmenschliche Nähe. Zu ihren Kollegen bei der Campuspolizei hat Peggy ein gutes Verhältnis. Wie wichtig ihr diese Freundschaften und Hinwendung sind, zeigt sich bei einem Streit mit ihnen: »I started to cry and simultaneously fight the rage I always feel when I'm ashamed of myself. I liked these two people a lot, and I didn't want them mad at me.« (*PI*, 96). Wichtiger für sie ist die Kameradschaft mit Buck Hansen, einem *Lieutenant* der Mordkommission, der eine verläßliche emotionale Größe in ihrem Leben darstellt:

> We stood there another few moments looking at each other and smiling - his smile is beautiful [...] I stepped up to Buck and kissed him, not putting much more into it than some parents do with their kids, but a little more than a French politician bussing a rival. (*PI*, 26)

Sie gesteht sich sogar selbst ein, daß er für sie mehr ist als nur ein Freund: »[...] this man I loved so much.« (*PI*, 158)

Jemima Shore und Kate Fansler sind enstprechend den klassischen Vorgaben für den Amateurdetektiv wohlhabend. Erstere umgibt eine Atmosphäre von Reichtum, auch wenn ein luxuriöses Apartment (*OB*, 179), ein teurer Wagen (*OB*, 121) und exklusive Kleidung (*OB*, 80) nur angedeutet werden. Kate Fansler, als amerikanische und weibliche Variante Peter Wimseys, stammt aus dem New Yorker Geldadel (*DF*, 5) und ist »absolutely New York« (*DF*, 29). Anders Peggy O'Neill, deren einfache Lebensumstände denen eines Privatdetektivs ähneln. Sie fährt ein altes unansehnliches Auto (*PI*, 50), hat eine bescheidene Wohnung, die sie vernachlässigt (*PI*, 41), und auf ausgesuchte Kleidung legt sie keinen Wert[322].

Alle drei Frauen nehmen durch ihr auffälliges Erscheinungsbild eine Sonderstellung in der Figurenkonstellation ein. Kate Fansler wird als »slim and tall and soignée« (*DF*, 31) beschrieben. Zudem gilt sie als leicht exzentrisch, u.a. weil sie ständig literarische Zitate in ihre Rede einfließen läßt (*DF*, 31). Peggy O'Neill fällt wegen ihrer ungewöhnlichen Haarfarbe auf: »'What color's your hair' he asked me, not looking down. 'There's a name for it?'/ 'Red,' I answered./ 'Sure! And the sky's blue, grass is green, and snow is always white, ain't it?'« (*PI*, 29) Auch Jemima Shores Haar, »honey-coloured« (*OB*, 20) wird betont, vor allem ist es jedoch ihre persönliche Präsenz - »[t]he sight of the dazzling poised intelligent image on the screen [...]« (*OB*, 22) - die beeindruckt.

Mit dem Ruf als erfolgreiche Detektivinnen betreten Jemima und Kate den Schauplatz der Ereignisse, bzw. dieser ist es, der sie in die Fälle verwickelt. Die Journalistin hat schon als Amateurdetektivin mehrere Kriminalfälle gelöst (*OB*, 63) und ist »[...] Jemima Shore Investigator, as she was known through the wide success of her eponymous television series [...]« (*OB*, 10). Aufgrund ihrer Sendung über das Sterben - »HOW DOES THE DAY END« (*OB*, 10) wird sie an das Sterbebett der ehemaligen Hebamme Elsie Connolly gerufen. Sie beichtet Jemima, daß sie vor Jahren geholfen hat, zwei Neugeborene zu vertauschen. Der

Erbe des damaligen Außenministers und eines der reichsten Männer des Landes Lord St. Ives, war bei der Geburt verstorben. Dieser vertauschte es mit einem fast zur gleichen Zeit geborenen Jungen.[323]

Kate Fansler ist ebenso durch frühere Tätigkeiten als Amateurdetektivin berüchtigt[324] und wird aufgrund dessen - »'Besides, you're supposed to be the great detective; you clear me.'« (*DF*, 68) - in den Skandal im *English Department* in Harvard hineingezogen. Janet Mandelbaum »[...] first tenured woman in the Harvard English Department« (*DF*, 17) wird während einer Feier im Institutsgebäude zusammen mit einer radikalen Feministin, die zudem Mitglied der lesbischen Lebensgemeinschaft *sisters* ist, betrunken in der Badewanne der Damentoilette gefunden. Kate wird, wie ein PI, von einem Mitglied der *sisters* und Janet Mandelbaum gebeten, nach Harvard zu kommen.

Intuition und Instinkt des Detektivs werden Jemima und Peggy zugeschrieben. Ihre Intuition »this famous instinct« (*OB*, 30), versucht Jemima jedoch zu unterdrücken, als sie vom Tod der Hebamme Connolly erfährt:

> [...] Jemima Shore had come to agree with Cass Brinkley that Nurse Elsie Connolly's death was providential - and natural. Jemima's feeling of unease when Sister Imelda broke the news on the telephone that Saturday morning, she was now prepared to ascribe to her own over-heated imagination, inspired by the atmosphere of the Hospice. (*OB*, 30)

Auch Peggy O'Neill ist mit dem sechsten Sinn eines Detektivs ausgestattet. Als Campuspolizistin ist sie bei einer Feier zu Ehren des *Dean of the Graduate School*, Jeremiah Strauss, anwesend, weil Morddrohungen gegen ihn eingegangen sind. Es stirbt jedoch nicht Strauss, sondern Donna Trask, die Tochter seines Freundes Donald Trask, der die Universität bei Rechtsstreitigkeiten vertritt. Sie beißt in einen Apfel, den Strauss als Demonstrationsobjekt für eine Rede verwenden wollte. Dieser ist mit Zyanid vergiftet. Eine für den Amateurdetektiv typische Eingebung läßt Peggy die Herkunft des Giftes Zyanid erkennen: »I sipped my coffee and thought of the bracelet, the way it had slid up and down Paula's arm in the squad room [...] It reminded me of something else I'd seen recently. Then I remembered: [...].« (*PI*, 193) Ihre Intuition läßt die Detektivin auch dem Mörder auf die Schliche kommen: »Just a hunch growing toward a certainty. I wasn't sure I'd be ever able to prove.« (*PI*, 215)

Neugier ist ein weiteres typisches Motiv für die Ermittlerinnen. Jemima kann sich dieses Gefühls nach dem Besuch am Sterbebett der Hebamme nicht erwehren: »'If I'm to be honest - it's curiosity as much as anything else. Can her story be true?'/ 'Jemima Shore Investigator!' pronounced Cass. 'I knew it. Your dreadful inquisitiveness.'« (*OB*, 21)

Peggy fragt sich, warum Donna Trask die Feier zu Ehre eines alten Freundes der Familie stören wollte:

> 'I want to know more about Donna Trask. I want to know what kind of rage would compel a person like her to get up in front of all those people - the universities movers and shakers - and ruin a banquet for a man? I want to know what created that smile that made her so goddamned ugly. ' (*PI*, 40)

Neben der Neigung zur Unruhestifterin und aus Abenteuerlust heraus[325] ist Kate Fanslers Neugier der Beweggrund, sich mit den Vorgängen in Harvard zu beschäftigen: »'Curiosity [...] because I'm bored.'« (*DF*, 56) Hinzu kommt, daß sie mit ihrem Leben unzufrieden ist: »'I could be better,' Kate said. 'In certain ways, I've never been worse. I'm in a mess. I don't know how I got in it, and I don't know how to get out.'« (*DF*, 43). Langeweile und innere Leere sind die Triebfeder für Peggy, sich mit dem Fall zu beschäftigen: »Why I had gotten involved? One reason was a large empty space in my life since Al and I had split up. It needed filling, and learning to cook [...] wasn't likely to do the trick.« (*PI*, 105) Ungewöhnlich für einen fiktionalen Detektiv als Beweggrund für die Beschäftigung mit einem Mord ist jedoch, daß sie sich mit dem Opfer verbunden fühlt. Sie sieht Parallelen zwischen sich und der toten Donna Trask, denn beide tragen eine Wut wegen ihrer verheerenden Kindheit in sich: »I knew a little about those things, but I'd been lucky. My anger hadn't consumed me the way it had Donna. I'd managed to grow up - in some certain important ways at last.« (*PI*, 106)[326]

Der Topos, daß es eine Kleinigkeit ist, die die Detektivin die offizielle Version in Frage stellen läßt, findet sich in allen drei Romanen. Jemima trifft, als sie für ihre Sendung über die »Golden Lads and Girls« (*OB*, 32) recherchiert, das vertauschte Kind, den inzwischen zwanzigjährigen Viscount Saffron Ivy. Ein Kommilitone Saffrons stürzt auf einer Treppe im Rochester College in Oxford, die zu Saffrons Wohnung führt, zu Tode. Die Polizei hält es für einen Unfall (*OB*, 60), Jemima dagegen erkennt eine Ungereimtheit. »'The real mystery to me is why Bim Marcus set the washing machine in motion.' (*OB*, 63) Ihr Amateurdetektivinstinkt ist geweckt, und sie beginnt, über den Fall nachzudenken:

> '[...] that it's not altogether a coincidence that Bim Marcus dies on Saffron's staircase, as a result of a quite unforeseen association with Saffron. [...] Let's just suppose someone thought *Saffron* was lurching down to his room, instead got the wretched Bim in the darkness [...] then we have to think of anyone who would wish Saffron ill. Quite a few in Oxford no doubt, though murder is perhaps going a bit far.' (*OB*, 64)[327]

In *PI* glaubt die Polizei, der Giftanschlag habe Strauss gegolten, und ermittelt dementsprechend in diese Richtung (*PI*, z.B. 20, 21, 25). Donnas Grund, die Feier stören zu wollen, als sie Strauss den Apfel wegschnappte, sei Rache gewesen. Strauss hatte sich geweigert, ihr zu einem Platz an der *Graduate School* zu verhelfen, in die sie wegen schlechter Noten nicht aufgenommen worden war (*PI*, 23). Peggy, wie ein Amateurdetektiv, gibt sich mit dieser Erklärung nicht zufrieden. Für sie paßt eine Kleinigkeit nicht ins Bild:

> 'I wonder what Donna planned to say before Dean Strauss got up and tried to stop her?' I said.
>
> 'Don't you think what she *did* say was enough? 'Eve's only mistake was in sharing this with Adam.' That's a pretty good speech in anybody's book.'
>
> 'It was an exit line,' I said, 'but I don't think she meant it to be her entire performance. I think she meant to make a speech first, but didn't have time.'
>
> 'What makes you think so?'
>
> 'Because she was reaching into the jacket pocket for something when Strauss got up. I saw it. I thought it would be a speech of some sort - or maybe notes for a speech.' (*PI*, 23-24)[328]

Kate Fansler erkennt die Diskrepanz in den Ereignissen im *English Department* nicht selbst. Doch sie begreift, daß Janet Mandelbaum Hilfe braucht, wobei Cross den Topos des klassischen Detektivromans mit einer feministischen Aussage kombiniert:

> 'The point, however, is that *they* thought they could discredit Janet by getting her involved with that all-women commune in Cambridge. [...] but they were fools. They united two groups who would never, otherwise, have anything to do with each other: the woman-identified and the male-identified.' (*DF*, 25)

Kate und Peggy knüpfen weiterhin an die Tradition ihrer klassischen Vorgänger an, indem sie sich für eine Person einsetzen, die die Polizei verdächtigt und gegen die viele Beweise sprechen. So verhaftet man Janet Mandelbaums Ex-Ehemann Moon, nachdem Janet mit Zyanid vergiftet auf der Herrentoilette des Instituts gefunden wird. Es liegen Beweise gegen ihn vor (*DF*, 86, 93). Kate glaubt jedoch an dessen Unschuld: »'But if you told me that Moon had leaped on a motorcycle and run over a child, or gone hunting for deer, or assaulted a woman, I wouldn't, if you prefer, think it likely.' (*DF*, 94)

Peggy O'Neill stellt sich auf die Seite ihrer Freundin, der Professorin Edith Silberman. Diese hatte ein Motiv und die Möglichkeit, Strauss mit dem Apfel zu vergiften. Zudem vernichtete sie mögliche Beweise (Zyanid im Privatlabor ihres verstorbenen Mannes, *PI*, 99ff.). Peggy stellt aber Ediths Unschuld nicht in Frage und will für sie kämpfen:

> Donna had destroyed a triumphant moment in a man's life, and in the process she'd been destroyed herself. Now her rage was going to destroy Edith Silberman, a friend of mine and the best teacher I'd ever had. I was going to do what I could to prevent that from happening. (*PI*, 106)

Lake macht deutlich, daß nur ein Privat- oder Amateurdetektiv sich den Luxus von Gefühlen leisten kann: »'She's [Edith] not a murderer,' I said [...]./ 'Cops don't make judgements like that. You're in the wrong business, Peggy.'« (*PI*, 96)

In ihrer Vorgehensweise hinsichtlich der jeweiligen Fälle verbinden sich in allen drei Detektivinnen Charakteristika des hartgesottenen Detektivs und des Amateurdetektivs.

Trotz ihrer Annahme, daß der Tod von Bim Marcus kein Unfall, sondern ein Mordanschlag auf Saffron war, - »'I just think there *is* a connection between Nurse Elsie and the Rochester College death.'« (*OB*, 65) - beginnt Jemima nicht mit Ermittlungen: »'So what is the next step, Jemima Shore Investigator?'/ 'Oh, to forget it all,' responded Jemima. 'What else?'« (*OB*, 65) Erst als Saffron von früheren Mordanschlägen auf ihn berichtet (*OB*, 69-72) und zugibt, daß ihm die Hebamme vor ihrem Tod von seiner Geburt erzählt hat (*OB*, 73), läßt sich Jemima in die Vorgänge involvieren, denn er engagiert sie wie einen Privatdetektiv, nicht umsonst ist sie ein *Investigator*: »'Look, Jemima, I'm going to hire you. That's the point. What are your rates? You're going to find out who's trying to kill me. It would also be quite nice in an off-beat kind of way to know why.'« (*OB*, 70)

Neben der Suche nach dem Verantwortlichen für die Mordanschläge ist Jemima, wie ein PI, bereit, gleichermaßen die Rolle eines Bodyguards für Saffron zu übernehmen: »'In short I've agreed to go to the Chimneysweeper's Dinner at the beginning of next term as his guest. [...] But actually I'll be there as a kind of protection. In case someone has another go.'« (*OB*, 75)

Saffron erteilt Jemima noch einen dritten Auftrag: »'I thought you might find out who I am. If I'm not who I think I am, if you get my meaning. [...] Check out that odd blood grouping thing. You're still my sleuth remember.'« (*OB*, 110) Von diesen drei Aufträgen kann die Detektivin nur die Herkunft des jungen Lords klären. Sie beginnt mit aktiven Ermittlungen mit der Rolle, die Blutgruppen bei der Bestimmung von Elternschaft spielen: »'It's a little matter of blood groups: how could I get certain information? Just quite privately, you understand.'« (*OB*, 110) Durch ein Gespräch mit der Professorin Mavis Ho (*OB*, 111ff.) findet Jemima heraus, welche Blutgruppe Saffrons Eltern haben müßten, wenn seine AB ist (*OB*, 114). Bei der Verlobungsfeier von Saffron mit Tiggie Jones, bei der alle Familienmitglieder anwesend sind, lenkt die geschickte Interviewerin in bester Amateurdetektivtradition[329] das Gespräch auf Blutgruppen. Dabei erfährt sie, daß Saffron nicht der leibliche Sohn seiner Eltern sein kann (*OB*, 156ff.). Hier kommt dann die vielbeschworene Intuition ins Spiel:

> Jemima looked across at Saffron sitting on the opposite side of the table under the Lawrence portrait of the Iverstones. A family thing. She suddenly realized something, in that heightened atmosphere of relationships based on blood, an overwhelming and obvious truth, which had been hovering just outside her consciousness for so long. (*OB*, 161)

Saffron und Tiggie sind Halbgeschwister, eine Annahme, die durch die Blutgruppe von Tiggie Jones' Mutter, Eugenia, bestätigt wird (OB, 162). Die Frage nach Saffrons Vater recherchiert jedoch nicht die Detektivin selbst, sondern sie beauftragt ihre Assistentin Cherry mit den Laufarbeiten. Sie ist es, die den Namen des leiblichen Vaters in Erfahrung bringt, weshalb sie von Jemima den Titel »[...] that genius Cherry Bronson Investigator [...]« (OB, 186) verliehen bekommt. Ihre sorgfältige Kleinarbeit fördert zwar nicht die Geburtsurkunde Saffrons zutage, dafür aber die Sterbeurkunde des toten Babys:

> 'One dead male baby called Saffron. Saffron Jones to be accurate. Born on the twenty-sixth October and dies on twenty-eight October 1964. Mother's name, Eugenia Jones. Now guess the father's name.' [...] 'Ivo Charles,' [...] 'Ivo Charles, as in Ivo Charles Iverstone, Marquess of St. Ives in the big red peerage. Ivo Charles. Get it?' (*OB*, 184)

Jemimas Nachforschungen, die in der Ausnutzung der für den Detektivroman so wichtigen Klatschsucht eines alten Bekannten besteht (*OB*, 181ff.), füllen die Lücken in der Vergangenheit Eugenia Jones' um die Zeit von Saffrons Geburt. Damit hat Jemima den Auftrag, das Rätsel um Saffrons Herkunft, erfüllt. Sein Vater Lord St Ives war der Liebhaber Eugenia Jones' und ist sowohl sein als auch Tiggies leiblicher Vater: »'Your full sister. I thought at first she was your half-sister. But now I think that there was never any Jones, ever. Just a hidden love affair. And a child. And then - perhaps when the affair was nearly over, another child.'« (*OB*, 187)

So wie eigentlich Cherry diesen Auftrag erfüllt hat, versagt Jemima auch bei den zwei anderen Aufträgen, als Bodyguard und als Ermittlerin des Mörders. Schon bei dem *Chimney Sweepers Dinner* zu Beginn des Semesters war es dem Täter gelungen, Saffron zu verletzen (*OB*, 89). Auch einen weiteren Anschlag des Täters am Ende des Semesters kann sie nicht verhindern. Am Abend des Commem Ball, läßt sie sich durch ein Schäferstündchen mit Saffron und anschließend durch ihre Arbeit (die Aufnahmen für ihre Fernsehsendung) von der Bedrohung durch den Mörder ablenken. Sie definiert sich und ihr Handeln nicht über die Anforderungen einer Detektivin: »In all of this Jemima never spared a thought for Saffron. She was busy, doing a job for which she had been sent into the world, at least a job she enjoyed doing.« (*OB*, 208)[330] Jemimas Instinkt setzt erst wieder ein, als Saffron am nächsten Morgen nicht zum verabredeten Treffpunkt erscheint: »Nevertheless the sense of unease which had oppressed her since dawn at St. Lucy's became stronger as she reached the top of the stairs and saw that Saffron's door was open.« (*OB*, 211) Sie muß ihre Unfähigkeit in diesem Fall erkennen: Der Mörder hat Saffron Drogen verabreicht (*OB*, 212). Die Identität des Täters überrascht sie vollends: »She hesitated and then said in an uncertain voice: 'You - the murderer?' [...] 'Precisely. Rather an unexpected discovery on your part.'« (*OB*, 213) Der Täter ist Professor Mossbanker, der langjährige Geliebte Eugenia Jones' und ständiger Begleiter Saffrons. Er wirft ihr berechtigt vor: »'My impression was that you were altogether too caried away by other aspects of it all ... '« (*OB*, 214). Jemima hat nur das Motiv für die Morde erkannt: »She was beginning to see a connection, in terms of the various people who had been present on all three occasions, the names of those who had the opportunity led her inexorably to the motive, the obvious motive. Envy.« (*OB*, 196) Jedoch hatte sie nicht mit der Suche nach Beweisen begonnen, sondern sich aus persönlicher Antipathie (*OB*, z.B. 25, 51, 85) auf die Mitglieder der Familie Iverstone als mögliche Täter festgelegt (*OB*, 196):

> 'He [Mossbanker] warned me, and that was his own piece of arrogance, on the night of the Chimneysweeper's Dinner. [...] But I was obsessed by the hereditary element in it all, the fact, that the Iverstone family were bound to envy Saffron and, if anyone, would want him removed.' (*OB*, 217)

Wie Jemima Shore kommt auch Kate Fansler von außen auf den Schauplatz der Ereignisse. Ebenso wird sie wie ein Privatdetektiv mit Ermittlungen beauftragt. Sie muß sich für eine gesellschaftlich unterdrückte Gruppe, die Frauen in Harvard, einsetzen:

> 'Sylvia, what am I doing for the good of womanhood?'
> 'Saving Janet, of course, and the cause of female professors at Harvard. She's being framed, I'm certain.'
> 'Framed?'
> 'You heard me. If you don't agree, find out for yourself. Between us, my dear, when the patriarchy gets worried, it goes into action, with money and all that money can buy.' (*DF*, 22)

Wie ein PI ist Kate bereit, sich für die Schwachen der Gesellschaft, dies sind verschiedene Beispiele weiblicher Lebensmöglichkeiten, zu engagieren, auch wenn sie nicht ihren eigenen Vorstellungen entsprechen.

Cross betont durch diesen Topos der *hard-boiled novel* das Konzept des *female bonding*. Kate will Janet Mandelbaum verteidigen (*DF*, 54), auch wenn sie mit ihr, trotz gemeinsamer Vergangenheit, nichts mehr verbindet[331] und Janet *male-identified*[332] ist: »'She was never a woman, professionally speaking.'/ 'I know,' Kate said. 'I assume that was why Harvard had taken her.'« *(DF*, 9-10)

Die *sisters* sind in ihrer Auffassung von Lebensmöglichkeiten für Frauen der Gegenpol zu Janet Mandelbaum:

> 'I doubt very much that all men are brothers, or ever have been, though they bond tightly enough with their own kind, but women who are sisters have no part in the male establishment, no part in the patriarchal institutions at all. Furthermore, they despise them. They feel that the patriarchal institutions have supressed them and used women, and the sisters want nothing to do with them; they would, in fact, like to destroy them, but at least they know they're rotten. Women who are not sisters play along with rottenness, either liking it, or thinking it changeable.' (*DF*, 11)

Kate fühlt sich mit den lesbischen und radikalen Feministinnen so wenig verbunden[333] wie mit Janet. Ebensowenig Sympathie empfindet sie für Luellen May, die Frau, die in den Vorfall verwickelt ist (*DF*, 68). Trotzdem wird sie auch ihr helfen.

Kates Lebensentwurf steht als dritte Möglichkeit zwischen diesen beiden Extremen. Sie bezeichnet sich selbst als »'[...] an interstitial person.'« (*DF*, 69) Sie arbeitet innerhalb des patriarchalischen Systems, ist sich dessen bewußt und gibt es zu:

> The raincoat Kate had hung up was a fashionable raincoat. Her shoes, though flat, were fashionable shoes. Her panty hose covered shaved legs. Her suit, ultra-sued, was worn over a turtleneck knit, and on her jacket was a pin: a gold pin. Kate was dressed for patriarchy:
>
> 'My clothes,' Kate said, 'make my life easier, as yours make your life easier.' (*DF*, 8)[334]

Kates Konformität mit den Verhaltensnormen der von Männern geprägten Gesellschaft einerseits und ihr feministisches Bewußtsein andererseits kennzeichnen ihre Zwischenstellung:

> The night was cold, and Janet blew her nose in the napkin which she had carried away from Ferdinand's. It was a mark of how completely Kate veered between two worlds that she found herself wondering if Janet would remember to return it. 'You,' a young

feminist had once said to Kate, 'are from another planet, like, I mean, out of this world.' Where napkins are returned, Kate thought. (*DF*, 38)[335]

Allerdings fühlt sie sich den *sisters* mehr verbunden als Janet: »'I think I like Joan Theresa better than Janet Mandelbaum.'« (*DF*, 25). Nicht umsonst heißt das Café der *sisters* »Maybe Next Time Coffee House« (*DF*, 62).

Auch Kate muß sich wie Jemima Shore Versagen eingestehen. Sie richtet sich in Harvard ein, aber »[...] the mystery of Janet's evening at Warren's House seemed no nearer to solution.« (*DF*, 47) Bevor es ihr jedoch gelingt, Janet und Luellen May zu helfen, wird die Professorin tot auf der Herrentoilette des Seminars aufgefunden. Dann beginnt Kate mit den eigentlichen Ermittlungen. Durch Befragungen, durch Informationen, die ein engagierter Privatdetektiv ermittelt, durch das Erleben Harvards und seiner Regeln sowie »sachlicher« Hinweise, die Kate in Janets Büro und Wohnung entdeckt, gelingt es ihr, den Vorfall in der Badewanne und den Tod der Dozentin aufzuklären. Ersteres war ein Streich eines Kollegen im *English Department* (*DF*, 110ff.), der Tod Janet Mandelbaums war Selbstmord: »'Well, I have to admit she was killed by a Harvard professor of English; there is, in fact, only one Harvard English professor it could have been.' [...] 'Janet herself,' Kate said. 'Opportunity, means, motive.'« (*DF*, 142)

Anders als Jemimas Shore und Kate Fansler stellt Peggy O'Neill in *PI* gleich nach dem Tod von Donna Trask die Suche nach der Wahrheit in den Mittelpunkt ihrer Handlungen. Dabei arbeitet sie wie der Amateur- oder der Privatdetektiv ohne Erlaubnis der Ermittlungsbehörden: »'Does Homicide know you're helping them in an investigation that they aren't, in fact, conducting?'/ 'Sometimes,' I said piously, 'the best help is that which is given anonymously.'« (*PI*, 82)

Typisch für einen PI ist Peggys Verhältnis zur Polizei. Durch die Freundschaft zu Buck Hansen erhält sie Insider-Informationen (*PI*, 20ff.). Selbst enthält sie aber der Polizei wichtige Informationen vor (*PI*, 66, 95, 158) und läßt sich Zeit, bevor sie die Behörden von dem Mord an dem Studenten und Donnas Freund Bert Coombs verständigt: »She'd called me about an hour ago. A few more minutes before the police were notified wouldn't matter.« (*PI*, 209) Da sie die verdächtige Edith von den Ermittlungsergebnissen der Polizei berichtet, macht Peggy sich sogar strafbar: »She'd disposed of the evidence as soon as she could after I'd warned her. The way she put it, it made me sound like an accomplice. I *was* an accomplice.« (*PI*, 101)

Da offiziell angenommen wird, daß Donna versehentlich an Stelle Jeremiah Strauss' ermordet wurde, interessiert sich niemand für ihre Person. Peggy versucht, Donnas Geschichte zu rekonstruieren, setzt sich wie ein PI für die Rechte einer rechtlosen Person ein und stößt damit nur auf Unverständnis:

> 'I think you're in danger of becoming a ghoul, Peggy, a kind of psychological coroner, you know? You don't know that was the happiest moment of her life.'
>
> 'Don't be so literal,' I said. 'Of course I don't. But if it wasn't the happiest moment, it was one of them.'
>
> 'So what? She is dead,' Ginny said. 'I don't know what her problem was. However, I do know there are a lot of people out there who are unhappy, not because they feel sorry for her, but because she intercepted a death meant for Strauss.' (*PI*, 45)[336]

Peggy glaubt lange Zeit, daß Donna Selbstmord begangen hat; ihre Ermittlungen hinsichtlich Donnas Charakter scheinen dies zu bestätigen (*PI*, 189). Wieder zieht Peggy ihre eigenen Erfahrungen als Folie heran: »My father blew his brains out outside my bedroom when I was a kid, so I know a little about suicide as a form of communication.« (*PI*, 186)

Die Nachforschungen der Detektivin gehen in zwei Richtungen. Vor der Verhaftung Edith Silbermans steht ihre »'[p]seucological autopsy'« (*PI*, 82) im Vordergrund, die vor allem aus Befragungen der Menschen besteht, die Donna kannten. Sie ändert die Richtung der Nachforschungen, um Edith zu helfen, und beginnt, sich mit den Personen zu beschäftigen, die ein Motiv für einen Mord an Strauss haben, und bekommt von Edith den Auftrag herauszufinden, wer außer ihr noch Zugang zu Zyanid hatte (*PI*, 103-104). Peggy geht dabei in PI-Manier vor, indem sie z.B. in das Büro eines Dozenten einbricht (106ff.) und falsche Identitäten vorgibt[337]. Allerdings fällt der Detektivin das Lügen, um an Informationen zu kommen, schwer: »I could feel the sweat starting to trickle down my sides from my armpits. This was the hardest person I'd ever lied to. I promised myself that, if I made it through this time, I'd never ever lie again.« (*PI*, 118)

Wenig »hartgesotten« erscheint die Detektivin ebenfalls bei der Aussicht auf eine unangenehme Unterredung mit ihrem Vorgesetzten: »[...] feeling a little hysterical [...]« (*PI*, 144). Sich nicht mehr einschüchtern zu lassen, mußte Peggy auch erst lernen: »I felt my face to start to grow hot. A few years ago, a question like that would have reduced me to babbling, but I no longer allow people to do that to me without at least trying to make them pay a price.« (*PI*, 116)

Anders als der traditionelle Privatdetektiv wäre Peggy in gewalttätigen Konfrontationen die Unterlegende, wie sie sich sehr bewußt ist:

> 'But don't you get scared sometimes - a woman out at night, all alone? Oh, I forgot, you've got a gun, don't you?' [...]
>
> I did have a pistol, and it was in the forefront of my mind, but I'd never get it out and pointed at him before he'd put a knife into me, and we both knew that. (*PI*, 139)

Gleichzeitig hebt sich Peggy mit ihrer Beharrlichkeit bei der Lösung des Falles über den Durchschnittsmenschen hinaus. Selbst die Androhung des Verlustes ihres geliebten Berufes (*PI*, 148-149, 221) schreckt sie nicht ab.

Das Rätsel um Donnas Gründe für ihr Verhalten löst Peggy allein, die zwei weiteren Aufgaben - eine andere Herkunft für das Zyanid zufinden und die Identität des Mörders Bert Coombs zu erhllen - kann sie nur mit Hilfe der Polizei durchführen. Als Peggy durch Eingebung erkennt, daß das Gift von Donnas Mutter stammt, die in Texas Goldschmiedin ist, schickt Buck Hansen einen Polizisten hin, der überprüft, ob Donna sich das Gift hätte besorgen können (*PI*, 184ff.). Ihre von sehr viel Laufarbeit geprägten Ermittlungen decken Jeremiah Strauss' illegale Machenschaften auf. Sie kann ihm aber noch nicht den Mord nachweisen und will ihm deshalb eine Falle stellen. Die sachlichen Beweise muß aber die Polizei beschaffen (*PI*, 223-224). Peggy konfrontiert den Mörder mit ihren Schlußfolgerungen, hat aber keine konkreten Beweise, sondern »'I'm only trying to figure it out,'« (*PI*, 238) und gerät unter Druck. Nur durch das rechtzeitige Erscheinen Buck Hansens mit den Beweisen kann der Mörder Strauss überführt werden:

> 'If we hadn't found the clothes Strauss wore the night he killed Bert Coombs,' he said, 'we wouldn't have much chance of convincing a jury that he killed anybody. [...] A good lawyer would make minced meat out of those arguments of yours. And if you hadn't guessed correctly that Bert's clubs [with copy of Strauss' illegal records] were hidden in Sumiko's apartment, we wouldn't have had enough evidence to get a warrant to search his house.' (*PI*, 243)

Strauss hat auch Donna ermordet, weil sie gedroht hatte, seine Machenschaften aufzudecken (*PI*, 238)

Hinsichtlich der Sprache läßt sich die Parallele zur *hard-boiled novel* ziehen. Lake hat für *PI* die typische Ich-Erzählsituation gewählt, und Peggy verfügt über die sprachlichen Stilmittel des Privatdetektivs. Peggy beherrscht *talking smart* gegenüber ihrem Vorgesetzten, als dieser ihre Kleidung kritisiert: »'And you, O'Neill,' Bixler barked [...] 'Couldn't you have done better than that?' [...] 'I'm waiting for a raise,' I told him, 'before I buy any fancy duds.'« (*PI*, 5)

Mit *wisecracks* versucht Peggy ihre Angst zu überspielen, so vor dem Gespräch mit ihrem Chef: »'Wants to give me a raise, I'll bet,' I said, 'wants to apologize for all the -' [...] Condemned prisoners probably talk to their lawyers like this, passing the time until the reprieve or the prison chaplain arrives.« (*PI*, 143) *Hard-boiled conceits* sind Peggys Möglichkeit, Eindrücke wiederzugeben: »He looked like an undertaker exactly what I expect to facilitate my move from above to underground, one of the minor reasons I want to put that off as long as I can.« (*PI*, 83)

Einer endgültigen Einordnung als PI oder Amateurdetektiv entzieht sich die Figur dieser Detektivin. Es wird sogar mit den Klischees gespielt. Der *hard-boiled detective* wird durch Peggys Filmgeschmack karikiert: »[...] and I watched

The Third Man, which I have on tape. It's one of my favorite movies, a dark comic send up of the myth that a cowboy can stroll into a corrupt town, clean it up, and win the girl.« (*PI*, 204)

Der Amateurdetektiv wird parodiert, indem Lake den Höhepunkt der Arbeit eines Detektivs, nämlich die altbekannte Versammlung aller Verdächtigen zur Bloßstellung des wahren Täters, mißbraucht. Es gibt eine Denouement-Szene mit allen Hauptverdächtigen, die Peggy aber nur klassisch inszeniert, um Zeit zu gewinnen:

> 'You know who the killer is?'
> 'Yes. He is one of you.' [...]
> 'Do you mean that he's one of us four, or somebody in this house?'
> 'One of you four,' I said. I like playing twenty questions. It was using up time, and that was important. (*PI*, 228)

Peggy O'Neill wird zweimal mit der Teenager-Detektivin Nancy Drew verglichen[338], die, in den Dreißigern ersonnen und seitdem Vorbild unzähliger Mädchen, als Detektivin Fälle ermittelt, die mit Abenteuer und Gefahr verbunden sind, wobei sie sich durch hohe Intelligenz und großen Mut auszeichnet.[339] Letzteres verbindet Peggy mit der Heldin der Jugendbuchromane, ansonsten hat sie nichts mit dieser Kunstfigur gemein, da die Campuspolizistin nicht als eindimensionaler Typ dargestellt wird, sondern als Charakter mit Schwächen und Stärken, mit Problemen in Vergangenheit und Gegenwart, die bewältigt werden müssen und die für sie mit dem Fall noch nicht beendet sind. Der Leser erfährt viel über die Vergangenheit der Protagonistin. Manches wird dabei nur angedeutet[340], nur Peggys düstere Kindheitserfahrungen nehmen einen größeren Raum bei der Charakterisierung ein und sind ein Grund für ihre unabhängige Lebensweise. Sie wurde von ihren Eltern vernachlässigt: »My mother, after a session with one of the various therapists she spent most her time and money on [...].« (*PI*, 56). Der Alkoholismus ihres Vater ist der Grund für Peggys Ablehnung von Alkohol und Bars:

> When I was a kid, if I was lucky, my dad would pay my way into a matinee at the movie theatre next to his favorite bar. If I wasn't lucky, I'd have to sit with him in the bar, gradually forgetting that outside the sun was shining as he outlined his future plans and past triumphs to his drinking buddies. That's one of the reasons I don't like bars, especially when it's still light outside, and why I don't ever go to matinees. (*PI*, 36)

Lake schafft mit Peggy O'Neill eine zeitgenössische Detektivin, in der typische Merkmale der traditionellen Detektivfiguren mit der Darstellung eines realistischeren Charakters verbunden werden. Seine Detektivin ist die Einzige von den dreien, die erfolgreich ihren Fall abschließt.

Fraser hingegen stellt ihre Detektivin nicht triumphierend dar, denn sie hat weder die Morde gelöst, noch wird sie zum Symbol einer finiten Ordnung. Jemima muß erkennen, daß der Fall mehr als nur ein Zeitvertreib ist, wie sie es gern gehabt hätte, sondern erstellt moralische Forderungen an sie: » [...] was she, Jemima Shore, about to play God, an avenging god. [...] Jemima had entered the fray out of curiosity, not to right the wrong.« (*OB*, 165) Die Konsequenzen ihrer Entscheidungen und ihres Nicht-Handelns gehen über das intellektuelle Spiel hinaus: »Jemima felt herself starting to cry again. 'That poor little girl [Tiggie]. I should have done something. I knew something was wrong.'« (*OB*, 177)

Fraser macht ihre »Detektivin« nicht zur Vertreterin der offiziellen Gerechtigkeit. Jemima übergibt den Mörder Mossbanker nicht den Polizeibehörden, sondern läßt ihn Selbstmord begehen (*OB*, 216). Sie wird nicht zur Personifikation von Wahrheit und Gerechtigkeit: »'I can't and won't judge anyone in all this,' [...] 'Except Proffy, and he's beyond all our judgement.'« (*OB*, 222) Fraser legt ihrer Protagonistin in den Mund, daß niemand die Verhältnisse vor den Ereignissen wieder herstellen kann: »'Peace of mind is for God to give: that's what Sister Imelda told me originally. I'm beginning to think she was right.'« (*OB*, 221)

Kate Fansler hat zwar die Rätsel gelöst, aber ihr Versagen liegt darin, daß sie und die anderen Frauen Janet nicht das Gefühl weiblicher Solidarität als Chance haben vermitteln können: »'[...] Luellen had nothing to do with Janet's death, which is more than can be said of the rest of us.'« (*DF*, 151) Eine Katharsis, aber auch das männliche Prinzip einer Ordnung stehen nicht am Ende der Ereignisse, vor allem nicht für Kate. Sie trauert um Janet und darum, daß diese keine Hoffnung für sich gesehen hatte:

> Even as she wrote it [a lecture], she dedicated it to Janet.
> Herbert had written:
>
> Who would have thought my shrivl'd heart
> Could have recovered greenesse?
>
> Even as Kate's heart, like the spring, again brightened, she mourned that Janet's heart had not recovered greeness. (*DF*, 148)

1.3. Ermittler, Verdächtige, Opfer und Täter

Die Figurenanalyse umfaßt die Personen, die, neben den Hauptermittlern, für die Detektiv- und /oder Kriminalromanhandlung von Nöten sind. Die Spannbreite reicht von der rein funktionalen Rolle nach klassischen Vorgaben bis zur Charakterdarstellung.

Die Figur des Polizisten erscheint in den Romanen entweder als typische Karikatur oder als fähiger Kriminalist.

Der Chef der Polizei in *RYM* mit dem bezeichnenden Namen Chief Ottermole ist stereotyp als unfähiger offizieller Ermittler dargestellt, der, anders als der Amateurdetektiv, nichts Ungewöhnliches an den Todesumständen Jemima Ames' feststellen kann: »'Doesn't look as if there's any mystery about what happened here.'« (*RYM*, 22) Ebensowenig wagemutig ist Grimble, der Chef des Sicherheitsdienstes des College: »'I'm not sticking out my neck for no marble.'« (*RYM*, 26). Zusammen gelten beide als »'a pair of nincompoops'« (*RYM*, 33).

In *OB* und *DF* hat die Polizei nur Kurzauftritte, durch die sie nicht weiter charakterisiert wird. Ihre einzige Funktion ist, die Detektivinnen in Opposition zu den offiziellen Ermittlungen zu stellen und sie zu eigenen Nachforschungen anzuregen.

Die typisch ambivalente Haltung eines *hard-boiled* PIs gegenüber offiziellen Ermittlungsbehörden zeigt sich in *PM.* Lieutenant Quirk und Sergeant Belson sind Spensers Freunde, die ihm helfen[341]. Der Staatsanwalt Arlett hingegen, mit dem Spenser ein Rededuell austrägt, wird stur und dumm dargestellt, während Quirk und Belson dem Detektiv beistehen:

> 'Shut up,' Arlett said. [...]
> 'Spenser,' Quirk said, 'give it a rest.'
> 'Farentino's got a bad caseload problem in Middlesex,' Belson said [...] 'Sends out the best he's got available.'
> Arlett turned towards Belson. 'Sergeant, just what the hell is that supposed to mean?' [...]
> 'Trying to be supportive,' he said.
> Quirk stood up.
> 'You gentlemen wait here,' he said. 'Frank, Spenser, come with me.' [...]
> 'Okay,' Quirk said. 'Arlett's an asshole, you know it, Frank knows it, I know it. [...] But the questions he's asking aren't questions that shouldn't be answered. And if he pushes me I'll have to arrest you. They'll hold you in Walford.' (*PM*, 193)

Quirk und Belson überlassen es jedoch Spenser, den Fall auf seine Weise zu lösen (*PM*, 193ff.).

Auch in *PI* wird mit beiden Typen von Polizisten gearbeitet. Peggy O'Neills Freund bei der Mordkommision, Lieutenant Buck Hansen tritt als kompetenter und oft überarbeiteter Polizist auf. Es wird deutlich gemacht, welchen Einschränkungen in der Ermittlung er unterliegt: »'Do you really think she's [Edith] guilty, Buck?'/ 'It's not my job to make decisions like that. The district attorney thinks she's guilty. I work for him, not for myself.'« (*PI*, 158)[342] Zudem muß er neben dem Fall Strauss noch andere Fälle bearbeiten: »'I'm bogged down in work,' Buck said. [...] 'There've been a few murders committed since we arrested Edith Silberman,' he went on dryly, 'some of which I'm being asked to solve.'« (*PI*, 159) Als er von ihrer Lösung überzeugt ist, ist er jedoch bereit, Peggy zu helfen, die Beweise zu finden, obwohl er Bedenken hat: »'We could both lose our jobs, tonight, Peggy,' he said.« (*PI*, 223) Er wird sich dabei jedoch an die Vorschriften halten: »'[...] I'm not sure I can do it. Search warrants aren't as easy to get in reality as they are on television.'« (*PI*, 224)

Die negative Gegenfigur zu Buck Hansen ist Peggys Vorgesetzter Lieutenant Melvin Bixler, die Karikatur des dummen, unterwürfigen und sturen Polizisten. Schon äußerlich abstoßend mit »his little stoat's eyes« (*PI*, 5), macht er sich durch sein Verhalten lächerlich:

> 'This *soiree* isn't for you.' Bixler gets the same satisfaction from expressing the obvious that other people get from having a good bowel movement.
> '*Soiree*,' Paula corrected him.
> 'What'd you say?'
> 'It's pronounced *soiree*,' she said.
> 'What is?'
> 'Forget it.' (*PI*, 12)

Er verhält sich Höhergestellten gegenüber devot, wie beim Verhör Peggys durch den *associate dean* Hudson Bates (*PI*, 143ff.). Bei der Aussicht auf Schwierigkeiten offenbart er seine Feigheit, z.B. als Peggy unvermutet bei einer Feier auftaucht, bei der er sich wieder lächerlich macht: »'She's suspended, sir,' Bixler rushed to tell him [President Wolf], 'as of right now! She's here entirely on her own providence.' He meant provenance, but he was right anyway.« (*PI*, 227)

Für die Ermittlungshandlung unerläßlich sind die Verdächtigen. Den klassisch geschlossenen Kreis von möglichen Tätern weisen *RYM* und *SWNQ* auf. Deren Isolation wird nicht durch äußere Umstände definiert, sondern durch die Möglichkeit zur Tat und ihr verdächtiges Verhalten vor, während und nach dem Verbrechen.

In *RYM* kann der Mörder von Jemima Ames nur ein Nachbar von Shandy sein:

> '[...] that she was murdered by somebody who knew how steamed up she was over this joke of yours [Shandy's], who knew how to get into your house, and who knew where you keep your step stool.'
> 'I'll grant that. And also by somebody who knew I'd gone away.'
> [...]
> 'I [Ames] think we can take it as given that every single resident of the Crescent was peaking around the curtains by the time you climbed into that truck.' (*RYM*, 37)

Verstärkt wird die Eingrenzung der Verdächtigen auf die Nachbarn[343] durch das Auffinden der signifikanten Murmel zwischen den Mänteln der Gäste der Trauerfeier für die Verstorbene (*RYM*, 70-71). Der zweite Mord weist auf den gleichen Kreis von Verdächtigen hin. Ben Cadwall wurde durch das Gift der Eibe getötet, von dessen letaler Wirkung jeder wußte und zu dem jeder Zugang hatte.[344] Die tödliche Substanz hatte der Hypochonder Cadwall mit seinen Nasentropfen aufgenommen, von deren Gebrauch er alle auf der Trauerfeier in Kenntnis gesetzt hatte: »'So undoubtedly at least some of the people there were treated to a discourse on nosedrops.'« (*RYM*, 204)

Morses Ermittlungen in *SWNQ* beziehen sich gleichermaßen auf einen geschlossenen Verdächtigenkreis. Diese Beschränkung erfolgt, als Morse und Lewis das Motiv für den Mord an Nicholas Quinn aufdecken: Der Verkauf von Prüfungsaufgaben weist auf einen Mitarbeiter des *Syndicate* hin (*SWNQ*, 60ff.). Verstärkt wird die Verdachtslenkung auf diese Gruppe, weil alle an Quinns Todestag von ihrer Routine abwichen und scheinbar niemand im Bürogebäude gewesen ist: »The last thing [Morse] expected was that they'd *all* need an alibi [...] Monica, Ogleby, Martin und Quinn. *All of them out of the office.* Whew!« (*SWNQ*, 74)

Die anderen Romane arbeiten mit mehreren Gruppen von Verdächtigen bzw. mit überhaupt keiner Eingrenzung möglicher Täter.

In *OB* werden zwei Gruppen von potentiellen Mördern vorgestellt: Auf der einen Seite stehen die Iverstones, die durch Saffrons späte Geburt das Erbe der St Ives' verloren haben:

> And yet Saffron was convinced that Daphne Iverstone's husband Andrew hated him, thought Jemima, if not on the surface at least deep down. Had hated him since birth. Did Daphne Iverstone really not resent Saffron's late appearance in the family tree. (*OB*, 49-50)

Neid der Kommilitonen definiert die zweite Gruppe von Verdächtigen, z.B. Rufus Pember und Nigel Copley: »'See you in Hell' shouted a voice from the rival table. [...] 'We'll get you, you - ' a stream of obscenities followed. 'And when we get you, Saffer, there, there won't be anything to help you not Daddy's money, not *The Tatler*, nor the Queen.'« (*OB*, 56) Der Mörder Mossbanker gehört keiner dieser Gruppen an.

In *MLA* wird auch in zwei Richtungen ermittelt, wobei jede der Gruppen offen ist. Halleran glaubt an einen Mörder aus dem Kreis der Angestellten: »It was his contention that a pseuchopath on the hotel staff was operating, somebody with a grudge that wouldn't make sense to anybody else.« (*MLA*, 149) Boaz Dixon dagegen denkt, nachdem er einen Einblick in die akademischen Rivalitäten gewonnen hat, an einen Täter aus diesem Umfeld: »Given the range and depth of conflicts he'd learned about, Boaz was more and more convinced that, alibis notwithstanding, the killer or killers lay among the academics.« (*MLA*, 139)

Ungewöhnlich in *MLA* ist, daß die Amateurdetektivin Nancy für einige Zeit zu den Verdächtigen zählt, da sich Boaz ihrer nicht sicher ist: »'Suspect?'/ 'Dunno. Informant. Maybe nothing, but it's what I got right now.'« (*MLA*, 64) Ihre Intelligenz und Aufmerksamkeit lassen sie ihm suspekt erscheinen: »Boaz's silent alarm system went off again. Without a leading question, this woman had brought up the dead again and asked him about the investigation. Just when he was feeling relaxed about her, she bothered him afresh.« (*MLA*, 71)[345] So läßt Boaz sie sogar eine Zeitlang überwachen (*MLA*, 72).

Die Polizei in *PI* ermittelt ebensowenig in einer geschlossenen Gruppe, da Strauss zu viele Feinde hatte (*PI*, 45). Peggy O'Neill richtet ihren Blick erst in diese Richtung, als Edith Silberman verhaftet wird: »I didn't know what I was looking for. Just something that would throw suspicion on somebody besides Edith, [...].« (*PI*, 106)

In *DAD* wird nach den Überfällen auf die Frauen des Gladstone College auch nicht von einem geschlossenen Verdächtigenkreis ausgegangen, da es für jeden Mann ein Leichtes gewesen wäre, auf das Gelände des Colleges zu gelangen, wo die Frauen ein einfaches Ziel für die Übergriffe sind:

> 'Here,' he said, and stopped and gazed at the metal fence. Two of the upright bars had been bent out of shape, so that a thin person could, just, get through. [...] 'Looks as if that's been there a while.' [...] he was right and that particular gap was probably a well-known entrance to the college. (*DAD*, 82-83)

Es wird dann auch ein Außenstehender von der Polizei verhaftet (*DAD*, 134), er muß aber bald wieder auf freien Fuß gesetzt werden, da er scheinbar ein Alibi und einen guten Anwalt hat: »'The chap's mum [...] is giving him an alibi, and what with his very classy solicitor Alan daren't charge him. [...] he probably does have the right man, and if Sir Richard Brown wasn't acting for the man, Alan would have got a confession.'« (*DAD* 142) Der Anschlag auf die Dozentin Louise Taylor rückt einen anderen Täterkreis ins Licht, besonders weil der erste Verdächtige für die Tatzeit ein sicheres Alibi hat (*DAD*, 199). Die Polizei verlagert nun ihre Suche auf jemanden, der es auf spezielle Personen am College abgesehen hat:

> 'But in this attack last night, the bloke tried to stab her [...] but nothing like Clarissa's injuries. [...] but I don't believe for a minute that the same bloke attacked both Clarissa and Louise. Last night's was an attempted copy-cat job. [...] It leaves me [...] looking at who would want to murder Louise Taylor. [...] It also leads me to wonder, as I did not at the time, about the death in January, in my manor, of another fellow of this college [...].' (*DAD*, 159-160)

Die Ermittlungen engen den Verdächtigenkreis ein, z.B. auf Sir Neville Allason, der eine Affäre mit Louise Taylor hat: »'[...] the more particularly since Dr Symonds was also involved with Neville Allason.'« (*DAD*, 160) Ebenso suspekt erscheint der Polizei Louises Ehemann Michael Taylor. Zwar gibt ihm eine Studentin ein Alibi für die fragliche Tatzeit, und ebenso bestätigen Nachbarn seine Geschichte der Ereignisse, aber als die Dozentin aus dem Koma erwacht, beschuldigt sie ihn:

> '[...] her husband was with her. My lad [a policeman] was there too, and he reported that she was terrified. She kept saying, 'take him away, he'll hurt me.' [...]
>
> 'So it *was* Michael who had tried to kill her?'
>
> 'He says not. What he does now admit is that the had a row before she left, in the course of which he hit her and threatened to do worse if she continued carrying on with Sir Neville.' (*DAD*, 197)

Der wahre Verbrecher George Hellier wird zu keiner Zeit verdächtigt.

Hinsichtlich der Figur des Täters wird in den untersuchten *college mystery novels* wie schon bei den Verdächtigen mit den Konventionen des Detektivromans gearbeitet, gespielt oder man überwindet sie.

In *OB* wird die klassische Regel eingehalten, daß eine sympathische, harmlose und vor allem die unverdächtigste Person sich am Ende als Mörder entpuppt, wobei die Autorin gleichzeitig mit der Konvention spielt. Ihre Detektivin Jemima Shore läßt sich in ihren Verdächtigungen von ihrer persönlichen Antipathie leiten: »'The sheer dreadfulness of Andrew Iverstone [...]'« (*OB*, 25). Er kann also konventionsgemäß nicht der Täter sein. Zu denen durch Saffrons Geburt Benachteiligten gehören Jack und Fanny Iverstone, aber sie besitzen aber dadurch ein zu offensichtliches Motiv, um Verdächtige zu sein. Gleichzeitig sind beide sehr sympathisch und anständig, was sie entsprechend der Tradition als Täter prädestiniert:

> But while Fanny was slightly more plausible as a killer than her mother, she was also demonstrably very fond of Saffron, and surely had to be ruled out on those grounds alone. As for Jack Iverstone, he had to be ruled out for two reasons: first he had not been present at the Chimneysweepers' Dinner, and secondly sheer niceness must make him the least plausible member of the Iverstone branch to emerge as a murderer. (*OB*, 196-197)

So wird der Verdacht dennoch auf die Geschwister gelenkt, mit dem kaum beachteten Mossbanker als Mörder wird die Konvention dennoch am Ende eingehalten.

Das gleiche gilt für *DF*. Mit Janet als Selbstmörderin wird die unverdächtigste Person zur »Täterin«. Aber auch dieser Roman kokettiert durch die Figur Luellen May mit der Konvention. Es ist eindeutig, daß sie unschuldig ist, weil sie für kurze Zeit sehr verdächtig erscheint:

> For one thing, she [Kate] thought it likely that the police would hit on Luellen May, if not gladly, at least with relief, as the likeliest suspect. For another thing, and Kate [...] admitted this to herself reluctantly, Luellen may seem to her, Kate the great detective, a likely suspect. (*DF*, 62)

Gleichzeitig erinnert Luellen Mays Aussehen Kate aber an eine berühmte Filmschaupielerin, und durch diese Ähnlichkeit erscheint sie traditionell wieder suspekt: »Trying to decide whom Luellen may reminded her of [...] Madelaine Carroll, than whom no one could have looked less murderous.« (*DF*, 64)

Ganz klassisch geht es in *DAD* hinsichtlich des Mörders von Judith Symonds und Angreifers auf Louise Taylor zu. Der Täter George Hellier wird von seinen Mitmenschen durchweg äußerst positiv geschildert. Er ist »[a] comfortable man [...] nice to have around in the background.« (*DAD*, 17) Er hinterläßt »[...] an overall impression of a competent, confident personality, subdued by his surroundings.« (*DAD*, 31) In den finanziellen Schwierigkeiten des College ist Hellier »'[a] tower of strength. [...] a very nice man who tries to make everyone happy [...].'« (*DAD*, 105) Nach den Überfällen: »[...] Sarah expressed her warmest appreciation of George in general, and his support over the events of the last twenty-four hours in particular.« (*DAD*, 137) Gleichzeitig erregt er Mitgefühl, da er, trotz aller Anstrengungen, die Stelle als Finanzverwalter des College nicht erhalten wird (*DAD*, 14, 105). In der Reaktion Francescas nach der Verhaftung George Helliers wird deutlich, daß in *DAD* die Konvention mit der Aussage verbunden wird, daß Rollen bewußt zur Manipulation der Umwelt gespielt werden:

> 'Why do I still think of him as George, who was kind and supportive and cosy - not as a man who killed, or tried to kill, whenever anyone threatened him.' [...]
>
> 'Because, that's how men like that operate,' he said. 'They've found it works, being cosy and supportive. It gets them what they want.'
>
> 'I shall never feel the same about those chaps again,' Francesca said [...]. (*DAD*, 233)

Gegen die Konvention, die liebenswerteste Person zum Mörder zu machen, arbeiten *RYM*, *SWNQ* und *PI*.

Nach den orthodoxen Regeln müßte in *RYM* Timothy Ames der Mörder sein, da er äußerst sympathisch und ein Freund von Shandy ist. Zudem wird er gleich zu Beginn ohne Beweise von jeglichem Verdacht befreit:

> 'At least you're [Shandy] in the clear. Leaves me in the soup, of course.'
>
> 'You?' Shandy stared at him in astonishment. 'Tim, if you were going to murder your wife, you'd have done it a long time ago.'
>
> 'That's opinion, not evidence.' (*RYM*, 35)

Der Täter Bob Dysart wird durch sein protziges, neureiches Auftreten (*RYM*, 54ff.) und seinen Mangel an Mitgefühl charakterisiert: »'We've heard Jemima Ames fell and cracked her nut, if that's what you mean.' Bob made the thing calling a spade by a more vulgar name. 'As to whether it's terrible, I haven't made up my mind.'« (*RYM*, 50)[346]

In *SWNQ* bricht auch Dexter mit der Konvention, aber nicht ohne auf diese aufmerksam zu machen. Morse denkt über Bartlett:

> Bit too nice, perhaps, he was thinking. Far too nice really. Like one of those suspects in a detective story like as not turns out to be the crook. Was it possible! Was there any way in which the sturdy, shrewd, efficient little Secretary could have contrived the murder of Nicholas Quinn. (*SWNQ*, 119-120)

Der wahre Täter Donald Martin war dem Detektiv von vornherein unsympathisch: »What a flabby character Donald Martin was. [...] How despicable the man was! His dark, lank hair, his horn-rimmed glasses, his long, almost effeminate fingers. Ugh!« (*SWNQ*, 140)

Mit Jeremiah Strauss wird auch in *PI* eine wenig liebenswürdige, aber auch die unverdächtigste Person - schließlich waren Morddrohungen gegen ihn eingegangen - zum Mörder. Schon Peggys erster Eindruck von Strauss zeigt sein wahres Ich: »I'd seen his smile a couple of times on television. It reminded me of a picture I'd seen of a crack in a sidewalk caused by an earthquake that had killed a lot of people. There was a child's shoe next to the crack, perhaps to give it moral scale.« (*PI*, 8) Dieses Bild ist treffend für Strauss' Charakter - »'He' s enormously vain.'« (*PI*, 72) - und seine Taten: »'The city cops have a stack of abusive and threatening letters from people Strauss has hurt over the years [...].'« (*PI*, 72)

Über die Mörderin Deborah Rames in *MLA* läßt sich wenig sagen, da sie gegen die Fairplay-Regel des orthodoxen Detektivromans erst am Ende des Plot als identifizierbare Person eingeführt wird. Durch einen Perspektivenwechsel wie in einem Kriminalroman erfährt der Leser, wie es zum Fall Michael Alcotts über die Balustrade aus dem zehnten Stock kam, ebenso in welcher Kaltblütigkeit die Tat ausgeführt wurde:

> *There were many things Michael Alcott was never going to know.* [...] *He would never know, for instance, that this sneer that moment was an act that confirmed his doom.* That look.

> *Beside him a moment later, the killer wore a smile.* No one is here. *Then the killer looked down, casually, over the atrium balustrade.* There is a knife. Get out the knife? [...] *Quickly, then, the killer exits, using the south-side stairwell to drop down one floor. Coming out on the more populated ninth-floor hallway, the killer calmly and inconspicuously joined the small crowd waiting for the elevator up, then went in that direction for many floors.* (*MLA*, 103-104)

In *PM* wird das typische Inventar der *hard-boiled novel* an Kriminellen aufgeboten, wobei eine Hierarchie angedeutet wird. An unterster Stelle stehen die käuflichen Verbrecher, die im Auftrag anderer handeln, auch töten, ohne den Grund zu kennen (*PM*, 120ff.). Ihr Äußeres wird fast lächerlich dargestellt[347], und sie sind dem PI eindeutig unterlegen (*PM*, 118ff.). Auf der nächsten Stufe stehen Kriminelle wie Bobby Deegan, deren Verbrechen sie reich gemacht haben, was sich u.a. in der Kleidung zeigt[348]. Deegan läßt andere für sich arbeiten, erledigt »Drecksarbeit« aber auch selbst:

> 'Guy's crazy. Keep talking to you nice and shoot you in midsentence. You'd never know he didn't like you.'
> 'He does his own work?'
> 'Sometimes. Sometimes contracts out. Doesn't mind doing it himself. Mostly it's what's convenient.' (*PM*, 150)

Dies unterscheidet ihn von dem Unterweltboß Gerry Broz. Er arbeitet in der kriminellen Organisation seines Vaters, ist jedoch nicht so erfolgreich: »Joe still ran things, but Gerry was the crown prince./ 'Joe's garbage,' [...] 'And Gerry's nowhere near the man Joe is.'/ [...] 'Cops will be glad when Gerry takes over. They figure the organization will turn into pot shards in about a year.'« (*PM*, 101)

Die letzte Kategorie der zu analysierenden Figuren sind die Opfer, ob sie nun Selbstmord begangen haben, ermordet, verletzt oder diffamiert wurden.

Jemima Ames und Ben Cadwall in *RYM* haben lediglich die Funktion in der Erzählstruktur, Anlaß für die Ermittlung und »Lieferanten« von Motiven und Hinweisen im klassischen Sinn zu sein. Ihr Tod stellt das Rätsel für den Detektiv dar, Opfer wurden sie, weil sie den Machenschaften des Täters auf die Schliche gekommen waren (*PM*, 220ff.).

In den weiteren Romanen ist eine so einfache Funktionalisierung der Figuren nicht mehr erkennbar. In *MLA* gehen die Ermittler polizeiromanmäßig mit den Toten gefühllos, fachlich und realistisch um:

> Susan Engleton, erstwhile English-department chair, and an avid coffee drinker, had been dead since 8:30 A.M.. Hieratic, zipped into a body bag and strapped upright on a guerney, she had

descended the service elevator under the ministrations of the chief medical examiner and two assistants. Her long visit to the basement cutting room of the Cook County morgue was just beginning. (*MLA*, 5)

Gleichzeitig sieht Boaz Dixon immer noch den Menschen hinter dem Fall, z.B. bei der dritten Ermordeten, Irene Foster, deren Recht auf Leben und Glück so grausam beendet wurde: »On that same end table, it was the old, long-out-of-print British edition of Pope's *Iliad*, its faded green leather the size of a psalter, that was an intolerable rebuke. Whatever else Reenie Foster was or did, she had located and cherished something very fine.« (*MLA*, 153)

In *SWNQ* ist gleichermaßen dieser ambivalente Umgang mit den Ermordeten festzustellen. Da das Auffinden der Leiche von Nicholas Quinn nicht am Anfang des Romans steht, erfährt man einiges über den Menschen, über seine Wünsche, Erfolge und Ängste: »[...] even now he couldn't quite believe that he had landed the job. Not that his deafness ... [...] Yes, perhaps his deafness would be slightly more of a handicap than he'd sometimes assumed; but he was managing wonderfully well so far.« (*SWNQ*, 19) Nicholas Quinn bleibt auch nach seinem Tod ein Mensch: »Yes, Quinn was lying in the police mortuary, and Quinn had his hopes and his dreams as every mortal soul.« (*SWNQ*, 60) Der Tod Philip Oglebys dagegen hat nur die Funktion, das Rätsel komplexer zu gestalten, da Morse glaubt, der Lösung nahe gewesen zu sein (*SWNQ*, 128).

Ambivalent ist auch die Funktion der Opfer in *OB*. Im Falle des Studenten Bim Marcus spielt seine Person keine Rolle für die Detektivin, weil er versehentlich anstelle Saffrons getötet wurde. Sein Tod ist nur ein Beweis für die Pläne gegen Saffron: »'Bim Marcus died on Saffron's staircase, as a result of a quite unforeseen association with Saffron. [...] Let's just suppose someone thought *Saffron* was lurching down his room, and instead got the wretched Bim in the darkness [...].'« (*OB*, 64)

Mit Tiggie Jones als Opfer wird in *OB* die Frage nach der Rolle des Schicksals für das Leben von Menschen angerissen. Sie muß aufgrund von Gefühlen, Leidenschaften und menschlichen Verwicklungen, an denen sie keinen Anteil hatte, sterben. Schon vor ihrem Tod wird Tiggies Schicksal mit der klassischen Tragödie verglichen:

> [...] Tiggie to marry her own half-brother, something which was considered genetically dangerous in the modern world, and even worse in the world of classical tragedy [...] Was classical tragedy the clue? Did she feel there was a dreadful inevitability about these events, that a tragedy must take place ...? (*OB*, 163-164)[349]

Eine Tragödie im modernen Sinn ereignet sich in *DF* u.a. für Luellen May, die durch die Diffamierung mit dem Badewannenvorfall befürchten muß, im laufenden Sorgerechtsprozeß ihre Kinder zu verlieren: »'My ex-husband, known to all his friends as the monster, doesn't want the children, he just wants to keep me from having them. Since he's trying to prove I'm unfit, my getting involved in a drunken brawl didn't help.'« (*DF*, 64)

Die konkreten körperlichen und seelischen Auswirkungen von Gewalt auf Frauen, auch wenn von zwei Tätern aus unterschiedlichen Gründen ausgeübt, werden ebenso in *DAD* dargestellt. Das erste Opfer Susan Elias kommt glimpflich mit einem Schock davon[350]: »Susan Elias was indeed there, still weeping gently, wrapped in a blanket and clasping a mug of tea [...].« (*DAD*, 84) Das zweite Opfer Clarissa Dutt hatte weniger Glück, das schreckliche Ausmaß der Verletzungen bei ihrem Auffinden wird ausführlich geschildert:

> [...] John on his knees in a pool of blood beside a bejeaned figure lying face down. [...] Blood flowed from the girl's chest as she was turned over, soaking the already sodden sweater, and John McLeish cursed, quietly, tearing off his jacket and shirt, to use the shirt as bandages. (*DAD*, 131-132)

Die Studentin schwebt in Lebensgefahr, wie auch das nächste Opfer, Louise Taylor.[351] Auch wenn sie mit dem Leben davonkommen, werden ihnen durch die Tat ihre Kraft und Würde genommen, so wie Francesca nach dem Mordversuch durch Hellier:

> Francesca, greenish-white, huge shadows under her eyes, was clinging to the barristers, her dark hair wildly and unbecomingly awry, barely decent in a short night dress [...] Alan Toms, tight-lipped, was up the stairs in a flash, bundling her into his raincoat, doing the buttons for her as if she was a child. (*DAD*, 227)

Psychische Auswirkungen körperlicher Gewalt gegen Frauen ist der Verlust von Selbstbewußtsein und die Einschränkung ihrer Bewegungsfreiheit: »The confidence in their own abilities that had been painfully instilled in women had to be equally painfully eroded when it came to physical violence.« (*DAD*, 149).

Auch in *PI* findet sich, abweichend von klassischen Vorgaben, ein modernes Opferverständnis, wie im psychologischen Kriminalroman. Mit dem ermordeten Bert Coombs ist ein Opfer gleichzeitig Täter. Jeremiah Strauss tötet ihn, da er Mitwisser und Mittäter ist. Gleichzeitig wird deutlich, daß er zum Kriminellen wurde, weil er nach einer Verfehlung keine neue Chance bekam[352] und in seiner Verzweiflung keinen anderen Ausweg außer Erpressung sah, um Geld für die medizinische Behandlung seines todkranken Bruders zu beschaffen:

> 'This is about your brother, isn't it? I said. 'He's in the hospital, sick. He's dying.' [...]

'Well, Andy isn't dying, that's for sure, he just don't have the money to get well.' [...] 'You don't have to feel sorry for me!'

'Who, then?' (*PI*, 202)

Wie Peggy O'Neills Nachforschungen aufdecken, ist Donna nicht nur Opfer, weil sie von Strauss ermordet wurde. Sie ist zugleich Opfer einer fehlgeleiteten Erziehung. Anstatt sie zu einem sozial-handelnden Menschen zu erziehen, wurde sie durch das Verhalten ihrer Eltern zu einem egozentrischen und rachsüchtigen Menschen, so daß sie nie ihren Platz in der Gemeinschaft einnehmen konnte. Dies ist der Auslöser der Ereignisse, die zu ihrem Tod führen. Ihre Eltern haben Donna für ihre persönlichen Zwecke mißbraucht:

> 'Don was already cheating on me [Donna's mother]. [...] I also hoped Donna would make things better. At first she did. Don was thrilled to have a daughter, especially one who took after him in looks. He wanted to name her after himself [...] By letting Donna to be his child - by treating her as a form of coinage to buy back Don's love - I lost her to him. She quickly learned to play him off against me. [...] Whenever Don did have time for her, of course, he lavished affection and toys on her, making the times, when he was around seem like Christmas for her, and his absences hell.' (*PI*, 59)

Dies führte zu einer emotionalen Abhängigkeit vom Vater[353], die über ein normales Vater-Tochter-Verhältnis hinausging[354] und von beiden Seiten auch dann nicht gelöst wurde, als Donna erwachsen wird:

> 'He called her 'Princess Donna' [...] And she seemed to bask [...] in this like a cat. [...] And I hoped, too, that it was not customary that fathers touched their daughters as much as Mr. Trask touched his. [...] Mr. Trask touched Donna as if she were some very valuable object he had only recently purchased. He could not keep his hands off her, and he would also *pluck* at her [...] as if removing very slight imperfections. She liked it. What she did not like was that he also did this, in front of her, to the women he was seeing, although with them his touching could be very sexy also.' (*PI*, 85-86)

Donna hat nur gelernt, Menschen zu besitzen und zu benutzen, daher kann sie keine Freundschaft mit Gleichaltrigen aufrecht erhalten[355]. Genauso mißbraucht sie Bert Coombs, um sich an ihrem Vater zu rächen und ihn eifersüchtig zu machen[356]. Wenn Donna nicht erhielt, was sie forderte, verlor sie die Kontrolle: »'That was her favorite line - 'You tricked me.' It was remarkably effective, too, because it laid a guilt trip on the person.'« (*PI*, 58) Dies hat sie auch bei Strauss versucht, als er ihr nicht geholfen hat: »'She was kind a nuts, you see [...] She thought Strauss'd tricked her into thinkin' he'd get her into the Humanities program.'« (*PI*, 34) Dies war der Grund für ihre Rachepläne an ihm, die er, als er davon durch Bert erfuhr, gegen sie richtet.

EDD stellt die Täterin Winifred Gaw in den Mittelpunkt der Verbrechenshandlung. Durch die Darstellung ihres Charakters, ihrer Beweggründe und die Auslöser für die Taten wird deutlich, daß hier ein Opfer zur Täterin wird.[357] Winnies Verzweiflung begleitet sie ihr ganzen Leben:

> Well, as for worst days, it would have been difficult to discriminate among worst days. [...] And there had been thousand others days in Winnie's childhood that could compete with this one for general misery. But Winnie had put them out of her mind. It was the kind of knowledge that tucked itself into hidden crevices in her layers of fat, deep down in the creases of her neck, or the chubby folds of her knees. (*EDD*, 22)

Winnie stammt aus einem Elternhaus, das von der Bitterkeit ihres Vaters geprägt ist. Auch er ist ein Opfer, weil er, als der Quabbin-Stausee gebaut wurde, seine Heimat verlor[358] und durch einen Unfall zum Krüppel wurde:

> [...] Winnie herself had never seen any of these places, but she had heard about them all her life, in the angry reminiscences of her father. [...] Jesse Gaw's anger was alive and festering. You would think it was yesterday instead of fifty years ago that the bulldozer had knocked down his old school house and broken the school house bell and run over his leg and crippled him.
>
> Winnie hated her father. She felt no sympathy for his lame uneven walk, and she was sick to death of his rancied indignation. (*EDD*, 111)

Hinzu kommt, daß der Vater Winnie körperlich verletzt hat. Als sie als Kind versucht hatte wegzulaufen, hackte er ihr mit einer Axt den kleinen Finger der rechten Hand ab (*EDD*, 202). Sie hat dann in Bildung und Literatur einen Ausweg für sich selbst gefunden[359]. Sie glaubte, als Mitarbeiterin am Englischen Seminar einen sicheren Platz im Leben gefunden zu haben, mit ihrer Besessenheit für Emily Dickinson und ihrer Leidenschaft für Professor Owen Kraznik: »And he had seen it, her special closeness to Emily, because he had agreed to let Winnie his personal assistant. She was one of his inner circle. She was almost in charge.« (*EDD*, 21) Dann verliert Winnie jedoch ihren Lebensinhalt. Sie muß das Seminar verlassen und erlebt, wie die sehr hübsche Alison Grove ihre Stellung bei dem von Winnie geliebten Kraznik übernimmt. Das macht sie zur Feindin (*EDD*, 20ff.). Sie versucht sie durch die Brandstiftung im Studentenwohnheim zu töten. Die Bedrohung durch Alison Grove nimmt noch zu, da Winnie glaubt, an sie ihre neue Nische auch noch zu verlieren: Das enge

Verhältnis zur Dichterin, das durch ihre Arbeit als Führerin im Emily-Dickinson-Haus verstärkt worden war. Alison soll im Schlafzimmer der Dichterin übernachten und auf der Konferenz deren Kleid tragen. Winnie besetzt das Schlafzimmer von Emily Dickinson (*EDD*, 83ff.), um beides zu verhindern. Sie kann ihren scheinbaren Sieg jedoch nicht genießen, da ihr Vortrag auf der Konferenz ein Desaster wird (*EDD*, 95). Das Schicksal führt die beiden Frauen schließlich zusammen, und ohne es geplant zu haben, überfährt Winnie die Nebenbuhlerin:

> It was Alison Grove, in her white dress. Alison Grove, the girl whose terrible prettiness had robbed Winnie of everything she held dear.
>
> Winnie's grievances overwhelmed her. With one great sob with no direction from her conscious brain, she lifted her right foot from the brake and jammed it on the accelerator.
>
> Alison Grove went down, her destiny fullfilled. (*EDD*, 115)

Zuviel hat Winnie einstecken müssen, ob nun aus realen oder paranoiden Gründen. Am Ende sind es die Folgen ihrer seelischen Leiden, ihr Übergewicht durch zu viel Essen aus Verzweiflung[360], die Winnie den Tod bringen:

> 'All I know is she succumbed from a coronary first. Sudden arrythmia. This morning I was shocked at the condition of her arteries. I mean she was such a young woman. And there was a lot of sugar in her urine, and an enormous amount of fibrous tissue in her pancreas. She must have been diabetic into the bargain. No wonder she keeled over.' (*EDD*, 224)

Winnies Schicksal hat sich damit erfüllt, nicht jedoch ihre Träume. Dies, zusammen mit den anderen menschlichen Leiden, verdeutlicht Langtons Aussage: »'And there's so much pain and suffering in the very heart of things; there's a cruelty [in] the very heart of nature [...] You just can't get over there.'«[361]

1.4. Erzähltechnische Merkmale und inhaltliche Schwerpunkte

Neben den Figuren definieren erzähltechnische Merkmale den Handlungsverlauf der Subgenres des Kriminal-/Detektivromans. Die Vermittlung inhaltlicher Aussagen kann, muß jedoch nicht, mit der kriminalistischen Handlung verbunden werden. Sowohl im Detektiv- als auch im Kriminalroman können Charakteristika anderer Romanformen wirksam werden. Auffällig ist die Entwicklung zu inhaltlichen Fragestellungen unabhängig vom kriminalistischen Plot.

Die vorliegende Auswahl der Romane läßt hinsichtlich der Erzählstruktur eine Variationsbreite vom klassischen Detektivroman, über die *hard-boiled novel* und *police procedural* zum Kriminalroman erkennen.

RYM und *SWNQ* orientieren sich am engsten an der typischen Handlungsstruktur des orthodoxen Detektivromans, während sich *PM* am »hartgesottenen« Detektivroman anlehnt. Mit *PI* liegt eine Mischform aus diesen beiden Formen vor, während *DF* und *OB* nur in wenigen Punkten mit den typischen Erzählstrukturen übereinstimmen. *MLA* weist Strukturelemente des Detektiv- vor allem aber des Polizeiromans auf, *DAD* übernimmt nur wenige typische erzähltechnische Merkmale des Polizei- und Kriminalromans. *EDD* läßt sich eindeutig als Kriminalroman definieren. *DF* wird in diesem Abschnitt nicht analysiert, weil die detektivische Erzählstruktur und Handlungselemente immer mit einem universitären Schauplatz verbunden sind und daher erst in Kapitel 3 bearbeitet werden.

RYM übernimmt den dreigeteilten Aufbau des Detektivromans, der mit dem Auffinden der Leiche beginnt, dann die bekannten Umstände darstellt, um schließlich die unbekannten Faktoren zu ermitteln. Die Entdeckung der toten Jemima Ames steht am Beginn des Plots, wobei nicht die Tatsache eines Verbrechen selbst, sondern nur der Fundort der Leiche in Shandys geschmackloser Weihnachtsdekoration[362] und die Diskrepanz zwischen festlicher Jahreszeit und der Tat, die schon im doppeldeutigen Titel des Romans ihren Ausdruck findet, dem Mord einen grotesken Anstrich verleihen. Bizarr ist dann der Tod Ben Cadwalls durch die Einnahme von Nasentropfen. Mit ihm als zweitem Mordopfer hält *RYM* die Vorgabe ein, daß, als der Detektiv sich auf der Spur zur Lösung glaubt, durch einen weiteren Mord an dem bis dahin Hauptverdächtigen[363] das Rätsel eine neue Wendung erhält. Am Ende des Plot steht in *RYM* keine klassische Denouement-Szene, sondern es erfolgt die Verhaftung des Mörders Dysart und seiner Komplizin Heidi Hayhoe durch die Polizei, nachdem ihnen durch die Detektive eine Falle gestellt worden war. Ungewöhnlich für einen klassischen Detektivroman ist die zuvor stattgefundene Verfolgungsjagd zum Flughafen, an deren Ende als Überraschungseffekt die Identität des Täters steht:

> 'You want action, President. Get your coat and your car keys.' [...] He crunched into first gear for the sharp pitch down to the road [...]. Shandy had counted on Helen's surprise attack to force their prey into doing something stupid, and it had. [...] he didn't even have to work hard at keeping the other car in sight, since it was obvious where they were heading.
>
> Once only, Svenson spoke. 'There's a state trooper chasing us.'
>
> 'Good,' Shandy said. [...]
>
> Sure enough, there they were [...]. It was Heidi Hayhoe, mistress of disguise and, on the evidence, of Bob Dysart. (*RYM*, 214-216)

Das Zusammensetzen der Puzzleteile findet danach in Abwesenheit der Täter nur für die Svensons und für den Bibliothekar Porble statt: »[...] Helen urged, 'then for goodness' sake tell these people everything, from the beginning.'« (*RYM*, 217)

Der Plot zwischen dem Auffinden der ersten Leiche und der Auflösung des Rätsels besteht aus der typischen Verteilung der *clues*, *red-herrings*, Verdächtigen und markierten sowie unmarkierten Unbestimmtheitsstellen.

Eng verbunden mit der Tradition der festumrissenen Gruppe von möglichen Tätern ist, daß sich alle im Laufe der Handlung verdächtig machen. Das gilt z.B. für Shandys Nachbarin Shirley Wrenne, die aus ihrer Abneigung gegen die Ermordete keinen Hehl macht:

> [...] if Shirley Wrenne had in fact loathed Jemima as heartily as she claimed. If she did, it was stupid to keep saying so since Tim's wife was murdered.
>
> But nobody but himself and Ames and President Svenson knew that. So her bitchiness ought to be proof of innocence.
>
> On the other hand, it could be a clever defense. (*RYM*, 97)

Auffällig wird diese erzähltechnische Vorgehensweise, als Shandy beim Sicherheitsdienst nachfragt, wer Zugang zu seinem Zweitschlüssel gehabt hat, da sein Haus bei seiner Rückkehr verschlossen gewesen war (*RYM*, 52). Warum fragte Mrs. Jackson nach ihrem Zweitschlüssel: »'Half past four,' Shandy mused. 'I rather had the impression she'd been at home with her children that afternoon, watching the men put up my decoration.'« (*RYM*, 118) Auch Heidi Hayhoe holte sich einen Schlüssel beim Sicherheitsdienst: »'But she's put down the time as a quarter past five. I should have thought the sleds would be all out by then.'« (*RYM*, 119)

Traditionell fungieren Gegenstände als *clues* für den Leser und den Detektiv, neben der bereits erwähnten Murmel z.B. der Tritt, von dem Jemima gestürzt sein soll: »'Anyway, it wouldn't have been like Jemima to bother about that stool. [...] She'd been more apt to shove the sofa over against the window and jump on that, if she needed to, which she didn't. Jemima spent half her life leaping around furniture.'« (*RYM*, 34)

Ein Hinweis, daß Jemima nicht in Shandys Haus ermordet wurde, ist die Annahme, daß zu viele Menschen Zeugen gewesen wären:

> 'Er- in any event, the incident would have caused a stir, since it must almost inevitably have taken place in front of witnesses. [...] The tidiness of the room and the -er- staging of the scene indicates that Jemima may have been killed elsewhere and brought here sometime after the lights were turned out.' (*RYM, 38)*

Diese *clues* definieren damit zwei markierte Unbestimmtheitsstellen: die Frage nach dem Täter und dem Tatort. Eine weitere ist das Motiv für einen Mord an

Jemima. »'Yes, but was she killed as herself, so to speak, or for some reasons -er- exclusive of personality factors!'« (*RYM*, 36) Shandys beginnende Ermittlungen werfen, wie die Konvention es erzähltechnisch fordert, weitere markierte Unbestimmtheitsstellen auf. So haben die Gäste auf einer Party der Dysarts kurz vor der Tatzeit Jemima durch den Schnee gen Shandys Haus stapfen sehen, aber der Detektiv findet keine Spuren: »There simply was not room for a big woman to weave and flap without toppling into the piled-up snow at either side, and Shandy could find no spot where the smooth bank was disturbed.« (*RYM*, 60)[364] *RYM* arbeitet auch mit unmarkierten Unbestimmtheitsstellen, die als Hinweise fungieren, vom Leser aber nicht unbedingt als solche erkannt werden. Ein Beispiel ist das zeitweise Fehlen von Shandys Weihnachtsmannfigur:

> He had quite forgotten the plastic Santa Claus. One of the decorators' more perverted whimsies had been a life-size articulated mannequin of Old Saint Nick. The last time Shandy had seen the thing, on his way to catch the *Singapore Susie*, it had been standing beside the front door [...] Now it was back. (*RYM*, 78)

In *RYM* wird die Fairplay-Regel eingehalten. Alle *clues*, die Shandy zur Lösung führen, wenn auch nicht als solche gekennzeichnet, sind im Text verteilt: Eine scheinbar harmlose Bemerkung Helens - »'Oh, Peter, what a spectacle I must have cut on that sled, with my feet in bags and that silly cape flapping out behind me.'/ 'The sled got you here, didn't it? [...] 'How could I be so dense?' (*RYM*, 179) - läßt Shandy die Teillösung für Tatort und Tatzeit erkennen: Es muß nicht Jemima gewesen sein, die die Partygäste in Richtung Shandys Haus haben marschieren sehen: Sie wurde im Hause der Dysarts während der Party ermordet, als sie ihren Umhang aus einem der oberen Zimmer holen wollte. Einer der *clues*, die Shandy dies haben erkennen lassen, war die ungewöhnliche Bauweise des Hauses: »A narrow hall way that should logically have led to the kitchen took a sudden turn and wound up at the foot of the backstairs. He wondered if Jemima had come down that way. Bob would remember, perhaps, not that it meant anything one way or the other.« (*RYM*, 163)

Zudem muß Jemima das Haus nicht durch die Vordertür verlassen haben: »'But do you recall Jemima's leaving, Bob?'/ 'You mean held the door and waved 'by-by'? I didn't.'« (*RYM*, 58) Ein versteckter Hinweis ist Bob Dysarts Verhalten, weil er jeden auf der Party auf »Jemimas« Weggang durch den Vorgarten aufmerksam macht: »'And then of course my loving husband made his big scene about watching Jemima leave.'« (*RYM*, 162) Auf die Tatsache, daß die Leiche als Weihnachtsmannfigur per Schlitten in Shandys Haus gebracht wurde, weist eine Bemerkung Mirelle Feldsters über das Zurückbringen der Figur hin. Gleichzeitig deutet sie die Unmöglichkeit an, eine Person mit Maske zu identifizieren:

> 'I don't know who they were. They had on those knitted elf masks.'

'Males or females?'

'Either or neither. You know as well as I do that all the students and half the faculty wear blue jeans and work boots and those padded, down parkas that make you complete shapeless. [...] Carried between them, wrapped in a sheet of black plastic. Honestly, the thing looked just like a corpse.' (*RYM*, 81)

Auf das Motiv, den Diebstahl von wertvollen Büchern aus der *Buggins Collection*, den Jemima entdeckt hat, weisen ebenso zahlreiche *clues* hin: »If Shandy had in fact been the one to slaughter Tim's wife, it would have been the Buggins Collection that drove him to. Since nobody else gave two hoots about old books, however, some other frustration must have triggered the deed.« (*RYM*, 46)

Gleichermaßen deutet eine unmarkierte Unbestimmtheitsstelle auf das Fehlen des Schlüssels für die Sammlung hin: »'Drat! I seem to have brought the wrong key. Funny, I thought that was the only key I kept in that drawer.'« (*RYM*, 113) Helen findet die sachlichen Hinweise, die auf einen Diebstahl schließen lassen.[365] Als Shandy erfährt, daß Ben Cadwall von den verschwundenen Büchern wußte, bittet er um dessen Personalakte, um dann nach einer weiteren zu fragen, wobei jetzt dem Leser bewußt diese Information vorenthalten wird, ebenso wie das anschließende Reiseziel:

Now that the preliminary research indicated a hopeful prognosis, his next step was obvious. He must find out where in [sic] Sam Hill Patsville, Ohio, might be, he must get there as fast as possible, and he must hunt up some longtime inhabitant with a good memory and a penchant for gossip. (*RYM*, 206)

Das Fairplay-Prinzip wirkt auch hier, denn es gab für den Leser Hinweise, daß Shandy nach Ohio fliegt, um die Finanzverhältnisse der Dysarts zu beleuchten und diese zu hinterfragen, wie Ben Cadwall es getan haben mußte. Dieser wußte, daß der Reichtum, den die Dysarts zeigen, nicht durch eine Erbschaft Adeles finanziert wird, denn: »'I [Adele] knew Ben Cadwall long before I ever met Bob. We were almost engaged once.'« (*RYM*, 164)

Zum Rätselspiel des Detektivromans gehören auch die *red-herrings*. Sie können vom Täter für den Detektiv ausgelegt werden. Als Shandy noch nicht weiß, wie Cadwall das Gift zu sich genommen hat, versucht Bob Dysart, ihn auf eine falsche Fährte zu führen, indem er behauptet, er hätte das Opfer sein sollen, weil Cadwall seinen Kaffee getrunken hat: »'[...] when Cadwall spilled his coffee.' [...] 'So to make a long story tedious, I told Ned to give him mine.'« (*RYM*, 146) *Red-herrings* für den Leser sind vor allem die Vermutungen des Detektivs, die durch erlebte Rede zugänglich gemacht werden:

> Was there any outside possibility that Melchett could have wanted a cover up for more personal reasons? But doctors didn't kill people, at least not on purpose. [...] The Melchetts' brand of respectability must cost them a pretty penny. Had the doctor found income not up to outgo, and started padding his bills to the college? If so, Cadwall would surely have found him out; [...]. (*RYM*, 135)

SWNQ arbeitet wie *RYM* mit klassischen erzähltechnischen Merkmalen, die den Handlungsfortgang definieren, wobei der Roman im Bewußtsein der Tradition besonders aufwendig konstruiert wird.

Wie im orthodoxen Detektivroman ist der Handlung eine Grundrißskizze des Gebäudes des Syndikats vorangestellt. Es werden ganz klassisch vor dem Mord alle Personen eingeführt, der Schauplatz der Ereignisse beschrieben, die Aufgaben der Abteilung und der reguläre Arbeits- und Tagesablauf dargestellt, wobei dies vor allem der Verteilung von *clues* dient. Die Fairplay-Regel wird in *SWNQ* akribisch eingehalten, und die Logik, die ein Denkprinzip Morses ist[366], bestimmt die Auflösung des komplexen Tatherganges.

Die vier bedeutenden markierten Unbestimmtheitsstellen sind als Titel den Handlungsabschnitten im Text vorangestellt: »WHY?« (*SWNQ*, 17), »WHEN?« (*SWNQ*, 65), »HOW?« (*SWNQ*, 143) und »WHO?« (*SWNQ*, 195), die bis auf die letzten beiden Fragen am Ende des jeweiligen Abschnittes noch nicht explizit beantwortet werden. Nur Morse kennt die Lösung[367].

Die Mörder Christopher Roope und Donald Martin entstammen konventionsgemäß einem Kreis Verdächtiger, dessen Mitglieder suspekt wirken, weil sie versuchen, sekundäre Geheimnisse zu bewahren. Ihr Vorgehen bedingt teilweise den Handlungsaufbau. Schon vor dem Mord wird auf ein verbrecherisches Geheimnis im Syndikat und mögliche Übeltäter hingewiesen. Nicholas Quinn »hört« durch Lippenlesen eine Unterhaltung mit, doch wird nicht deutlich, wer die Worte gesprochen hat:

> [...] the Secretary was deep in conversation with Sheik Ahmed [...] and then Ogleby joined them; and then Roope walked over; and Bartlett and Ogleby moved away, and then the Dean and Voss went across; and finally Monica: Quinn felt almost mesmerized as he watched the changing groupings [...] he knew instinctively that some of the words must have been whispered very quietly; [...]. (*SWNQ*, 32-33)

Nach diesem Abend geschehen weitere verdächtige Ereignisse, die auf verschiedene Mitarbeiter hinweisen. Ogleby bittet Quinn um eine Unterredung (*SWNQ*, 33) und durchsucht heimlich Bartletts Büro, was von diesem jedoch bemerkt wird (*SWNQ*, 38-39). Donald Martin scheint wegen Monica Height eifersüchtig auf Quinn zu sein (*SWNQ*, 27). Bartlett wollte Quinn von vornherein nicht als Mitarbeiter, wurde jedoch überstimmt: »[...] reread the information on

Quinn. Huh! They'd picked the wrong fellow - of course they had! [...] he put the papers away neatly, cleared his desk and sat back in his chair - a curious half-smile forming on his lips.« (*SWNQ*, 15)

Diese *clues* und *red-herrings* sind nur für den Leser bestimmt, erhöhen die Spannung und verweisen auf den geschlossenen Verdächtigenkreis. Aber auch während der Ermittlungen machen sich die Mitarbeiter weiterhin aus den gleichen Gründen verdächtig. So Roope, der sich am Nachmittag des Mordes im Gebäude des Syndikats aufhielt: »[...] it was Roope who had suddenly materialized in the Syndicate building at the very crucial time - 4.30 p.m. or thereabouts [...] What exactly had he been doing here?« (*SWNQ*, 104). Morse muß sich ebenso fragen, warum Donald Martin und Monica Height ihn bezüglich ihres Aufenthaltsortes zur Tatzeit belogen haben. Sie waren im Pornokino und nicht bei Monica in ihrem Haus, wie sie zuerst ausgesagt haben: »And suddenly the answer presented itself, pellucidly clear: *there was an even greater risk about telling the truth.* [...] People *did* go to the pictures together. It would cause a bit of talk - of course it would - if someone saw them. But ...« (*SWNQ*, 115) Gleichzeitig wird durch den Wechsel der Reflektorfigur innerhalb der auktorialen Erzählsituation der Verdacht für den Leser noch verstärkt, aber auch auf eine falsche Fährte gelenkt:

> [...] Donald and Monica had stood silent for a few minutes in the polished corridor. 'Come in a second,' whispered Monica. [...] she spoke clearly and quietly, and with a force that was impressive. 'We don't say a word about it. Is it clear? *Not a single word*! (*SWNQ*, 115)

Der Verdacht gegen Bartlett erhärtet sich, als er zugibt, daß Quinn ihm von den Manipulationen berichtet habe: »'He said that - he said he'd found out something I ought to know - he said that someone from the office was deliberatly leaking question papers. [...] *He said it was me.*'« (*SWNQ*, 130) Nach dem Mord an Philip Ogleby, damit stirbt gleichzeitig einer der Hauptverdächtigen[368], macht sich der gleiche Personenkreis verdächtig bzw. hat kein Alibi: Monica Height fand die Leiche (*SWNQ*, 130), Donald Martin lief zur Tatzeit ziellos durch die Straßen, und Christopher Roope saß zuhause und bereitete Vorlesungen vor (*SWNQ*, 133). Neben den Mitarbeitern versucht auch Quinns Nachbarin ein Geheimnis zu verbergen. Sie schlägt ihrem Mann den Namen Nicholas für ihren neugeborenen Sohn vor: »Watching his face closely, she could have sworn there was *something* there, and for a second she felt a surge of panic. But he *couldn't* know.« (*SWNQ*, 78). Diese Gedanken erfährt wiederum nur der Leser, und sie fungieren als ein weiterer *red-herring*. So wie dieses sekundäre Geheimnis[369] werden auch die anderen aufgelöst, z.B. warum Monica Height und Donald Martin gelogen haben. Nur Martin als Mörder hatte einen plausiben Grund für seine Lügen:

'It's fairly easy now to see why Martin must have been happy to agree to the lies they cooked up together after Monica told him she'd seen Bartlett coming out of the cinema. [...] And so she continued to conceal the truth. Why Lewis? For the same reason that Quinn couldn't face Bartlett [...] because *he just couldn't believe that he was guilty*.' (*SWNQ*, 199)

Neben den sekundären Geheimnissen als falsche Fährten für den Leser haben die Gedanken Morses, die in erlebter Rede ausgedrückt werden, die gleiche Funktion:

So. Bartlett and Ogleby had applied for the Secretaryship together, and Ogleby had been turned down; and perhaps the slight had rankled on and on over the years - might still be rankling on. But what on earth could that have to do with the murder of Quinn? If Bartlett had been murdered - or even Ogleby - yes! But ... (*SWNQ*, 101)

Die komplizierte Verschleierung der genauen Tatzeit durch den Mörder und seinen Komplizen ist ein gutes Beispiel für die Verwendung von *red-herrings* durch die Täter. Quinn starb am Freitag, dem 21. November, um die Mittagszeit[370]. Es gibt jedoch zahlreiche Hinweise, vor allem eine zerrissene Kinokarte, daß er danach noch gelebt hat[371]: »*The Nymphomaniac*. 1.30 to 3.20. Until twenty past three on Friday Quinn had been feasting his eyes on Inga Nielsson's mighty bosom and few things, surely, would have dragged him out of Studio 2 before the film had finished.« (*SWNQ*, 95) Morse zweifelt an den Hinweisen und erkennt die Wahrheit dahinter, wobei die Entschlüsselung verschiedener Hinweise nicht erst in einem Denouement am Ende geschieht:

'What about all this business at the cinema, though? Was that all a red herring?'

'[...] It was *meant* to be a red herring, but as things turned out [...] it presented a series of vital clues. [...] Everything we began to learn about Quinn's death seemed to take it further forward in time. [...] But when you come to add all the evidence up, no one actually *saw* Quinn after midday on Friday. Take the phone call to Bradford. If you're a schoolmaster - and all the staff at the Syndicate had taught at one point - you know that 12.20 is just about the worst time in the whole day to try to get a member of the staff. [...] he must have left dozens of little notes during that time; and anyone, if he or she was so minded, could have taken one, [...] Then there's the phone call Mrs Greenaway heard. But note once again that she didn't actually see him making it.' (*SWNQ*, 170-172)[372]

Genauso wie er die Tatzeit deduziert hat, liest Morse auch die Hinweise, die auf die Spur des Tatortes und des Tatherganges führen und die im Text verteilt waren[373], manche faßt er gedanklich sogar zusammen:

> (a) Position of Quinn's coffee table indicated that he'd probably been sitting in the draught. (Steady Sherlock)!
> (b) No spent matches found in Quinn's pockets. (Remember: Mrs E had already cleaned; she'd only returned for ironing and had *not* cleared the wastepaper basket again.)
> (c) More butter bought, when plenty in stock. (Forget it?)
> (d) Note left by Quinn for Mrs E: vague enough to fit virtually any occassion? (Not *all* that vague though.) (*SWNQ*, 121)

Morse ist überzeugt, daß Quinn während einer Feueralarmübung in Bartletts Büro mit einem Glas Sherry vergiftet und dann in sein Haus gebracht wurde (*SWNQ*, 188-192). Die *clues* sind alle vorhanden: Auf den genauen Zeitpunkt brachte den Detektiv der Besuch bei der Gehörlosenschule:

> 'Could Quinn hear the bell?'
> 'Could Quinn hear them all, did you say? I'm sorry I didn't quite catch -'
> 'Hear the-e b-e-ll,' mouthed Morse, with ridiculous exaggeration.
> 'Oh, the *bell*. Is it ringing? I'm afraid that none of us could hear that.' (*SWNQ*, 174-175)

Daher hätte Quinn auch nicht die Glocke der Alarmübung hören können und war allein mit dem Mörder im Gebäude. Nur die Identität des Täters wird erst am Ende des Plots offengelegt. Morse muß, nachdem er ihn als Mörder verhaftet hat, Christopher Roope freilassen, weil dieser ein Alibi für die Tatzeit hat. Daraufhin läßt der Detektiv einen Mann beschatten und schließlich als Komplizen verhaften; dessen Identität bleibt eine markierte Unbestimmtheitsstelle:

> As he steps out of his front door at 9.30 a.m. the next day, Thursday, 4th December, the man who has been inside is arrested by Sergeant Lewis and Constable Dixon of Thames Valley Constabulary, CID Branch. He is charged with complicity in the murders of Nicholas Quinn and Philip Ogleby. (*SWNQ*, 169)

Fairplay heißt jedoch auch hier wieder das Prinzip, denn die beschattete Person hatte eine Angewohnheit, die sie hätte verraten können: »The man in the buffet puts down his half-finished coffee, lights a cigarette, puts the spent match back into the box, and walks out.« (*SWNQ*, 164) Diese Angewohnheit hatte Christopher Roope schon bei seinem ersten Treffen mit Morse gezeigt: »He lit himself a cigarette and put the spent match back into the box with his left hand.« (*SWNQ*, 105) Es ist zudem der Hinweis, für den Leser versteckt, der Morse auf Roope als Komplizen des Mörders führt: In Quinns Haus brannte ein Gasfeuer, jedoch waren im Papierkorb keine Streichhölzer zu finden: »A small wastepaper basket stood in the shallow alcove to the left of the fire; and inside the basket was a ball of paper [...].« (*SWNQ*, 44) Die logische Schlußfolgerung: »'You lit the gas fire, putting the match you used carefully back into your matchbox. You shouldn't have done that, Roope!'« (*SWNQ*, 159) Bei der Verhaftung Bartletts als Mörder hatte Morse den gleichen Fehler wie Quinn begangen, der glaubte »gehört« zu haben, daß Bartlett die Examina manipulierte. Morse erkennt seinen Irrtum, als er eine Liste der Namen der Mitarbeiter liest: »'I want you to read those two names to me - just using your lips.'« (*SWNQ*, 197) Der Name des wahren Täters wird erst nach einem retardierenden Einschub offengelegt. Es ist Donald Martin (*SWNQ*, 198). Die *clues* sind auch in diesem Fall für den Leser nachvollziehbar, denn die Liste ist schon zum zweiten Mal[374] abgedruckt:

> T.G. Bartlett PhD, Ma Secretary
> P. Ogleby, MA Deputy Secretary
> G. Bland, MA
> Miss M. M. Height, MA
> D.J. Martin, BA (*SWNQ*, 197)

Morse erinnert sich beim Lesen, daß er beim Besuch der Gehörlosenklasse erlebt hat, welche Buchstaben beim Lippenlesen verwechselt werden können: »[...] difficult words - the words that the class were puzzled by - began with 'p', or 'b', or 'm'; [...].« (*SWNQ*, 174) Zwei Namen klingen ähnlich: »It was *Doktor* Bartlett, and Donald Martin.« (*SWNQ*, 198-199)

Am Ende des Plots steht keine Enthüllungsszene, sondern Morse verknüpft für Lewis die losen Enden des Falles. Trotzdem kommt *SWNQ* nicht ohne das klassische Denouement aus. So verhaftet Morse Roope das erste Mal äußerst dramatisch in Anwesenheit aller Verdächtigen:

> [...] no one seemed to blink as Morse stepped slowly down from the witness-box, and stood before Richard Bartlett, and then walked on; past Mrs Evans; past Mrs Jardine; past Martin; past Bartlett; past Monica Height; and then stood in front of Roope. And stayed there. (*SWNQ*, 155)

Hier irrt der Detektiv: Roope ist nicht der Mörder, sondern nur der Komplize und der Verantwortliche für die Manipulationen. Endgültig wird die Konvention des Denouements *ad absurdum* geführt, als Morse, wieder in einer klassischen Szene, diesmal mit Bartlett als Verdächtigem nochmals den Falschen als scheinbaren Mörder entlarvt:

> 'And the question would not have been 'Who did you see going *into* the cinema?' but 'Who did you see coming out?' [...] 'Will you please indicate to us who that person is?' [...] Monica Height lifted her arm and pointed. It seemed almost like a magnetic needle pointing to the pole, gradually settling to its true bearing. [...] For Monica's finger was pointing directly at one man - *the Secretary of the Syndicate*. (*SWNQ*, 185)

An die traditionellen erzähltechnischen Vorgaben der *hard-boiled* novel hält sich *PM*. Am Anfang des Plot übernimmt der Privatdetektiv einen einfach erscheinenen Routinefall: Er soll das Gerücht klären, ob einer oder mehrere Spieler der Taft-Basketballmannschaft Spielergebnisse manipulieren. Die nachfolgenden Ermittlungen bestehen konventionsgerecht aus Lauf- und Routinearbeit, die in aneinandergereihten Szenen dargestellt sind[375]. Die einzelnen Szenen mit Angehörigen der Universität sind kleine Auseinandersetzungen, wobei der Detektiv nicht immer eine gute Figur macht, z.B. bei der Studentenzeitung, die nicht ihre Quelle der Gerüchte preisgeben will:

> 'You happen to know the source of this rumour?' I said.
> 'No, but if I did, I wouldn't tell you.' [...]
> 'What's too bad,' I said, 'is you've fastened on to the wrong principle. The heart of the business is not protecting your sources. It's spreading the truth.'
> None of them said anything except one in the back, who said, 'Yeah?' And another kid said, 'It's Lou Grant.'
> Then a girl giggled and three or four others laughed. It is hard to remain dignified when being laughed at by a group of adolescents. I succeeded, however. I left without giving them the finger. (*PM*, 19-20)[376]

Nach dem typischen Bruch in der Aufgabe des PIs, nachdem er den offiziellen Fall gelöst und sich einen neuen Auftrag gestellt hat, ändert sich die inhaltliche Richtung der Szenen: Spenser erhält jeweils eine neue Erkenntnis, die gleichzeitig eine neue Frage aufwirft. So findet der PI heraus, daß Dwaynes Studienberaterin Madelaine Roth von seinem Analphabetismus weiß (*PM*, 137). Nun stellt sich die Frage, warum sie ihn deckt: »Why would she run the risk of covering up at that stage? For herself, the help-out-the-poor-little-darkie attitude might explain it. But once somebody else knew, would jeopardize herself. Not the Madelaine that I knew.« (*PM*, 147) Dies zieht weitere Fragen nach sich: Warum wählte Bobby Deegan Dwayne als Opfer? Warum ließ sich der Spieler darauf ein? Woher kennt Deegan Gerry Broz? Nach der Beantwortung all dieser Fragen durch Überwachung, Laufarbeit und Ausnutzung persönlicher Kontakte stellt sich der Detektiv die Aufgabe, Dwayne das wahre Gesicht Deegans zu zeigen (*PM*, 114). Ironischerweise erfolgt die Lösung dieser Aufgabe in einer

Denouement-Szene, in der Spenser alle Beteiligten versammelt. Der PI ist sich dieser Situation durchaus bewußt und vergleicht sich mit S.S. Van Dines klassischem Detektiv: »I said, 'Why, you're doubtless wondering, did I call this meeting.' [...] I felt like Philo Vance.« (*PM*, 177) Die Anwesenden reagieren dementsprechend ganz traditionell auf die Anschuldigungen des Detektivs und geben sich die Blöße. Dwayne erkennt die Wahrheit: »'You [Deegan] scoring her [Madelaine] while she telling me that you be a good guy to meet cause you had important sports contacts in New York?' [...] 'I been a stand up guy for you, Bobby,' Dwayne said.« (*PM*, 182) Bleibt die Frage nach der Zukunft des Spielers. Bevor Spenser diese lösen kann, eskalieren die Ereignisse, und Dwaynes Teamkollege Danny Davis stirbt durch ein Attentat. Ungewöhnlich ist, daß dies keine aktionistische Gegenreaktion des Detektivs gegen den verantwortlichen Bobby Deegan zur Folge hat. Das letzte Treffen beider besteht aus einer friedlichen Unterhaltung:

> 'I'm not here for trouble,' Deegan said.
> I waited.
> 'We need to talk,' he said.
> I nodded at the chair in front of my desk. He unbuttoned his coat and sat down and stretched his legs out straight in front of him. I took a second glass out of the left hand drawer and put it on the desk and poured some Glenfiddich into it. Deegan leaned forward and took the glass and sniffed it and took a sip. He swallowed, and nodded his head. (*PM*, 201-202)

Durch diese Unterredung beseitigt Spenser die letzten Hindernisse für Dwaynes Zukunft. Die letzte Szene präsentiert keinen einsamen, zynischen Detektiv, sondern zeigt ihn mit Susan Silvermann in einem Restaurant, wo beide ihr Beisammensein genießen (*PM*, 219ff.).

PI übernimmt erzähltechnische Merkmale sowohl des orthodoxen als auch des »hartgesottenen« Detektivromans. Die kriminalistische Handlung beginnt klassisch mit einem spektakulären Todesfall. Donna Trask stirbt vor den Augen der wichtigsten Persönlichkeiten der Universität:

> [...] then put it [the apple] to her mouth and took a huge bite out of it, and swallowed it as if enjoying the taste enormously. [...] Then her face contorted, first with terror and then with pain. Both her hands went to her mouth and she tried to scream, started to gag. As if struck in the stomach, she bent over so suddenly that she hit her head on the podium. (*PI*, 17)

Alle späteren Verdächtigen Peggys[377] sind gemäß der Konvention in diesem Moment anwesend, jeder hatte Zugang zu dem vergifteten Apfel:

> As the waiter had told Bixler, Strauss had put an apple and a copy of his speech by his plate. Then he'd gone out to the foyer for wine and cheese and to be fawned over by the other guests as they arrived. Anybody able to enter the dining room unobserved could have switched the apples. (*PI*, 21)

Am Ende finden sich die Hauptverdächtigen in einer Denouement-Szene wieder, im Büro des Universitätspräsidenten. Auf die Konvention weist ironischerweise dessen Lektüre auf dem Schreibtisch hin: »[...] an Agatha Christie mystery sprawled open on its face [...]« (*PI*, 229). Ganz klassisch werden die Verdachtsmomente gegen jeden einzelnen ausgesprochen und entkräftet, bis die Reihe an den Mörder Strauss kommt (*PI*, 230-233). Allerdings wird die Konvention parodiert, denn die Detektivin geht nur auf diese Weise vor, um Zeit zu schinden: »I looked at the clock. I'd forgotten when I started and how much time I'd used up, but I couldn't put it off any longer. *Please, Buck, hurry up*!« (*PI*, 238)

Als *red-herring* verwendet *PI* z.B. die Handlungen des verdächtigen Hudson Bates. Er ist nach Donnas Tod auf den Apfel getreten (*PI*, 52), zudem hatte er Zugang zum Obst, als es in Strauss' Büro lag (*PI*, 156-157). Eine falsche Fährte für die Ermittler durch den Täter waren dagegen eindeutig die Drohbriefe, die gegen Strauss eingegangen sind (*PI*, 10).

Die *clues*, aus denen Peggy die Lösung zusammensetzt, werden alle offen im Text präsentiert, u.a. die Hinweise, die für Peggy die Herkunft des Giftes Zyanid erkennen lassen: »Then I remembered: Theresa Durr, Donna Trask's mother, had been wearing silver bracelets on her suntanned arms at her daughter's funeral.« (*PI*, 183) Sie ist Goldschmiedin und mehrfach wird auf die Verwendung von Zyanid in diesem Handwerk hingewiesen: »'Cyanide can't be all that easy to get hold of, can it?' I asked him./ 'No. It's not. Beside its use in electronic-plating, it's used as a fumigant and as a cleaning agent for some metals. Research hospitals, including the U's, stock it, too.'« (*PI*, 22)[378] Man mag sich erinnern, daß Donna vor ihrem Tod ihre Mutter überraschend besucht und deren Werkstatt besichtigt hatte (*PI*, 61-62).

Strauss als Mörder mag erstaunen, aber gemäß der Fairplay-Regel gab es genügend versteckte Hinweise, daß der *Dean* Donna absichtlich nicht daran hinderte, den Apfel zu nehmen, wie Peggy durch die Aufzählung verschiedener Episoden in der Denouement-Szene erläutert:

> 'You might also recall that when Donna reached over Strauss's shoulder to get the apple, he seemed to make an attempt to prevent her. His reflexes were remarkably slow. You saw how fast he was, President Wolf, at the funeral, when he prevented Trask from falling into his daughter's grave. And you saw how fast he was a moment ago, when he slapped Trask down.' [...] 'And Theresa Durr told me how quick you were when you played jacks with Donna when she was a child.'« (*PI*, 240)[379]

Durch die typische Ich-Erzählsituation der *hard-boiled novel* kann der Leser entscheidende Schlußfolgerungen und Gespräche miterleben, die z.B den Weg des Zyanids von Donnas Wohnung in den Apfel und Berts Mitschuld an ihrem Tod nachvollziehen:

> 'But *why* did he [Bert] prepare an entrance through the window [of her flat] *before* her death? To ensure that he'd get a couple of weeks rent-free living afterwards? That would mean he had advance notice of her death, wouldn't it?' [...] 'He must have tampered with the lock because there was something in there he wanted while she was alive, something she wouldn't let him have.' [...] 'the cyanide that killed her and that she'd stolen from her mother [...].' (*PI*, 213)

Durch die sehr offen verteilten Hinweise und die große Informationsvermittlung durch die Erzählsituation wird gleichzeitig die intellektuelle Überlegenheit der Detektivin verstärkt, wenn die Auflösung überraschend kommt.

Die wenig komplexe Ermittlungshandlung kann auf eine Erzählstruktur zurückgeführt werden, die trotz Denouement dem »hartgesottenen« Detektivroman ähnelt. Peggys Ermittlung der Motive für Donnas Verhalten besteht aus einer Reihe von Befragungen der Personen, die die junge Frau kannten. Sie beginnt mit Edith Silberman (*PI*, 38-40), es folgen Donnas Mutter (*PI*, 57-64) und ihre Freundin Sumiko (*PI*, 85-94). Dabei kommt Peggy dem Rätsel Donna jedesmal ein Stück näher. Als Peggy ihre Ermittlungen auf mögliche Motive für einen Mord an Strauss konzentriert, bleibt auch der szenenhafte Aufbau der *hard-boiled novel* erhalten. Ihre Treffen mit Verdächtigen (Myles Kruger, Hudson Bates, Donald Trask) und Informanten wie Curtiss Naylor (*PI*, 123ff.) erbringen neue Informationen und verschleiern das Rätsel nicht weiter. Eine typische »hartgesottene« Szene ist das Aufeinandertreffen von Peggy und Myles Kruger. Dieser wollte sich durch anonyme Telefonanrufe an Strauss rächen und machte sich so verdächtig. Strauss hatte ihn mit einer Studentin erwischt: »[...] 'my wife found out.' [...] 'It was Strauss who told her. An anonymous phone call.' [...] 'It wasn't Strauss himself.' [...] 'it was Hudson Bates, his gofer.'« (*PI*, 110) Die Frage nach dem Grund für Krugers Haß wurde damit geklärt, gleichzeitig erhält Peggy neue Informationen, die ihren Ermittlungen eine neue Wendung geben: So haßt auch Bates Strauss, da er nur dessen Laufbursche ist und wegen »unmoralischen« Verhaltens im Ansehen seines Vorgesetzten gesunken ist: »'It was that little prick, Bates! Making out like a beaver in the elevator with a secretary or student.' [...] '[...] he [Strauss] found out about it,' Kruger said grimly. 'I told him, in one of my late-night phone calls to the son of a bitch.'« (*PI*, 112)

OB, mit nur wenigen erzähltechnischen Elementen des klassischen oder »hartgesottenen« Detektivromans ausgestattet, entzieht sich ebenfalls einer

Klassifizierung. Zudem finden sich Merkmale der *had-I-but-known school* und der *gothic novel.*

Am Anfang der kriminalistischen Ereignisse steht kein spektakulärer oder bizarrer Mord, sondern »nur« ein Treppensturz. Die klassische Vorgehensweise von markierten und unmarkierten Unbestimmtheitsstellen sowie versteckten Hinweisen wird lediglich bedingt verwendet. Neben den markierten Unbestimmtheitsstellen, wie die Identität des Täters und die Herkunft Saffrons, werden die Fragen nach der letzten unbekannten Besucherin am Sterbebett der Hebamme Elsie Connolly und warum die Waschmaschine neben der Leiche Bim Marcus' lief, aufgeworfen.

Eine unmarkierte Unbestimmtheitsstelle und damit ein Hinweis ist die unerwartete Reaktion Professor Mossbankers auf die Nachricht von Saffrons und Tiggies Verlobung: »Even more astonishing, Jemima surprised on Proffy's own face a look of absolute despair. The look was purely momentary, transforming Proffy's normally benign if eccentric countenance into something really rather tragic as if a mask had applied.« (*OB*, 106) Die Detektivin stellt sich jedoch nicht die Frage nach dem Grund. Ebensowenig erkennt sie andere zahlreiche Hinweise. Mossbanker wies vor dem tödlichen Ereignis auf die Gefahr eines Sturzes und sogar auf die Waschmaschine hin: »'People generally fall down this staircase at night. That and the infernal washing machine leave one no peace. What is the compulsion, I wonder, which makes modern youth want to wash so noisily? And at night.'« (*OB*, 41) Gleichfalls wies der Täter auf sein Tatmotiv, Neid, offen hin, als er seine Interpretation eines biblischen Gleichnisses darlegt:

> 'Dives - a very happy and contented man! [...] People don't understand that it's most agreeable wearing purple and fine linen, particularly if you have a beggar at your gate to eat up your crumbs. [...] when Saffron succeeds to that Elizabethan gem, perhaps I shall try to persuade him to allow me to come and live at his gate as the token beggar to ensure him happiness, yes, yes [...].' (*OB*, 88)

Jemima wendet das erkennbare Motiv jedoch auf die falsche Personengruppe an, die Familie Andrew Iverstones, obgleich sich keiner von ihnen, z.B durch das Verschleiern sekundärer Geheimnisse, verdächtig macht. Ebensowenig berücksichtigt sie die zahlreichen versteckten *clues*, die das Verhalten Mossbankers bietet. So wird des öfteren die Diskrepanz zwischen seinem teurem Geschmack und seinen familiären und pekuniären Verhältnissen geschildert: »'Proffy loves parties, don't you? [...] He hates the young, of course, having so many children, but he does love champagne.'« (*OB*, 44) Jemima »[...] did not imagine that eight children left a great deal to live on out of a don's salary, particularly one who enjoyed champagne.« (*OB*, 103) Die Hinweise in *OB* sind meist nicht dinglicher, sondern psychologischer Art, z.B. Mossbankers Verhalten bei einem Tennisspiel auf St Ives:

> Proffy's way of dealing with this was simply to hit harder - but he still aimed straight at Lord St Ives, as though mesmerized by the tall spare figure at the net. And Proffy's despair was comical. 'Insane, insane,' he kept muttering. 'Can't help aiming at him, can't help it.' (*OB*, 150)

Mit Proffy als Täter wird das Unwahrscheinlichkeitsprinzip der Lösung eingehalten, aber er wird nicht in einer klassischen Denouement-Szene entlarvt. Die Unbestimmtheitsstelle von Saffrons Herkunft, die durch die einzige aktive Ermittlung Jemimas enträtselt wird[380], klärt sich nur zwischen ihm, Jemima und seinem Vater auf, die Frage nach dem Täter ausschließlich zwischen Mossbanker und der Detektivin. Die Aufklärung der Motive, der Hinweise und Unbestimmtheitsstellen[381] erfolgt am Ende in einem Gespräch zwischen Jemima und Cass Brinkley.

Spannung wird in *OB* teilweise durch die Übernahme anderer erzähltechnischer Merkmale erzielt. Wie in dem Subgenre des Detektivromans der *had-I-but-known school* kann sich die Heldin eines bedrohlichen Gefühls - »feeling of unease« (*OB*, 30) - nach dem Tod der Hebamme nicht erwehren. Verstärkt wird dieses Gefühl durch einen mysteriösen Anruf: »In the interval Jemima's Mozart tape had, unnoticed, come to a stop. So she found herself at last sitting in silence. And the wine in her glass had become warmed by her fingers. Nothing was quite so pleasant as it had been before.« (*OB*, 37) Die Gefährlichkeit des Aufganges 13 des Rochester College wird vor dem Tod Bim Marcus' angedeutet. Jemima verstaucht sich dort den Knöchel: »'That staircase will be the death of someone,' said Jemima Shore.« (OB, 40) Die Treppe könnte aus einer Beschreibung einer *gothic novel* stammen:

> The first steps were made of stone. Dark, vanishing upwards above their heads, the rest of the staircase was made of wood, which creaked from time to time despite the fact that no one was using it. It was difficult to negotiate not only because it was steep and badly lit, but because the distance between the treads was so high. [...] The staircase ended in an arch. It was very cold in the stone interior and slightly dank. (*OB*, 40-41)

Als der erste Mord ohne Nennung des Opfers geschildert wird, kann man überzeugt sein, daß es sich dabei um Saffron handelt.

Weiterhin wird Spannung in *OB* nicht durch den Aufbau und die Lösung eines Rätsels geschaffen, sondern durch das Verhältnis der Personen zueinander und die Frage nach der Rolle des Schicksals. Die mysteriöse Anruferin bei Jemima war Tiggie Jones. Sie wollte Jemima für die Fernsehsendung über Oxford interessieren (*OB*, 74) und nahm dabei ihr eigenes tragisches Schicksal vorweg. Sie intoniert eine Liedzeile aus Shakespeares *Cymbeline*, die aus einem *funeral song*[382] stammt: »A light androgynous voice had begun to sing softly into the machine: 'Golden lads and girls all must,' it ilted, 'like chimneysweepers come to dust.'« *(OB*, 37)

Aber nicht nur die Reduzierung des Rätselspiels, die Betonung von *clues* in der menschlichen Psyche, die Frage nach einem unentrinnbaren Schicksal, sondern auch die Darstellung einer inhaltlichen Aussage verweist *OB* auf eine Interpretation als Kriminalroman. Es wird die Frage nach der Daseinsberechtigung von aristokratischen Lebensformen in der heutigen Zeit aufgeworfen. Mehrfach wird betont, daß Lord St Ives ein positives Beispiel dieser Klasse ist: »'As it happens, I've always admired Lord St Ives - his stand over Africa for example. If you must have aristocrats, he's always seemed to me a good advertisement for them.'« (*OB*, 25) Vieles in der Lebensweise ist jedoch überholt, wie ein Dinner auf Saffron Ivy beweist:

> Retainers. Assisting Lord St Ives - and Binyon [the Butler] - to protect the walls. To Jemima there was something faintly distasteful about an elaborately served banquet at which most of the guests were in their late teens and early twenties: the sight of the elderly retainer bending low to proffer a soufflé dish to Saffron with the words - 'Haddock soufflé, my lord' - struck her against the natural order of things in which youth should minister to age. (*OB*, 154)

Die Nachforschungen Jemimas bezüglich Saffrons Herkunft und die Frage nach der Rolle von Blutgruppen wird mit der Diskussion von verschiedenen Rassen und deren Wertigkeit verbunden, um eine Gegenposition zum faschistischen Gedankengut Andrew Iverstones (*OB*, 112) aufzubauen. Zudem wird durch das Auftreten einer kompetenten farbigen Krankenschwester und einer Chinesin als Expertin für Blutgruppen betont, daß nicht die Zugehörigkeit zu einer Rasse die Intelligenz oder die Leistung eines Menschen bestimmen[383]. Aussehen hat nichts mit dem Anspruch auf *Englishness* zu tun. Saffron ist der südländische Typus: »[...] Jemima found herself gazing into the handsome, sulky, strangely un-English face of the notorious Oxford Blood [...].« (*OB*, 48) Sein Cousin Jack Iverstone steht dagegen für den typischen Engländer:

> [...] whose appearance was so essentially English that you could have mounted his photograph as a travel poster. With curly brown hair, rather small blue eyes, a longish nose and high healthy colour, the stranger had the air of an eighteenth-century gentleman, [...]. (*OB*, 48)

Trotz seines Aussehens ist jedoch Saffron, wie Jemima ermittelt hat, der rechtmäßige Erbe eines hohen britischen Adelstitels.

Zusammenfassend läßt sich für *OB* in bezug auf Erzählstruktur und Handlung feststellen, daß nicht mehr die Vorgaben des Detektivromans vorherrschen, sondern er vielmehr als Kriminalroman zu verstehen ist.

Strukturelle Elemente des klassischen Detektivromans und des Polizeiromans bestimmen den Handlungsaufbau in *MLA*. Der Todesfall Susan Engleton steht ganz orthodox am Beginn der kriminalistischen Ereignisse, wobei er, ungewöhnlich für die klassische Variante, realistisch brutal beschrieben wird: »Her face was putty-colored, her lips cyanotic. She was gasping for breath. As poor Engleton collapsed, clutching at an arm of an easy chair [...] a convulsive tremor went over her body. About sixty seconds later she was dead.« (*MLA*, 6)

Dieser Mord wird von den Polizisten andererseits als spektakulär empfunden: »Boaz acknowledged the situation had a certain novelty. What with everybody's eagerness to get automatic weapons these days, he hadn't had a poison case of any kind for quite a while.« (*MLA*, 13) Trotzdem empfinden die Beamten das Lösen eines Falles nicht als Abenteuer, er ist auch keine intellektuelle Herausforderung, sondern harte, aufreibende Arbeit, wie sich im Laufe der Ermittlungen zeigt:

> Overworked was the condition of everyone on the case now. Although a police officer usually handles several cases at a time, on a big case like this an investigator is expected to work around the clock for several days, with just a few hours off during the 'dog shift' at night. As tac officers, Boaz and Halleran had done many seventy-two-hour stretches and longer. For them this case, though, had frustrational components that were particularliy wearing. The investigation, no matter what point they took, immediately became blank and featureless as the hotel walls and generic décor. (*MLA*, 160)

Der kriminalistische Plot erhält seine Struktur durch die realistische Darstellung der Routinearbeit der Polizei nach einem Mord. Es wird die Arbeit der Forensiker am Tatort beschrieben (*MLA*, 7ff.), ebenso das Ergebnis ihrer Untersuchungen hinsichtlich Todesart und -zeit und deren Auswirkungen auf die Ermittlungstätigkeit (*MLA*, 88ff.), die z.B. zu der Suche nach dem Gift führt: »'So we're plowin' this straight-up-and-down field for a while.'« (*MLA*, 95) Schon vorher haben Dixon und Halleran das Hotel begangen und sich die Routine erklären lassen (*MLA*, 18-28), während »[...] Hong and Malley made background checks. Among other facts, they determined the time when each committee person had checked into the Fairfax compared to the arrival time published on the plane ticket.« (*MLA*, 16) Oft wird auf die Schwierigkeiten und die Mühseligkeit von Polizeiarbeit hingewiesen:

> Fingerprinting the various suites was next to useless: any hotel room was bound to have dozens of partials and no fast way of sorting them out. Just checking out alibis and backgrounds of the committees was going to be a labor, and not of love. Worse, the

> hotel staff numbered in the multiple dozens, layoffs had been heavy in the last twelve months, for a variety of reasons. (*MLA*, 87)

Die Vorstellung der Routine (*MLA*, 134ff.) nach dem Auffinden der erschossenen Irene Foster oder eine Besprechung der Fakten, Ergebnisse und Vermutungen durch das Team (*MLA*, 146ff., 162ff.) bestimmen wiederum den Handlungsverlauf. Die Verhaftung der Mörderin wird realistisch und ausführlich dargestellt (*MLA*, 189ff.) ebenso das juristische Vorgehen in dieser Situation:

> Professor Rames, after her first questioning in the lockup at the district station, remained in the lockup Saturday und Sunday nights. When bound over for trial, she'd be moved into Cook County Jail at 22nd and California. Separate true bills for each murder charge were being made out, to be signed by a judge, thus changes the charges into indicments. Bail would be set at one million dollars, cash. (*MLA*, 193)

Ebenso übernehmen diese Verhöre, in denen nicht durch den Detektiv, sondern durch die Täterin die Vorgänge aufgeklärt werden, die Aufgabe des Denouement. Allerdings werden ihre Ausführungen erst im nachhinein Nancy und so dem Leser durch Boaz erzählt (*MLA*, 198ff.).

Erzähltechnische Elemente des klassischen Detektivromans finden sich in dem zweiten Handlungsstrang, in dem Boaz von Nancy in die MLA-Konferenz eingeführt wird, wobei dies der Funktion des Klatsches in der orthodoxen Variante ähnelt. Das Fairplay wird eingehalten, denn Boaz' Reaktion auf die Aufzählung der entlassenen Dozenten der University of Arizona ist nachvollziehbar. Schließlich wurde der Name Rames bei der Frage, ob es ein Leichtes für Nicht-Konferenzteilnehmer sei, an die Namensschilder zu gelangen, vorher genannt: »Not many folks were having trouble with this name tag thing. Requested new IDs under today's date include Cherkle, Todd, Russo, then Todd again [...] along with Kumble and Deppenschmidt. Glunkmeier, Rames, Ditt, and Henderson, the day before.« (*MLA*, 115)

MLA geht mit einer bedeutungsschweren Kleinigkeit sogar auf eine Holmes'sche Tradition zurück, dem Auswerten von Fußspuren als *clues*, die man am Tatort der Erschießung Irene Fosters gefunden hat:

> 'Brand new boots here,' said Boaz. 'And not very big.' [...] 'Chicago, you buy your new boots in the summertime, or in the fall. And the tread on your boots is worn down by now. So are these some Christmas-present boots? Or maybe if what you're doing is going to a convention in Chicago, you go get yourself some new boots for the occasion. Especially if you're a woman. These look like those nylon boots a lot of women wear: short-tops.'

'Yeah, or a short guy might wear them,' said Halleran. 'Little, lightweight jerk.' (*MLA*, 146)

Diese wenigen klassischen Merkmale wiegen aber nicht die vorherrschende Erzähltechnik des Polizeiromans auf.

Auch in *DAD* beherrscht die Polizeiromanstruktur den Handlungsverlauf um die Verbrechen. Nach dem Auffinden Judith Symonds' werden die Maßnahmen der Polizei am Tatort (*DAD*, 26ff.) und bei den Verhören der Helliers (*DAD*, 31ff.) und Sir Neville Allasons (*DAD*, 35ff.) beschrieben. Inhaltlich dabei ist von Bedeutung, daß McLeish nicht verantwortlich für die Ermittlung ist (*DAD*, 25-26) und der Tod vom Gerichtsmediziner als Unfall durch Beruhigungstabletten festgestellt wird (*DAD*, 38). Die endgültige Auflösung der Motive George Helliers für die Mordversuche erfolgt in einer Art Denouement nur für Sarah Murchieson und Francesca Wilson:

> 'You'd found the scam, Frankie, you just hadn't found out who was doing it. You were about to give all the papers to your mates at Customs and Excise, and the buggers would have got it in about ten minutes. [...]'
>
> 'All right - but why Louise then? Was that revenge, because she wouldn't go on sleeping with him?'
>
> 'No, that was the fraud as well,' Tom said. '[...] Louise had had a look at the two sets of accounts for the Raab lecture, hadn't she? Well, one was clean, one wasn't.' (*DAD*, 232-233)

Nur wenige Bemerkungen lassen sich im nachhinein als Hinweise auf Hellier als Täter interpretieren. Auf die Bedeutung der Geschäftsbücher und Abrechnungen wird durch eine unmarkierte Unbestimmtheitsstelle hingewiesen: Warum sollte Hellier zögern, diese den Steuerbehörden auszuhändigen:

> 'Francesca,' he said heavily, 'please. Could we defer doing any of this for a couple of days? [...] I just cannot face that *and* search through papers here.' [...] 'And Francesca, I ought to look at those Raab accounts first. We cannot just hand them over without senior people being sure what we are saying.'
>
> 'Louise looked at them,' Francesca pointed out.
>
> 'I know she did, but only briefly. And you haven't had time yet, have you?'
>
> 'Enough only to be clear that there is something going on. [...]'
>
> 'I'll look at them first, then.' He took them in both his large capable hands [...]. (*DAD*, 213)

Auch Judith Symonds hatte sich, wie Neville Allason Sarah berichtet, vor ihrem Tod schon ausführlich mit der Buchhaltung des College beschäftigt[384].

In welcher Gefahr Francesca als *Bursar* des Colleges sich wirklich befindet, wird durch die Verwendung von Elementen der *gothic novel*, wie in der Beschreibung des College zur Nachtzeit, verstärkt:

> The college was extraordinarily quiet. There was not a sound apart from the usual clunking noises from plumbing. To the uninitiated, this gave credence to the Gladstone legend of the young man who had lost himself in the labyrinthine and expansive corridors in 1897, had never been seen alive again, and still wandered as a restless ghost. Now, why had she chosen to frighten herself with that old piece of rubbish [...].
> (*DAD*, 222-223)

Sarah zeigt dann auch die Gefühle einer *gothic heroine* oder der Heldin in der *had-I-but-known school*: »She froze, her heart banging and the hair on her head prickling in raw terror.« (*DAD*, 224)

In *DAD* nehmen diese Elemente des kriminalistischen Erzählens jedoch nur einen kleinen Raum ein und sind verschiedenen inhaltlichen Themen untergeordnet. So leistet die Heldin der Romanreihe[385] keine eigene Detektivarbeit[386]. Sie steht im Mittelpunkt der Handlung, die die Schwierigkeiten von berufstätigen, karrierebewußten Frauen und Müttern thematisiert. Am Anfang des Romans steht eine familiäre Krise im Mittelpunkt, da Francesca seit der Geburt ihres inzwischen fünf Monate alten Kindern emotionale und nervliche Probleme belasten. Obwohl sie »clever, bossy« (*DAD*, 25) ist, hat ihr Sohn »[...] reduced his driving, ferociously competent wife to a pale-faced, unkempt, dependent depressed ghost of herself.« (*DAD*, 23) Erst ein Kuraufenthalt, die Einstellung eines Kindermädchens und die neue Arbeit als *Bursar* (Francesca arbeitete vorher im Handels- und Industrieministerium, »[...] an extremely able, conscientious and talented civil servant [...]« (*DAD*, 56)), bringen ihr altes Selbstvertrauen zurück: »There was no sign of the strained, angry, overweight, young woman she had first seen at the health hydro; Francesca [...] bright-eyed, properly rested, tidily dressed, and obviously looking forward to every problem Gladstone College could provide.« (*DAD*, 59)

Die Vorfälle am College[387] und die Angst, ihr Mann[388] könnte nach Nordirland versetzt werden, nehmen Francesca sehr mit, und sie beginnt, wieder Valium zu nehmen (*DAD*, 181, 201): »'And that clever young Bursar of yours is a bit fragile - but in my [a doctor's] view that's hormonal, left over from the baby, and it'll pass.'« (*DAD*, 186)

Ebenso wie in *OB* werden in *DAD* erzähltechnische Merkmale detektivischen Erzählens inhaltlichen Schwerpunkten unterworfen oder durch sie verdrängt: Daher kann das Werk eher als Beispiel für einen Kriminalroman und nicht als Detektivroman interpretiert werden.

EDD ist, wie schon in den Kapiteln zur Figurenanalyse dargestellt, ein Kriminalroman. Gleichzeitig sind Stilmittel anderer literarischer Formen zur Spannungssteigerung eingesetzt. So werden, den Konventionen der *had-I-but-known-school* folgend, die Ereignisse der Konferenz vorweggenommen:

> But the Emily Dickinson Centennial Symposium refused to be made sense of. It came crashing into Amherst like a loose boulder, ricocheting from College to University, crushing and grinding and destroying. [...] After the fire, after the disappearance of Alison Grove, after the awkwardness about the picture, after the attack in Emily Dickinson's bedchamber - with an axe! (*EDD*, 1)

Die Darstellung der Verbrechen Winifred Gaws, ihrer Motive und Vorgehensweise definieren den Handlungsverlauf. Spannung entsteht durch die Frage, ob ihre Taten aufgedeckt werden, denn sie hinterläßt Spuren, z.B. als sie versucht, die Leiche Alison Groves im Schacht 12 des Stausees verschwinden zu lassen. Da dieser jedoch noch nicht in Betrieb ist, würde die Leiche nicht gen Boston treiben. Also fährt sie zu Schacht 11-a (*EDD*, 121), aber:

> Behind her as she drove away from Shaft 12, the door of the gray stone building hung open, swinging on its hinges. In the empty room within, the long rays of the afternoon sun streaked through the high windows and shone upon the trap door that lay half over the concrete floor and half over the watery abyss. (*EDD*, 122)

Diese Unachtsamkeit hat nicht nur zur Folge, daß Winnies Verbrechen rekonstruiert werden können, sie bedingen vor allem das Schicksal anderer, das eng mit Schacht 12[389] verknüpft sein wird. Der Arzt Harvey Kloops, der nicht eingegriffen hat, obwohl er sah, wie Winnie Alison überfuhr (*EDD*, 117), hat einen Unfall[390] mit seinem Boot und bittet seinen Freund Owen Kraznik und Ellen Oaks, ihn abzuholen. Er gibt ihnen jedoch eine falsche Wegbeschreibung: »'I forgot - to tell him to turn right. Somebody took the bars down, across the road the other way. He won't know - which way to go. [...] he'll end up - at Shaft Twelve.'« (*EDD*, 183-184) Es war Winnie, die die Absperrungen bei ihrem Besuch des Schachtes weggenommen hat (*EDD*, 118). Folgerichtig verfahren sich Owen und Ellen, und am Schacht sehen sie: »'[t]he door's open,'[...]« (*EDD*, 191) und gehen deshalb hinein. Sie entdecken die Beweise für das Schicksal Alisons:

> A shoe lay on the floor, a woman's white sandal. 'Alison Grove was wearing white sandals,' she said gravely.
>
> 'Good God,' said Owen. Together they turned to the lock at the trapdoors. One of them had been pulled aside. It was only half-covering the opening underneath.

> Fearful of what they might see, they walked across the floor and peered down into the shaft. (*EDD*, 192)

Paradoxerweise wurde Alisons Leiche nicht hier hinabgelassen, aber Owen und Ellen werden von Peter Wiggins, der sie dorthin gefahren hat, und der befürchten muß, daß Owen seine Fälschung eines Emily-Dickinson-Photo aufdeckt, in den Schacht hinabgestoßen (*EDD*, 192ff.). Durch ein offenes Kapitelende und durch einen Perspektivenwechsel wird die Spannung gesteigert. Man erfährt, daß niemand anderer als Jesse Gaw, der Ursprung von Winnies Leid und der daraus resultierenden Verbrechen[391] ist, das Ventil von Schacht 12 öffnet und damit für das Schicksal Owens und Ellens verantwortlich wird:

> 'Oh, Boston don't need no water. Not all winter long. See, all winter Quabbin fills up at Shaft Eleven-A from the Ware River overflow. Only today you stop your flow that way, and you open up your valve at Shaft twelve, so all summer the water goes to Boston. Four hundred billion gallon.' [...] 'Six hundred million gallons a day going through the pipe, after I throw the switch.' (*EDD*, 200)

Wie in einer *penny dreadful novel* oder in einem Sensationsroman überstürzen sich die Ereignisse. In einem retardierendem Moment steigert sich erneut die Spannung: Werden die Kellys, die ja nichts von der Gefahr[392] ahnen, in der sich die Freunde befinden, und die nur zum Schacht 12 fahren, weil sie die Verbrechen Winnies erkannt haben und welche Rolle der Schacht darin spielt, rechtzeitig dorthin gelangen? Als sie dort ankommen, erkennen sie die Notlage, und zur Spannungssteigerung läßt sich Homer auf eine gefährliche Rettungsaktion ein. Er begibt sich ebenfalls in die Wassermassen im Schacht: »Mary stood up again and watched with her heart in her mouth as Homer's frowsy head fell slowly out of the light into the hollow reverberating darkness of Shaft 12.« (*EDD*, 211) Die Spannung bleibt durch ein weiteres offenes Kapitelende erhalten, denn es wird eine Szene eingeschoben, die die Flucht Peter Wiggins schildert, bei der er sich dank göttlicher Gerechtigkeit[393] für 42 Stunden im Wald verläuft. Erst bei seiner Rettung offenbart sich, daß Owen und Ellen überlebt haben. Wie das Spiel des Schicksals es will, sind sie es, frisch ineinander verliebt, die Peter Wiggins finden:

> At first Owen didn't recognize the pitiful apparition that tottered towards them [...]. But when the stranger said Owen's name in a feeble croak, Owen and Ellen ran to him and helped him to the road.
>
> Owen had no suspicion Peter ever meant to kill him.
> (*EDD*, 215-216)

Schacht 12 gerät abermals in das Licht der Aufmerksamkeit, als man dort die Leiche Alison Groves mitsamt der Glocke aus dem Wasser zieht (*EDD*, 217-218).

Das Wirken eines undurchschaubaren und unausweichlichen Schicksals deutet die Philosophie der Transzendentalisten an, vor allem aber prägt es die Handlung in *EDD* und widerlegt jegliche Hoffnung auf Logik und Rationalität: »'You know, we're surrounded by cracks in the universe on all sides, holes in the rational undergirding firmanent, fundamental anomalies in the -' [...].« (*EDD*, 233)

2. Typologische Merkmale des Universitätsromans in der *College Mystery Novel*

Nach der Erarbeitung der typologischen Merkmale des Detektiv- und Kriminalromans, die in den ausgewählten Beispielen der *college mystery novel* wirksam sind, ist ein Blick auf die verwendeten Charakteristika des anglo-amerikanischen Universitätsromans der logische Schritt in dieser Untersuchung. Dabei wird nach einem kurzen Überblick über die akademischen Karrieren der Autoren eine inhaltliche Figurenanalyse, die Darstellung der akademischen Institutionen und das Verständnis von der Universität als Mikrokosmos im Mittelpunkt stehen.

2.1. Die Autoren und Autorinnen

Alle neun Autoren haben persönliche Erfahrungen mit dem Universitätsleben, einige nur als Teil ihrer Ausbildung, andere waren Lehrende oder Mitarbeiter akademischer Institutionen.

Charlotte MacLeod studierte am *Art Institute of Boston* und arbeitete später als Bibliothekarin. Sie erwarb »academic local color«[394] bei einer Freundin, die mit einem Mathematikprofessor verheiratet ist. Sie gibt zu, niemals an und in einem Landwirtschafts-College gewesen zu sein.[395] Einziges Vorbild für Balaclava war der Zweig der *Norfolk County Agricultural School*, der im gleichen Gebäude wie MacLeods *Senior High School* untergebracht war.[396]

Janet Neel studierte Jura in Cambridge, ging danach in die Vereinigten Staaten, wo sie Kriegsspiele entwickelte. Nach ihrer Rückkehr nach Großbritannien arbeitete sie in der Wirtschaft und schließlich, wie ihre Heldin Francesca Wilson, im Industrie- und Handelsministerium.[397]

Lady Margaret Hall in Oxford war das College, an dem Antonia Fraser Geschichte studierte, zudem war ihr Vater dort als Don an einem anderen College angestellt. Der Schriftsteller V.S. Naipaul sagt über die gemeinsame Studienzeit: »[...] if he were 'submerged' at Oxford, Antonia was 'emerged'.«[398]

Auch nach ihrem Studium setzte sie ihre wissenschaftliche Arbeit fort und machte sich einen Namen mit Biographien historischer Persönlichkeiten.[399]

Cambridge war dagegen der Studienort von Colin Dexter. Am *Christ's Church College* studierte er klassische Philologie. Nach mehrjähriger Tätigkeit als Lehrer für Griechisch nahm er seine Arbeit bei der *Oxford Delegacy of Local Examination* auf.

Jane Langtons Ausbildung führte sie durch verschiedene akademische Institutionen. Sie besuchte zuerst das *Wellesley College,* dann erlangte sie ihren *Bachelor of Arts* in Astronomie an der *University of Michigan.* Später erwarb sie dort einen Magister in Kunstgeschichte; den gleichen Abschluß erlangte sie am *Radcliffe College*, um schließlich am *Boston Museum of Art* zu promovieren. Am *Simmons College* in Boston leitete sie zwei Jahre Kurse über Kinderliteratur, um danach nach Radcliffe zurückzukehren, wo sie Seminare über *suspense novels* abhielt.

Wenig ist über den Mann hinter dem Pseudonym M.D. Lake bekannt. Allen Simpson war Professor für Skandinavische Literatur an der *University of Minneapolis*. Er promovierte über den norwegischen Schriftsteller Knut Hamsun.

Das Pseudonym von D.J.H. Jones' wird sorgfältig gehütet: »The [University of Georgia] press does say that the book has one main author who was assisted by several academic friends. 'She wants to keep it a mystery,' [...] 'She knows the book is critical.'«[400] Der Klappentext sagt über die Persönlichkeiten hinter D.J.H. Jones:

> [...] has served as department chair at seven of the eight Ivy League schools, six of the Seven Sisters, and one institution in the Atlantic Coast Conference. He/she has been the recipient of significant and insignificant grants from major and minor granting agency. A reconstructed New Critic, Jones has had brief incarnations as a deconstructionist, Marxist-feminist, post-modernist, and poststructuralist but now firmly denies any critical allegiance.

Am *Colby College* in Watersville begann die akademische Karriere Robert B. Parkers. Nach seinem *Bachelor* in Englisch leistete er zwei Jahre lang seinen Wehrdienst in Korea, um dann sein Studium an der *Boston University* mit dem Magistergrad abzuschließen. Dorthin kehrte er nach verschiedenen Beschäftigungen zurück, um zu promovieren. Mehrere Lehrtätigkeiten und akademische Arbeiten schlossen sich an, schließlich bekam Parker 1976 einen Lehrstuhl, den er aber nach den Erfolgen seiner schriftstellerischen Arbeit aufgab.

Amanda Cross, bzw. Carolyn Heilbrun kann auf eine lange, sehr erfolgreiche akademische Karriere zurückblicken. Nach dem *Wellesley College* besuchte sie die *Columbia University* in New York, wo sie ihren Magister machte und acht Jahre später promovierte. Sie veröffentlichte erste literaturwissenschaftliche

Arbeiten und nach Unterrichtstätigkeiten am *Brooklyn College* und an der *Columbia University* erhielt sie dort 1972 *tenure.* Carolyn Heilbrun übernahm zahlreiche akademische Aufgaben u.a. als Präsidentin der *Modern Language Association.* Sie sagt über sich selbst: »I had been born a feminist and never wavered from that position.«[401] Dies schlägt sich in ihren wissenschaftlichen[402] und literarischen Schriften nieder. Sie verfaßte ihre Romane über Kate Fansler unter dem Pseudonym Amanda Cross[403], weil sie berufliche Nachteile befürchten mußte: »[...] that had those responsible for my promotion to tenure in the English department of the university where I teach known of the novels, they would have counted them heavily against me; I would probably have been rejected.«[404]

2.2. Mitglieder des akademischen Milieus

"'People do run in types, don't they?'« (*RYM*, 98) heißt es in MacLeods Roman, und einige Darstellungen von Mitgliedern der akademischen Gemeinschaft erfüllen die literarischen Klischees.

Wie in der *campus novel* treten die Ehefrauen der Dozenten, wenn überhaupt, als stereotype Karikaturen auf. So vergleicht Shandy in *RYM* die Gattinnen seiner Kollegen mit mythologischen Vogelmonstern, da sie sich wie diese auf alles und jeden stürzen: »'Stymphalian birds, the faculty spouses.'« (*RYM*, 31) Jemima Ames ist ein Paradebeispiel dieses Typus: »'She was the world's rottenest housekeeper, she minded everybody's business but her own, and she never once shut her mouth [...].'« (*RYM,* 55) Sie liebt, wie alle Frauen in Balaclava, Klatsch und Tratsch: »He couldn't imagine her getting hold of any piece of news and not confiding it to her best friend's ear.« (*RYM*, 136) Auch Hannah Cadwall ist »a talker« (*RYM*, 50), ebenso kann man Adele Dysart nicht trauen: »'*I* won't breathe a word,' said Adele with an earnestness that fooled nobody.« (*RYM*, 56) Gleichermaßen frönt Mirelle Feldster dem Laster der Neugierde, auch wenn sie es nicht zugibt: »'How am I supposed to know? Do you think I spend all my time gawking out of the windows.'« (*RYM*, 81)
Gemeinsam ist den Frauen, daß der Junggeselle Shandy in dem Moment für sie interessant wird, als sie glauben, er habe ein heimliches Verhältnis:

> 'They're [the women] probably back there tossing coins to see who gets the first whack at warming your bed. [...] You're going to get propositioned at least six times between now and New Year's. As to what's going to happen when holidays are over and the women have time to concentrate on tracking you down, all I can say-' [...] (*RYM*, 71)

Dies wird bald von Sheila Jackmanns, von der Shandy angenommen hatte, sie sei die perfekte Ehefrau und Mutter (*RYM*, 87ff.), und vor allem durch Mirelle

Feldsters Annäherungsversuche bestätigt: »Mirelle's lips were slightly parted, her breath coming hard, her eyes hot and moist as a spaniel's at feeding time. 'If I remember anything else,' she murmured, 'I might drop over later on and tell you. Jim has a lodge meeting, so I'll be alone and lonely.'« (*RYM*, 81)

Auch in der Wahl ihrer Kleidung beweisen die Damen von Balaclava wenig Geschmack, allen voran die Frau des Universitätspräsidenten Sieglinde Svenson: »She was wearing a plain blue tweed coat, a blue Angora beret, and enormous black leather boots. Glittering armor would not have been appropriate for the occasion, though it was generally supposed she has a suit at home.« (*RYM*, 68-69)[405]

Studierende spielen im Universitätsroman meist eine untergeordnete Rolle. In den ausgewählten Werken zeigen sie eine unterschiedliche Präsenz und erfahren ambivalente Beurteilungen.

In *MLA* treten keine Mitglieder der Studentenschaft auf, in *SWNQ* wird nur einmal auf ihre Anwesenheit in Oxford hingewiesen: »A trio of laughing, bearded undergraduates came into the bar, T-shirted and bejeaned, and Morse pondered on the changing times. He had worn a scarf and a tie himself - and sometimes a blazer.« (*SWNQ*, 104) Außer als Staffage, als Teil des Lokalkolorits, spielen Studierende, bis auf die Täterin Heidi Hayhoe, in *RYM* keine Rolle. Spenser trifft in *PM* bis auf Dwayne, den man nicht als Studierenden bezeichnen kann, nur einmal auf diese Gruppe der akademischen Gemeinschaft. Die Mitarbeiter der Studentenzeitung, die er befragt, werden als Kinder, Spenser nennt sie »kids« (*PM*, 17, 19), geschildert, die noch nicht wissen, was im Leben wirklich von Bedeutung ist. So erkennen sie nicht, daß das Verbreiten des Gerüchtes der Spielmanipulation kein Spiel ist:

> 'At the moment no one's talking about prosecuting on this thing, but if they do, and your rumor is correct, then you're going to get asked this question again and the threat of a contempt citation,' I said. 'Then it's grown up time, kid.'
>
> 'You think I'm a kid and a kid doesn't know shit, don't you,' Barry said.
>
> 'Exactly,' I said. (*PM*, 19)

DF schildert die Studierenden als arbeitsunwillig und wenig engagiert: »'The students shop around the first week of classes, lots of them dropped into her [Janet's] class out of curiosity, but very few took it. She didn't seem that interesting, and she wanted papers.'« (*DF*, 99) Die Gründe für die Studierenden, zahlreich Professor Clarkvilles Vorlesungen zu besuchen, sind rein pragmatischer Natur: »'But let's face it. That course is Harvard tradition. Everyone knows the kind of exam there'll be, and no papers and if you butter up your section man, or woman, well, *they* correct the exams.'« (*DF*, 107)

Außer Winifred Gaw und Alison Grove tauchen in *EDD* Studierende nur peripher im Plot auf. Neben der Andeutung, daß das Studentenleben auch Beginn sexueller Erfahrungen ist[406], sind die jungen Menschen nur Teil der idyllischen Kulisse des Universitätsstädtchens Amherst:

> Students were milling everywhere. A couple of girls were licking ice cream cones in the vast shade of the ancient katsura tree on Boltwood Avenue. It was almost time for exams, but the day felt festive. A pink balloon wobbled on a parking meter. Owen could detect no tension in the air. Even the boy approaching him with an armload of books lost his look of studiosus solemnity as his bubble gum swelled and exploded all over his nose. (*EDD*, 59-60)

PI schenkt der Studentenschaft etwas mehr Beachtung, allerdings eine sehr kritische. Neben der Andeutung, daß Studierende über die Stränge schlagen[407], wird besonders bemängelt, daß es ihnen an Enthusiasmus fehle, selbst wenn sie sich für ihre Überzeugungen einsetzen: »[...] the demonstrators huddled under umbrellas across the street. They were a small and dispirited-looking bunch. [...] 'Their hearts aren't in it, [...]« (*PI*, 1) Ebenso wenig ambitioniert sind sie in ihren akademischen Fächern:

> A student was coming out of Edith's office when I got there. 'I'll try,' she called back through the door. She was struggling to look brave.
>
> 'That's all it'll take, I'm sure,' Edith answered gruffly. 'You've got a good mind, but it wants a will determined to put it to some use.' (*PI*, 35)[408]

Erst die höheren Semester zeigen ein wissenschaftlich ehrgeiziges Verhalten: »'I can still attract good graduate students, and today they really came through. I spent most of my time just trying to keep up with them.'« (*PI*, 37)[409]

In *DAD* und *OB* dagegen definieren die Darstellungen der Studierenden einen großen Teil des Plots.

DAD zeichnet ein realistisches Bild der Lebens- und Arbeitssituation von Studentinnen, wobei deren Leistung positiv hervorgehoben wird. Es sind unverstellte junge Frauen - »[...] they were all easy-mannered, answering Sarah's questions readily [...]« (*DAD*, 66), die jedoch während ihres Studiums mit finanziellen Schwierigkeiten zu kämpfen haben:

> 'Do we keep all the basic textbooks or do we reckon students have to budget to buy those anyway and we only keep the more esoteric stuff?' Now, some of my students can barely afford to eat, never mind textbooks, so I always argue for buying the basic stuff. (*DAD*, 125)

Auch Probleme, wie eine Schwangerschaft und die daraus resultierenden finanziellen und praktischen Schwierigkeiten für den akademischen Erfolg von Studentinnen, werden in *DAD* angeschnitten:

> [...] unwilling to have an abortion, wishing instead passionately, to complete her degree without any support or co-operation from the father of the child, or her parents. The precedents here were unhelpful; young women in that situation usually dropped out unless their parents were willing and able to assist. (*DAD*, 94)

Der Ehrgeiz, so gut wie möglich abzuschneiden, läßt die Frauen auch angesichts der Überfälle nicht zurückstecken. Sie arbeiten sehr hart, und auf die Attacken reagieren sie teilweise sogar mit Galgenhumor:

> [...] most undergraduates were working to tight revision schedules and had little attention to spare. One of the more articulate third-years [...] had observed that she could not imagine who these fortunate people were who had planned to go out anywhere in the next two weeks. (*DAD*, 137)

Trotz aller Widrigkeiten haben fast alle jungen Frauen ihre Examina bestanden, selbst Susan Elias, ein Opfer der Überfälle. Voller Stolz schaut der *Warden* des College auf ihre Schützlinge: »It was remarkable and a heartening sight, Sarah thought, looking affectionately at a student party [...].« (*DAD*, 180)

In *OB* wird ein sehr widersprüchliches Bild vom studentischen Leben in Oxford gezeichnet. Neben den Elementen der verklärenden *Oxbridge novel*, der *varsity novel*, enthält der Roman den Versuch einer kritischen Auseinandersetzung mit den Studien- und Lebensbedingungen im Stil der *campus novel.* Die Öffentlichkeit verlangt ein verklärtes Oxfordbild, und dieses soll sie von Jemimas Fernsehsender bekommen:

> 'These Golden Kids are Big Bucks, and I don't mean our expenses, I mean our sales. Have you seen the Brideshead figures? We can make Brideshead look like peanuts. They were just a bunch of actors. We've got the real thing.' [...] 'Long shadows across the July grass. No long shadows across their future, these Golden Kids - [...].' (*OB*, 66)

Es wird kritisiert, daß nur der Mythos Oxford von Interesse ist, jedoch nicht die Realität studentischen Lebens in den Achtzigern: »Jemima reflected that Cy Fredericks' enthusiasm for the Golden Kids was really quite typical: you could not imagine him mounting a whole programme on the lifestyle of comprehensive-school students once at Oxford [...].« (*OB*, 95) Das ausschweifende Leben der sogenannten *Oxford Bloods* wird mit dem der

Mehrheit der Studierenden kontrastiert[410], wobei hier, wie in der *campus novel*, die Universität als Mikrokosmos fungiert, der die sozialen Unterschiede der Gesellschaft widerspiegelt:

> [...] the life style of the Golden Kids would be contrasted with that of the vast majority of the undergraduates eating in Hall, living of grants or, rather, struggling with inadequate grants, finding even coffee an expensive luxury and never touching a drop of champagne from one end of the term to the other. (*OB*, 125)[411]

Die Oberflächlichkeit der *Oxford Bloods* wird mehrfach betont, allerdings zeigen sie bei der Selbstdarstellung auch eine Portion Selbstironie. So stellen sie ihr *Chimneysweeper's Dinner* unter das Motto: »Gilded rubbish« (*OB*, 79):

> Had the Bloods actually arrived in the enormous dustcart, suitably gilded and hung with other golden dustbins [...] Jemima touched it. Papier mâche and paint: characteristically superficial glamour. [...] Along its flank was painted the insouciant motto. 'Gold is all that glitters' - another characteristic touch. (*OB*, 79-80)

Es wird den *Oxford Bloods* zugestanden, gebildet zu sein - »[...] (presumably its members, unlike Cy, did know how 'Golden Lads' rhyme ended.)« (*OB*, 35) - aber ihnen fehlt die Reife, gesellschaftliche Probleme ernstzunehmen, wie eine Bemerkung Saffrons beweist:

> 'Anyway so far as I am concerned, life at Oxford is just one class struggle. [...] no, I do understand what Marx meant. The class struggle! When will it ever end? I ask myself. Only the other day Tiggie and I and a few others took ourselves off to Highgate cementery to visit the dear fellow's grave. Vodka and Blinis were judged appropriate, though, as Poppy Delaware pointed out, who is a Marxist, albeit a Catholic one, something German like beer and bratwurst would really have been appropriate.' (*OB*, 69)

In Oxford herrscht ein Klassengegensatz, der sich u.a. bei der Gegenkundgebung anläßlich des *Commem Ball* in dem Kontrast des äußeren Erscheinungsbildes der Demonstrierenden zu den Ballgästen offenbart:

> The effect, in view of the fact that Kerry Barber and his fellows were wearing T-shirts, jeans, baggy trousers and suchlike whereas the revellers visible inside were in formal evening dress was to give the impression of peasants demonstrating against their feudal lord. (*OB*, 207)[412]

Verstärkt wird der krasse Gegensatz der Gruppen durch das ungesittete, angesichts der Realität der Kommilitonen deplazierte Verhalten der Ballgäste, denn der *Commem Ball* hat wenig mit nostalgischen Vorstellungen (*OB*, 198) gemein, wie schon das Programm verdeutlicht: »'There are exotic sideshows: striptease; [...] anyway, all-night videos in the Junior Common Room, videos of an advanced nature, I take it.'« (*OB*, 201) Der fortgeschrittene Abend bietet dann ein Bild, das Jemima an ein Schlachtfeld erinnert (*OB*, 210): »Jemima and the camera picked their dainty way past rather a lot of people who had just been or were just going to be sick [...] but the camera avoided all that [...]. Copulating couples were however not utterly ignored.« (*OB*, 209)[413]

Die Kritik am Zweiklassensystem in Oxford wird jedoch gleichzeitig eingeschränkt, was zur Folge hat, daß der Roman inkonsequent wirkt. Jemima muß feststellen, daß sie für die Lebensart der *Oxford Bloods* empfänglich ist, so z.B. anläßlich des *Chimneysweeper's Dinner*:

> While around them, stretched out in the deep shadows left by the moon's pathway, the bodies tumbled and caressed like nymphs and shepherds in a Poussin landscape. [...] On the other hand she had to admit that the decision was a cerebral one.
>
> It was extremely tempting to go with the exotic hedonism of the evening - [...]. (*OB*, 80-81)

Die Kritik an den *Bloods* wird auch durch die Portraitierung Saffrons relativiert. Jemima erkennt, daß sein »luxurious Oxford life-style« (*OB*, 47) nur eine Rolle war, die er gespielt hat:

> An intelligent and quick-witted Saffron was not quite what she had expected to find. Still less had she anticipated finding him sympathetic. Yet away from his friends, the newspapers, away from his public, one might almost have said that sympathetic was what Saffron was. The poses were dropped. (*OB*, 71)[414]

Im nachhinein wird auch Saffrons Zerstörung einer Hoteleinrichtung gerechtfertigt, weil er kurz vorher von Elsie Connolly die Wahrheit über seine Geburt erfahren hatte (*OB*, 110). Da er durch die Ereignisse in seinem Privatleben zur Besinnung kommt (*OB*, 194), wird Saffrons Zeit als *Oxford Blood* zu einer Phase des Reifungsprozesses und damit entschuldbar. Der Schritt des Romans zur *Oxford novel* ist getan.

Eine weitere Personengruppe, die in der *campus* novel porträtiert wird, sind die Mitglieder des Verwaltungsapparates. Ungewöhnlich für einen Roman des Subgenres ist, daß, wie in *DAD*, die Schwierigkeiten, mit denen die Verwaltung eines Colleges zu kämpfen hat, im Mittelpunkt stehen und daß die Mitglieder der Verwaltung, weil sie keine Akademiker sind, positiv betrachtet werden:

»'Without you [Sarah] we'd had no choice but to close or amalgate this place.'/ 'You may have to. Or give it to Francesca Wilson to run.'« (*DAD*, 173)[415] Mit Francesca Wilson und Sarah Murchieson bekommt das Gladstone College zwei sehr fähige Verwalterinnen, denn beide haben sich als erfolgreiche Beamte ausgezeichnet. Über Francesca heißt es offiziell:

> [...] there was a principal from DIT, with a high-flyer's record of top policy jobs and a spell in Washington, who had spent the last few years engaged in deciding which ailing companies should be left to perish. She had no conventional assistant accountancy training but a whizz at figures, apparently. [...] 'Francesca is an extremely able, conscientious and talented civil servant, [...].' (*DAD*, 56)

Sarah Murchieson kann noch auf eine längere Karriere zurückschauen: »[...] distinguished veteran of a long Home Office career [...]«[416] (*DAD*, 9) und »[...] experienced educational administrator [...].« (*DAD*, 46) Ihre Vorgängerinnen dagegen waren Akademikerinnen, die ohne verwaltungstechnische Ausbildung das Amt des *Warden* und *Bursar* übernommen hatten, wobei besonders Phyllis Trench sich als unfähig erwiesen hatte[417]. Sarah stellt das Wohl des College an die erste Stelle ihres Denkens und Handelns[418]. Sie ist ein ruhender Pol im Strudel der Ereignisse[419], und es gelingt ihr, den Überblick zu bewahren: »Apart from that [...] the college was reasonably calm.« (*DAD*, 137). Schon die sogenannte *Raab Lecture*, wissenschaftlicher Höhepunkt des Semesters, wird als Beispiel für ihre erfolgreiche Leitung gewertet: »[...] reading the notes of congratulation and thanks that were pouring in, mostly full of gratifying pleasure that Gladstone was in such a good heart [...].« (*DAD*, 141). Francesca ist sehr reformativ und effektiv in der Finanzverwaltung tätig (*DAD*, 71ff., 109ff.). Es gelingt ihr, Spendengelder der Wirtschaft zu mobilisieren, die z.B. für die Gebäudeinstandhaltung gebraucht werden:

> A triumphant Francesca was brandishing a letter from one of the livery companies, offering £20,000 topwards the restoration of Tydeman.
>
> 'I thought it was worth trying,' she said smudgely. 'I promised we'd redo one of the carbuncles with their crest of arms.' (*DAD*, 142)

Am Ende ist es auch Sarahs und Francescas Verdienst, daß das Überleben des College gesichert wird:

> [...] somehow the college had weathered this term, most of her charges had taken their examinations in due time and the roof of Tydeman Hall had not fallen in. The appeal was going well [...]. It

might indeed be possible to present Gladstone College as a new smart charity. (*DAD*, 213)

In *DAD* wird gefordert, daß in der heutigen Zeit die Verwaltung eines College mit den neuen finanziellen Anforderungen nicht mehr den akademischen Mitarbeitern überlassen werden kann, sondern ausgebildeten Fachleuten: »'And that's silly of us - in future we are going to have to abandon the idea that bursars, deans and administrators generally should be academic. We just don't do it well enough.'« (*DAD*, 177)[420] Es wird deutlich, daß ein anderes Denken und eine andere Vorgehensweise als bei der akademischen Arbeit in der Verwaltung notwendig sind: »'I [Francesca] trust Warden, you are not suggesting that I would have not been a successful academic?'/ 'You have the ability,' said Sarah, 'but not the patience, and you're much too practically inclined.'« (*DAD*, 177) Durch die Personen Sarah Murchieson und Francesca Wilson wird das Argument vorgetragen, welches sich wie ein roter Faden durch den Roman zieht und in der Darstellung der Akademiker wieder zum Tragen kommt, daß nämlich ein College nur bestehen kann, wenn beide Gruppen zusammenarbeiten.

Während in *DAD* nur sachliche Kritik an einer akademisch besetzten Verwaltung geübt wird, sind andere Romane weniger zurückhaltend. Die stilistische Darstellung reicht von harmloser Parodie bis zur beißenden Satire.

In der Figur des Präsidenten des *Balaclava Agricultural College* wird in *RYM* mit dem Klischee des gefürchteten Verwaltungschefs gespielt. Als Mitglied des komischen Personenarsenals, ist Thorkjeld Svenson auf der einen Seite, wie schon der Name andeutet, in seiner furchteinflößenden Erscheinung eine Karikatur:

> No space ever seemed big enough to contain Thorkjeld Svenson. Wearing a sweater and a cap of untreated gray sheep's wool knitted for him by his wife Sieglinde, probably with an assist from the norns, he looked like a mountain gone astray from his bedrock. (*RYM*, 65)

Niemand wagt es, Svenson zu widersprechen: »A braver man than Grimble, or almost than anybody, might well think twice, and perhaps a few more times to be on the safe side, before inviting the wrath of Thorkjeld Svenson.«[421] (*RYM*, 19) Gleichzeitig macht er sich lächerlich, weil er sich bei seiner Frau nicht durchsetzten kann: »'No, Thorkjeld, no cream in your coffee. You had cream in your pudding. [...] No, Thorkjeld, you must not have more coffee. It gives you bad dreams.'« (*RYM*, 95) *RYM* macht auf der anderen Seite jedoch deutlich, daß man sich nicht durch Svensons Erscheinung und Auftreten täuschen lassen darf: »The aspersion on the president's intellect was not only uncouth and unworthy of a man of letters, but also damnably ill judged.« (*RYM*, 67) Helen stellt fest, wie erfolgreich Svenson das College leitet: »'I think it's his common sense,' [...] 'I've worked at colleges all over the country, but this is the first I've struck where everybody seems to know what he is doing and why.' (*RYM*, 95)

Ausgesprochen negativ werden die akademischen Bürokraten in *PM* und *SWNQ* beurteilt. Macht und die damit für ihn verbundene Überlegenheit sind kennzeichnend für den Präsidenten Cort der *Taft University* in *PM*. So muß er seine Machtposition gegenüber dem Detektiv geltend machen: »I consulted the list of names that President Cort has given me. Actually Cort hadn't given me the list. He'd spoken to his secretary and she had given it to me.« (*PM*, 17) Die Sekretärin versteht es geschickt, die Autorität ihres Vorgesetzten auszuspielen: »She made a phone call, prefacing the request with the phrase, 'President Cort wonders if you would [...].'« (*PM*, 140) Auch sie versteht sich als Teil des Machtapparates und genießt es, diese Position gegen Spenser einzunehmen: »She treated me like some sort of distinguished barbarian, like the king of a very important cannibal nation who still wore a bone in his nose.« (*PM*, 41) Im Gegensatz zur Auffassung in *DAD* will *PM* die Universität nicht mit einem Wirtschaftsbetrieb verglichen sehen:

> 'Mr. Spenser. Running a large university like this one is a serious administrative challenge. President Cort's time is as important as any executive's.'
>
> 'Something crucial?' I said. 'Like whether full professors should be required to show up at all?' [...] 'Or whether a book that sells can be considered favorably in the course of tenure decision.' (*PM*, 41)

SWNQ kritisiert, daß die verwaltenden Mitglieder des Syndikats nicht an ihrer Aufgabe, der Einstellung neuer Mitarbeiter und damit an einem guten Prüfungsablauf, sprich der Bildung und Zukunft junger Menschen, interessiert sind:

> The Vice-Dean sat shuffling uneasily in his chair, profoundly bored, and anxious to be on his way. His notes consisted of an extraordinarily intricate doodle of whorls and scrolls; and he added a further florid curve to the flowing tracery as he made his first and final contribution to the day's liberation. (*SWNQ*, 10)

Der *Dean* selbst setzt andere Prioritäten für seine Entscheidungen als das Wohl der Abteilung: »Come on! The appointment would be settled very quickly now, and with a bit of luck he would be back in Lonsdale College before six. Tonight was a 'gaudy' and ... Get it over with.« (*SWNQ*, 9) Fehlende Aufgeschlossenheit für Veränderungen ist ein weiterer Charakterzug des *Deans*, der sich in der Skepsis gegenüber jüngeren Dozenten ausdrückt: »Tried and trusted colleagues all of them, although one of the two younger dons he'd not yet got to know particular well: hair rather too long, and one of them had a beard.« (*SWNQ*, 8-9) Der *Dean* achtet darauf, daß nur Personen in Oxford aufgenommen werden, die er für geeignet hält. Seine elitäre Überheblichkeit zeigt sich in seiner Beurteilung der Zulassungsanträge: »He looked through the pile of UCCA forms on his desk and read feelsome praises heaped upon the heads of their pupils by headmasters and headmistresses, so desperately anxious to lift their schools a few places up the table on the Oxbridge League.« (*SWNQ*, 175)

Collegetraditionen, die in weiten Teilen anachronistisch wirken, werden vom *Dean* fortgeführt. Die »Teezeremonie« läßt jedoch auch Züge von Menschlichkeit erkennen:

> The white coated scout poured the dark-brown liquid into the bone-china cups, embossed with the crest of Lonsdale College. [...] Morse watched it with an amused detachment. The Dean, it seemed, always had a slice of lemon, and one half-teaspoon-full of sugar, which the scout himself measured out, almost to the grain, and stirred in with high seriousness. For the old boy probably got his scout to tie his shoelaces up for him! Cloudcuckooland! Morse took a sip of the tea, sat back, and saw the Dean smiling at him shrewdly.
>
> 'You don't really approve, I see. [...] He's been with me almost thirty years now, and he's almost - (*SWNQ*, 175)

In *PI* schränkt kein Zug von Menschlichkeit das Streben nach Macht und Geld, den herausragendsten Charakterzug der *administrators*, ein. Man ist in der Verwaltung generell nur auf seinen eigenen Vorteil bedacht. Dieser Umstand kommt gleich im ersten Absatz *PI*s zum Ausdruck und definiert den Tenor des Romans:

> The campus police used to have three cars, but when the University fell on hard times, we had to get rid of two. In order to maintain themselves in the style to which they've grown accustomed, the administrators have cut back on such non-essentials as teaching and police protection. (*PI*, 1)

Die Lehre hat jegliche Bedeutung für die Akademiker in der Verwaltung verloren: »'Most people, once they've got a taste for the power and money in administration, dread the thought of having to return to teaching [...].'« (*PI*, 72) Das Streben nach Macht hat jeden anderen Ehrgeiz ersetzt. Selbst das Verwaltungsgebäude ist eine Manifestationen von Herrschaft:

> It's six stories tall, with the offices of the President, Vice president Hightower, and their staff occupying the entire top floor. The public elevator doesn't go that far up. [...] The Ad Building's a fortress, its inhabitants united in their desire to never go back to the classroom and face students again. (*PI*, 114)[422]

Die Belange und die gerechtfertigte Kritik von Dozenten und Studierenden werden nicht ernstgenommen, wie die Proteste um die Besetzung des *University Scholar* mit Jeremiah Strauss zeigen:

> Some of the women and minorities among the faculty and students, however, were outraged, and demanded an explanation from President Wolf. Wolf, of course, was unavailable for comment, but he sent one of his vice presidents, Bennett Hightower, to listen to the complaints and kiss them better. Hightower gave the protesters his solemn promise to look into the matter and that's where it seemed to end. Known as 'The Black Hole', nothing that lands on or near Hightower's desk is ever heard from again. (*PI*, 9)

Der Mangel an Persönlichkeit eines Mitgliedes der Verwaltung kann sich sogar schon im Aussehen widerspiegeln, wie z.B. bei Hudson Bates: »He looked like a clothing dummy, before they started personalizing them.« (*PI*, 115) Die »Drecksarbeit« läßt man andere machen, denn es gibt immer jemanden, der sich aus Profilierungssucht dafür hergibt: »'Besides, Strauss wouldn't do his own dirty work. It was Hudson Bates, his gofer.'« (*PI*, 110) Natürlich genießt jemand in der Position Bates' den Augenblick, wenn er wiederum sein Machtgefühl auskosten kann: »He'd humiliated me completely, so the look he gave me was one of affection, almost love.« (*PI*, 148) Manche Untergebene können für ihre willige Arbeit[423] Gefälligkeiten erwarten, oft gegen das Interesse der Institution, wie das Beispiel des stellvertretenden Universitätspräsidenten Hightower demonstriert:

> '[...] President Wolf used his influence to get Bennet Hightower's wife a position in the Botany Department,' [...] 'Because Hightower threatened to go somewhere else if his wife couldn't get a job here. Wolf just leaned a little on the dean of the college of Arts and - poof! Botany's got a position it doesn't need and Hightower's wife got a job where she can come home nights to her hubby.' (*PI*, 152-153)

Unterwürfige Mitarbeiter - »The poodle was better trimmed than its master [...].« (*PI*, 151) - muß man sich erhalten, weswegen Bates trotz der Gerüchte um eine sexuelle Verfehlung und seines starken Ehrgeizes[424] von Strauss nicht entlassen wird, denn: »Faculty members like me are a dime a dozen, whereas a faithful administrative toady is a prized possession.'« (*PI*, 112) Präsident Wolf, »[...] an important man on his way to yet another task of earth-shaking importance [...]« (*PI*, 55), zeigt, wie man sich unverdient eine prestigeträchtige und lukrative Zukunft baut: »'You mean, Wolf's resigned as president?'/ You couldn't get a building named after you if you were still active on campus. [...] 'He announced it last night. He's accepting a position at a 'think tank' somewhere in California.'« (*PI*, 193)

Nicht nur in der abwertenden Beurteilung des Verwaltungspersonals, sondern auch in der Darstellung der Dozenten finden sich die typischen Merkmale der Varianten des anglo-amerikanischen Universitätsromans. Nur *DAD* bildet hier wieder eine Ausnahme. Es werden die charakterlichen Dispositionen von Akademikern geschildert sowie die Frage nach deren Erfüllung der Aufgaben von Forschung und Lehre beantwortet. So unterschiedlich die Beurteilungen ausfallen, so verschieden sind die verwendeten Stilmittel der Porträtierung der Universitätslehrer. Die Spannbreite reicht von der liebevollen, parodistischen Verspottung durch die Verwendung von Typen, über die Vorstellung eines Ideals und offen geübte Kritik bis zur sarkastischen Abrechnung durch beißende Satire.

RYM übernimmt mit Timothy Ames, Dr. Enderble und Professor Stott das Stereotyp des weltentrückten Professors. Stott ist in Balaclava der »pig expert« (*RYM*, 143), über den es nichts Berichtenswertes zu erzählen gibt außer: »He was an agreeable man in his way, but wrapped heart, soul, and mind in swine culture.« (*RYM*, 144) Ebenso liebevoll wird Professor Enderble geschildert, dessen Bücher viel über ihn aussagen: »'[...] *How to live with the Burrowing Mammals* and *Never Dam a Beaver*?' [...] 'he has a new one coming called *Sociolizing Among the Snakes*.'« (*RYM*, 103) Ein Paradebeispiel des lebensuntüchtigen Gelehrten ist Timothy Ames, dessen Weltvergessenheit in seiner Taubheit einen körperlichen Ausdruck findet: »Timothy Ames never left his study if he could help it, except to teach class or immune himself in his soil-testing laboratory. He was deaf as a haddock and hopeless at small talk [...].« (*RYM*, 17-18) Seine Forschung steht für ihn an erster Stelle. Deshalb hatte er auch nicht bemerkt, daß seine Frau seit Tagen verschwunden war, und als Shandy ihm eine schlechte Nachricht ankündigt, ist seine erste Reaktion: »'Pete, it's not-not the Portulaca Purple Passion? Oh, my God, don't tell me those seedlings have damped off?'« (*RYM*, 32) Wie viele Vertreter dieses Typus ist Ames aber ein hervorragender Wissenschaftler:

> Even his appearance was almost risible: diminutive, gnarled, bald on the top and hairy everywhere else. [...] Jemima [...] had fostered the myth of her husband's general uselessness outside his particular field. [...] Yet, Professor Ames was an exceedingly bright, capable and above all logical man. (*RYM*, 40)

In *EDD* ist dieser Typus durch Owen Kraznik vertreten. Auf akademischem Gebiet ist sein Ruhm unbestritten: »'Isn't he this really big expert on Emily Dickerson [sic]?' [...] 'An expert? That's putting it mildly. If anybody in this world owns the right to talk about Emily Dickinson, it's Owen Kraznik.'« (*EDD*, 9)[425] Auffallend positiv an ihm ist, gerade im Vergleich zu seinen Kollegen, daß er seinen wissenschaftlichen Ruhm nicht für persönliche Ambitionen mißbraucht:

> At this moment it was almost possible to regret his refusal to teach at the College instead of the University. [...] 'Why would you want to stick with that ex-cow college when you could be part of the Amherst faculty? You should hear Dombey hint around about transferring over here from the U Mass. He'd give his eyeteeth. Why not you?'
>
> Well, why not? wondered Owen. [...] The thought was tempting, but Owen knew he'd never do it. (*EDD*, 104)

Dem Alltag ist Kraznik seit dem Tode seiner Frau nicht mehr gewachsen:

> After the death of his wife, Owen Kraznik went on living and teaching in Amherst, but his days had become a wildering fluster, a tangled wilderness, a formless and perplexing dishevelment. Snatching at the chaos as it hurtled past him, end over end, Owen struggled to arrange it in a rational pattern. (*EDD*, 1)

Gleichzeitig weist ihn sein Verhalten als Antihelden der *campus novel* auf. So kann er sich nicht durchsetzen bzw. läßt alles ohne Widerstand - »'Owen's soft touch'« (*EDD*, 9) - mit sich geschehen. Er weiß selbst um diese Schwäche: »It was his own fault, Owen knew. His kindness was merely laziness and timidity. Sometimes it was easier to give in than say no.« (*EDD*, 23) Daher hat er einen schweren Stand bei den Studierenden[426] und wird von seinem Vorgesetzten ausgenutzt:

> Therefore when Dombey Dell called to offer him the honorary directorship of the Emily Dickinson Centennial Symposium, and the privilege of delivering the the keynote address, Owen said yes - partly because Dombey appealed so skillfully to his conscience which was bleeding, but mostly from toxicated befuddlement. (*EDD*, 24)[427]

Owen ist einem, von ihm nicht zu beeinflussenden Schicksal ausgesetzt, das ihn in Lebensgefahr bringt, jedoch ebenso ohne sein Zutun rettet und ihn am Ende mit einer neuen Liebe belohnt. Der Antiheldcharakter wird bestätigt:

> But now they were risen souls. It was a bright morning. Hand in hand, they crossed a meadow and entered a sunny patch of woodland. Red-winged blackbirds flew ahead of them, alighting to utter their piercing peep. Ferns unrolled in fronds of freshpale green. Rabbits sat in trance. (*EDD*, 215)

Die liebvolle Darstellung des weltfremden Akademikers findet sich in *DAD* nur am Rande. Neben »[...] a very shy female chemistry don [...]« (*DAD*, 17),

»Professor William Tatten [...] much incapacitated by arthritis in both knees [...]« (*DAD*, 128), »'[a]nd professor Barker.' This to a bent and hobbling figure of unimaginable distinction in a field of mathematics that she could only just spell [...]« (*DAD*, 126) sind nur zu erwähnen »[...] half a dozen of these distinguished figures from the college's past were heavily reliant on the hearing aid, and one or two were so frail as to make entertaining them at all an anxious business. [...] infinitely distinguished ex-professor of chemistry, a dusty bundle of clothes held together by safety-pins [...].« (*DAD*, 101-102)

In *DF* werden die kleinen menschlichen Schwächen der Hochschullehrer nur flüchtig erwähnt, wie die Bücherkaufsucht: »A literary academic can no more pass a bookstore than an alcoholic can pass a bar.« (*DF*, 118) Ebenso wird das mangelnde Organisationstalent eines Akademikers angeführt: »As an academic without a personal secretary, one was either a happily unorganized animal, making large piles all over one's desk and other spaces, piling up unanswered and frequently unopened mail, waiting for a brief respite to 'clean one's desk'.« (*DF*, 119)

MLA arbeitet kaum mit dem Stereotyp des von der Realität überforderten Professors. Das Fehlen eines praktischen Wesenszuges ist nicht mehr rührend, sondern alterierend: »Professor Snave was pleading, as he tried to understand the last details of registration. 'Sign where?' he called to the impassive clerk, who'd learned just to jab his finger at the bottom of the registration form, where block letters in twelve-point type said: SIGN HERE.« (*MLA*, 1) Das Liebenswürdigste, was in dem Roman über diese Spezies von Akademikern gesagt wird, ist: »'I never saw so many dweebs in my life.' She touched two manicured fingers to her left temple.« (*MLA*, 25) Überhaupt vermittelt die Konferenz den Eindruck von Chaos:

> It's rumored in the academy, it borders on mythic belief, that the MLA Site Selection Committee has never attended the convention itself, since no one who attended it would plan it this way. This year, as late as Friday noon, many participants would still not have reached their hotels, their panel discussions, their scheduled interviews on which, for some of them, their careers depended. (*MLA*, 4)

Die Weltfremdheit und der Mangel praktischer Fähigkeiten von Akademikerinnen wird meist in der Nichterfüllung ihrer hausfraulichen und mütterlichen Pflichten ausgedrückt. Eleonor Mossbanker wird in *OB* als ein Klischee erfüllendes Beispiel eingeführt, denn das Chaos in ihrem Haus ist »untidyness-beyond-parody« (*OB*, 101) und Anlaß für Jemima Shore zu der Schlußfolgerung: »[...] that marriage between consenting Oxford intellectuals should probably be banned for future (unless sworn to be childless).« (*OB*, 100). Als könne solch eine Aussage aber nicht im Raum stehen bleiben, soll ein positives Beispiel für eine Dozentin diese gleich relativieren, wobei auch hier ein ironischer Unterton die Ernsthaftigkeit zurücknimmt und das Idealbild verspottet:

> After all, take the case of [...] Dr Marigold Milton, whose students were notoriously terrified into an appreciation of English literature which lasted for the rest of their lives no matter how they tried to get rid of it. Marigold Milton had as a matter of fact given birth to four children, making a point of reading Proust between pangs of labour (she was a quick reader), yet her house was so exactly polished that even the students wiped their feet reverently on entering in, before having their essays pulled to pieces. (*OB*, 101)

Auch Louise Taylor führt einen chaotischen Haushalt. Allerdings ist dies in *DAD* nicht als Karikatur zu verstehen, sondern unterstützt die Aussage, welche große Last es ist, Beruf und Familie zu vereinigen, besonders wenn die Unterstützung des Ehemanns fehlt. Daher entbehrt die Beschreibung des Taylorschen Haushalts jeglichen persiflierenden Unterton:

> No greater contrast with the Hellier household [without children] could be imagined; the living room in which she sat was about the same shape and conformation as the Hellier's, but the curtains were thin and hung unevenly, missing a couple of rings, from a battered wooden rod. The fitted carpet, an unwise shade of beige was heavily stained. Every available chair and the sofa - all of which would have been better for cleaning - were covered with a silt of toys and papers. (*DAD*, 187)

Fehlender Realitätssinn, der nichts mehr mit harmloser Weltvergessenheit gemein hat, wird den Akademikern in *DAD* vorgeworfen. Der Mangel an finanziellem, verwaltungstechnischem und diplomatischem Geschick, verbunden mit akademischer Überheblichkeit und fehlendem Erkennen neuer Gegebenheiten, besonders bei den älteren Dozenten, tritt z.B. bei Verhandlungen mit den Verantwortlichen für die Zukunft des Gladstone College zutage:

> Alice [Hellier] had no political skills; she was stuck in the seventies when governments, many of whose members had been the first in their families to be able to go to university, had funded higher education generously and unquestionably. Her idea of a negotation was to explain to the Department, in wearying detail, exactly what the college must have and to stare with uncomprehending arrogance at anyone who questioned that, or who suggested that the college itself could manage its affairs better. (*DAD*, 15-16)[428]

Unmißverständlich wird ein Umlernprozeß gefordert. Man muß sich mit den Realitäten auseinandersetzen, sonst ist ein Überleben nicht gesichert:

»Everybody around this table was going to have to understand the college finances if change was going to be made, and no one was going to get away with the view that their brain should not be troubled by such things.« (*DAD*, 75)[429]

Ein weiteres literarisches Klischee ist das lächerliche Auftreten und Aussehen von Akademikern. Deren Außenseiterstellung innerhalb der Gesellschaft wird durch karikierende Darstellungen des Verhaltens und äußeren Erscheinungsbildes zum Ausdruck gebracht. In *DAD* wirkt ihr Auftreten in der Welt außerhalb eines College anachronistisch, ja geradezu grotesk:

> [...] grandees of the University, their retreating backs in their dark gown with flashes of colour on the sleeves making them look like great birds outlined against the massive colonnade of the Senate Building. They looked totally alien in the press of Londoners fighting their way into the small sandwich bars for lunch. (*DAD*, 99)

In *EDD* erwartet man die Smith-Brüder nicht wegen ihres fachlichen Rufes mit Spannung, sondern wegen ihres Aussehens: »'Well, of course, I've heard of them.' [...] 'I've often wondered -ha,ha,- if they have short and long beards like the Smith brothers on the cough drop box.'« (*EDD*, 52). Natürlich erfüllen diese »Ikonen der Literaturwissenschaft« die Erwartungen und das Klischee: »[...] the black whiskers of the Smith brothers did indeed reach to the top and the middle of the neckties respectively.« (*EDD*, 85)

Ansonsten scheint Individualität ein Anspruch zu sein, den die Akademiker an sich selbst zwar stellen, jedoch spricht ihre geschmacklose Bekleidung[430] von Uniformität[431] und strengem Gruppenverhalten:

> Even the well dressed men here managed to look alike. It had to do with the way they walked and stood around with the same mannerisms. He hadn't seen that much constant self-consciousness since he'd watched one by one, a column of black ants cross the back-yard concrete when he was a kid.
>
> Now and then one of them - they looked like maybe the arty types - tried to do the David Lynch look, with dark shirt buttoned at the throat and no tie. But they'd have on the wrong shoes. He saw one or two turtlenecks that didn't make sense. (*MLA*, 27)

Ebenso geschmacklos und einheitlich sind die Frauen auf der MLA-Konferenz gekleidet, mit dem Ergebnis, daß sie im Vergleich mit Geschlechtsgenossinnen aus anderen Berufsgruppen schlechter abschneiden[432]:

> Some kinds of clothes were repeated in various groups. Boots under long skirts, for instance. And a prevalence of light-colored

> suits and dresses even though this was Chicago in the very bottom of Winter. Oddest of all were the flat, gopher-colored, Birkenstock sandals worn by women in suits or under dresses that had jackets on the top. It was as if the women had suddenly given up all decision making at the point of the knees. (*MLA*, 26-27)

Aussehen und Auftreten kann aber auch ironisierende Kritik an der akademischen Kompetenz und Stellung innerhalb des akademischen Milieus, wie im Falle von Joan Mellish in *MLA*, sein. Die noch zu erörternde Mißbilligung ihres akademischen Wirkens wird schon durch die Beschreibung ihrer grotesken Aufmachung symbolisiert. So war Boaz bei ihrem ersten Erscheinen ein Armband aufgefallen: »[...] from which dangled a long gold diaper pin.« (*MLA*, 31) Sie sieht zwar gut aus, aber sie inszeniert ihre Erscheinung bewußt provokativ und nicht zu ihrem Vorteil:

> Mellish [...] had, above her pink miniskirt, the scarfy, layered look of fat academic women. [...] With her straight hair parted in the old prep-school style, she had the air of the smart school-girl who, even at the age of thirty-five, still wishes to impress or shock her imagined elders at private school. Like many partly lovely, partly weird-shape women, she was devoted to spectacle. Rattling with jewelry [...]. (*MLA*, 116-117)

Zu den menschlichen Schwächen, die Anlaß zu boshaftem Spott bieten, gehören auch Klatsch- und Tratschsucht[433] des akademischen Volkes, die besonders karikierend wirken, da die Diskrepanz zwischen den hehren Ansprüchen und der Realität sehr kraß ist.

In *EDD* machen sich Professoren durch ihren Hang zu Gerüchten zum Gespött. Man umschmeichelt die Smith-Brüder in der Annahme, daß in Harvard eine Stelle frei werden wird: »'Rumor has it they're head-hunting. Looking for somebody to replace that poet, Pulsifer Rexpole. [...] So there'll be an opening at that distinguished institution of higher learning on the River Charles.'« (*EDD*, 52) Obwohl sich die Smiths nie zu der Möglichkeit einer vakanten Stelle äußern - »So far neither of the brothers had said anything about a job opening at Harvard.« (*EDD*, 88) - kursiert das Gerücht weiter und wird, als es seine konzentrischen Kreise wirft, phantastischer: »'[...] everybody said that they have this job at their disposal, this big Aldershot Chair of American Studies, or something like that.'« (*EDD*, 100) Die Bemühungen waren jedoch umsonst: »'Did you hear about the job at Harvard?'/ 'No,' said Dombey sharply. 'What about the job at Harvard?'/ 'There isn't any job at Harvard.'« (*EDD*, 235).

Die Akademiker in *MLA* diskreditieren sich endgültig mit lästerlichen Geschwätz. Anlaß für ihren Tratsch sind vor allem die Todesfälle und die Opfer, weshalb man nicht mehr nur von einer primitiven menschlichen Unzulänglichkeit sprechen kann:

> All of Sunday, the conference rooms and hotel areas were vivid with the delivery and embellishment of news. Professor Gurgana of Rice found a way to make two shots be fired during *his* story of the arrest, while Professors Swayze, Watson, Flimmer, and Cly, all from Baylor, were certain that Deborah Rames had an accomplice still on the loose. Flimmer began outlining a book to expose the Rames conspiracy, which involved the CIA and Cuban refugees. (*MLA*, 192)[434]

Anspruch und Realität klaffen auch dann auseinander, wenn man versucht, sich durch wissenschaftlichen *small talk* einen Anstrich von Seriosität und Gelehrsamkeit zu geben. Es offenbart sich dagegen, daß wenig wahres Wissen hinter der aufgeblasenen Fassade steckt: »'Absolutely appalling hygiene, like something out of *The Decameron*,' Philip Strees of Texas A & M had said that morning [...] to Beverly Snogg of Minnesota, who wondered what cameras had to do with it.« (*MLA*, 4)[435] Besonders gegenüber Außenstehenden, in diesem Fall dem Detektiv, ist das aufgesetzte, Scheinwissen präsentierende Verhalten der Akademiker Anlaß zum Spott:

> 'Polyvocal narrativities,' someone asserted with vigorous head-nodding to her companion in the TV area of the lobby.
>
> Not far from her, someone 'deployed' something about 'representativity and alterity.'
>
> This, he thought, was the sort of like the noise of constantly flapping birds (the image of his second cousin's four-story chicken house came to mind) [...] as is the language of all poultry. (*MLA*, 30)[436]

Wirklich sarkastisch wird die Darstellung der Akademiker in den Romanen, wenn die Lücke zwischen den hehren Ansprüchen der Figuren an ihre Persönlichkeit, ihre Arbeit und der Wirklichkeit zu groß wird, und es nicht mehr nur menschliche Schwächen, sondern charakterliche Defekte sind, die sie und ihr Zusammenleben kennzeichnen.

So kann man den Akademikerinnen in *DAD* vorwerfen, daß sie, anstatt sich um die realen, die Existenz des College bedrohenden Probleme zu kümmern, sich unwichtigen akademischen Grabenkämpfen hingeben:

> The place was a financial disaster and in a state of physical ruin, and Sarah knew from the academic grapevine that the fellowship - as seemed increasingly common these days - was rent by chism, or rather by various different chisms: scientist versus arts people; major subjects versus minority subjects; feminists versus The Rest [sic]. (*DAD*, 43)

Wenig Offenheit für Neues und mangelnde Aufgeschlossenheit gegenüber anderen wird den Dozenten in *DF* vorgehalten:

> The younger tutors at Dunster tended to band together; the few older men who were affiliated with the house [...] were so stuffy, so unopen to any views but their own, not for the first time, and certainly not only at Harvard, Kate despaired of the ability of the generations to communicate with each other. (*DF*, 47)

In *PM* wirft der Detektiv den Dozenten vor, zu wenig Zivilcourage zu besitzen, um zu einer eigenen Meinung oder einem Fehler zu stehen, dafür sich aber hinter ihrer Bildung zu verstecken:

> It [Madelaine Roth's argument] was weak, and she knew it, but like a lot of academics I had met she kept chewing at it. She was manipulating meaning with language that both became relative. As if you could make falsehood true by richly said restatement. Academics are not first rate at saying *I was wrong*. (*PM*, 81)

Auch Kate Fansler konstatiert in *DF*, daß Wahrheit und Rechtschaffenheit kein Wesenszug ihrer Kollegen ist: »Nor was she naïve: one does not deal on faculty committees for long and continue to believe in truth as an ideal widely practised.« (*DF*, 68)

In *RYM* wird angedeutet, daß das Leben am College durch ungeschriebene Regeln definiert wird. Ein Bruch derselben führt automatisch zum Ausschluß der betreffenden Person aus der Gemeinschaft mit all ihren Folgen:

> His [Shandy's] life would be made miserable in countless little ways. His lawn would die, his spruces get budworm, his power would fail and his pipes would freeze and nobody would know why. Secretaries would forget to notify him of faculty meetings, hostesses would absentmindedly leave him off their guest lists, his students would transfer. At the faculty dining room his food would be served cold and late and no colleagues would dare to share his table. (*RYM*, 31)

Hier kommt eine Art Doppelmoral zum Ausdruck, die das Verhalten bestimmt. Auf der einen Seite steht der hohe moralische Anspruch, den die Svensons an Studenten und Dozenten stellen: »The moral tone at Balaclava being what it was, even a hint of malpractise could finish him with the Svensons, hence with the college [...].« (*RYM*, 136) Auf der anderen Seite muß Shandy zu seinem Bedauern feststellen: »Two people murdered, and all they could think about was filling their guts and keeping their noses clean.« (*RYM*, 137)

Noch unmenschlicher erweist sich das unterkühlte Verhalten der Teilnehmer der MLA-Konferenz angesichts der Todesfälle. Sie zeigen keinerlei Bedauern oder Mitgefühl, sondern nur Schadenfreude am Unglück eines Konkurrenten:

> '[...] Susan Engleton never, and I mean *never* in her life, was seen in anything but perfect attire. She was born ironed. At her christening they slipped a Wellesley class ring on her finger, they say. But there she was, Martin, dead, can you believe it?, dead as her prose, face down on the rug, her skirt up and a run in her stocking?' [...] 'Yes, she *was* that bad,' he concluded. (*MLA*, 1-2)

Man sieht in den Todesfällen eine geeignete Möglichkeit, sich selbst zu produzieren und endlich im Licht der Aufmerksamkeit zu stehen: »[...] Professor Walter Yisseldack, highly suited in a beige summer jacket, with the stuffed-toad self-importance of a TV newscaster, was sharing the late-breaking news with a small group around him from Fairleigh Dickinson.« (*MLA*, 74) Wirklich zynisch gebärdet man sich nach den weiteren Morden. Sensationsgier, verbunden mit dem makaberen Aufwerten des eigenen Status, das Überbetonen der eigenen Bedeutung in den Ereignissen sowie die gefühllose Reduzierung der Morde zu einem Spiel charakterisieren das Verhalten der Akademiker:

> [...] there was a run on souvenir Fairfax coffee mugs in the gift shop - something to put in the office back at school, placed with an eye to its noticeability. ('Oh yes, I was there; I talked to the police about it.') [...] when the Marxist cash bar opened on the second floor that day, a large game table was in evidence, with Clue Master Detective laid out for play. The sign-up list remained enthusiastically long. The game rooms had been relabeled with various ballroom names and suites, including cold-bloodedly, Wellesley, Arizona, South Dakota, and Hopkins. Revolver and poison weapons, of course, were most frequently guessed about, but all the pieces were moved with relish. (*MLA*, 159)[437]

Ironisiert wird dieses Verhalten gleichzeitig durch die Orientierung des Spiels am klassischen Detektivroman, und so wird dem Leser des Romans ein Spiegel vorgehalten.

Ziel und Gipfel der Erhöhung des eigenes Egos sind natürlich die wie auch immer geartete Aufmerksamkeit und/oder Bewunderung durch die Kollegen, auch wenn diese nicht unbedingt ehrlich gemeint sind. Man definiert sich geradezu über die Beachtung durch Dritte: »All these people depend on crowds so as to stand out at all, Boaz thought. Now they better find some crowds to huddle in. Put all this space around them, they're as foolish as batams - and as easily picked off by a predator.« (*MLA*, 151) Stärkster, aber menschlich ärmster Ausdruck dieser Untugend ist der *MLA Swivel*:

> To perform the MLA Swivel, [...] you must take up a conspicuous position in a cashbar, or hotel lobby, somewhere you can be observed by many people coming by. Then you engage in talk with someone, preferably a group. Lots of bussing on cheeks and loud exclamtions of welcome. But if your audience is what would be considered lower status, your tone of voice stays edged with condescension. If the other person is of equal or higher rank, you speak as familiarly as you can get away with.
>
> Meanwhile, at frequent intervals, your head swivels left and right, to see, first of all, whether anyone is paying attention to you, and second, whether anyone else nearby is more important than the person you're speaking to. In which case, you abruptly terminate your chat and move off in higher-status direction. (*MLA*, 110-111)[438]

Wie sarkastisch dargestellt wird, erhöht es das eigene Selbstwertgefühl, anderen Akademikern gegenüber, die man für unbedeutend hält, überdeutlich großmütig zu sein. Diese Erniedrigung nimmt das Gegenüber aber gleichzeitig bar jedes Verlustes an Selbstrespekt unterwürfig an:

> Only one small group of young professors was proceeding with the usual behaviors. With many gestures, Jeff Frech from SUNY Buffalo was enthusiastically trying to be indulged - one of the guys - in the conversation of young Professor Pepecity and Lopez. The Gringo's effort was being indulged ironically, but with cruel pauses and private looks. (*MLA*, 151)

Neben diesen negativen Charakterstudien, die sich auch bei anderen gesellschaftlichen Gruppen finden, werden spezifisch akademisches Fehlverhalten thematisiert. Ein Punkt sind die Bemühungen der Dozenten um ihre Aufgaben in Forschung und Lehre. Die Arbeitsauffassung der Hochschullehrer ist Anlaß zu offener Kritik, vor allem aber zu sarkastischer Abrechnung. Als Grundtenor der meisten Romane kann eine Aussage Robert B. Parkers über seine ehemaligen Kollegen verstanden werden: »'Doch im großen und ganzen sind Akademiker die übelste Sorte von Leuten, denen ich begegnet bin. [...] Ich fand heraus, daß sie keine Freude am Lehren hatten, keine Freude am Schreiben und auch keine Freude am Lesen. Was sie gern tun, ist, sich über Pöstchen und Beförderungen zu unterhalten.'«[439]

Michael Taylor, der einzige männliche Dozent in *DAD*, ist ein Beispiel für die »falsche Art« von Hochschullehrer:

> 'You, of course, presumably need a laboratory?'
>
> 'Yes. But I'm not doing much at the moment.' [...] And Louise was; hard-working and natural prolific she had turned out five articles for academic journals and a well-received book in the last two years. [...] 'I wish I hadn't gone for an academic career.' [...] ' I don't particularly like teaching.' That, as Sarah knew from reports, was true; Michael was uninspired and pedestrian, but in the highly fact-oriented first-year chemistry course, it did not really matter. (*DAD*, 120-121)

Die Frage nach der Erfüllung der Aufgaben von Forschung und Lehre durch die Protagonisten spielt in *OB* nur eine unwesentliche Rolle, und wie schon bei der Darstellung der Studierenden zeigt der Roman auch hier eine Unentschlossenheit hinsichtlich einer eindeutigen Bewertung. Mit Kerry Barber und Jamie Grand werden zwei sehr unterschiedliche Universitätslehrer eingeführt. Grand steht für die Dozenten, die ein angenehmes Leben am College nach klassischem Vorbild bevorzugen. Die spürbare Kritik an diesem anachronistischen Verhalten wird jedoch durch die Betonung seiner fachlichen Kompetenz eingeschränkt:

> [...] Jamie Grand, currently visiting professor at a new college founded by a shy millionaire apparently entirely for Jamie's delectation, since it provided vast funds for lavish dons' dinning but none for everyday needs of undergraduates. Jamie combined a fierce insistence on the highest standards of criticism and study with an endearing propensity to gossip [...] (*OB*, 82)

Die Figur Kerry Barber, obwohl durch sein soziales Engagement als Kontrast besonders zu Professor Mossbanker konzipiert, wirkt durch die Akzentuierung seines positiven Lebensstils artifiziell. Die folgende Beschreibung entbehrt daher nicht einer gewissen Ironie:

> All in all, he was a really decent man. It was only under gentle pressure of from Jemima [...] that he revealed he had spent the afternoon playing squash with paraplegics; further discreet questioning, centred on the mysterious china mug, elicited the fact that he gave the money he would otherwise have spent on to the Third World. (*OB*, 96)

Desinteressiert an der Arbeit des *Foreign Examination Syndicate* und damit an der Verbreitung und Bewahrung eines Bildungsstandards zeigen sich die sogenannten *syndics* in *SWNQ*. Sie sind zwar alle »a prominent fellow of his or her college« (*SWNQ*, 8), aber ihr Benehmen, z.B. bei der Auswahl eines neuen Mitarbeiters, spricht von einem Mangel an Ernsthaftigkeit: »The rest of the sentence was drowned in a ribald cackle of lavatory laughter [...].« (*SWNQ*, 11-12) Sie kennen weder die Statuten des Syndikats, noch ist für sie die Wahl des neuen Mitarbeiters von Bedeutung: »In a slightly less distinguished company, Voss would have added that he didn't give two monkeys which of them got the job.« (*DAD*, 7) Die Arbeit an den Examina hat für sie nur die Funktion, die eigene Bedeutung zu erhöhen:

> [...] happy to adopt a policy of enlightened self-interest towards the profitable procedures of public examination, and during the months of June and July, after their own undergraduates had departed for the long vac, acted as chief examiners and moderators in the GCE ordinary and Advanced-level examinations. (*SWNQ*, 8)

Bei einem Arbeitsessen des Ausschusses für die Prüfungsaufgaben in Geschichte sind die *syndics* an einem guten und vor allem kostenlosen Essen interessiert: »This was life! A jolly good meal to come, wine, coffee - and then back for the afternoon session.« (*SWNQ*, 18). Es ist nicht schwierig, auf Kosten des Syndikats großspurig zu sein:

> Voss, after discovering that the cherries were canned, the peas frozen, and the steak delivered the previous weekend, decided that he would revise his original ideas and go for the escargots and the lobster, and Quinn winced inwardly as he noted the prices. (*SWNQ*, 19)

Ebenso kommen die Dozenten in *PM* nicht mehr ihrer Aufgabe, der Bildung junger Menschen, nach. Sie stehlen sich aus der Verantwortung und verschanzen sich hinter einem falsch verstandenen Prinzip akademischer Freiheit:

> 'Well, with a Ph.D you've [Susan Silverman] certainly been in academic setting long enough to know, with your teaching experience at Tufts also, how prickly the academic world can be about any threat, real or imagined, to academic freedom,' Madelaine said.
>
> Susan smiled. 'What greater threat is there to academic freedom than illiteracy? To any kind of freedom?' (*PM*, 138)

In *MLA* wird Kritik daran geübt, daß die Lehre für die Dozenten mehr als unwichtig ist, ja, daß es sogar Prestigeverlust bedeutet, sich dafür einzusetzen: »'Almost none of the panels, you know, are about teaching,' [...] 'That's too unfashionable: Your colleagues would sneer at you if you went to those panels. I can just hear the hallway remarks. Teaching has zero prestige now; it's beneath the Olympian intellects here.'« (*MLA*, 61)

Namhafte Institutionen weisen einen erschreckenden Mangel an angewandter Psychologie im Umgang mit ihren Studierenden auf, was im schlimmsten Fall fatale Folgen haben kann: »'Wellesley babies their young women and forces their faculty to be something like glorified baby-sitters. But their students do tend to be alive at graduation time. Yale averages about two undergraduates suicides every year. That's been true for decades.'« (*MLA*, 80-81)[440] Selbst vor Mißbrauch der Autoritätsposition, um das eigene Selbstwertgefühl aufrechtzuerhalten, wird nicht zurückgeschreckt: »'He [Professor Prosser Devereau in Yale] thinks people admire him, but actually the thing he's famous for is how badly he treats people. He told one freshman right in class that the kid wasn't smart enough to be taking his course. I can just hear him saying it. The boy was just devasted.'« (*MLA*, 58) Noch weiter zur degenerierten Persönlichkeit im Umgang mit Studentinnen gesunken, ist Professor Crozon in *MLA*: »[...] he'd become famous [...] for his predations on undergraduate women taking his classes. There'd been a flutter of trouble when it came to light that he'd advised a sophomore that she could blow up her grade by blowing him.« (*MLA*, 54)

Es werden aber auch positive Lehrer geschildert, z.B. Edith Silberman in *PI*, die die lehrende Seite ihres Berufes ernstnimmt[441]:

> I was lucky: many students have trouble finding their advisers, even during their office hours, and get little time with them when they do. Edith Silberman wasn't like that. She loved literature and loved to discuss it with her students. I didn't have many teachers like her. (*DAD*, 13)

Allerdings gibt auch sie ihre Studentin Donna nach einiger Zeit auf und zeigt nach dem Tod der jungen Frau kein Interesse mehr an ihr.[442]

In *DAD* wird positiv hervorgehoben, daß ein nennenswerter Charakterzug der Lehrenden ihre Professionalität ist. Die Dozentinnen stellen das Wohl des College und das der Studierenden über persönliche Antipathie, z.B. Alice Hellier nach einem Streit mit Louise Taylor: »She was all professional competence now, even over a student right outside her own subject, and Sarah thought, as she had done many times before, what a refuge a proper academic training was from the demands of emotion.« (*DAD*, 146)

Hinsichtlich der Beziehung zu den Studierenden taucht in den Romanen das stereotype Motiv der Affäre auf. In *EDD* wird die Beziehung von Tom Perry zu einer Studentin moralisch nicht verurteilt. Sie ist nur ein charakterlicher Fehler des Dozenten, weil er die gutaussehende, aber dumme Studentin - »'[...] I [Alison] don't know anything about Emily Dickerson [sic!]. [...]' For an instant Tom glanced sideways at Alison, aware of a flicker of doubt. He had felt it before [...].« (*EDD*, 9) - intelligenten Frauen mit Persönlichkeit vorzieht:

> [...] and then his love-fogged mind cleared. For an instant he saw Ellen and Alison side by side, not in their physical embodiments but in their essences and selves, and he was shaken. He remembered something Emily Dickinson had said. *A Letter ... is the mind alone without corporeal friend.*
>
> But people were not just minds, Tom reminded himself. Ellen had a body as well as a mind. What a shame her ancestors had been so stingy in handing out corporeal goodies! It was really too bad. (*EDD*, 107)

Michael Taylor in *DAD* wirkt in seiner Beziehung zu einer Studentin sowohl töricht, weil er mögliche Konsequenzen ignoriert[443], als auch armselig, denn er glaubt, sein Selbstvertrauen durch eine Affäre mit einer Studentin seiner Frau wieder aufbauen zu können:

> [...] his mouth squared at the corners with the effort not to cry as he spoke. [...] 'She [his wife] knows she is good - unlike me.' [...] Michael put his cup down, looked at his hands for a moment and left her without a farewell.
>
> She watched sadly as he walked out into the bright sun, head down, heedless of the warmth - then stopped, as someone called to him. It was inevitably Dawn Jacobson. (*DAD*, 123)

MLA skizziert dagegen ein sehr bösartiges Bild eines Professors, der in einer Affäre mit einer Studentin sein Ego aufbessert und sie auf unmenschlichste Weise degradiert: »'He's [Prosser Devereau] famous for a few things, one of them being a novel about his girlfriend. In which he described all her failures, indulging in bed. Then he published it by using her real name.'« (*MLA*, 58)[444]

Der Karriere und damit der Befriedigung ihres persönlichen Ehrgeizes gilt das Hauptinteresse der Akademiker und nicht ihrem Fachgebiet oder der Vermittlung von Interesse daran oder der Bildung von Studierenden.

In *DAD* wird nicht in Frage gestellt, daß Akademiker schwer arbeiten, auch wenn die Art und Motive fragwürdig sind:

> [...] most of the people at this party were actually working hard for their drink, having a word with a colleague in another university, promoting a private idea or sabotaging a rival's scheme. None of us [...] have any leisure interests anymore; all of us work very hard and what we do, when we meet is business, tiny bits of organization in our own field. (*DAD*, 13)

Um seine Karriere nicht zu gefährden, umgeht es der junge Professor Tom Perry in *EDD*, seiner Verlobten Ellen Oaks aufrichtig von seiner neuen

Beziehung zu Alison Grove zu berichten, denn: »Not on a day like this, when the most important speech of his life was coming up this afternoon. After all, the Smith brothers from Harvard would be listening and everybody said, they had this job at their disposal [...].« (*EDD*, 100) Menschenverachtend ist auch die Liebedienerei von Dombey Dell, der ebenso auf den angeblichen Job in Harvard aus ist und nicht einmal davor zurückschreckt, sich durch Witze über Winifred Gaw zu profilieren:

> The whole thing was beginning to strike Dombey funny. He pictured himself making a joke of it at dinner. He could see the Smith brothers throwing back their bearded heads to roar with laughter as he described the grotesque behavior of that fat pig Winifred Gaw. Fat pig? No, he would call her Brobdinnagion, and chalk up a few Brownie points as a learned wag. (*EDD*, 111)

Arbeitsplätze auf dem universitären Sektor sind rar, und die Konkurrenz ist groß. Da läßt man sich auch in Harvard einmal herab, mit einer Frau zu reden, es könnte Vorteile bringen: »He [Andrew Sladowski] might equally [...] be an untenured professor in search of 'contacts'.« (*DF*, 49) Nicht Können bringt einen nach oben, sondern die richtigen Beziehungen. Daher macht man sich für einen Vorteil im Karrierekampf auch lächerlich und nimmt den Verlust seiner Würde wie selbstverständlich in Kauf:

> 'Everybody's always trying so hard. Last night I was summoned to the house of one of the senior professors, one of the few who bother with the underlings. He's very nice, really, but having dinner with him is a bit like being summoned to dine with the boss [...] my companion for the evening decided his way to the heart of the senior professor was to teach him and his wife bridge. [...] he had decided the way to promotion was to teach his elders and betters to play bridge, and that was that. A typical Harvard social occasion.' (*DF*, 52-53)

Zivilcourage als Charakterzug bleibt auf dem Weg nach oben auf der Strecke, wie Edith Silberman in *PI* feststellen mußte, als sie bei Kollegen nach Zeugen für ihren Plagiatsvorwurf gegen Jeremiah Strauss suchte: »'But couldn't you have charged him with plagiarism?'/ 'No: First, the other two professors wouldn't have supported me. They were sweating for tenure and promotion themselves, and seemed to have an instinct for when to stick their heads into the sand.'« (*PI*, 70)

Mit Unterstützung von anderen Frauen, die es geschafft haben, braucht frau meist nicht zu rechnen, denn: »'Some tenured women don't even *want* to see a lot of women joining their ranks. Being one of the chosen few makes them feel exceptional and powerful.'« (*MLA*, 124)

Endgültig verlieren die Akademiker in *MLA* den Anspruch auf Respekt, wenn hier Karriere auf der »Besetzungscouch« gemacht wird. Dabei nehmen sich sowohl Anbieter wie Abnehmer, Mann wie Frau, nichts an Skrupellosigkeit:

> Crozon was now wearing his round-eyed, capuchin-monkey, aren't-I-adorable look, talking with great *sprezzatura* to an engrossed job candidate. The woman had interviewed that morning for a position at Michigan. [...] Crozon's smiling message to her now was divided *in partes tres*, but very simple: that he was available, that the job might also be available, provided that she were available. The young woman felt indecisive: After all, he was just an *assistant* professor. Not tenured, and not in her field: How much good could he really do her? (*MLA*, 54)

Die wirkliche Beschäftigung mit einer Materie und die fachliche Auseinandersetzung bleiben auf der Strecke. Homer Kelly und Dombey Dell wirken ausnahmlos grotesk, wie Figuren in einer Posse, wenn sie in *EDD* eine fachliche Auseinandersetzung mit Fäusten austragen:

> 'You lying alphabetarian,' gasped Dombey, struggling to get his arms free. 'You philological sneak!' [...] 'I think Professor Dell is troubled by a letter I wrote in the *Proceedings of the Modern Language Association*, disagreeing with some of his premise on nineteenth-century American usage. He seems to prefer fisticuffs to scholarly discourse. (*EDD*, 13-14)

Es wird zu Beginn von *MLA* deutlich gemacht und ist damit Grundtenor des Romans, daß die fachliche Seite der Veranstaltung zu einer Nebensache und die Konferenz zur Massenveranstaltung degeneriert sind:

> [...] almost six thousand English professors and graduate students who [...] were converging for the Modern Language Association convention.
>
> To hire, to be hired, to be free of marriage for a few days, to gossip, to 'network', and to present or listen to short papers by the dozen every hour. (*MLA*, 1)

Dabei trifft der Begriff »Ware« auf wissenschaftliches Arbeiten in *MLA* zu. Bücher werden nicht aufgrund der fachlichen Signifikanz ihres Inhaltes und ihrer Erkenntnisse verlegt, sondern aufgrund ihrer Beschäftigung mit momentan populären Themen:

> This [book] exhibition had at times a fervid air of buried treasure. What was to be found was the most current and fame-

> making idea: pick it up and prosper. Each booth attempted to persuade the milling academics (idea-shoppers many of them) that *these* published offerings were the map to that success. A variety of catalogs, one or more from each publisher, was available at the door. (*MLA*, 113)

Man macht, wie z.B. Malcolm Gett, für sein Ideenprodukt und für sich Werbung wie für eine neue Popgruppe: »[...] Gett had shown up at the panel wearing a white T-shirt proclaiming; 'Cain: The First Free Man.' This was in keeping with his usual, self-advertising habit: More of those T-shirts had been for sale at the Book Exhibition and at the Hopkins campus [...].« (*MLA*, 175-176)

Deutlich positives Gegenmodell zu der bisher aufgezeigten Kritik ist das Gladstone College in *DAD*, das trotz der finanziellen Not seinen akademischen Auftrag vorbildlich erfüllt:

> Sarah's heart had, however, been cheered by the way that the business of college teaching and research continued efficiently. An organization that still fulfills competently (and better than that) its main business must be salvageable, she reflected, watching the Fellowship assemble [...]. This mixed array of women was lecturing in the University and teaching some 400 young women aged between eighteen and twenty-one, as well as turning out some very good research and writing. As always, too, the best, like Louise Taylor, were managing to do all these things at once. (*DAD*, 72)

Besonders Louise Taylor wird als modellhaftes Beispiel hervorgehoben. Schon äußerlich hat sie nichts mehr mit den stereotypen Darstellungen von Akademikerinnen der *campus novel* gemein: »[...] a young, dazzling clever medieval historian. [...] who resembled not at all the popular conception of a senior historian [...].« (*DAD*, 16)[445] Vielmehr besticht sie durch ihre Persönlichkeit - »[a] real beauty, and intelligence crackling in every movement [...]« (*DAD*, 52) - vor allem aber durch ihre akademischen Leistungen. So hat sie ein gutes Verhältnis zu ihren Studentinnen: »She was obviously popular with them in a brisk sisterly way as equals [...]« (*DAD*, 66). Sie arbeitet, trotz der familiären Schwierigkeiten, hart und engagiert in Forschung und Lehre, ohne dafür angemessen entlohnt zu werden:

> She was at this moment bent over a draft [...] that she had today delivered two well-attended lectures on aspects of fifteenth-century French history, and taken two supervisions both which had run generously over their time, as well as attending a Library Committee meeting this morning, and getting home to lunch with two toddlers. And for this she was paid about the same as a new

graduate in the Civil Servive, with little prospect of any improvement, given this government view of academics and their use - or lack of it - to society. (*DAD*, 72)

Ihre Festvorlesung zeigt ihre hervorragende wissenschaftliche Kompetenz, ihr pädagogisches Talent und ihre Liebe zu ihrem Fachgebiet:

> The slight dark creature was making medieval trade seem as alive and real and current as anything in the business section of the sunday papers [...]. Her hypotheses were clear, sharply argued and well supported, [...] from the reaction of the professorial historians in the audience, that she was breaking new grounds. [...] she was a born communicator who wanted to share her considerable knowledge and her pleasure in the subject. [...] it was not the sort of occasion where audiences rose and stamped, or threw roses, but they were not far off [...]. The applause continued for a full three minutes [...]. (*DAD*, 128-129)

Zweifellos steht ihr eine große Karriere bevor: »'She is a real Ornament to the Fellowship.' [...] 'A future professor if she keeps on going the way she is.'« (*DAD*, 79)[446]. Louise Taylor ist ehrgeizig und will es auch bewußt sein: »A rising star in her own field, she recognized and was interested in ambition and held her ground.« (*DAD*, 93) Dabei steht aber der fachlicher Ehrgeiz als Motiv im Vordergrund und nicht die eigene Selbstverliebtheit. Allerdings wirkt diese positive Zeichnung der jungen Dozentin letztlich wenig realistisch, denn sie symbolisiert ein Wunschdenken, während die überzeichnende und verzerrende Komik oder Satire der Wirklichkeit näher ist.

2.3. Das Bild der Universität

Professor Curtiss Naylor sagt in *PI* desillusioniert über die Institution Universität: »'It's a devil's marketplace, the University. You can get anything you want there, if you know the right people and are willing to pay the price.'« (*PI*, 133) In *MLA* heißt es über das akademische System in einem Dialog zwischen der Professorin Nancy Cook und dem Polizisten Boaz Dixon:

> 'A real Bastion of Civilized Values, hu?' Nancy concluded. [...]
> 'A real Bastard what?' [...]
> 'A real Bastard of Civilized Values. You're right. And you know from what I saw in grad school - I think there aren't that many people who wouldn't admit that's the case. I even think everybody has a kind of heartache about it.' (*MLA*, 131-132)

Diese negativen Einschätzungen der Institution definieren das Bild der Universität in der Mehrzahl der Romane in verschiedenen Abstufungen und Beispielen. Die Orientierung an Oxbridge und der *Ivy-League* als Ideal, die Thematisierung des Verhältnisses der Akademie zur Umwelt und die Auseinandersetzung mit der finanziellen Lage der Institutionen bieten ein ambivalentes Bild der Universität. Besonders negativ schneidet die Institution dort ab, wo sich die Romane mit der sich, nach Aufffassung der Autoren, in eine falsche Richtung entwickelnde Universitätspolitik auseinandersetzen. Wie in der nichtakademischen Welt beherrscht das Streben nach Macht das System. Dies hat Auswirkungen sowohl auf das vermittelte Menschenbild, auf Forschung und Lehre sowie die Relevanz ihrer Inhalte, als auch auf den Umgang mit akademischen Gruppen, die das System und dessen Machtstruktur bedrohen. Aber es werden auch positive Gegenmodelle entworfen.

Der Umgang mit dem mytholigisierten Bild von Oxbridge und den amerikanischen Ivy-League Universitäten durch die Akademiker und die Öffentlichkeit variiert in den Romanen. Es ist jedoch offenkundig, daß diese beiden Pole immer als Maßstab für die Bewertung anderer akademischer Institutionen gelten und diese letztendlich als zweitklassig abqualifizieren. Die architektonischen Besonderheiten, die Atmosphäre von Tradition und Gelehrsamkeit sowie das Gefühl, Mitglied einer elitären Gemeinschaft zu sein, dies natürlich durch Universitätsromane propagiert, bedingen die Wunschvorstellungen der Dozenten und Studierenden anderer Universitäten, die sich selbst als minderwertig empfinden.

In *OB* wird die Schönheit Oxfords thematisiert, welche auch die Journalistin Jemima Shore nicht unberührt läßt:

> [...] she was walking with her usual aesthetic satisfaction down the long curve of the High Street [...] the elegance of the curved street, paraded graciously down towards Magdalen Bridge like an Edwardian Beauty [...]. The bells of the evensong were sounding as she passed St Mary's, the University church, and soon other bells began to chime in. (*OB*, 93)

Sie stellt aber fest, daß dieses äußere Erscheinungsbild kein Garant für die Gelehrsamkeit hinter den Mauern ist. Es wird deutlich, daß das Äußere einer Institution nicht mit dem Erfolg der darin betriebenen Lehre und Forschung korrespondieren muß, wie die Reporterin bei einem Vergleich Oxfords mit dem Kensington Hospital in London verdeutlicht:

> Here were no colonnades, no Hawksmoor façade, no green quadrangles, no ancient somnolent carp, above all no dreaming spires or at least only one [...]. All the same Jemima thought that Professor Ho was far closer to the image of the sage of dispensing

> wisdom from some inner fount, than either of the two universitity professors - Mossbanker and Eugenia Jones respectively - Jemima had recently encountered. (*OB*, 112)

Auch in *SWNQ* wird versucht, Oxford zu entmythologisieren. Das Oxford der Klischees und *oxbridge novels* findet sich nur noch auf einer Photographie: »[...] the vast aerial photograph of Central Oxford on the wall beside him. Very impressive, really; the quads of Brasenose and Queen's and -« (*SWNQ*, 20) Ebenso wird der gelehrte Geist Oxfords erst in verklärender Entfernung wirksam:

> [...] but only away from Oxford had he begun fully to appreciate the advantages of his strike-ridden, bankrupt, beautiful homeland. [...] the concerts, the plays, the lectures, and the general air of learning; the oddities forever padding their faddish, feckless path around the groves of the Muses. (*SWNQ*, 145-145)

Die Probleme eines zwar romantischen, aber alten und damit baufälligen Gebäudes als Sitz einer akademischen Institution, wenn auch nicht in Oxford, wird in *DAD* realistisch dargelegt. Im letzten Jahrhundert gegründet, wartet Gladstone College mit gärtnerischen und architektonischen Schönheiten auf: »She walked out on to one of the college's expensive gravel paths [...] the impressive archways with which the college was generously provided.« (*DAD*, 119) Es sind jedoch gerade die alte Architektur und technische Ausstattung, die heute ein finanzielles Problem darstellen: »The scent of roses and honeysuckle was heavy in the evening air. They had toured the whole college [...]. Stopping to point out places of interest, which were also mostly sources of future expense to the college - like the old laboratories, state of art in about 1907 [...].« (*DAD*, 220)

Die Romane, die an einem amerikanischen Schauplatz spielen, beurteilen eine moderne Architektur, die nicht mehr die *Ivy-League*-Atmosphäre weiterführt, negativ, so z.B. in *PM*:

> It [Taft University] had grown rapidly since the Second World War and the core campus of ivy-covered brick buildings had been extensively augmented with a variety of architectural styles that blended like pieces from different puzzles. The dominant feel was of brutish slabs and confusion. (*PM*, 16-17)

In *PI* wird die neuzeitliche und zugleich als häßlich empfundene Bauweise mit dem Verlust des akademischen Wertesystems gleichgesetzt. Hatte der alte Campus noch Atmosphäre mit »[...] the elm -and oak- shaded paths [...]« (*PI*, 82) und »[...] ancient, ivy-covered buildings [...]« (*PI*, 7), so vermitteln die neuen Gebäude dagegen nur ein Gefühl von toter Materie: »The buildings are less than fifteen years old, but they look as if they were put up yesterday, and they'll never look any older. Nothing grows on them except graffiti, and very little grass around them either.« (*PI*, 135) Weitere Pläne für den Campus zeigen, daß neue Gebäude niemals Gelehrsamkeit und Atmophäre ausstrahlen werden, was als Beginn des allgemeinen akademischen Niedergangs gewertet wird:

> It [Adamson Hall] was a beautiful old building [...]. The University planned to tear Adamson down and put something modern and monstrous in its place among the ancient, ivy-covered buildings on the Old Campus. I'd seen a computer generated photograph of the planned building. It was going to be mostly opaque glass that would reflect the surfaces of the more interesting buildings around it. A bizarre notion of creativity. Someday there'll be only buildings like that, and what will they reflect? (*PI*, 7)

Man kann die behagliche Atmosphäre einer Universität auch dann genießen, wenn die Institution ansonsten Anlaß zur Kritik bietet, wie *DF* argumentiert. Auf der einen Seite symbolisiert sogar die architektonische Schönheit die Diskriminierung von Frauen durch Harvard: »Warren House [...]. For all its charm and antique mahogany, it was the center of Harvard English Department might, and [...] spoke loudly of long-held power and patriarchal attitudes.« (*DF*, 28-29) Es wird aber auf der anderen Seite deutlich gemacht, daß auch *frau* sich der Atmosphäre nicht entziehen kann: »One might as well admire the natural beauties of Harvard which were, admit it, many.« (*DF*, 28)

Es ist gerade diese Mischung aus natürlicher Schönheit und gelehrsamer Atmosphäre der traditionellen *Ivy-League* Universitäten der Ostküste, die Akademiker von weniger reizvoller Institutionen, wie Peter Wiggins aus Arizona, anzieht:

> Around him lay the town of Amherst, with its airy domes of leafy green, the roofs of its comfortable houses, the pink blossoming of its apple trees. [...] the brick buildings of Amherst College, at the white wooden clock tower of Johnson Chapel. It was all so mellow - so mellow and old and green.« (*EDD*, 147)

In *RYM* dagegen wird der Ausdruck akademischer Gelehrsamkeit durch »alt« wirkende Bauweise ironisiert. Selbst ein agrarwissenschaftliches College, das den Namen einer wollenen Kopfbedeckung trägt, gibt sich den Anstrich akademischer Tiefe durch die Gebäude, wie z.B. dem Wohnsitz der Svensons: »[...] the crest where the president's house, white-painted in the tradition beloved by academe, rose in majesty out of the snowdrifts.« (*RYM*, 208-209)

Der Mythos *Ivy-League* wird in *MLA* nur noch als Klischee, als Postkartenidylle fern jeglicher Realität kritisiert: »'Princeton, New Jersey? Saw a picture of that place once.' [...] 'Looked like nothin' but coffee houses and dogshops.' [...] 'A Lake Forest kind of place,' [...] 'Not a pinch of dust, even on the fence around the train station. No pigeon, either, but you never see the exterminator. Squeaky clean.'« (*MLA*, 42-43)

Jedoch nicht nur die Architektur der *Ivy-League*-Universitäten ist in den amerikanischen Romanen für die Mitglieder der akademischen Gemeinschaft das Maß aller Dinge. In *DF* wird deutlich gemacht, daß die Reputation von Harvard uneingeschränkt Studierende und Lehrende anzieht. Die Studierenden finden Harvard eigentlich greulich, aber dagegen stehen noch »[...] Cambridge and its delights. The proximity to Boston with all its cultural amenities. The name. To be able to say one had gone to Harvard. Because it is there, like Mount Everest.« (*DF*, 77) Ein Studium in Harvard wird nach wie vor als die Erfüllung eines Lebenstraums empfunden: »'To go to Harvard from Bois, Idaho, that was supposed to have been the absolute end of life, to have made it.'« (*DF*, 65) Hinzu kommt: »[...] that it still took brains to get into Harvard and that brain still wanted to go there [...].« (*DF*, 79) Daher wird sich dort trotz aller Kritik nichts ändern:

> 'You all amaze me,' Lizzy said. 'Whenever any of us get together, Harvard is all you talk about. Before Janet, it was other things: how badly the students are treated, how snotty the professors are, endless things. And yet, Andy and Penny both grabbed at the chance to come here. That's what Harvard lives on, that reputation. If some of the best of you, teachers and students, would say no and mean it, even Harvard might begin to guess it ought to change. But power can always buy what it wants. (*DF*, 56)

Zudem haben die renommierten Colleges objektive Vorteile, wie in *EDD* der Vergleich zwischen den Colleges der *University of Massachusetts* und dem älteren, elitären Amherst College deutlich macht:

> [...] the handsome columned spaces [of Johnson Chapel at Amherst College]. At this moment it was almost possible to regret his [Kraznik's] refusal to teach at the College instead of at the University. [...] For an instance he imagined himself talking comfortably to a small class of selected students in this sanctified place instead of shouting through a microphone to a faceless mass in Mahar Auditorium. (*EDD*, 104)

Die Mitglieder renommierter Hochschulen genießen den Neid ihrer Kollegen und benehmen sich entsprechend herablassend: »Needless to say, men and women who enter cashbars with name tags indicating the University of Idaho or an adjunct campus of the University of South Carolina do not find themselves engaged in conversation often or for long.« (*MLA*, 111)

Gleich ist allen akademischen Institutionen, namhaft oder nicht, daß ein Graben, ein Gefühl von Unverständnis, zwischen ihnen und der nicht-akademischen Welt besteht. In *RYM* wird der klassische Begriff »town and gown« für diesen Gegensatz verwendet. So heißt es über den Gartenverein Balaclavas: »It was one of the few places where town and gown met on equal footing, though no doubt some were more equal than others.« (*RYM*, 163-164) In *DF* wird bemängelt, daß man auf der universitären Seite die nicht-akademische Welt ignoriert:

> By this time they had reached the part of Hampshire Street near Elm, not a part of Cambridge with which the parents of Harvard students are acquainted. It was what a social worker would call an interstitial neighborhood, running mostly to garages and light industry, with houses interspersed. (*DF*, 69)

Noch krasser wird in *PI* die Grenze zwischen beiden Lebensbereichen empfunden und symbolisiert: »[...] looking out of the window at the lights of downtown to the left - his [Hansen's] world - and the University to the right - mine [Peggy's] - and the dark river running through both like a scar.« (*PI*, 20) In *EDD* wird der Gegensatz des Elfenbeinturmes der Emily-Dickinson-Gelehrten in Amherst zu ihrer Umwelt nicht konkret ausgedrückt, aber der Kontrast zwischen der Bitterkeit der Menschen, die durch den Bau des Stausees ihre Heimat verloren haben, und den hehren akademischen Eitelkeiten durchzieht den Roman. Es wird die Parallele zu der isolierten Position Emily Dickinsons zu ihrer Außenwelt gezogen, die zugleich der üblichen Verklärung der Dichterin entgegenwirkt:

> Homer [...] thinking about Mr. and Mrs. Jesse Gaw. Somehow they threw everything into question. Oh it was all very well [...] for Miss Emily Dickinson of Main Street Amherst to sit in her garden, basking in eternity, but what about the Jesse Gaws of the town of Ware, and people like that? They had surely done very little basking. (*EDD*, 204)

Auch in *MLA* muß sich die akademische Welt den Vorwurf der Belanglosigkeit ihres Tuns vorwerfen lassen, die sie letztlich von ihrer Umwelt ausgrenzt: »How vapid the ideas and concerns of her [Nancy's] compeers could sound, she thought. It was salutary, this exercise of presenting the MLA before someone with the intelligence and commitment of the solid, transacademic world.« (*MLA*, 70) Gleichzeitig wird dieser nicht-akademischen Welt der gekränkte Vorwurf gemacht, sich nicht für die Geisteswissenschaften zu interessieren und ihnen damit jegliche Signifikanz abzusprechen:

> This man very likely didn't know a thing about MLA. Who would? A four-day convention of research chemists would be news;

> the Chicago papers would cover it daily. Ditto for R&D people or origami enthusiasts. But a convention of English teachers? It would arrive on little cat feet and then silently move on. (*MLA*, 44)[447]

Neben der Elfenbeinturmmentalität ist allen akademischen Institutionen gemein, daß finanzielle Schwierigkeiten sie beherrschen. In einigen Romanen wird dieses Problemfeld nur kurz angerissen, wobei sich die finanziellen Probleme oft auf die Personalpolitik der Colleges auswirken, z.B in *EDD*: »All colleges in the Connecticut River valley were firing, rather than hiring.« (*EDD*, 4) Dies wird auch in *MLA* beklagt: »Nancy now outlined the sad fact that for years the number of college teaching jobs had been small. Worse, while budget freezes have made for department cutbacks down to the baseline, the number of gradstudents stayed high of the char.« (*MLA*, 57) Wenn es der Einsparung von Geldmitteln dient, ist jeder Dozent, gleichgültig ob mit Reputation oder nicht, entbehrlich: »'You [Kate] take a semester's leave without pay. They'll be overjoyed; think of the money they'll save, half your annual salary. If one of your courses is absolutely necessary, they'll hire some unemployed genius to teach for the fifth of your salary.'« (*DF*, 21) Die Universitäten wollen möglichst großen Einsatz und gute Leistung für möglichst wenig Geld, das Wohlergehen ihrer Mitarbeiter zählt dabei nicht:

> It wasn't just Yale, she explained, but also Stanford, Harvard, lots of schools, even small colleges like Wheaton or Kenyon, that will use young teachers for just a one-to-four-year stint.
>
> 'After that, it's discard time. [...] They believe this method saves them money. They get good teachers, and they can just fire the old group after a few years and hire another set.' (*MLA*, 41)

In *RYM* ist Dank der Geschäftstüchtigkeit von Präsident Svenson Geldmangel kein Problem: »'But at Balaclava money is never needed.' [...] 'President Svenson runs a taunt ship.'« (*RYM*, 140) Allerdings werden die Wissenschaftler auch dort nicht wegen ihres fachlichen Wissens geschätzt, sondern wegen des finanziellen Nutzens ihrer Forschung: »Moreover, President Svenson would not hasten to kill, so to speak, the gander who laid the golden egg. There was always a chance Shandy might hatch another Balaclava Buster.« (*RYM*, 8) Wenig mit akademischer Weltfremdheit, aber auch mit dem wissenschaftlichen Anspruch der Institution hat das Schröpfen der Touristen[448] während der *Grand Illumination of Balaclava Crescent* (*RYM*, 8) gemein. Allerdings kommt von dieser Geschäftstüchtigkeit nichts den Dozenten zu Gute: »'He's [Porble] probably overworked and underpaid, like the rest of us.'« (*RYM*, 99) Über die finanzielle Lage der Assistenten heißt es: »The fact that they shared a house and went about together a lot didn't necessarily mean they enjoyed each other's company. [...] Doubling up was a fiscal necessity on assistants' salaries [...].« (*RYM*, 97) Auch in *MLA* sind die Gehälter der Dozenten ein Thema, wobei hier Kritik an der Ungleichheit zwischen den Geschlechtern geübt wird:

> '[...] just because a university put it in print that they're 'committed to equal opportunity' does not mean that their new women faculty are actually being paid what their new men are getting. It doesn't mean that the new women are going to get salary increases as high as the men will get, or that women will be offered high-paying admistrative posts. More likely it just means the university has got a publicity department doing some good camouflage work.' *(MLA*, 123)

In *DAD* ist die Frage der Finanzierung einer akademischen Institution eines der Hauptthemen, mit dem sich realistisch auseinandergesetzt wird. Die Auswirkungen der schlechten finanziellen Ausstattung, zusammen mit dem Unvermögen der Akademiker auf pekuniärem Gebiet, finden sich in konkreten Zahlen wieder.[449] Den Geldmangel des Gladstone College führt man auf verschiedene Ursachen zurück. Es wird die Regierung genannt, die nicht mehr bereit ist, Gladstone als traditionelles Frauencollege zu finanzieren: »'[...] a government not fundamentally sympathetic to a very privileged corner of higher education.' [...] 'Sell Gladstone and you could have a new polytechnic, or near offer.'« (*DAD*, 63) So »[...] government funds are increasingly being withdrawn.« (*DAD*, 45) Verantwortung für das finanzielle Disaster tragen, wie schon in dem Kapitel über die Akademiker dargelegt, die Dozenten selbst, da sie nicht genügend Interesse für diese Seite des College zeigen: »This group had, [...] been harangued about the college's finances many times before, and now heard the exhortations only as a noise, without feeling any responsibility, or any real ability to do anything about any of it.« (*DAD*, 73) Um die Schließung des College wegen finanziellen Unvermögens abzuwenden, muß die Verwaltung der Finanzen auf dafür ausgebildete Personen übertragen werden: »A new Bursar, whose academic competence was not stated to be an issue but who ought to be a chartered accountant or near offer, and willing to work for half a professional salary, would also to be secured.« (*DAD*, 47) Nur durch professionelle Finanzverwaltung wird die Unterstützung der Regierung und anderer finanzkräftiger Quellen gesichert: »'If the government is not going to support higher education then we depend on industrial people, who aren't going to give money if they think we are incompetent financially.'« (*DAD*, 58) Die gute Ausbildung der Studentinnen wird nur durch die Hilfe der Wirtschaft gewährleistet:

> 'Two new Research Fellowships [from Shell ...].'
>
> 'It made the difference between being able to keep my two best graduates and having to see them go elsewhere. And I can get perhaps eight hours' teaching out of the pair of them. We would have to cut right back any girls wanting to read physics, without them.' (*DAD*, 58)[450]

Eine Universität, die nach wirtschaftlichen Gesichtspunkten geführt wird, stößt in *PM* dagegen auf Ablehnung. Auf Tatsachen fußend[451], wird in dem Roman der *modus operandi* der Taft-Universität angeprangert, ihre Spitzensportler auszubeuten. Nur der sportliche Erfolg eines Spielers und Studenten zählt, denn das bedeutet Geld für die Universität und die Buchmacher. Zwar wird von der Universität behauptet, ein spezielles Programm für die Sportler entwickelt zu haben[452], aber die Wirklichkeit sieht anders aus: »[...] the faculty at Taft, by and large, didn't much care if Dwayne could read.« (*PM*, 149) Die Sekretärin des Universitätspräsidenten mag zwar behaupten: »'We are not here to service the basketball team,' [...]« (*PM*, 48), aber die Einschätzung des Kriminellen Deegan hinsichtlich der universitären Sportpolitik kommt der Wahrheit näher: »'Team wins that should win, fans are happy. You think the college wants you to find out there's point being shaved.'« (*PM*, 74) Die Wahl des Romantitels - *Playmates* - drückt jedoch am stärksten die Mißbilligung der menschenverachtenden Einstellung der Universität aus. Er verweist auf die pornographischen Photographien in einem Männermagazin und damit auf die Käuflichkeit und Ausbeutung des Körpers eines Menschen ohne Rücksicht auf dessen Individualität, Gefühle oder Intellekt.

Die Geringschätzung von Menschen durch das akademische System ist ein Kritikpunkt, der in einigen Romanen aufgegriffen wird.

PM thematisiert eine Universität, die den latenten Rassismus der Gesellschaft widerspiegelt. Dwayne Woodcocks Freundin Chantal weist darauf hin, daß es Rassentrennung, auch die selbstgewählte, noch gibt: »'Excuse me,' Chantal said. 'I don't mean to just stare like this, but I'm only shy around white people until I know them. [...] I don't know many white people,' she said. 'Even at Taft I stay mostly with other black people.'« (*PM*, 109) Die Auswirkungen von falsch verstandener *political correctness* werden in *PM* ebenfalls angegriffen. So hat Madelaine Roth Angst, daß man ihr Rassismus vorwerfen könnte, wenn sie Dwayne nicht decken würde:

> 'I feel no embarrasment in trying to help a poor boy to stay in school. Would you have me send him back to the ghetto? [...] I know his skills are not perhaps, what they should be, granted, but would he be better off back in that enviroment? That boy has a future here.' (*PM*, 81)

Spenser dagegen hält ihr vor, daß diese Einstellung nur eine Variante von Rassismus ist: »'We can't just let Dwayne's illiteracy go,' I said, 'because we think he can't or won't learn. Those assumptions, Doc, are racist, and it's what's wrong with the whole deal.'« (*PM*, 82)

Schon bei der Darstellung des Umgangs der Akademiker mit Kollegen, Konkurrenten und Studierenden im vorangegangenen Kapitel wurde die

Egozentrik und Charakterlosigkeit mancher Dozenten evident. Diese Tatsache versteht sich jedoch nicht nur als Manifestation von Einzelfällen, sondern ist Teil des Systems bzw. wird durch dieses bedingt. Sinn und Zweck akademischen Treibens ist das Streben nach der eigenen Machtposition innerhalb der Hierarchie, wie es besonders in *MLA* thematisiert wird.[453]

Es sind nicht positive Qualitäten wie Freundschaft oder Hilfsbereitschaft, die den Erfolg in der akademischen Welt sichern: »[...] in an old, proud University these were not qualities that secured the highest academic rewards. Nor were heads of Houses drawn from the rank of the kind and the supportive; they were either high-flyers resting on their laurels [...].« (*DAD*, 134)

In *MLA* hat die Konferenz als »Jahrmarkt der Eitelkeiten« drei Funktionen: »[...] 'that's pretty much what all these people are up to, hiring and panelling. Unless you count 'networking' and social climbing. Consider those a sort of third function.'« (*MLA*, 47) Jede dieser drei Funktionen symbolisiert die Auswirkungen der fehlgeleiteten Entwicklung im akademischen Lehr- und Forschungsbetrieb.

Die Menschenverachtung des Systems lernen die Nachwuchsakademiker bereits sehr früh kennen. Die schwierige Arbeitsplatzsituation degradiert junge Akademiker zu Vieh, das sich selbst gleich einer Ware anpreisen muß, wie Nancy sarkastisch ausführt: »'So let's say you've put in six years of graduate study after college,' [...]. 'It's early September and you're getting ready to go on the market.' [...] 'That's what they call it. 'Going on the market.' Picturesque, isn't it? Brings to mind a cattle drive or something.'« (*MLA*, 48)[454] Dabei müssen die Bewerber sich in den Gesprächen entwürdigen lassen, wie »[...] invisible annals of MLA Nightmare Interviews, of which every member of every English department in the United States can recount at least one [...]« (*MLA*, 52) beweisen. Die berühmte »Besetzungscouch« ist dabei nur eine Variante neben anderem sexistischen und selbstgerechten Verhalten von Komiteemitgliedern, wie z.B. Brent Bunt:

> All that morning, Bunt had been overriding other committee members's remarks and questions to various candidates. Relying unconsciously on the polite reluctance of his midwestern colleagues to make scenes or start arguments, the insensible Bunt conducted all interviews in his own manner. [...] he now motioned her [the candidate] to a single chair facing the pillows of the bed. Other members of the department [...] continued to sit or stand quietly around the walls. Bunt stayed where he had been when Annette entered the room: reclining on the bed, his head propped up on two pillows, his legs spread-eagled but occasionally in motion on the spread. (*MLA*, 51-52)

Andere Komitees sind nur an den gesellschaftlichen Umgangsformen der Bewerber interessiert und wenden »Princeton's old trick«[455] (*MLA*, 79) und andere Tests an, so daß Annette Lisordi sich fragen muß, ob die Vergiftungserscheinungen des Wellesley-Komitees nur ein neuer Schachzug sind, sie zu prüfen: »Lifting the receiver, she did wonder for just a moment, though, as anyone at the MLA would have to wonder, whether this was all a new kind of ruse. Testing the mettle of grad students somehow? Some new kind of role-playing introduced into the job interviews.« (*MLA*, 7) Es gibt auch Universitäten, die an den literaturtheoretischen Fähigkeiten ihrer Kandidaten interessiert sind[456], aber oft sind es Umstände, die über die Einstellung entscheiden, die überhaupt nicht vom Bewerber zu beeinflussen sind[457]. Hier spielen die internen Machtkämpfe eine Rolle: »[...] and the debate over you at their school might be a nasty one, with power struggles in the department being bitterly thrashed out [...].« (*MLA*, 49). Die Machtgelüste der Akademiker führen dazu, daß nicht die fachliche Kompetenz der Kandidaten Ziel des Bewerbungsgesprächs ist, sondern deren Verunsicherung und Demütigung durch das selbstherrliche Komitee: »'Besides, there are a lot of people who really enjoy this power system. They *like* being on these committees that decide people's life in just an hour.'« (*MLA*, 55)

So wie ein Bewerber bereits aus falschen Gründen eingestellt wird, so sind es im weiteren Verlauf einer Karriere nicht fachliche Kompetenz, sondern ein aufgeblasenes Ego, Skrupellosigkeit, Anmaßung und ein leicht zu manipulierendes und zu beeindruckendes Umfeld, die das Fortkommen sicherstellen:

> [...] Crozon was a member of a rare academic species: the prowling, rootless, amoral entity who takes no pains to disguise his urges. Because he had lived in England for a short part of his childhood, it was puzzling to one of the departmental souls with him at Michigan that his high-pitched accent became more pronounced with every passing year.
>
> Thanks to that accent, and to having a book in press (on Dante Rossetti's juvenilia, Crozon's tenured was assured. [...] his book, which in a year's time had sold, apart from library purchases, six copies) [...]. (*MLA*, 53-54)

Ein Wissenschaftler definiert sich, seine Karriere und damit seine Machtposition innerhalb des universitären Systems durch Publikationen: »'At MLA, and back at our school, what you *write* is what you are. Your writing defines your little pigeonhole. It's your reputation, it's your salary, it's your power. *Scribo, ergo sum.*'« (*MLA*, 61) Es wird angeprangert, daß Forschungsinhalte so ausgesucht werden, daß man die Kriterien der Kollegen erfüllt, damit versucht das eigene Ansehen zu steigern und in der Hierarchie aufzusteigen, um dann schließlich selbst ein Machtfaktor im Gefüge zu werden. Unter dem Einfluß verschiedener literaturtheoretischer Richtungen und dem

Streit um deren Dominanz verliert man den Gegenstand der Forschung, die Literatur an sich, aus den Augen:

> 'By the way, you can't say the word *story* anymore. Or *theme*. Those are hopeless out of date.'
> 'No more stories?'
> 'No more stories. Only *narratives*, and narrativity, and narratology. Now you know. If you want to go ahead and use the word, it'd be pretty bold these days.' (*MLA*, 69)

Dabei wird besonders in der Konfrontation mit der nicht-universitären Realität deutlich, daß nicht mehr Vernunft den akademischen Diskurs beherrscht und wie unbedeutend und lächerlich deren Existenz ist:

> Hour after hour, it [the police investigation] was a mess. It was as belabored with verbiage and triviality as the panel discussions going on at the hotels. Unlike most panels, however, the police inquiries into their subject matter were based on sound reasoning and had an urgent point.' (*MLA*, 106)

Nicht die wissenschaftliche Ratio bestimmt die Auswahl der Forschungsgebiete, sondern der neueste Trend. Denn nur, wer sich ihm unterwirft und möglichst spektakuläre Thesen vertritt, kann seinen Platz behaupten. Die Folge ist, daß die Themen, mit denen man sich beschäftigt, immer grotesker und abwegiger werden. Sie verdeutlichen die Sinnentleertheit der zeitgenössischen Literaturwissenschaft, wobei die Bevorzugung sexuell bedingter Interpretationsmöglichkeiten besonders farcenhaft erscheint:

> Having to read out some of those panel titles [...] would have been too much like assuming the role of sidewalk huckster outside an adult bookstore. [...] 'A Bard in the Hand: Masturbatory Arcs in *As You Like It*,' and 'Sex-textualities: The Erotics of Early Irish Manuscript Study.' [...] 'Maternal Incest in the Novels of Jane Austen,' [...]. (*MLA*, 73)[458]

Es ist aber gerade diese Handlungsweise, mit der man im akademischen System Geld und Karriere machen kann, wie das Beispiel von Joan Mellish, die das extremste Zerrbild der Entwicklung repräsentiert, zeigt. Mellish verbindet neueste literaturtheoretische Trends mit dem psychologischen Konzept der kindlichen Analphase. Ihre bewunderten Reinterpretationen sprechen für sich und diskreditieren die Institutionen, die sie ernstnehmen: »'Bottoms Up: Diapering as Deconstruction.' It reveals, uh ... what Shakespeare *really* wanted Titania to do with Bottom in *A Midsummer Nights Dream* and how so many great texts of the past, as she puts it, secretly yearn for 'our anal infantile potential.'« (*MLA*, 128)[459] Damit beherrscht sie »[...] the kind of talk that guarantees success these days [...]« (*MLA*, 128)[460]. Sie findet zahlreiche Nachahmer: »'Things being what they are Mellish became extremely influential. You can see Mellish clones nowadays at all kinds of conferences.'« (*MLA*, 129) Es wird verurteilt, daß sie durch den Erfolg, auch den finanziellen, zum Vorbild für andere Karriepläne geworden ist:

> 'And since my point is about money, now is probably the time to let you know that Joan Mellish is being paid a hundred and forty thousand dollars a year. What she's paid to do, I don't know - to be herself, I guess. Certainly not to teach; I won't call it teaching.
>
> 'But Indiana University call it that. And so did Tulane, and so did Irvine. Indiana bought her away from Irvine, in what's been thought of as a big coup. Irvine had bought her away from Tulane before that. [...]'
>
> She was regarding events she knew might indicate the devastation of a profession. (*MLA*, 129-130)

Da Mellish Prestige für die Universität bedeutet, und die Eltern der Studierenden bereit sind, dafür zu zahlen, werden ihr extremes Verhalten und ihre Thesen toleriert: »'It's demented, isn't it?' [...] 'The lesson we can learn from this is: a great deal of money *can* be made in the academy, if you can fill the role of the Token Weirdo. There are English departments made up of almost nothing *but* weirdos now, and they're proud of it.'« (*MLA*, 131)

Der allgemeine Mißbrauch von literaturtheoretischen Ideologien wird sogar mit der Gefahr der Abhängigkeit von Drogen verglichen, wie die Umgestaltung eines Posters andeutet: »'[...] there's a new sign in the restroom in the library. Nancy Reagan's drug message has been modified: the poster now reads, 'Just Say No - to theory."« (*MLA*, 174) Gleichzeitig beweist die Plazierung des Ausspruchs, daß, wenn Widerstand geleistet wird, dieser sich nur auf dem Niveau von Schülern bewegt, die sich gegen die Autorität der Lehrer nur durch Sprüche auf den Toilettentüren wehren.

Angesichts dieser sarkastischen und pessimistischen Einschätzung der Situation der Geisteswissenschaften in *MLA* erscheinen die spöttischen und kritischen Bemerkungen hinsichtlich der anglo-amerikanischen Forschung und Lehre in den weiteren Romanen recht harmlos, so z.B. in *DF*, in dem wechselnde Modeerscheinungen der Literaturwissenschaft nur angedeutet werden: »[...] and back in the 1950s seventeenth-century poetry had been where the action was.« (*DF*, 9) Wissenschaftliche Überheblichkeit, jedoch nicht gepaart mit Geringschätzung des Menschen wird auch suggeriert: »[...] while Janet, with that attitude of natural superiority peculiar to those devoted to the earlier centuries of English literature considered Kate's achievement as frivolous. One reads novels, one didn't study them, not if one was serious.« (*DF*, 36)

In *SWNQ* ist es gerade der hohe Standard von Lehre und Forschung, der das Bild von Oxford entmythologisiert und den fiktionalen Klischees widerspricht:

> [...] the high academic standards set by Benjamin Jowett's Balliol gradually spread to other colleges; the establishment of professorial chairs increasingly attracted to Oxford scholars of international renown; the secularisation of the college fellowships began to undermine the traditionally religious framework of university discipline and administration; and young men of Romanist, Judaic, and other strange persuasions were now admitted as undergraduates, no longer willy-nilly to be weaned on Cicero and Chrysostom. But above all, university teaching was no longer concentrated in the hands of celibate and cloistered clergymen, some of whom, as in Gibbon's day, well remembered that they had a salary to receive, and only forgot that they had a duty to perform [...] (*SWNQ*, 23)

Ambivalent hinsichtlich einer Beurteilung des Inhalts von akademischer Forschung und Lehre erweist sich *RYM*. Die Lehrpläne namhafter Bildungseinrichtungen, denen man sonst in Balaclava nachzueifern versucht, werden durch bodenständige Kurse ironisiert. So lehrt man u.a. das Töten von Hühnern: »'You know yourself that students in Poultry Management are always squeamish about killing their first chicken, but after that they take it in stride.'« (*RYM*, 53) Es gibt auch Noten für die Zubereitung von Speisen: »'The dining room's operated as part of the course in restaurant management and the cooks get graded on their biscuits.'« (*RYM*, 93) So ironisch diese Lehrinhalte auch scheinen mögen, vermitteln sie den Studenten doch ein Wissen, das sie für ihr Leben qualifiziert: »'It doesn't sound like any institute of learning I've ever been at, but it certainly seems to fit students for the ways they're no doubt going to live.'« (*RYM*, 93) Damit wird ein ironischer Seitenhieb auf die Lehrinhalte anderer Institutionen ausgeführt.

Ein weiterer Kritikansatz am Universitätssystem, den einige Romane, besonders *DAD* und *DF*, vertreten, ist die fachliche und menschliche Diskriminierung von Frauen. Diese Romane verstehen den Schauplatz »Universität« in seiner Funktion als Mikrokosmos, da gesellschaftliche Unterdrückung von Frauen durch ein patriarchalisches System widergespiegelt wird.

Die unterschiedlichen Gehälter von Männern und Frauen an den Universitäten sowie das sexistische Verhalten männlicher Dozenten, wie es sich in *MLA* präsentiert, wurden bereits angesprochen. Der Roman thematisiert weiterhin die Unterrepräsentation von Frauen, besonders auf der mittleren und höheren Ebene akademischer Funktionen. Boaz Dixon stellt ahnungslos fest, daß auf der Konferenz mehr junge Frauen als Männer anwesend sind. Nancy Cook klärt ihn über die wahren Verhältnisse auf:

> 'They're young, they're not tenured, they're looking for jobs, and they're hoping the schools will keep faith with them and promote them at full salary one day. I hope they're right. But I suspect the schools know they can ignore the population pressure of all these women. Women disappear, and the administrations know it.' [...] 'They fall away like leaves, Boaz. In grad school, first-year classes are packed with women - two or three women for every guy. By the time they're at MLA, it might not look like it, but thousands have disappeared. By the time they get to fourth-year review, which is pretenure review, their number will be a lot smaller.' [...] although ninety-four women had been hired in various departments at Penn State that year, another ninety-three faculty women had resigned. (*MLA*, 126)

Die Universitäten sind sich ihrer Diskriminierungspolitik bewußt, versuchen diese zu vertuschen, indem sie die Zahlen über weibliche Dozenten nicht zugänglich machen: »'Well, sometimes you *can't* find out. Illinois might be one of those schools that are very sly. In their catalogs the faculty will be listed just by the last name and first initials. It's a good trick: That way, you can't tell how many women they've hired lately. If any.'« (*MLA*, 125)

Die Tatsache, daß die Unterrepräsentation von Frauen an den Universitäten 1990 in *MLA* immer noch ein Thema war, unterstreicht die Kritik in *DF*, obwohl dieser Roman mehr als zehn Jahre früher verfaßt wurde. Seit 1979 hat sich nicht viel verbessert. Harvard, als Schauplatz des Romans, steht für das gesamte Universitätssystem.[461] Frauen finden dort eine Situation vor, wie man sie schon vor hundert Jahren hätte antreffen können:

> 'Henry James wrote a novel in the 1890s in which a young woman shows an admirer around Harvard, pointing out each of the buildings and remarking that there is no room for women in them; Harvard hasn't changed much since. Little more than ten years ago, women could not use many of the libraries.' (*DF*, 11-12)

Diese Aussage wird durch Faktenmaterial, z.B. über die »Zemurray-Stone Professorship« (*DF*, 22ff.), erhärtet. Dieser Lehrstuhl wurde 1948 für herausragende Wissenschaftlerinnen gestiftet, aber »'[...] one professorship clearly wasn't going to accomplish what the Zemurray-Stone may have intended: more regard for women professors at Harvard.'« (*DF*, 23) Bis 1970 wurde kein weiterer Lehrstuhl mit einer Frau besetzt (*DF*, 59), bei der Abschlußfeier 1979 war das weibliche Geschlecht, hier folgt der Roman wieder der Realität, immer noch unterrepräsentiert:

> Then the degrees were awarded. One woman received an honorary degree, a woman scientist, unknown to Kate or, she

> gathered from the audience about her, to anyone else. She, and the young woman who had made the speech, and the president of Radcliffe, were the only women to set foot upon the stage. (*DF*, 154)

Auch das Motto des Epilogs greift die Problematik der Unterrepräsentierung von Frauen in Harvard auf: »'*A woman's advocate faces a formidable workload at Harvard ... where only 11 women hold tenure posts - less than 3 per cent of the number of full professors.*'« (*DF*, 155) Von Seiten der Universität werden auch keine Maßnahmen ergriffen, dies zu ändern: »'First, Harvard thought there was no problem. Then, when about a hundred years later they saw there was one, they set up a commission and wrote a report about it. And then nothing happened. Or nothing much.'« (*DF*, 25)[462] Die wenigen Frauen, die es im System geschafft haben, sind nur Alibi-Frauen. Dessen ist sich auch Kate Fansler bewußt:

> [...] this decade would be marked for her by sitting around tables, large, highly polished tables, in the company of many men, and few women, whose assignment was to grabble with the problems of academia in the seventies. Kate would sometimes picture her tombstone with 'The Token Woman' engraved in the marble. (*DF*, 4)

Hat man erst eine Alibi-Frau gezwungendermaßen eingestellt, wird sich nicht weiter um die Stellung von Frauen in der Institution bemüht: »'Harvard isn't trying all that, and plenty of other places will tell you that they've got their woman, or have filled their quota, or whatever it is.'« (*DF*, 109) Janet Mandelbaum war nur aufgrund der Stiftungssatzung ernannt worden: »'Apparently Harvard will not turn down a million dollars, however hysterical our [the English Department's] yelps.'« (*DF*, 2)

Daß nicht fachliche Attribute die Beurteilungskriterien für Dozentinnen sind, wird in *MLA* verurteilt. Die Universität von Neu Mexico gibt nicht einmal vor, an den wissenschaftlichen Voraussetzungen der Kandidatinnen interessiert zu sein:

> 'Finally one of them [members of the committee] tells me they haven't read my writing sample yet. Not one of them had any idea what my field was, even.' [...] he actually asked me, 'Oh, by the way, can you cook?' [...] 'What do you mean can I cook?' And I said something like, 'That's a totally irrelevant question' and 'Have you been asking all your women candidates that?'
>
> And he looked flabbergasted. [...] he really was *surprised.* [...] he tells me 'Nobody ever objected to that question' - like there was something the matter with *me.* He mentioned something about how

> the women at New Mexico do little potlucks and cooking activities for the department.' (*MLA*, 85-86)[463]

Man wird in den von Männern beherrschten Institutionen keine Frau einstellen, die das patriarchale System gefährden könnte:

> 'One real feminist in this place with tenure would cause - well, not damage, but trouble. Harvard, Yale and Princeton take care to see they avoid trouble. The best way to avoid it is to be careful whom you have around, and in what number.'
>
> 'Lots of people think they pick their students on that basis, among others,' [...]. (*DF*, 56)[464]

Deshalb bestimmen, wenn schon eine Frau gewählt werden muß, männlicher Trotz[465] und Vorurteile[466] die Wahl, bei der nur eine Frau in Frage kommt, die sich als *honorary man*[467] versteht: »'[...] they will manage to find a well-known scholar who thinks any woman could have made it, since she did.'« (*DF*, 1-2)[468]
Daß solche Frauen eine Veränderung des Systems verhindern, wird auch in *MLA* angesprochen, indem mangelndes *female-bonding* angeprangert wird:

> '[...] the conniving she did to get her son hired at Boston, over a much more qualified woman, my friend Ruth, who'd already been *promised* the job by the Boston chair. Sharon even called up Ruth's advisor and got him to phone Boston on behalf of *Sharon's son.* A real shaft job, feminist to feminist.' (*MLA*, 133)

Es wird den Frauen gleichermaßen vorgeworfen, sich der harten Realität des Systems nicht zu stellen: »'And academic women aren't usually fighters, you know. They're too genteel to make a fuss, and they think it's too vulgar to talk about money.'« (*MLA*, 124)
Die Frauen, die eingestellt werden, sehen sich, trotz fachlicher Erfolge, den unterschiedlichsten Formen der Diskriminierung ausgesetzt. Ihnen wird kein Platz im System zugestanden: »'The fact is,' Kate said, 'Women, at least around here, live in a never-never land, not certain where they belonged, where their allegiances lie, not even what their hopes are.'« (*DF*, 61) Schon triviale Kleinigkeiten lassen die Frauen spüren, daß sie nicht erwünscht sind, so die unpraktische Plazierung der Damentoilette im Gebäude des *English Department* im Warren House:

> '[...] The place is pretty much unreconstructed [...] on the second floor there's an ancient bathroom [...] a general of being one of the first examples of elegant indoor plumbing. The room is now a ladies' rest room, partly because a female assistant professor occassionally crosses the threshold, not to mention female graduate

> students without whom none of these institutions could continue for a minute, but no doubt the real reason for its female assignment was the secretaries, or as I'm sure they're called the girls.' (*DF*, 13)

Gibt es Frauen in höheren universitären Positionen, müssen sie, weil sie sich nicht mit der ihnen erlaubten traditionellen Rolle als Hausfrau und Mutter zufrieden geben, mit Vorurteilen leben: »'You've [Janet] been a professor for years, maybe not at Harvard, but in a university. What did you think men said about women like us, particularly unmarried women? When we were graduate students we had balls, and now we're lesbians.'« (*DF*, 40) Mit Frauen, die es geschafft haben, wird sich jedoch nicht auseinandergesetzt, sondern man straft sie mit Mißachtung: »[...] as a woman, and a woman neither young nor luscious nor sycophantic, she was simply invisible to those who still viewed Harvard as an all-male institution.« (*DF*, 47) Die Männer können nicht einmal mit einer Frau ungezwungen umgehen:

> Howard was discomforted. [...] he was in a room with three women and only two men, of whom he was one. The proportions were, for Harvard, as unfortunate as they were unaccustomed. Everyone knew, or Howard thought everyone knew, that extra women were an embarrassment. (*DF*, 106)[469]

Keiner der Männer erwartet, daß eine Kollegin etwas von Bedeutung zu einer Unterhaltung beitragen könnte. So läßt Howard Falkland Kate Fansler, obwohl sie ihn angesprochen hat, schlichtweg stehen: »Kate was rewarded by seeing Howard edge away from her: definitely *not* worth knowing.« (*DF*, 75) Das Ignorieren und damit Diskriminieren von Frauen durch ihre männlichen Kollegen und Dozenten erstreckt sich gleichfalls auf deren fachliche Arbeit. Obwohl Adam Clarkville auf dem gleichen literarischen Fachgebiet, viktorianische Literatur, wie Kate Fansler, arbeitet, kennt er ihre Arbeiten nicht:

> 'Great fame in the critical world I do not claim,' she said, 'still, I have, or thought I had, what my colleagues call a national reputation. [...] I'll bet Clarkville has heard of many men of less reputation.'
>
> 'My dear Kate,' Andy said, 'if you haven't come from Harvard, what on earth would be the point of having heard of you? Besides, who hears of women till one is forced to hire them?' (*DF*, 76-77)

Die Dozenten in *EDD* gehen in ihrer Ignoranz so weit, keine Frau als Rednerin auf das Emily-Dickinson-Symposium einzuladen. Die Einzige, die sie zulassen, ist die ungebildete Alison Grove, die nur wegen ihrer Schönheit und als eine Art Schaufensterpuppe teilnehmen soll:

> Only then did he discover that there were to be no women on the program. [...]
>
> 'Oh, but you don't know about Alison Grove,' said Dombey Dell. 'Alison's going to wear the white dress and read a poem.'
>
> 'She's going to wear the white dress? Listen Dombey, you know that's a sacrilege. And anyway, that's not enough. Alison Grove may be a woman, but she's certainly no scholar.' (*EDD*, 36)

Überhebliche Selbstgefälligkeit ist das einzige, mit dem Frauen von männlichen Vorgesetzten und Kollegen rechnen können, auf keinen Fall mit ernst gemeinter fachlicher Auseinandersetzung und beruflicher Unterstützung, wie Penny Artwright in *DF* berichtet:

> '[...] he's [Clarkville] patronizing, vaguely flirtatious, and chivalrous. He knows I'm without power, and it makes him feel fair and noble to treat me with courtesy, even exaggerated courtesy. But he'd never support me for tenure, not here, not anywhere. He'll write that I'm very bright for so young and attractive a woman.' (*DF*, 55)

Die Machtlosigkeit von Frauen im universitären System zeigt sich gerade dann, wenn sie versuchen, sich gegen die offen ausgeführte Diskriminierung zu wehren, z.B. in *MLA* gegen die sexistischen Übergriffe von Professor Crozon, die schon geschildert wurden: »'But the complaints from the department's women had been waved aside by his drinking buddy, the department vice chair, as 'female overreaction'.'« (*MLA*, 54) Zudem fehlt durch die Abwesenheit von Frauen in höheren akademischen Positionen jungen Dozentinnen und Studentinnen ein Vorbild: »'[...] it matters a lot to us serious women students to have a new role model like you [Janet Mandelbaum]. We study here, we pay the same as the men, we work as hard, we get better grades, but when we look up at the faculty, there are hardly any women.'« (*DF*, 98)[470] Erwartet man ein Ehepaar, von dem man nur weiß, einer der Partner hat einen Doktortitel, wird nicht angenommen, daß die Frau ihn trägt: »Two people had arrived: [...] but his handshake was firm [...] 'Dr Hellier?' McLeish said hopefully./ 'No, no, that is my wife,' the man said, looking amused [...].« (*DAD*, 31)[471]

Sich dem System anzupassen, als *honorary man* zu fungieren, wie Janet Mandelbaum ihre *womanhood* von sich zu weisen - »'[...] all her life Janet has ignored women, even despised them [...]'« (*DF*, 51) - und ihre Verantwortung für eine Verbesserung der Situation von Frauen zu leugnen[472], ist der falsche Weg. Sie wollen nicht erkennen, daß gerade die Männer die Unterscheidung nach Geschlecht machen und daher Hilfe nur von Frauen zu erwarten ist: »'And she [Janet] wouldn't, or couldn't, admit that the only possible support would have to come from women.'« (*DF*, 62) In *DF* wird als Ausweg, als Weg des Widerstandes gegen das diskriminierende Universitätssystem, das *female-bonding* postuliert:

> 'Whether or not women change their lot will depend on their future friendship, what Virginia Wolf called something more varied and lasting because less personal.'
>
> 'I like the way Louise Bogan put it too,' Kate said, 'if I know what you mean: something between love and friendship, expressed by a gesture that is not a caress.' (*DF*, 103)

So wie Frauen durch das universitäre System benachteiligt werden, so werden ebenso feministische Literaturtheorie und *women's studies* durch die männlichen Vertreter der Literaturwissenschaft als überflüssig abgetan:

> 'I [Adam Clarkville] don't think there is such a thing. I teach George Eliot, as you know. If there is some other approach to her, or other women novelist, I would hope to be able to embrace it in a general way, without labelling the course women's studies.'
>
> 'There you are then,' Kate said. 'You would be shifting your emphasis because of feminism; that's all women's studies are about, just as you have doubtless shifted some emphasis because of Marx and Freud and Einstein. Even Samuel Johnson is now seen benignly in a Freudian light.' (*DF*, 129)[473]

Angesichts der geschilderten Situation von Frauen an den Universitäten, in der Gesellschaft und einer Wissenschaft, die diese Problematik ignoriert, muß der Sinn von wissenschaftlicher Arbeit und von Literatur überhaupt in Frage gestellt werden: »[...] she sat around tables among pompous men, beginning for the first time in a life devoted to language and ideas, to question the efficiency of both.« (*DF*, 6) Der traditionelle literarische Kanon, der die Orientierung der ganzen Kultur einer Gesellschaft reflektiert, wird nicht mehr als adäquate Darstellung der Situation von Frauen verstanden: »'However, I do quote less. There don't seem to be so many applicable quotes anymore, at least not in the authors I read in my establishment education.'« (*DF*, 78) Deshalb muß mit der Verbesserung der Lage von Frauen die Forderung nach einer Neuorientierung hinsichtlich des literarischen Kanons durch verstärkte Aufnahme weiblicher Autoren, Werken mit feministischen Fragestellungen und neuen Textsorten einhergehen. Diese Forderung erfüllt *DF* selbst, da Textauszüge feministischer Autorinnen wie Gertrude Stein (*DF*, 4), Muriel Rukeyser (*DF*, 46) oder Virginia Woolf (*DF*, 87) einzelnen Kapiteln als Motto voranstellt sind. Gleichzeitig wird durch die Einreihung nichtfiktionaler Texte in die Mottos deutlich gemacht, daß sie für die Darstellung der Situation von Frauen relevanter sind als traditionelle Literatur. Zudem belegen die dokumentarischen Texte der Mottos faktisch die Fiktion des Romantextes.

In der Figur Kate Fanslers wird deutlich, wie eng verbunden die Forderung nach einer Neubewertung des literarischen Kanons mit veränderten Lebensmöglichkeiten für Frauen innerhalb der Akademie ist. Am Anfang sucht sie als Heldin eines feministischen Romans einen neuen Sinn in ihrem Leben und in ihrer wissenschaftlichen Arbeit:

> Odd, Kate thought, the years it took to learn one simple fact: that the prize just ahead, the next job, publication, love affair, marriage always seemed to hold the key to satisfaction but never in the run sufficed. However one tried to savor one's gift - leisure, health, money, a room of one's own - one always ended up peering ahead to the next chance. (*DF*, 6)

Am Ende des Romans hat Kate für ihr Leben, für ihren Beruf und gleichermaßen für die Frauen *per se* einen neuen, sinnvollen Weg gefunden: »When Kate finally gave the lecture in May [...] she spoke on new forms possible to women in making fictions of female destiny.« (*DF*, 148)[474]

Verbunden mit der Frage nach neuen, sinnvollen Lebens- und Arbeitsmöglichkeiten für Frauen ist die Thematisierung der Pros und Kontras von Frauencolleges in *DAD* und *DF*. In beiden Romanen wird die positive Atmosphäre dieser Bildungseinrichtungen betont. In *DF* heißt es über Radcliffe: »Here at last women were not problematic. If Harvard ignored them, they tended to return the compliment, practicalities apart.« (*DF*, 41-42) Auf Kate Fansler wirkt das College wie ein großer »[...] Room of One's Own«[475]:

> Kate's life at Harvard settled down to something like routine. Mornings she worked in her study at the institute; [...] Gradually she came to know some of the other fellows, women who regarded her, as she did them, as fortunate scholars having been given the gifts of time, space and community. (*DF*, 46)

In *DAD* wird betont, daß in einem Frauencollege die Studentinnen erst die richtige Unterstützung erfahren, die ihnen in der Schule aufgrund des dominanten Verhaltens der männlichen Schüler versagt wurde:

> 'And much more at ease with themselves and intellectually confident than when they arrived.' [...] 'Susan Elias had been much undermined by a public school sixth form, where the girls are treated as bimbos because boys are threatened by them. [...] Petra Greenwood by the Welsh where she was one of the very few girls to survive the boy's teasing. Even the cleverest adolescent girl gets discouraged by the games adolescent boys play. Here, of course, they don't have to put up with all that.' (*DAD*, 66)[476]

Die weiblichen Dozenten sind darüber hinaus bereit, trotz des Mehraufwandes, auf besondere Bildungswünsche ihrer Studentinnen einzugehen, um ihnen so alle Möglichkeiten einer Karriere zu eröffnen:

'None of those women ever as much has hinted to me that I had been a nuisance, much less tried to discourage me, although I was an exhibitioner in classics,'

'Well, that's because they were women, and concerned to give you the best possible chance to do what you wanted to do. The story would have been different if it had been men you were dealing with.' (*DAD*, 68-69)

Sowohl *DF* als auch *DAD* zeigen ebenso Argumente gegen Frauencolleges auf, wobei diese in den Romanen inhaltlich unterschiedlich gelagert sind. In *DF* wird Radcliffe angekreidet, nur eine elegante Lösung für Harvard zu sein, um sich nicht mit Frauen auseinandersetzen zu müssen:

'[...] Radcliffe was started by accident, and has never been seen as anything but a convenience. A woman who grew up in Cambridge has just written a book about her youth. She says the experiment of Radcliffe College which was originally called Harvard Annex, naturally, 'was to be tried by a few ladies who were quite unorganized, so that if failure should be the result, Harvard would not be responsible, though if success should crown the effort, Harvard should have the glory.' That sums up Harvard-Radcliffe relations.' (*DF*, 25-26)

In *DAD* wird der Mangel an guten Lehrern, Männer dürfen nicht als *Fellows* aufgenommen werden, als Nachteil des Frauencolleges dargestellt: »[...] that the college unable to offer Fellowship to male scientists, would sink into second-class status.« (*DAD*, 15)[477] Ein reines Frauencollege bedeutet, daß viele Studentinnen wegbleiben: »'We don't get the best undergraduates - though we do wonders with the ones we do get. The cleverest want to go to mixed colleges.'« (*DAD*, 106) Aber auch finanzielle Probleme verhindern, daß weibliche Dozenten am College arbeiten wollen:

'There must be some female physicists about, and we should be able to attract them. Would the promise of child-care by the college help?'

'Yes, I think it might.' [...] 'Indeed we considered it - oh, four years ago. The problem, then as now, was that we have no suitable space in which to house a crèche, and we couldn't afford it.' (*DAD*, 96)

Mit der Frage nach Kinderbetreuung für berufstätige Frauen mit Familie wird eine direkte Parallele zu den Problemen von Frauen aus anderen Berufsfeldern gezogen. Schon in *DF* wird in einem Gespräch zwischen Kate und Janets Bruder Bill deutlich, daß Frauen, die nicht die Familie in den Mittelpunkt ihrer Lebensplanung stellen, als minderwertig verurteilt werden:

> 'The way it looks to me,' Bill said, 'if she'd lived the life of a normal woman none of this would have happened. I'm all in favour of women working, of course, provided they put their homes and children first. And I do think that a woman who doesn't have children had missed the best part of her life.' (*DF*, 116)

Die ältere Generation von Akademikerinnen hatte noch nicht die Möglichkeit, Familie und Beruf miteinander zu verbinden:

> 'When we were young, Warden, we expected to make sacrafices - either to give up the idea of a family, or to give up an academic career to bring up children.'
>
> 'I know, I know, ' Sarah agreed. 'That's probably why I never married - I never could see how to combine a career with a marriage in which I expected to have children,' [...]. (*DAD*, 95)

Die Kritik richtet sich in *DAD* an eine Gesellschaft, in der Männer ihre berufstätigen Frauen bei der Doppelbelastung von Beruf und Familie nicht unterstützen, wie z.B. Michael Taylor, der sich nach beruflichen Rückschlägen gänzlich aus der familiären Verantwortung zieht: »Michael had been intolerable for months; distressed by his academic failure, he had reacted by distancing himself from her and all household concerns, leaving her overworked and tied down by domestic problems.« (*DAD*, 89) Negativ wird auch beurteilt, daß er nicht damit leben kann, daß seine Frau in ihrem Beruf erfolgreicher ist als er[478]:

> The truth was that men still expected to be the stars in their marriages, and it was hard on an ambitious man to find it was his wife who was the one in demand. And it was doubly hard when the wife was making it blatantly clear that she preferred sucessful men like Neville Allason. (*DAD*, 138-139)

Er hält noch an den in der heutigen Gesellschaft eigentlich überholten Denkmodellen fest und glaubt, seine Ehe retten zu können, wenn er sein Selbstwertgefühl durch eine neue Tätigkeit stärkt:

> 'I'm going to get out of academic life and get a proper job. [...] I'm tired of being poor and harassed all the time.' [...] It would, she thought dispassionately, distance him from the world in which his wife was so successful, and give him the kudos of a successful breadwinner. (*DAD*, 188)

Seine Frau will er aber nicht auf ihrem weiteren Karriereweg unterstützen: »'He wouldn't come with me, or rather with us [to London]. I can't leave the children, and he won't want them. He's very bad about looking after them.'« (*DAD*, 147)

Hilfe findet *frau* bei anderen Frauen, also wieder durch *female-bonding*, wenn auch hier nicht unmittelbar ausgedrückt wie in *DF*. Konkurrenzdenken muß überwunden werden, wie die Freundschaft von Louise Taylor und Francesca Wilson symbolisiert. Zuerst stehen sich beide als Konkurrentinnen gegenüber[479], dann werden die Qualitäten der jeweils anderen erkannt[480] und dies als Basis für eine gute, konkurrenzlose Zusammenarbeit gewertet:

> Francesca's tone was completely untroubled, and Sarah reflected that it was unusual to hear someone sound so ungrudgingly about a highly successful contemporary of the same sex.
> 'I always find really clever people a pleasure to work with,' Francesca was saying, sunnily. (*DAD*, 106)[481]

Darüber hinaus symbolisiert ihre Freundschaft (*DAD*, 115) die schon mehrfach angesprochene Grundforderung in *DAD*, daß der Elfenbeinturm verlassen werden muß und eine Zusammenarbeit mit der Außenwelt wünschenswert und möglich ist[482]. Auf diese Weise besteht mit akademisch hervorragenden Dozenten eine Zukunft für ein Frauencollege:

> The speech concluded with a vision of the sunlit uplands in which Fellows of a well-managed and financely prudent college might wander; enough research students, lightening of the teaching load so Fellows had time for their own work, the best of applicants to London University fighting to get through the doors. (*DAD*, 73)

Wie weit die akademischen Institutionen von solch einem Idealbild entfernt sind, wird die Analyse der Romane als *college mystery novels* noch stärker akzentuieren.

3. Eigenständige Merkmale der anglo-amerikanischen *College Mystery Novel*

»The tale told could not have happened outside of academe.«[483] So einfach und gleichzeitig treffend diese Definition der anglo-amerikanischen *college mystery novel* klingt, verbirgt sich doch dahinter das Ergebnis verschiedenster Synthesen von Merkmalen des Detektiv-/Kriminalromans mit denen des Universitätsromans. Die Forschung hat ansatzweise Charakteristika herausgearbeitet, die die Verschmelzung dieser Subgenres in der *college mystery novel* belegen.

Für die Ebene der Figuren wird festgestellt, daß auch der Hybrid, wie die *campus novel*, »[...] gloriously devoid of students [...]« ist,[484] ob nun als Opfer, Täter oder Detektiv.[485] Mehrfach wird die Analogie zwischen der Arbeit eines Detektivs und eines Wissenschaftlers gezogen.[486] Hier mag an die Holmessche *science of deduction* und an Wissenschaftler als Detektive wie Van Dusen und

Thorndyke erinnert werden. Der Forscher und der Detektiv sehen sich der gleichen Art von Problemstellung gegenüber: »The scholar is confronted with a vast jigsaw puzzle made up of countless fragments of truth [...].«[487] Die wissenschaftliche Vorgehensweise wird mit der Suche eines Detektivs nach der Wahrheit verglichen: »After all, what essential difference is there between the technique of the detective tracking his quarry through Europe and that of a historian tracking his fact, the philosopher his idea, down the ages.«[488] Es ist die akademische Bildung, insbesondere des Literaturwissenschaftlers, die ihn für diese Rolle prädestiniert: »The suggestion is that English professors read, and that reading allows them a depth of human insight, a knowledge of character that enables them to penetrate even the criminal mind.«[489] Aufgrund der Dominanz von Literaturwissenschaftlern unter den Ermittlern gilt seit Mastermans *The Oxford Tragedy* (1933), daß der Detektiv häufig »[...] both detects and discourses on detection with admirable sense.«[490] Überhaupt gelten literarische Anspielungen als ein Merkmal der *college mystery novel*: »The impression you always get is that of a first-class senior common room raconteur with a sense of humor, to whom you listen just for the pleasure of hearing it happen.«

Neben der Parallele zwischen der Arbeit eines Detektivs und der eines Wissenschaftlers, wird hervorgehoben, daß die akademische Gemeinschaft ein geeignetes Milieu für ein Verbrechen ist, weil sie, besonders im Fall von traditionellen Colleges, eine in sich geschlossene Gesellschaft bildet:

> The enforced closeness of the staff, pupils going for self-assertion in various ways, are bound to generate tensions which may easily (taking into account the suspension of social restraint) erupt in violence. [...] Fads, obsessions and eccentricities flourish in the overcharged atmosphere. Rivalries may get out of hand, with dramatic results.[491]

Der Kontrast zwischen den in ihrer Wissenschaft vertieften Gelehrten und einem Verbrechen ist weiterer Anlaß für die Wahl eines universitären Schauplatzes: »[...] academic halls, with their images as places of truth idealistically pursued by those who have dedicated their lives to secluded meditation of higher things, serve as an excellently ironic and dramatic backdrop for evil.«[492] Zudem eignet sich die *college mystery novel*, sich auf unterhaltsame Weise mit philosophischen Fragen z.B. nach der Wahrheit auseinanderzusetzen: »Further, as the basic premise of academic life is that truth is universal and to be shared with all, the *gnosis*, of a concrete crime and the *gnosis* of abstract ideas nicely parallel and parody each other.«[493]

Die Diskrepanz zwischen hehren Vorstellungen akademischer Gelehrsamkeit und den allzu weltlichen Fakten eines Verbrechens ist ungemein größer, wenn ein exklusiver Schauplatz gewählt wird. So wird für die britischen Autoren der *college mystery novel* eine Oxbridge-Hegemonie festgestellt, wobei die Mehrzahl der Romane in Oxford spielen, denn die Majorität der Autoren hat dort studiert und/oder gelehrt[494]: »Möglicherweise bildet die durch den literarischen Oxford-Kult geschaffene Aura der Exklusivität einen interessanten Kontrast zum düsteren Mordgeschehen.«[495]

Das akademische Milieu bietet eigene Motive für ein Verbrechen, wobei typische Triebfedern des klassischen Detektivromans wie Liebe, Leidenschaft oder Geld mit anderem Inhalt gefüllt werden. Akademischer Ehrgeiz und Konkurrenz, Wahrung des Arbeitsplatzes und des Renommees und der damit verbundene Reichtum, jedoch ideeller Art, stehen im Mittelpunkt der *college mystery novel*:

> [...] riches are involved, of the kind that academics throughout the ages have most valued: rare books, undiscovered manuscripts that will certainly bring wealth, but more importantly, that more lusted-after and elusive intangible-fame, a scholarly reputation.[496]

All diese Merkmale machen jedoch nur ansatzweise deutlich, wie vielfältig die Verschmelzung von Charakteristika des Detektiv-/Kriminalromans mit vor allem inhaltlichen Aussagen des Universitätsromans ist. Dies läßt sich besonders auf die Konzeption der Figuren, einem veränderten Verständnis des Verbrechens und des Rätselmotivs in der *college mystery novel* zurückführen.

3.1. Figurenanalyse

> They are, as Ben Jonson would have said, persons such as comedy would choose; it is much easier to give them a shove into the humorous than a twist into the melodramatic, they prove peculiarly resistive to the slightly rummy psychology that most detective stories require. And this is a pity if only because their habitat - the material structure in which they talk, eat and sleep - offers such a capital frame for the quiddities and wilie-beguilies of the craft.[497]

So ironisch beginnt Michael Innes seinen Klassiker des Subgenres und beweist darin, daß gerade das stereotyp exzentrische und farcenhafte Auftreten der Akademiker, deren Umgang miteinander und die Ziele ihrer Arbeit als Nährboden für kriminelle Aktivitäten geeignet ist. Zahlreiche Autoren übernahmen und übernehmen hinsichtlich der Charakterisierung ihrer Protagonisten Innes' Vorgaben, aber im Laufe der Entwicklung des Subgenres veränderte sich, besonders in den USA, durch Reduzierung der Exzentrizität des Detektivs zugunsten eines erweiterten inhaltlichen Themenspektrums das Bild des akademischen Ermittlers:

> Now, whereas the older generation of American academic sleuth had tended to be convenience academics who had so little to do with the day-to-day business of being a university teacher that they were, apparently, allowed to absent themselves from their places of employment whenever they pleased, several of the younger generation [...] are depicted as spending much more time on campus earning their salaries in the normal, humdrum way. In contrast to the British situation then, the post-1955 generation of American academic detective novels suggests that upholding the Law and working within a university are not separate or incompatible activities [...].[498]

3.1.1. Der akademische Detektiv und andere Ermittler im universitären Milieu

Varianten der *college mystery novel* können nach der Figur des Detektivs unterschieden werden[499]: Von *non-series detective on campus* spricht man, wenn der Detektiv in nur einem Roman ermittelt und zwar an einer Universität. Ist der Ermittler Akademiker, gilt der allgemeine Terminus *amateur academic detective*. Dieser muß seine Fälle jedoch nicht an einem universitären Schauplatz lösen. Ein Seriendetektiv, der jedoch kein Akademiker ist und in einem oder mehreren Fällen an einer universitären Institution ermittelt, fällt unter *series detectives on the academic scene*. Die größte Gruppe stellen die *amateur academic series detectives*, also Akademiker, die in mehreren Romanen Verbrechen auf den Grund gehen, welche aber nicht zwingend an einer wissenschaftlichen Institution spielen müssen. Diese Einteilung ist sehr hilfreich, deckt aber dennoch nicht alle Varianten ab.[500]

In den ausgewählten Romanen gehören die meisten der Detektive ungewöhnlicherweise den *series detectives on the academic scene* an. Spenser in *PM*, Jemima Shore in *OB* und ebenso John McLeish in *DAD* gehören dazu. Morse in *SWNQ* läßt sich nur bedingt dieser Gruppe zuordnen, weil seine Fälle nicht immer in einem universitären Milieu, jedoch immer in Oxford angesiedelt sind und Akademiker in den meisten Romanen, wenn auch nur am Rande, Teil des Figurenarsenals sind. Ebensowenig gehört Peggy O'Neill durchweg in diese Kategorie von Detektiven. Sie ist zwar keine Akademikerin, aber die Verbrechen, die sie aufklärt, finden immer in der universitären Gesellschaft statt.

Amateur academic series detectives sind Peter Shandy in *RYM*, Kate Fansler in *DF* und in nur eingeschränktem Maße Homer Kelly in *EDD*, denn er klärt nicht im eigentlichen Sinn ein Verbrechen auf.

In *MLA* sind mit dem den Polizisten Boaz Dixon der *non-series detective on campus* vertreten und auf Nancy Cook trifft der allgemeine Terminus *amateur academic detective* zu.

Ein Merkmal der *College mystery novel* ist die Verschmelzung der Figur des Amateurdetektivs mit dem Antihelden der *campus novel.* Exzentrizität, Weltfremdheit und körperliche Unbeholfenheit, so daß er von seiner Umwelt nicht ernst genommen wird, kennzeichnen beide Stereotypen der Subgenres. Homer Kelly in *EDD* definiert sich schon durch seinen Werdegang als Hybrid: »[...] distinguished Thoreau scholar and professor of American literature, and ex-lieutenant detective for Middlesex County.« (*EDD*, 13) Sein erstes Auftreten, der körperliche Schlagabtausch mit einem Kollegen, zeigt ihn zwar streitsüchtig, aber nicht überlegen: »[...] Homer didn't seem to have any pugilistic know-how, in spite of his early background as a policeman.« (*EDD*, 13) Die Diskrepanz zwischen seinem kämpferischen Unvermögen und seiner Selbsteinschätzung lassen ihn als sympathischen Narren erscheinen, denn er ist bereit, sich für einen Freund zu schlagen: »I'll knock his block off. I'll wring his neck. [...] Now, remember, Owen, if you have a hard time with Dombey Dell, just call me up. I'll come right over and bust him one.'« (*EDD*, 69)

Ungeschicklichkeit und der mangelnde Sinn für das Praktische sind weitere Charakterzüge dieses »Helden«: »Homer Kelly had always been butterfingered, his muscular coordination was terrible, his mechanical know-how had been neglected, and he couldn't even repair a defective lamp cord.« (*EDD*, 211) Unbeabsichtigt macht er die ernsthaftesten Situationen zur Groteske, so z.B. die Trauerfeier für Alison Grove:

> 'You know, we're surrounded by cracks in the universe on all sides, holes in the rational undergirding firmament, fundamental anomalies in the - *whoops*!'
> 'Oh, Homer, watch out!'
> It was too late. Homer's teacup was falling from its saucer, exploding on the floor with a hideous crash, fracturing the reverberent mood of the soprano as she sang 'O Promise Me.' Reaching for the high note, she squawked instead, and muffed it. (*EDD*, 233)

Ungewolltes Fehlverhalten durch mangelndes Feingefühl offenbart Kelly durch seinen ausgeprägten Sinn für bizarren Humor. So bei der Frage, warum Winnie Gaw eine Axt bei ihrem scheinbaren Selbstmordversuch mit Tabletten bei sich hatte:

> 'It was a metaphor.' [...] There was a mournful silence, and then Homer slapped the table and snickered in callous sarcasm. 'A metaphor, by God: Listen you know what? Maybe Lizzie Borden's axe was just a metaphor too. I mean, maybe Lizzie was just thinking about poetry when she gave her mother forty whacks, did you ever think of that? And when she saw what she had done, maybe it was just another pretty little figure of speech she had in

> mind when she gave her father forty-one. How about it. [...] Mary kicked Homer under the table. 'Shut up, dear, it's lunchtime.' (*EDD*, 227-228)

Noch inadequater wird die Bemerkung für den Leser, der weiß, daß die Axt tatsächlich als Metapher gemeint war, besonders da es das Instrument war, mit der Winifreds Vater ihr einen Finger abgehackt hat.

Burlesk wirkt die Diskrepanz zwischen Homer Kellys Selbsteinschätzung und der Realität. Er hält sich für einen Gourmetkoch, aber sein Mangel an Geschick[501], die Auswahl seiner Lebensmittel[502] und die Ergebnisse seiner Kochversuche tragen zur Situationskomik des Romans bei:

> There he [Owen] found Homer Kelly warming up the contents of a can of spaghetti. With a flourish, Homer dumped a jar of bread-and-butter pickles into the pot and stirred them around. Then he unwrapped a pair of Hossless cupcakes and parked one beside Owen's plate, the other besides his own. (*EDD*, 97)[503]

Dabei beruht Homers Überzeugung, kochen zu können, nur auf dem Urteil Owen Krazniks, der, um die Posse perfekt zu machen, »[...] had no taste buds at all, none at all.« (*EDD*, 32) Der Detektiv Kelly als »Gourmet« ironisiert darüber hinaus eine Figur wie Rex Stouts Detektiv Nero Wolfe, der wirklich etwas von der Kochkunst verstand.

Ohne es darauf angelegt zu haben, wächst Homer Kelly über sich hinaus. Trotz seiner Unbeholfenheit wagt er eine riskante Aktion zur Bergung Owen Krazniks und Ellen Oaks':

> Homer was dragging the bucket across the floor. [...] Bashing Homer, the bucket knocked him down.
>
> He hardly seemed to notice. He was up on his knees, yanking on the ropes, staring up the crane, his face bleeding.
>
> At last he had the bucket poised over the hole, hanging silently above the abyss, shaking gently up and down.
>
> Gasping, Homer climbed in, and Mary ran to take over the guide-ropes. [...] With a jerk she started the bucket down, and then hurried back to the hole in the ground. [...] Deeper! It was deeper down! Where were they, the two faces? Gone? Drowned and Gone? (*EDD*, 211)

Das Schicksal macht Kelly mit der Lebensrettung seiner Freunde (*EDD*, 215) zum Helden.

In *RYM* ist es Peter Shandy, der durch die Ermittlungsarbeit als Detektiv von einer unauffälligen Existenz zum Helden wird. Zu Beginn der Ereignisse wird Shandy, bis auf seine Zähleidenschaft und seinen Humor, im Vergleich mit seinen Nachbarn und Kollegen[504] in seiner Durchschnittlichkeit präsentiert:

> He put on a light gray shirt, a dark grey suit, and a reticent tie [...] because he owned no other sort of clothing aside from corduroy and flannel shirts he kept for field work. [...] he brushed his graying hair. He wore it trimmed rather short, making no effort to cover his bald spot. Peter Shandy liked it to be neat and he wore garments of excellent quality which lasted for years and saved fuss in the long run, but nobody would have called him a vain man. [...] he was neither short nor tall, neither fat nor lean. His face was not regular enough to be handsome or ugly enough to be interesting. He thought of it mainly as a place to park his glasses. (*RYM*, 27)

Shandys Mittelmäßigkeit wird durch Überzeichnung jedoch wieder zur liebevollen Karikatur[505], z.B. durch die Erwähnung einiger Jugenderinnerungen, die sich nur auf die Landwirtschaft beziehen. So mag er den Namen »Helen«, nicht weil er ihn an eine alte Liebe erinnert, sondern: »'No, actually she was a Guernsey -'« (*RYM*, 78). Seine Fahrkünste erwarb er auf landwirtschaftlichen Nutzfahrzeugen: »'I learned on a John Deere Tractor when I was five years old. Then I worked a lot at farms and field stations where one was always running a bulldozer or combine or something of that sort.'« (*RYM*, 170) Shandys Ausdrucksweise ist durch eine altmodische Wortwahl gekennzeichnet, z.B. sagt er über Timothy Ames's Reise zu seiner Tochter, die kurz vor ihrer Niederkunft steht: »'You see, Professor Ames has flown out to be with Jemmy during -er- impending confinement.'« (*RYM*, 82) Er führte bis zu den Morden ein beschauliches Leben, mit dem er zufrieden war und von dem er nichts erwartete: »They [cousin Henry and Elizabeth] were a pair of contented old foggies such as he himself had so short a time ago looked forward to becoming.« (*RYM*, 41) Nur auf seinem Fachgebiet ist Shandy herausragend: »The Buster was their [Ames' and Shandy's] greatest but far from their only triumph [...].« (*RYM*, 28)

Der Ausbruch aus dieser Durchschnittlichkeit durch die geschmacklose Weihnachtsdekoration und die damit verbundenen Morde stellen sein ganzes Dasein plötzlich in Frage: »Insofar as he thought of the future at all, he'd pictured himself going on more or less as he'd been doing. Now for the first time he wondered whether that would be possible.« (*RYM*, 30) Er gerät unfreiwillig in komische Situationen, z.B. wenn er sich kaum der Avancen seiner Nachbarinnen erwehren kann (*RYM*, 87) oder man ihn für einen Sittenstrolch hält und niederschlägt (*RYM*, 189ff.). Durch die Übernahme der Ermittlungstätigkeit gerät Shandy ohne eigenes Zutun in die Rolle des Helden, und er findet Gefallen daran, auch wenn er nicht immer Herr der Lage in seinem neuen Leben ist: »Life was full of surprises lately. Surely one of them must turn out to his liking.« (*RYM*, 91) Daß er über sich hinauswächst, symbolisiert und ironisiert gleichermaßen ein Vergleich mit dem mythischen Riesen Antaeus, der seine Kraft bezeichnenderweise durch die Berührung mit der Erde erhielt: »A latter-day Antaeus, renewing his strength with every rib he elbowed, Shandy plowed a path for himself and Helen through the crowd.« (*RYM*, 102) Vor den Ereignissen erträgt er seine Umwelt und deren Forderung nach seiner Teilnahme an der *Grand Illumination* stoisch, jedoch ohne Engagement: »He alone, like a balding King Canute, stood steadfast against the tide.« (*RYM*, 8) Am Ende zeigt er dagegen Zivilcourage und stellt sich gegen Präsident Svenson, obwohl er damit seine geliebte Arbeit aufs Spiel setzt:

> Shandy slammed down his cup and sprung out of the chair. 'I don't give two hoots in hell whether you [Svenson] trust me or not. I'm the one who's been victimized. I'm the one who got this mess shoved down his throat, and I'm the only one who's lifted a hand to straighten it out. I'm tired and I've got a rotten cold and I'm goddamned fed up with being badgered. If you want me to resign here and now, consider it done. If you want me to finish this job right, get the hell off my back and let me do it.' (*RYM*, 210)

Höhepunkt des Romans ist eine rasante Autofahrt, eines Gervase Fens würdig, und die Verhaftung der Täter (*RYM*, 215-216). Damit ist Shandys »adventure« (*RYM*, 216) erfolgreich beendet, und als Held erhält er die Belohnung für seine Mühen, ein neues Selbstbewußtsein und die Liebe Helen Marshs:

> 'Just one minute, Dr. Svenson,' cried Helen Marsh. 'If you think you're going to send this innocent man into - that vampire's nest -' [...] 'I suppose I'll have to go with him.'
>
> 'To hold the hammer?' Shandy asked in a tone of a man who will brook no further shilly-shallying.
>
> 'Yes, Peter,' she replied. 'to hold the hammer.' (*RYM*, 222)

Mit den Merkmalen der Figur des Detektivs lassen sich auch inhaltliche Aussagen über die Institution Universität verbinden. In *DF* wird das Motiv der Detektivin, die als Außenseiter in den Kreis von Verdächtigen tritt, mit der Kritik an der Unterrepräsentation von Frauen in Harvard verbunden. Kate Fansler ist darüber erstaunt, daß Janet Mandelbaum gerade sie um Hilfe bittet:

> 'Who else is there Kate? Women your age [...] who are professors in prestigious universities and know all about what that is like are not exactly legion. If, in addition, there is one such woman with whom you were in graduate school, with whom, in all those otherwise male bull sessions, you must have repaired to the ladies's room ... yes, Janet might think of her. You.' (*DF*, 18)

In der Figur Kate Fansler vereinigt sich die Motivation des Amateurdetektivs, sich aus Langeweile mit einem Fall zu beschäftigen, mit der Frage nach der Relevanz von Literatur- und Geisteswissenschaften angesichts herrschender gesellschaftlicher Verhältnisse:

> 'Most of all I came [...] because I'm bored. Whether because we've lost our audience for literature, or because one can't teach *Middlemarch*, not even *Middlemarch* forever, or because I think the political movements, the social movements, are important now the way the humanities were important when I was beginning to teach [...].' (*DF*, 56-57)[506]

Eine weitere charakteristische Funktion des Detektivs in der *college mystery novel*, ob nun akademisch oder nicht, ist die der positiven Gegenfigur zu den dadurch kritisierten Mitgliedern einer universitären Institution.

John McLeish in *DAD* wird als einzig positive Männerfigur den Akademikern, vertreten durch Michael Taylor, gegenübergestellt. Der Wissenschaftler ist weder beruflich noch privat seiner Frau behilflich: »'Louise's Michael is a real male chauvinist. Doesn't think the children are his responsibilities. Expects slippers ironed - even though he is doing a lot less well than Louise.'« (*DAD*, 106) Der Polizist dagegen unterstützt seine Frau, da er weiß, daß sie ihre Arbeit für ein erfülltes Dasein braucht:

> 'Do you want her to stop working here, John?' Sarah asked apprehensively.
> 'Heavens, no. She loves you; she's at home here; and it's a challenge. I really do not want her either at home, or busting herself doing a full-time heavy-duty policy job back at the Department.' He smiled at her. 'And I still don't have much luck telling her not to do things she wants to.' (*DAD*, 233-234)

Durch die Kontrastierung mit dem Privatdetektiv Spenser wird in *PM* den Akademikern vorgeworfen, ausschließlich auf ihr Fachgebiet fixiert zu sein. So kennt sich der Historiker Taylor Hack nicht im Sport aus, während dem Detektiv der bekannteste Vertreter der *frontier*-Theorie ein Begriff ist: »'I don't,' said Hack, 'spend my time poring over sports pages.'/ 'I know who Frederick Jackson Taylor is,' I said./ 'I don't see the relevance.'/ 'There's a surprise.'« (*PM*, 143)

In *PI* hebt sich die Campuspolizistin Peggy O'Neill positiv hervor, weil ihre Liebe zu den alten Gebäuden sie in Opposition zu den ehrgeizigen und korrupten Verwaltungsangestellten setzt und sie gleichzeitig als Vertreterin wahrer Gelehrsamkeit ausweist: »[...] but I've always been grateful that the University chose to expand across the river, rather than try to put up new buildings among the old ones on the Old Campus or, worse, tear down the old ones to make room for the new. I love the old buildings, the way I love the night.« (*PI*, 125) Darüber hinaus ist sie die Einzige, die sich für die tote Donna und deren Schicksal, im Gegensatz zu den Dozenten, deren Aufgabe es sein sollte, interessiert. Selbst die ansonsten positiv geschilderte Dozentin Edith Silberman hatte die Studentin fallengelassen: »'She died,' she said harshly. 'Leave it at that Peggy. [...] I'm glad she's out of my life. I'll be able to forget her.'« (*PI*, 40)

Noch extremer fällt die negative Beurteilung der Dozenten bezüglich ihrer Verantwortung für die (Aus-)Bildung junger Menschen im Vergleich mit dem Verhaltenskodex des PIs Spenser in *PM* aus.[507] Den egoistischen, desinteressierten Akademikern wird das ethische Empfinden des Detektivs gegenübergestellt. Nur der erfolgreiche Sportler Dwayne Woodcock ist von Bedeutung für die Universität, nicht aber der Student und dessen Problem des Analphabetismus: »'Nobody ever noticed?'/ 'Nobody ever cared,' [...]« (*PM*, 64). Madelaine Roth, Dwaynes Studienberaterin, hat sogar bewußt dessen Situation und Vertrauen ausgenutzt und die Verbindung zu dem Kriminellen Bobby Deegan hergestellt: »'You [Madelaine] are the Yenta in this thing. You knew Dwayne was a good prospect. He couldn't read. He needed money. He trusted you.'« (*PM*, 184) Der Detektiv dagegen stellt sich trotz der Gefahr für das eigene Leben auf die Seite des Studenten und übernimmt die Verantwortung für dessen Ausbildung: »'[... I] teach him to read and write [...].'« (*PM*, 114)

Die Konvention des Amateurdetektivs als Außenseiter in der Verdächtigengruppe verschmilzt in der *college mystery novel* mit ihrer Funktion der positiven Gegenfigur zu ihren Akademiker-Kollegen.

In *RYM* ist Shandy der einzige Dozent, außer dem weltfremden Timothy Ames, der durch »[...] his stubborn refusal to assist at the Annual Fleecing [of tourists ...]« (*RYM*, 8) nicht finanzielles Interesse in den Vordergrund seines Handelns stellt. Zudem ist er der einzige am College, der guten Geschmack besitzt, wie sich in seiner gewöhnlichen Weihnachtsdekoration ausdrückt:

> The small house of rosy old brick, framed by snow-covered evergreens, looked christmasy just as it was. [...] left to himself, Peter Shandy would willingly have made some concession to the event: a balsam wreath or a spray of holly on the front door, and a fat white candle glittering in the parlor after dark. (*RYM,* 8-9)

Nicht nur die weihnachtlichen Vorkehrungen[508] selbst degradieren Shandys Nachbarn zu Karikaturen. Vielmehr hält er ihnen mit seiner diesjährigen scheußlichen Dekoration einen Zerrspiegel vor.[509]

Ebenso ist Nancy Cook in *MLA* Außenseiterin. Sie hat diese Position innerhalb des Systems, weil sie als das einzig positives Mitglied der akademischen Gemeinschaft geschildert wird. Schon ihr Erscheinungsbild betont ihre Sonderstellung unter den Teilnehmern der Konferenz. Sie ist nicht uniform gekleidet[510], sondern tritt als Persönlichkeit auf: »Evidently, pretty much her own woman.« (*MLA*, 36) Anders als ihre Kollegen, für die die Todesfälle nur Anlaß zu Tratsch und Selbstinszenierung sind, empfindet sie wirkliches Entsetzen und würdigt den Menschen, der zum Opfer wurde, wie ihre Reaktion beim Anblick von Irene Fosters Hotelzimmer demonstriert:

> It was unbearable, the little book. Tears were in Nancy's eyes and her voice was angry when she turned to Boaz. 'You have got to - you've got to take care of this. This is terrible! This woman was an English teacher, in South Dakota, for God's sake! This was her cat! You can't just let it happen.' (*MLA*, 153)

In erster Linie steht Nancy Cook jedoch für das Ideal eines besseren Akademikers und einer besseren Universität. Da sie, was positiv gewertet wird, nicht einer der tonangebenden Theorieschulen angehört, ist ihre Zukunft nicht gesichert[511]:

> 'Because a lot of academics aren't in just one camp, of course. It's easier, in a way, if you *are*. The rest of us are just lost, frankly. We teach a little of this theory and a little of that. And we tell our students and we tell each other that we don't have to choose sides. We say that books have 'a richness that can be taught from many points of view.' Et cetera.' (*MLA*, 65)[512]

Deshalb hat sie, trotz hervorragender Leistungen, nach ihrem Examen nur ein Arbeitsangebot erhalten: »'Were you a star?'/ 'Yes, I guess so. Sort of. I had a lot of interviews: But then I got just one job offer.'« (*MLA*, 49) Sie (ver)zweifelt, im Gegensatz zur Mehrheit, an der der Entwicklung ihrer Wissenschaft: »[...] what Nancy was, was dismayed, almost demoralized. She'd been seriously asking herself whether she could stay in this profession at all.« (*MLA*, 107) Es gibt für Nancy keinen Platz mehr in diesem Umfeld: »'I can't talk about that panel right now,' she said. 'Let's just say I need to find a new role model.'« (*MLA*, 109) Nicht nur inhaltlich kann sie sich nicht mehr mit den literaturwissenschaftlichen Trends identifizieren, ebenso stößt sie das selbstherrliche Verhalten ihrer Kollegen ab: »It was the MLA Swivel conducted with such rudeness in the panel rooms that had brought her to the end of her patience.« (*MLA*, 112) Nancy ist vor allem eine Außenseiterin, weil sie eine herausragende Lehrerin ist und gerade diese Seite ihres Berufes für wertvoll hält: »[...] who was an excellent teacher - which is to say, adroit in her ability to guess the location of her student's confusion, to sense the context that might have prompted the question [...].« (*MLA*, 38)[513] Sie glaubt noch, »'[t]eachers should set an example.'« (*MLA*, 58-59) Nancys Idealvorstellungen von einer Universität lassen Rückschlüsse auf die Defizite in der Wirklichkeit zu und unterstreichen ihre Funktion als positive Gegenfigur zu den anderen Akademikern:

> '[...] all tenured professors must endure a tenure review. Say every ten years. If he or she has been unproductive or ineffectual, then that professor has to live with a lower salary or to take early retirement. [...] some number of hours of literary teaching could be required as eligibility for tenure. [....] Universities could do things

> that businesses do. [...] Have the proceeds go to branch libraries *off campus*, or for the equipment for poorly funded schools. [...] And attach some rewards, salary increases, to service work that's innovative in the community. [...] You can imagine what I'd do with the trendy personnel.'
> 'Bump 'em off?'
> 'Oh, they'd never get on board. [...] no grad student at MLA gets hired until he or she shows me some proof of outstanding teaching skills.' (*MLA*, 121-122)

Ihre menschliche und wissenschaftliche Unzufriedenheit mit dem akademischen System läßt Nancy an Ausstieg denken[514], gleichzeitig will sie sich nicht geschlagen geben, was sie wiederum im Kontrast zu den anderen Akademikern stark, selbstbewußt und sympathisch erscheinen läßt:

> Nancy observed that her MLA interviews next year just might make doing something else a requirement for her. Truth to tell, she said with a smile, she was 'hopelessly curious' about the outcome of that next convention: 'Just a glutton for punishment, I guess.' (*MLA*, 212)

Neben der Funktion des Detektivs als Gegenfigur vereinigt sich in Kate Fansler in *DF* das Motiv des Detektivromans, daß der Detektiv von außen auf den Schauplatz des Verbrechens kommt, mit den Funktionen der Figur einer Gastdozentin in der *campus novel*. Selbst wenn der Detektiv kein Akademiker ist, wie Jemima Shore, haben die Figuren die Funktion eines beobachtenden Gastdozenten. Sie erleben und enthüllen als Außenseiter die Eigen- und Gepflogenheiten des akademischen Milieus.

Ein weiteres Merkmal der *college mystery novel* ist die fiktionalisierte Parallele zwischen der Arbeit eines Ermittlers und der Vorgehensweise eines Wissenschaftlers. Es wird konkret auf die Analogie zwischen den Fähigkeiten, die beide Berufe erfordern, hingewiesen.

Shandy erklärt in *RYM*, daß er Dank seines Berufes die Menschenkenntnis besitzt, die auch einem Detektiv von Nutzen ist: »'Anybody who's been monitoring exams for a great many years tends to develop a certain sensitivity as to who has the answer taped inside his socks.'« (*RYM*, 158) Es wird die Motivation eines Wissenschaftlers mit der eines Ermittlers gleichgesetzt: »'You're [Shandy] a scholar. If one of your plants died, you'd think it was part of your job to find out why. If somebody gets killed in your house, the same principle has to apply, I suppose.'« (*RYM*, 52)

Da vor allem Literaturwissenschaftler sich als Amateurdetektive betätigen, wird das Verbrechen als Text verstanden. Peggy O'Neill, eine ehemalige Literaturstudentin (*PI*,13), sieht diese Kongruenz:

> 'You told me, not so long ago, that you believe texts can be interpreted, Edith, and that we have a moral obligation to try to interpret them. Isn't that what we have here, a kind of text? Don't you think it can be figured out?'
>
> 'I meant fiction,' she said, impatient with me. 'This is real life. That's why we read fiction, because it gives us something real life doesn't: a sense of an ending, a sense that everything that happens has a purpose we can figure out.' [...] 'I look for those things in life, too, Edith,' I said. (*PI*, 190)

Man muß jedoch die Sprache des Textes 'Verbrechen' verstehen bzw. gelernt haben, um Beweise und (versteckte) Hinweise zu entdecken und zu interpretieren. Boaz Dixon ist das akademische Milieu fremd, er kann die Bedeutung der Verhaltensweisen der Konferenzteilnehmer nicht auslegen, nicht lesen: »These women were hard to read. [...] The men on the whole weren't easier to read than the women.« (*MLA*, 26-27)[515] Auch der Soziolekt der Akademiker muß ironischerweise genauso wie der der Straße in einer Art Studium gelernt werden:

> Beyond a potted palm a male academic [...] inquired of a man standing beside him. [...] 'How many lines do you have?'
>
> 'Thank God, just two,' was the reply. 'I hear Purdue's got nine.'
>
> Boaz, to whom the noun 'lines' had several meanings, a couple of them criminal, had the uneasy feeling again that he and his partners were fishbowled in the Fairfax, inside some systematic and intricate world of its own, complete with its own language. [...] This was another problem with certain novelty. What was known as 'getting your street degree' or learning to 'read the street' hadn't been that difficult for Boaz [...]. (*MLA*, 29)

Der Polizist benötigt einen Übersetzer, der Sprache und Sitten der akademischen Gemeinschaft versteht und gleichzeitig die Funktion eines Informanten im kriminellen Umfeld übernimmt: »The good investigator, as he knew, is the detective with good sources of information, good informants. [...] He was going to need someone who spoke this dialect, a kind of interpreter, to help them.« (*MLA*, 29) So wird ein Topos des Polizeiromans mit dem inhaltlichen Ziel einer Einführung in die Gegenwartssituation der Literaturwissenschaft verbunden. Die Rolle der Informantin übernimmt Nancy Cook.[516] Sie versteht ihre Aufgabe als Lehrtätigkeit: »'[...] what you're looking for is something like 'An Introduction of the MLA'?'« (*MLA*, 44) Der Polizist wird zum »[...] student of MLA, Boaz Dixon [...]« (*MLA*, 51) und erweist sich als gelehriger Kursteilnehmer. Durch die Einführung in Sprache und Sitten kann Boaz Dixon Informationen anders bewerten und andere Fragen stellen als seine Kollegen: »'Why'd they all show up so early?' Boaz asked, jotting notes. 'How many positions they looking for?'/ Halleran and the other detectives were a little surprised at this swerve, but they hadn't attended Nancy's orientation course.« (*MLA*, 99)[517] Er achtet nun auf andere Dinge, so auf den *MLA Swivel* der Teilnehmer und dadurch z.B. auf deren Namensschilder: »Boaz noticed (from the look of dismay on a swiveler who'd glanced at a man's lapel and found no identification there) that some people were not wearing the plastic name tags [...].« (*MLA*, 114) Deshalb fragt er nach der Vorgehensweise bei verlorenen Schildern und stößt auf den Namen der später als Mörderin entlarvten Deborah Rames.

Die richtigen Fragen bei Verhören kann jedoch nur Nancy Cook stellen, weil sie um mögliche Motive für Verbrechen im akademischen Milieu weiß, z.B. bei dem Komitee aus Arizona, Michael Alcotts Alma Mater:

> Nancy proceeded to ask some close departmental questions regarding Michael Alcott's activities among other faculty members. Who were Alcott's graduate advisers? Was Alcott on the dean's committee or executive committee or tenure-review committee - any powerful structures responsible for decisions in the department. (*MLA*, 184-185)

Ebenso kann allein Nancy die für den Detektiv so bedeutenden Abweichungen von der Normalität als mögliche Hinweise erkennen. So soll sie sich das Hotelzimmer des Wellesley-Komitees anschauen:

> Turning to Nancy, he went on, 'What I'd like for you to do is look around these rooms in here and let us know if you notice anything unusual. Something you'd expect to be here that isn't there. Or if you see something there that shouldn't be. Anything at all. A lamp. A piece of paper. Anything.' (*MLA*, 76)

Durch diese Übernahme der Konvention des Detektivromans kann ein Einblick in den akademischen Alltag gewährt werden. Dies macht auch die geschilderte Untersuchung des Büros und der Wohnung der ermordeten Janet Mandelbaum deutlich, die in *DF* der akademischen Ermittlerin die wichtigsten *clues* liefert. Janet Mandelbaums Bruder Bill ist von der Anzahl der Bücher in ihrer Wohnung beeindruckt. Kate Fansler erkennt dagegen die Ungereimtheit: »Kate was, unlike Bill, surprised how few books there were, that is, for a professor of English. Professors of literature collect books the way a ship collects barnacles.« (*DF*, 118) Auch das Fehlen von Bettlektüre in Janets Schlafzimmer ist ein *clue*: »One would have expected, if not any recent novels, science fiction or volumes of cultural analysis so popular at this time, at least a book of criticism or literary theory.« (*DF*, 121) Im Arbeitszimmer vermißt Kate Anzeichen wissenschaftlicher Arbeit: »Scholars, particularly one of Janet's productivity, are bound to be in the midst of something.« (*DF*, 119) Der Zustand von Janets Büro im Seminar bietet in seiner Ungewöhnlichkeit weitere Hinweise: »Janet's office, rather unexpectantly, looked more used, more lived-in, than her department. Here some books she might have been reading for pleasure lay strewn about. She must have spent a good deal of time in her office, waiting perhaps, or working.« (*DF*, 134-135)

In *DAD* ist die Einrichtung von Alice und George Hellier, die Wohlstand ausdrückt, in ihrer Abweichung von der Normalität ein versteckter Hinweis:

> The furniture was particularly good; Sarah gazed with pleasure on a very fine sofa table and display cabinet. The china in the cabinet, eighteenth-century blue-and-white, was carefully arranged. The curtains hung level and thick, as only expensive, hand-pleated curtains did. George's family must have been well off; Alice' parents had been elementary school teachers, and Alice herself had never earned much more than her academic salary, despite her distinction. (*DAD*, 184)

Für Peter Shandy in *RYM* ist eine Abweichung von den Gesetzmäßigkeiten des Verhaltens am College eine markierte Unbestimmtheitsstelle und weist auf eine Verbindung zwischen Kollegium und Studentenschaft hin:

> The college community had an unwritten law: What the students don't know can't hurt us. [...] It was understood that nobody ever passed on a word to the undergraduates. Since these young folks thought their seniors a dull lot anyway, the code was seldom broken and then only by gradual osmosis. There had been some unusually fast leakage here, and he wondered who was responsible. (*RYM*, 80)

Clues für die Detektivin und Literaturwissenschaftlerin Kate Fansler sind in *DF* in literarischen Texten und Biographien zu finden. Konventionsgemäß ist es eine Kleinigkeit und eine Ungereimtheit hinsichtlich Janet Mandelbaums Lektüre, die sie der Auflösung näher bringt. Bei der Untersuchung der Wohnung der Toten findet Kate eine kritische Ausgabe von *George Herbert and the Seventeenth Century Religious Poets*: »Kate flipped through the pages with the thumb, and the book fell open at page 69. The binding had been slightly forced here, so that the book, open to this page, lay flat.« (*DF*, 121) Ungewöhnlich ist ein Werk, das Janet vor ihrem Tod gelesen hatte, nämlich eine Biographie Eleonor Marx': »It was not a biography, Kate would, off hand, have connected with Janet.« (*DF*, 125) Bei der nachfolgenden wissenschaftlichen Vorgehensweise, der Interpretation der literarischen Hinweise wird die Fairplay-Regel eingehalten. Alle literarischen Werke, Anspielungen und Persönlichkeiten, die der Detektivin bei ihren Interpretationen zugrunde liegen, werden im Text des Romans genannt. Die Gedichte George Herberts sind mit Fußnoten komplett abgedruckt: »Love (III)« (*DF*, 121-122) und »Hope« (*DF*, 137). Über Eleonor Marx wird gesagt: »'[...] she translated *Madame Bovary*.'« (*DF*, 135) Ein Student erwähnt gegenüber Kate, daß er Janet um Rat gefragt hatte, weil er sich mit der französischen Philosophin Simone Weil beschäftigt, für die wiederum George Herbert von Bedeutung gewesen ist. (*DF*, 78) Kate liest die Marx- und eine Weil-Biographie, und als sie entdeckt, daß für Janet noch ein weiteres Gedicht von Bedeutung war[518], sucht sie es in der Bibliothek heraus. Aus diesen Informationen und Texten interpretiert/deduziert sie, daß Janet Selbstmord begangen hat. Aus den Gedichten schließt sie auf Janets Hoffnungslosigkeit und deren Vorstellung von Selbstmord als Erlösung von Qualen, wie Kate in einer Art Denouement dem Anwalt Cunningham vordoziert:

> 'The poem of Herbert's, 'Love',' [...] 'speaks for a man who considers himself unworthy in his life and religion, being urged to sit down with Christ and be served by him. [...] it could be read as an invitation to death, that one was ready to join Christ in heaven, to get there, furthermore, by eating. Eating death, perhaps.' (*DF*, 145)

Dieses Gedicht war für Simone Weil, wie die Literaturwissenschaftlerin erforscht, eine Erleuchtung. Zudem stand sie, wie Janet, nicht zu sich selbst und versuchte ebensowenig ihre Situation zu ändern:

> '[...] Weil had copied this poem out in her own hand; she felt, while reading it, that Christ was *there*. [...] She identified herself profoundly with poverty, persecution and all suffering, except, of course, the kinds of suffering she had experienced personally: as a woman, and as a Jew. She didn't particularly identify with either.'
>
> 'Did she kill herself?'
>
> 'Perhaps. She starved to death when many people were starving, during World War II. I think she died in part from not having a proper place in which to suffer.' (*DF*, 145)

So wie sich Janet möglicherweise mit Weil identifiziert hat, ist auch die Parallele zu Eleonor Marx und Flauberts Heldin zu ziehen:

> 'Eleonor Marx killed herself with cyanide, then called prussic acid. No one, with the possible exception of one friend to whom she was writing, ever knew she felt depressed.' [...] 'Eleonor Marx translated *Madame Bovary*, whose heroine, in despair at having no place to live her life, and no life to live, kills herself by eating arsenic.' (*DF*, 145)

Das Gedicht »Hope« gibt den Hinweis, warum Janet gerade an diesem bestimmten Tag den Selbstmord beging und das im Büro des Seminarleiters

Clarkville und nicht auf der Herrentoilette, wo sie schließlich gefunden wurde. Es war über sie gesagt worden: »She had come to Harvard full of hope [...] that hope had been harshly denied.« (*DF*, 48) Nach der Lektüre des Gedichts erfährt Kate von Clarkville, daß Janets männliche Kollegen ihr an ihrem Todestag deutlich gemacht haben, daß sie nur als Alibi-Frau gezwungendermaßen eingestellt worden war und nie akzeptiert werden würde:

> 'The chairman had that day taken away any hope. [...] This poem suggests that the poet had had hope of returns from Hope, because he had believed in him. It ends with the line: 'Ah, Loyterer! I'le no more, no more I'le bring! I did expect a ring.' That seems to say it fairly clearly.' (*DF*, 146)

Kate Fansler löst den »Mord« Mandelbaum durch das Interpretieren von Texten, für Nancy Cook dagegen sind die Todesfälle auf der MLA-Konferenz an sich die Texte: »'Because, see, they're *literary* killings.'« (*MLA*, 169) Der »'[...] killer is deliberately creating a kind of *text* [...].'« (*MLA*, 179) Der Konvention des Detektivromans entsprechend, ist es auch in *MLA* eine Kleinigkeit in den kriminellen Vorgängen, allerdings literaturwissenschaftlich verstanden, welche die Gedankengänge Nancys in Bewegung setzt: »Michael Alcott's death was probably a murder, Nancy grimly decided. It just seemed contextually right. If three academics are dead at a hotel, two of them murdered, why assume the third to be an accident?« (*MLA*, 139) Als Literaturwissenschaftlerin erkennt sie die Symbolik in Michael Alcotts Tod:

> Nancy noted aloud, musingly, that Alcott's subject matter was always about dismemberment, body distortation, deformity, and the ways those connect with the limits of language - always something about the public presentation of the body. [...] Actually, she thought, it *is* odd in a way that he would die like that; the irony of it. (*MLA*, 152)

Ein einziges sprachliches Zeichen, verbunden mit einer harmlosen Bemerkung, interpretiert Nancy Cook, und mit ihrem Verständnis von poststrukturalistischer Literaturtheorie erkennt sie nach dem Mord an Malcolm Gett die Lösung des Verbrechens:

> 'Freedom was written on the mirror [in Gett's bathroom],' she asked slowly. [...] Boaz shifted his shoulders inside his suit. 'I tell you, this thing just don't signify.'
>
> There was a movement to his left. Nancy, he noticed, was sitting bolt upright on her folding chair. She was staring at him. [...] '*The signifier does not necessarily indicate the signified.* But the whole thing *might* signify, provided you can read the discourse of the

> community. [...] The whole thing's a set-up! The clues are false, Boaz, all of them! No, not false; I mean, they *seem* to be false because they're *meant* to look that way.' (*MLA*, 168-169)

Red herrings erhalten angesichts postmodernen Verständnisses von Zeicheninterpretationen eine neue Konnotation.

Bei ihren Ermittlungen geht Nancy wissenschaftlich vor. So beschafft sie sich Hinweise durch einen *research assistant* in Yale: »'I want full biography - articles, books, publication dates - for four people.'« (*MLA*, 173) Mit diesen Auskünften erkennt sie die Verbindung zwischen den Morden: »[...] 'you [Boaz] were talking about there not being much pattern? That some of the killing look as if it didn't matter who died? And remember how I told you in English departments nowadays you are what you write?'« (*MLA*, 176) Sie interpretiert daraufhin die Texte der Todesfälle als postmoderne Fiktion, die keinen finiten Sinn ergibt:

> 'But a *certain kind* of pattern,' Nancy insisted. 'A pattern that's a postmodern nonpattern: one with randomness and contingency in it. A pattern created in part by the victim, in the way that literature is equally created by the reader, who is reading it [...] Now if what we've got here is creative irony - I mean, if the killer is deliberately creating a kind of text - [...] if the whole set of killing is read as a contemporary text [...] then the underlying pressure would be irony, the text would be self-reflexive. It would deliberately disrupt its own patterning; it would subvert some parts of itself. [...] you've been looking for repeated patterns that make for closure. But what if the killer is setting up a text that's indeterminate? Then there wouldn't be closure, there would be, oh, radical ambiguities, weird juxtapositions, things that are startling.' (*MLA*, 179)

Dieser Weg zur Lösung ist selbst in seiner Vieldeutigkeit ein Beispiel für angewandte postmoderne Theorie. Das Muster der Morde wird als ein sich selbst dekonstruierender Text gedeutet. Die Interpretation erklärt, was ein postmoderner Text ist und versucht ihn zu »deuten«. Sie erkennt, daß der Täter durch die Morde gerade Kritik an dieser Richtung übt: »'Is the killer angry about Trendies, about postmodernist stuff, and so sets up a kind of parody of all that [...] Do these killings say, 'Okay you want ironic texts, you want subversion, you want postmodernism, I'll give you exactly that?'« (*MLA*, 181) Deshalb suchte sich der Täter zwei Vertreter dieser Schule aus. Gett und Alcott sterben somit als Personifikationen ihrer wissenschaftlichen Thesen:

> 'First, Michael Alcott. His book, very influential, was called *The Tremulous Physique*. And on every tenth page or so in that book, he describes another deformity or mutilation and how that's related

> to language and cultural assumptions and what not.
>
> 'Then Michael Alcott ends up deformed, even mutilated. He ends up being an example of what he wrote. So did Malcolm Gett.' (*MLA*, 176)[519]

Weitere Hinweise auf ein postmodernes Muster ist der Mord an Irene Foster. Ihr Tod *per se* ist ein *clue*, und als Opfer ist sie nur eine Funktion, die mehrfach poststrukturalistische Hinweise liefert. Sie beschäftige sich mit traditioneller Mythologiekritik, ihr Vorname, die Verwendung des Wortes »irenic« in ihren Buchtiteln, ihr traditionelles Forschungsgebiet bietet adäquates Material für ein Wortspiel:

> 'One striking thing about her work, though, is a fondness she has for the word *irenic*. Which means, oh, 'peaceful' or 'conciliatory': All three of her works have *irenic* in the title.'[...] 'It's way out, I know, but I think maybe the killer made a connection between the name Irene and *irenic* and *ironic* - the kind of punning that's going on in trendy writing these days. [...] That's pretty standard these days in academic papers: making wild puns and juxapositions of words that sound alike. It's a way of being what's known as 'postmodernist'. [...] you have to assume the killer has an investment in making all sorts of ironies happen.' (*MLA*, 177-179)

Auch der Tod Susan Engletons hatte nur die Funktion, den Anfang des postmodernen Todesmusters zu bilden: »'Maybe the killer was just looking for a coffee service. To make a victim happen somewhere, anywhere. To set up a pattern.' (*MLA*, 178) Nancys Folgerung ist, daß nur eines der Opfer das eigentliche Ziel war, die anderen Morde dagegen nur Ablenkung und Ausdruck der Trendkritik. Sie erkennt, daß Michael Alcott das gemeinte Opfer war:

> 'So you'd want to strike first were you most wanted to strike. The others to a certain extent would be just your diversionary set up. Of course, when you arrange for bodies to become an ironic text, that's so enraged an act it falls within the category of revenge, too.' (*MLA*, 181)

Die Interpretation Nancys war jedoch nur eine Annäherung an die Täterin, da sie nur zur erneuten Befragung von Alcotts Kollegen führt und diese schließlich den Namen Rames erwähnen. Da sie nicht die Identität der Täterin ermittelt, vor allem aber weil sie nur einen Teil der Wahrheit erkannt hat, folgt dies, wie schon ihre Vorgehensweise, poststrukturalistischen Theorien. Nancy hatte zu Recht erkannt, daß Deborah Rames den Postmodernismus ihren mörderischen Plänen zugrunde gelegt hat, was die Täterin in den Verhören nach ihrer Verhaftung auch bestätigt: »'[...] she concocted this plan to make a whole set of confusing killings, so as to get even in a big way. [...] she did say the word *postmodernist* one time when I was askin' her about the plans she made.'« (*MLA*, 201-202) Aber auch wenn Michael Alcott ihr eigentliches Opfer war, die Art und Weise seines Todes wurde nicht durch seine Lehren bedingt: »Boaz added that he was unsure to what length Deborah Rames was prepared to go to make Alcott resemble the kinds of things he'd written about.« (*MLA*, 203) Der Leser wußte ja ohnehin, daß Alcott aus der Situation heraus getötet wurde: »[...] *that his sneer that moment was an act that confirmed his doom*. That look.« (*MLA*, 103) Das Motiv für die Ermordung Irene Fosters hat Nancy sogar völlig mißinterpretiert:

> '[...] looks like Irene Foster got killed in place of Malcolm Gett. If Gett had gotten killed on Friday when Rames meant for him to, Irene Foster might still be alive. [...] I'm not sure how she latched onto Irene Foster.' [...] 'You make it sound as though Deborah Rames would have shot anyone available on Friday noon.' [...] 'Rames gets real quiet when you bring up Foster too often. Starts looking down at the floor again. I do think there are gonna be some things we're never gonna know about [...].' (*MLA*, 206-208)

Malcolm Gett starb, wie Nancy richtig deutet, als Anspielung auf sein Werk und seine Thesen: »'[...] it was a deliberate kind of joke about his book, the freedom thing.'« (*MLA*, 209). Aber Getts Tod war nicht nur als dekonstruierender Teil eines Musters vorgesehen, sondern ist vielmehr der Beginn von Rames' Rache an anderen *Trendies*: »'A set of killings, nobody can figure 'em out [...]. From here on out she can pick and choose [...] to get rid of some more people that really aggravate her. [...] this guy Gett: he's one of these high-falutin' Trendies and he makes her sick.'« (*MLA*, 207)

Nancy Cook folgt in ihrer Interpretation Spuren im Sinne des detektivischen Erzählens. Da sie jedoch die faktischen Hintergründe und die endgültige Wahrheit nicht vollkommen begreift, verfolgt und erkennt sie nur »Spuren« der Ereignisse im poststrukturalistischen Sinne Derridas. Deshalb sind sie und ihre detektivische Forschungarbeit im Kontext der Romanaussage selbst ein Beispiel postrukturalistischer Konzepte. Nancy mißbilligt die *Trendies* und ihre Theorien, der Mord ist Kritik an dieser Richtung, aber er kann nur aufgeklärt werden, indem man poststrukturalistisch vorgeht. Die Kritik an der Postmoderne dekonstruiert sich selbst.

Beide Literaturwissenschaftlerinnen, Fansler und Cook, symbolisieren durch ihre erfolgreiche Ermittlertätigkeit, basierend auf ihrer beruflichen Fachkenntnis und ihren wissenschaftlichen Methoden, die Daseinsberechtigung der Geisteswissenschaften, den Haupttopos der *campus novel*. Kate Fansler verkörpert durch ihren analytischen Verstand, der Frauen lange Zeit abgesprochen worden war, feministisches Verständnis. Da es für die Frauen in Harvard schon vor dem Tod Janets keine »heile Welt« im Sinne des orthodoxen

Detektivromans gab und durch die Ermittlungen sich wenig ändert, wird die Detektivin nicht zum Symbol eines männlichen Prinzips von Ordnung. Aber sie wird ebensowenig der Anfang eines veränderten Systems. Kate Fansler kehrt in ihr altes Leben als Alibi-Frau zurück[520]:

> Dean of Arts and Sciences to Professor Fansler, Baldwin Hall:
> Dear Professor Fansler: Welcome back from Harvard to your old home ground. We are, of course, all delighted to have you back at the old stand. On the recommendation of the University Committee on the Future of Education in the Faculty of Arts and Sciences, I am pleased to invite you to serve as a member of that body for a term effective immediately. (*DF*, 156)[521]

Die Analyse der Detektivfigur, ob akademisch oder nicht, belegt, daß die Verknüpfung mit inhaltlichen Aussagen im Hinblick auf das universitäre Milieu die Funktion der Protagonisten neu definiert. Er/Sie wird durch die Synthese der Merkmale des Kriminal-/Detektivromans mit denen des Universitätsromans in der *college mystery novel* die Personifikation und das Instrument der Kritik am zeitgenössischen akademischen System. Die Figur des Ermittlers wird zum Symbol der wahren Auffassung von Forschung und Lehre:

> The university no longer embodies the rich possibilities of intellectual life. [...] In satire which ranges from mild to harsh, the detectives embody the best intellectual values, while the murder suspects - the academics themselves - abuse those values; and murderers, rather than attacking the university, mirror it - by carrying its worst tendencies to their logical conclusions.[522]

Diese Beurteilung wird in verstärktem Maße in der Interpretation der Täter und Opfer verdeutlicht.

3.1.2. Die Verdächtigen, Opfer und Täter im akademischen Milieu

»Morse began to see that there *was* a way. It would have been fiendishly clever; but Oxford was full of clever people, wasn't it?« (*SWNQ*, 120) Und die Akademiker setzten ihr geistiges Potential vorzugsweise für kriminelle Aktivitäten ein. Denn glaubt man den *college mystery novels*, scheint die Universität mit ihren verschiedenen Institutionen das Schlechteste in den Menschen zu fördern. Schon ein provinzielles Landwirtschaftscollege wie Balaclava in *RYM*, mit einer typischen »closed community« (*RYM*, 171), unterliegt internen Spannungen, wie Peter Shandy ironisch anmerkt: »Murder at least this kind of murder, just didn't happen in respectable little college towns.«

(*RYM*, 133) Er wußte, welche menschlichen Abgründe er mit seiner geschmacklos-übertriebenen Weihnachtsdekoration offenlegt:

> He had always managed not to get personally involved in any of the blood feuds that had raged around the Crescent during his occupation, but he knew only too well how high passions could run over acts far less outrageous than the one he had committed. (*RYM*, 30)

In *DAD* wird festgestellt, daß »'[...] academic circles are always malicious:'« (*DAD*, 108) Ebenso weiß Peggy O'Neill in *PI* um die Universität als ein Ort für mörderische Leidenschaften: »'I've always known that the University is a place ripe for murder, Edith,' I said, 'but not quite this ripe.'« (*PI*, 70)[523] Dabei muß es sich bei den verbrecherischen Aktivitäten der Akademiker nicht immer um Mord handeln: »[...] a few criminal cases. The most recent ones involved a custodian and a professor in the Medical School./ 'We had 'em both cold,' she said, 'and for felonies just as serious: Misusing University funds.'« (*PI*, 43)
Gerade Konferenzen sind eine Brutstätte für akademisch-kriminelle Fehltritte: »'There's just something about MLA, I think. Everybody goes into a bizarre state: It brings out the worst in people.'« (*MLA*, 113)[524] Als die Pläne für eine Emily-Dickinson-Konferenz angerissen werden, prophezeit Homer Kelly, daß es bei einer solchen Ansammlung von Akademikern Zänkereien geben wird:

> 'A conference like that is unhealthy. I mean it, speaking as an ex-cop. What you'll get is a collection of snarling tigers. Everything at a fever pitch of ambition and jealousy and character assassination. All those professors, they look so mild and easygoing on the surface, but underneath it's the law of jungle. Violence, that's what you'll get! (*EDD*, 16)

Er erwartet sogar »'Death and destruction.'« (*EDD*, 17)

Im Hinblick auf die Darstellung der Verdächtigen, Opfer und Täter des akademischen Milieus hat in der *college mystery novel* eine Verknüpfung mit Merkmalen von Figuren besonders der *campus novel* und inhaltlichen Aussagen dieses Subgenres stattgefunden. Dies hat zur Folge, daß in unterschiedlichem Maße mit den Konventionen des Detektivromans gespielt wird oder diese sogar gebrochen werden und man sich am Täter/Opfer-Verständnis des Kriminalromans orientiert.

Mit Professor Mossbanker als Mörder wird in *OB* die Konvention der symphatischsten und unverdächtigsten Figur als Delinquent durch die Verbindung mit dem Typus des weltfremden Gelehrten verstärkt: »The professor was blinking and rubbing his eyes. Then he replaced the large thick spectacles, which with their heavy black rims made him appear almost the caricature of the absent-minded academic.« (*OB*, 41)[525] Mit Mossbanker, einem Chemiker (*OB*, 216), »some kind of scientist« (*OB*,44) als Mörder wird aber gleichzeitig die negative Stereotypisierung von Naturwissenschaftlern in der *campus novel* akzentuiert.

Denn die *college mystery novel* ermöglicht es, die Kritik an den typischen Opponenten der Geisteswissenschaftler zu unterstreichen, indem diese als Verbrecher charakterisiert werden. Dabei werden die Konventionen des Detektivromans – die sympathische Person ist der Mörder - durch die Übernahme der Figurvorgaben des Universitätsromans gebrochen. So sind in *RYM* mit Heidi Hayhoe und dem Ingenieur Bob Dysart die Rollen der Täter mit negativen Stereotypen der *campus novel* besetzt. Die blonde Sexbombe ist nicht am College, um zu studieren, sondern nur des Spaßes wegen: »'With a name like Heidi Hayhoe, the girl's a natural for the role of campus cutup. She's here for laughs and men, and she doesn't make any bones about it.'« (*RYM*, 104) Äußerst unsympathisch, großspurig im Auftreten, steht Dysart gern im Mittelpunkt des Interesses. Anderen neidet er ihren Erfolg, wissenschaftliche Errungenschaften sind für ihn nur wegen ihres finanziellen Nutzens interessant: »'It just happens that we have some very interesting research going on there [at the power plant]. There's a potential for commercial development that will make your Balaclava Buster look like a worm-eaten radish, and I'm the guy who's pushing it.'« (*RYM*, 165)

In *SWNQ* ist es der Chemiker Christopher Roope (*SWNQ*, 10), der die Morde am *Foreign Examination Syndicate* plante und für die Käuflichkeit von Kultur und Bildung verantwortlich ist, während der Historiker Nicholas Quinn (*SWNQ*, 8) für seine Integrität mit dem Leben zahlen muß.

Auch andere literarische Feindbilder der *campus novel*, wie die Mitglieder der Administration, deren Desinteresse an den Belangen der Universität, Studierenden und Dozentenschaft sowie das Streben nach Macht, Korruption und Eigennutz als charakterliche Defizite erscheinen als besonders drastisch, wenn dies mit dem Verhalten von Kriminellen gleichgesetzt wird oder zu strafbaren Handlungen wie Mord führt.

In *PM* wappnet sich der Privatdetektiv zu seinem Treffen mit den Bürokraten der Universität wie zu einer Begegnung mit Unterweltbossen:

> [...] I was strolling up Commonwealth in my gray suit wearing a blue Oxford shirt with a traditional roll in the collar, and a yellow silk tie that whispered *power*. My cordovan loafers gleamed with polish, and I had a brand new Browning 9mm on my belt just back of my right hip. [...] I was dressed to the nines, armed to teeth, ready to lunch with the WASPs. (*PM*, 9-10)

Das Prestige eines *Warden* als Objekt des Ehrgeizes und zugleich typisches Motiv der *college mystery novel* findet in *DAD* als *red herring* seine Verwendung. Der Posten des *Warden* wird gleich zu Beginn des Plot als »[a] poisoned chalice« (*DAD*, 8) bezeichnet. Dies deutet die schwere Last der Arbeit an, vor allem wird vorweggenommen, daß es im Fall eines Todes der Amtsinhaberin Judith Symonds sich um Mord handeln wird. Sogar eine mögliche Verdächtige wird konventionsgemäß vorgestellt: »'I [Symonds] could do with a new Deputy Warden [....]./ 'Alice Hellier still not being very helpful? Of course, she applied for the job, didn't she?'/ 'Yes she did. And she still hopes to get it, if I drop dead.'« (*DAD*, 19) Als die Polizei im Todesfall Judith Symonds schließlich von Mord ausgeht, wird das Motiv in einer möglichen Nachfolge erkannt:

> 'Can we think about Judith Symonds? Who benefited from her death?' [...] 'Who did expect it [the job as Warden]?'
>
> 'Oh heaven John. Alice Hellier, I suppose. She was the natural candidate. But people don't murder each other in order to be Warden of Gladstone.' [...]
>
> 'In my manor, people murder each other for a good deal less than that.' (*DAD*, 203)[526]

Eine kritische Darstellung von Verwaltungsmitgliedern ist *PI*, da deren Schiebungen und Verbrechen in den Mittelpunkt des Detektivsplots gestellt werden. Die Ermittlungen Peggy O'Neills legen die unterschiedlichsten Formen des Amtsmißbrauchs und deren Folgen offen. Nach dem Tode Donna Trasks durch einen vergifteten Apfel wird von einem fehlgeleiteten Anschlag auf den Leiter der *Graduate School* Jeremiah Strauss ausgegangen. Die Verdächtigen werden in zwei Gruppen unterschieden: Den Wissenschaftlern und den Mitgliedern der Verwaltung. Ihre Motive sind in Strauss' Amtsführung begründet. Gleichzeitig wird der verderbte Charakter des *Dean* durch die Nachforschungen beleuchtet. Ein Wesenszug Strauss' ist, sich durch Provokation Feinde zu machen:

> [...] - his inaugural speech as a University Scholar - was entitled 'Women in Academia: Past Achievements, Future Promise' [...] he planned to end it with a retelling of the story of Adam and Eve, arguing that, without Eve's rebellion against God, mankind (his word) would still be living among the animals in an enclosed garden somewhere. 'All the progress we've made,' [...] 'our restless discontent ... our striving ... the unremitting rebellion against the status quo so characteristic of mankind (his word again), is thanks to Eve for having used her feminine wiles, her womanly charms, to lure Adam into taking a bite from the forbidden fruit, to seduce him into rebellion against God.' [...] I [Peggy] didn't find it difficult at all to imagine that somebody might want to poison him. (*PI*, 19-20)

Er delektiert sich daran, die Macht[527] seines Amtes auf Kosten anderer auszuleben und sie zu manipulieren, besonders wenn er dies mit seiner selbstgewählten Rolle als Moralapostel verbinden kann:

> 'What business is it of Strauss,' I asked, 'the private lives of the faculty?'
>
> 'We've got to keep up standards, you know,' [...] 'for the youth of today, tomorrow's adults. Which really means that Strauss doesn't like people he suspects are having more fun than he is.'
>
> How does he pick up all his dirt?'
>
> [...] 'Maybe he's got spies everywhere.' (*PI*, 46)

Es gibt daher eine Vielzahl von Personen mit möglichen Motiven für einen Mord an Strauss: »'Well, I can rattle off the names of a dozen people whose hearts would beat as happily as clowns on pogo sticks, if they heard Strauss was dead.'« (*PI*, 45)[528] Drohbriefe gehören deshalb zu seinem Alltag[529], die umstrittene Ernennung zum *University Scholar* vergrößert noch die Schar der Gegner:

> 'You're not focusing on women and minority faculty members, 'I asked, 'the ones who might have been angry enough to want to assassinate him?'
>
> 'No,' Buck said. 'But of course it's possible that one of them felt strongly enough about his being made a University Scholar that he or she sent death threats, and tried to kill him when the banquet went on in spite of them.' (*PI*, 25)

Mit seiner Art hat sich Strauss im Laufe seiner Karriere unzählige Feinde gemacht. Unter den Opfern auf Seiten der Geisteswissenschaftler ist der Historiker Myles Kruger. Er gibt dem *Dean* die Schuld an seiner Ehekrise (*PI*, 108-110) und dem Ende seiner akademischen Karriere:

> 'One of my favorite candidates is Myles Kruger, an associate professor in History, who thinks he'd be a full professor now if it weren't for Strauss.' [...] 'Kruger cheated on his wife. Strauss found out about it. Apparently Strauss has set himself up as the University's morals' cop - or sexual behavior cop, which isn't exactly the same thing.' [...] 'And then Kruger applied to the Graduate School for a travel and research grant [...]. Strauss turned him down. (*PI*, 45-46)

Ein weiteres Mitglied der Geisteswissenschaften und Opfer Strauss' ist Edith Silberman, deren Karriere er blockiert[530], und darüber hinaus versuchte er, sie wegen der Aufnahme Donna Trasks ins Graduiertenprogramm mit ihren Studierenden als Druckmittel zu erpressen:

> 'I have two really bright students who had applied for scholarship from the Graduate School. Jerry mentioned them to me, casually, as

> if in passing. He was telling me, indirectly, that whether or not they won the scholarships would depend on whether or not Donna Trask got into our graduate program. I myself wouldn't waste any time applying for money from the Graduate School, not as long as he's dean, but when he went after my students, I blew up. It was the last straw.' (*PI*, 68-69)

Aber je tiefer Peggy O'Neill sich in die Ermittlungen stürzt, desto deutlicher wird, daß nur Verwaltungsmitglieder für einen Mordanschlag auf Strauss in Frage kommen können. Durch die Übernahme der Erzählstruktur der *hard-boiled novel* bringt jede Szene neue Hinweise und wirft gleichzeitig neue Fragen auf, die allesamt die Klüngelei innerhalb der Administration zunehmend erhellen. Am Ende werden in einer Denouement-Szene alle Bürokraten mit ihren sekundären Geheimnissen konfrontiert, die deren Gewissenlosigkeit und Kriminalität belegen, und der verwerflichste unter ihnen wird als Mörder entlarvt.

So wie Strauss jeden Wissenschaftler in der Hand hat, so fürchten ihn auch seine Kollegen in der Verwaltung:

> 'After fifteen years, Jerry's getting careless in his abuse of power I'm not the only person who thinks Wolf made him a University Scholar just to get him out of office without embarrassing him. Jerry probably knows too much dirt about what goes on in the administration to be dismissed without getting a big, public reward for it.' (*PI*, 72)[531]

Präsident Wolf fürchtet den Sittenwächter[532] Strauss, noch stärker aber den Mitwisser von unredlichen Landverkäufen. Es handelt sich dabei um eine der Universität vor 30 Jahren vererbte Insel, deren Flora und Fauna erhaltenswert waren:

> '[...] he left it to the University - for research purposes, ecological studies, things like that. He thought that would preserve it, that it would be safe in the University's hands, forever and ever. And he died in that belief.' [...] 'The island was sold five years ago,' [...] 'You want to guess who bought it?'
>
> 'Wolf.'
>
> 'Wolf, yes. And Donald Trask. [...] The two of 'em turned around and sold it to a land developer, who parceled it up into small lots just large enough for people to put up little cabins and boat houses and docks. Now the lake's a buzz with every kind of gasoline-powered vehicle imaginable, and the only thing living on or near the island are people [...]. When the University decides to sell something off, it's required to advertise prominently and accept anonymous bids. Somehow, Wolf's and Trask's bid won.' (*PI*, 132-133)

Auch Hudson Bates, Strauss' Stellvertreter, hatte Motive für einen Mordanschlag auf seinen Vorgesetzten. Dieser weigerte sich, Bates' Ehefrau, die an einem College in Kalifornien tätig ist, eine Position an seiner Universität zu beschaffen, obwohl er genügend Einfluß gehabt hätte und es für andere schon getan hat (*PI*, 152-153)[533]. Dies trifft den *associate dean* besonders heftig, da er immer Strauss' »Drecksarbeit« erledigt hat:

> 'All these years little Hudson has run thug's errands for Jerry Strauss, and for what? Nothing: Jerry returns to teaching loaded down with honors and Hudson returns to teaching with nothing to show for his loyalty but a well-earned reputation as weasel. What a pity!' (*PI*, 159)

Peggys Ermittlungen decken einen Skandal bei der Erweiterung der Universität um den *New Campus* vor fünfzehn Jahren auf, in den Donald Trask, der Industrielle Harold McCord und Jerry Strauss verwickelt waren. Sie sind auch für die Schiebung bei dem bevorstehenden Bau des neuen Konferenzzentrums verantwortlich. Nach verschiedenen Befragungen und Gesprächen, die Hinweise liefern[534] und Fragen aufwerfen[535], erkennt die Detektivin, daß Strauss sich vor 15 Jahren und in der Gegenwart von McCord hat bestechen lassen, damit er dessen Interessen bei den Projekten durchsetzen konnte:

> 'Fifteen years ago, Strauss used his influence to get the University to expand across the river, and fifteen years ago he inherited a lot of money from his father. He spent time, unaccountably, with Donald Trask in that period. Trask became the U's chief attorney shortly after that, and he's also a good enough friend of Harold McCord to attend his birthdayparty, [...]. McCord suggests to Trask, jokingly, that it's too bad they can't name the new conference center after Strauss. [...] because he'd been instrumental in getting it on the New Campus?' (*PI*, 165)[536]

Als die Machenschaften Strauss' offensichtlicher werden, zieht Peggy die Möglichkeit in Betracht, daß nicht er das geplante Opfer des Giftanschlags, sondern Donna Trask eigentliches Ziel des Mörders war:

> 'Now I wonder what could have been in that speech [of Donna],' [...] 'I imagine Donna Trask would pick up a great deal of dirt in high places over the years, as the daughter of the University's chief attorney. [...] it sounds like it might have been a lucky thing for a lot of people that she died when she did, Jeremiah Strauss included.' (*PI*, 163)

In einem klassischen Denouement, in dem Wolf, Bates, Trask und Strauss, allesamt Mitglieder der Verwaltungsebene der Universität, anwesend sind, werden ihnen ihre gesamten Verfehlungen vorgehalten, die Peggys Ermittlungen aufgedeckt haben. Bates' Motiv ist die persönliche Kränkung und mangelnde Dankbarkeit von Seiten Strauss':

> 'You've done Dean Strauss's dirty work for him for what - almost five years? You've seen all the favors he's done for people in power, people who could be of help to him. But when you asked him to use his influence to get a position for your wife at the U he turned you down. That must have rankled, Bates.' (*PI*, 232)[537]

Neben Bates' Motiv für einen Mord an Strauss, verweisen auch Wolfs mögliche Gründe für eine solche Straftat zum wiederholten Mal auf den Filz in der Verwaltung der Universität:

> 'However, shortly after you arrived here as president, you bought a piece of land from the University, you and Donald Trask. But you promptly turned around and sold that land to a developer, making a big profit. That's not appropriate thing for a University president to do, especially not with property that belongs to the taxpayers. [...] So there's a motive for murder: remove a man who knows too much [...].' (*PI*, 230-231)

Auch Trasks Motiv für einen Mord an Strauss deutet auf die Machenschaften der Verwaltungsoberen und betont die Thematik des Romans:

> 'You were the go-between Strauss and Harold McCord fifteen years ago [...]. 'Your friend Jerry,' [...] 'dealt you out of his latest scheme - getting the University to sell Harold McCord the land for the new conference center. This time, the University already *owned* the land thanks in part to your efforts fifteen years ago. You thought you should get something for that [...] but Strauss didn't agree.' (*PI*, 231)

Der wahre Mörder von Donna Trask, Jeremiah Strauss, ist jedoch nicht nur ein Mann, dem berufliche Verfehlungen nachgewiesen werden können, sondern der auch als Mensch verabscheuenswert ist. Der *Dean* tötete Donna, und später seinen Mitwisser Bert Coombs, weil sie durch ihren Vater und durch eigene Nachforschungen Beweise für seine Intrigen gesammelt hatte, um ihn zu erpressen und sich rächen zu können:

> 'When Donna wouldn't agree to use her information to blackmail Strauss, Bert went to him and told him what Donna planned to do

> with the apple. It was the only chance he had to get any money out of the deal. I don't know if Bert fully realized that it would result in Donna's murder or not. My guess is that Strauss had to convince Bert that the only way they could stop Donna was to kill her. In any case, Bert also told Strauss about the cyanide [Donna possessed], and said he could steal it from her.' (*PI*, 238)

Während in *PI* die negative Beurteilung der Bürokraten verstärkt wird, indem sie sich als Straftäter herausstellen, wird in *MLA* die Schilderung der verschiedenen Vertreter neuester Literaturtheorien als Verbrecher fast zur Allegorie, da sie für ihre Taten nicht juristisch belangt werden können.

Der Polizist Boaz Dixon erkennt, daß in den akademischen Zirkeln nicht Feinsinnigkeit vorherrscht: »Boaz's face was full of baffled irritation. He was also feeling a cop's aggravation at coming across a new variety of human failing in the world, one he hadn't known about.« (*MLA*, 130) Zudem wird deutlich, wie unbedeutend die Vorgänge auf der MLA-Konferenz im Vergleich zur Welt außerhalb des wissenschaftlichen Elfenbeinturms sind: »Meanwhile [...] there were sure to be black and Spanish and Asian families getting burgled and shot and beaten up, and not enough cops were about on those cases, so many had been shuffled over to the Fairfax.« (*MLA*, 160)

Die Teilnehmer der MLA-Konferenz benehmen sich wie Mitglieder des Kleinkriminellenmilieus, wie Boaz Dixon sinniert, als er sie bei ihrer Ausführung des *MLA-Swivels* betrachtet:

> 'Well, it's a good thing,' [...] 'that these folks aren't out on the sidewalk. A woman on the street rubbernecking like that is maybe a pickpocket, but more 'n likely she's a prostitute. You got a roomful of 'em here. And you see a guy lookin' around like that, then he's spotting for somebody or he's a mope gettin' ready to commit a crime himself.' (*MLA*, 111)

Ein Chandler-Zitat übernehmend, wird der Schauplatz als »mean streets of MLA« (*MLA*, 41) bezeichnet, und die verschiedenen, sich bekämpfenden Theorieschulen sind, in Anlehnung an die *hard-boiled novel* oder den Polizeiroman, Straßenbanden: »'Is that all off the gangland division here?'« (*MLA*, 68) Es gibt einen Krieg zwischen den verschiedenen Theorieverfechtern: »'The new Killer-Dillers in the Academy: the territories they defend.'« (*MLA*, 65) Wie Straßengangs sind sie an ihrer Kleidung zu unterscheiden. Nancy Cook erklärt Boaz Dixon, daß das Terrain der Universität von zwei Hauptbanden umkämpft wird:

> '[...] there are two main divisions out there on those committees. Athens and Sparta. Both pretty powerful.
>
> 'The old guard, the Tweeds, that's one group. I'm sure they'd like

> to think of themselves as Athenians. The other group, they're the Spartans, or the young Turks, maybe. They see themselves as revisionists or revolutionaries. They definitely include the new hot shots in critical theory - what I call the Trendies.'
>
> Nancy's tone had a mordant edge as she explained how common it is these days for there to be Athenians and Spartans at war within the same department.
>
> 'God knows they're at war at Yale: big cliques and nasty moves against each other.' (*MLA*, 55-56)

Die *Tweeds*, polemisch nach ihrer Kleidung benannt[538], ruhen sich selbstgerecht auf ihren Lorbeeren aus und sind in Forschung und Lehre in den 50er Jahren steckengeblieben:

> 'They can be charming and intelligent and impressive. But the new people coming into the academy - well, they look at those guys and what they see are white men over fifty who have been *very* comfortable for a very long time. So comfortable that their point of view is defective, and oppressive.
>
> 'The tweedy guys are accused of being, and they *are*, just armchair scholars. They sort of *chat* about books. They go on teaching the same literature that was taught forty years ago, and little else. [...] But the secret fact is that a lot of them haven't been very productive at all. A lot of tweeds have never written a book in their lives. They didn't have to. They were able to get tenures without that in the old days.' (*MLA*, 56)[539]

Ihre Gegner sind die *Trendies*, die sich in verschiedene Cliquen aufteilen[540]. Einzelne Richtungen, ihre Ideen, ihr Auftreten und ihr Erscheinungsbild werden vorgestellt. Die Dekonstruktivisten sind die Basisgruppe, die zwar interessante Konzeptionen entwickelt haben, aber in intolerante Dogmatik verfallen sind[541]:

> '[...] another maniac group? I'd agree that the source, the energy, for the people who'd like to trash the Western tradition, came from the deconstructionists.
>
> 'Those people, when they're not busy defending their main guy, Paul de Man, from charges being a Nazi sympathizer, they write books, using words, telling us that words have no meaning we can rely on, really. That meaning is always contradicting itself so much, language can't be thought of as trustworthy at all. The 'signifier' does not necessarily refer to a 'signified' [...] there is no meaning in that book, or any meaning in it does not point outward, away from the book [...] whatever meaning book has, has been sort of pushed onto it, partly, by the reader's response.' (*MLA*, 68)

Während die Dekonstruktivisten noch durch ein ernsthaft kritisches Auge betrachtet werden, sind andere Schulen nur noch Karikaturen, die sich und ihre extremen Ansichten zu ernst nehmen und in ihrer Absurdität gefährlich werden, wie die Anhänger des Neuhistorizismus z.B. Sarton P. Mudge[542]:

> [...] his latest collection, *Learning to Parse.* [...] taken up his main topic of the *Malleus Maleficarum* (or, The Hammer of Witches) [...] That the text was seen to be in reality a reasonable, even gentle work, long misconstrued. [...] The pale, epigonous Professor Mudge [...] was noticed by a few front-row people in his audience to become freshly animated while reading his description of child abuse by starvation in 1773. [...] the new-historicism maven [sic] illustrated again, for the other wannebes before him, that gratuitous violence of any kind not only is an allowable element in academic work, but is outrightly sexy, exciting, and professionally hip. (*MLA*, 108-109)

So wie Mudges Erscheinung uniform für die Neuhistoriker ist[543], zeigen auch andere Literaturwissenschaftler ihr »Trendytum« durch ihre Kleidung: »[...] wearers of what was, evidently, the *echt* costume for any and all sexual persuasions among the men: blue jeans, white T-Shirts, genuine leather jackets, expensive running shoes, and an impressive single earring, usually in the pierced right ear.« (*MLA*, 31) Lächerlich wird jegliche Aufmachung, wenn sie die Diskrepanz zwischen Lehre und Leben bestätigt und damit auch die Ernsthaftigkeit der vertretenen Theorieansätze in Frage stellt:

> 'The Marxist.' [...] 'Those guys were Marxists. In hundred-and-fifty dollars gymshoes?'
>
> 'And real leather jackets. Absolutely. Now what they'd have to tell you is that everything that's ever been written has been shaped by the writer's prejudices having to do with race and class and sex. The works we've been teaching for so long - Chaucer, Wordsworth - were deformed so much by those prejudices that what they amount to now is 'instruments of cultural domination.' (*MLA*, 68-69)[544]

Angesichts dieser akademischen Variante von Ghettoexistenz mit Bandenkriegen wirft Boaz Dixon ironisch ein: »'Well, Nancy, I appreciate your help. And I will count myself a lucky man having a simple life, just getting shot at from time to time.'« (*MLA*, 72)

Geschickt ist in *MLA* die Notwendigkeit der Erkundung des Milieus durch den Detektiv durch seine Informantin mit einer kurzen Einführung in die Thesen der Theorieansätze sowie die Mißbilligung ihrer Vertreter und deren Kriminalisierung verbunden.

Die inhaltliche Kritik und die Verurteilung der charakterlichen Defizite der Akademiker wird in *MLA* durch die Aufhebung der Grenzen zwischen Täter und Opfer hervorgehoben. Die Konzeption der Figuren orientiert sich nicht mehr ausschließlich nach den Vorgaben des klassischen Detektivromans, sondern gleichzeitig an der des Kriminalromans. Susan Engleton und Irene Foster waren als Persönlichkeit für den Mörder nicht von Bedeutung, sie hatten nur die Funktion, ganz konventionsgemäß, das postmoderne Rätselspiel zu verwirren. Dies ist zugleich eine symbolische Abwertung der Postmoderne, die den Menschen nicht mehr berücksichtigt. Malcolm Gett und Michael Alcott sind »Kriminelle« , weil sie zu den postmodernen Theorieverfechtern zählen. Vor allem mit Alcott ist jedoch ein Täter zum Opfer geworden. Er ist ein typisches Mitglied der *Trendies*: »'[...] as a representative Trendy. He was a very typical Marxist-materialist in thought and deed.'« (*MLA*, 70-71)[545] Zu seinen Opfern zählt die Literatur: »No work of literature was in his room. [...] He advised his graduate students 'not to waste time' reading anything but current criticism'. 'Read literature only to meet a course requirement and just take notes on what has to be known about it,' was one of his recommandation.« (*MLA*, 152) Mit für den *Trendy* kennzeichnender menschlicher[546] und fachlicher Arroganz mißbraucht er genußvoll seine Macht im *tenure-committee* seiner Universität:

> Led by Michael Alcott, a group of half a dozen faculty at U. of A. had persuaded the chair to perform what were still known as the April Massacres.
>
> For two years, younger staff coming up for pretenure review - those whose work was not 'alert to new developments in critical theory', as Alcott put it - had been informed that their professional work did not 'merit advancement.' 'I cannot bear the professionally inert,' Alcott had sneered at one of them.
>
> 'Who *was* that?' Esposito tried to recall, turning to Pogie. 'Was that Neiderthal or Rames?' (*MLA*, 187)[547]

Eines seiner Opfer, Deborah Rames, wird aus Rache zur Täterin. Ironischer- und gerechterweise ist es dann Michael Alcotts Anhängerschaft der postmodernen Theorien, die ihn, buchstäblich und symbolisch zugleich, zu Fall bringt:

> Now the killer, pointing over the ledge and down the atrium, suddenly spoke aloud [...]: 'Isn't that Jacques Derrida? I think so! There was a rumor he'd be here. [...]'
>
> And Alcott, first fan of the French deconstructionist [...] leaned excitingly forward, trying to scan past the hanging vines that dangled from floor to floor. [...] Alcott leaned out a little further, craning his neck. [...] With that, professor Alcott found himself assisted forward as someone decisively pushed his shoulderblades and then yanked up his knees. (*MLA*, 130-104)

Seine Mörderin Deborah Rames ist sowohl ein Opfer von Michael Alcotts Machtgenuß als auch der Hegemonie postmoderner Theorien und ihrer Interessensvertreter. Alcott spielte seine Machtposition aus, die er nur der Tatsache zu verdanken hatte, daß er als *Trendy* im jetzigen akademischen System Karriere machen konnte.

Ungewöhnlich in *MLA* ist zudem, daß die Mörderin als Wissenschaftlerin und Dozentin die gleiche positiv verstandene Position innerhalb des akademischen Systems und des Figurenarsenals des Romans innehat wie die Detektivin Nancy Cook. Deborah Rames hat hart für ihre Karriere gearbeitet (*MLA*, 199). Mit »myth and the American novel« (*MLA*, 199) forscht sie, wie Nancy, auf einem traditionellen Gebiet der Literaturwissenschaft und ist nur aus pragmatischen Gründen eingestellt worden:

> [...] she had not been anyone's first or even second choice. For the hiring committee that year (having made the decision to become a department *au fait* with the latest theoretical trends), the Rames candidacy did not appeal. But the school had needed so badly to fill its Americanist line that, reluctantly, Rames had been hired. She continued to be perceived as a necessary but regrettably retrograde addition to the faculty. (*MLA*, 199)[548]

Deborah Rames wäre jedoch eine ausgezeichnete Wissenschaftlerin geworden, hätte sie die Chance zum Forschen und Schreiben erhalten:

> She pointed out that Deborah Rames might have become an excellent if not fashionable scholar; one of those indispensible workhorses of academic life who compile excellent documents - volumes of letters for instance - that other scholars gratefully use forever after. (*MLA*, 200-201)

Darüber hinaus ist sie, wie Nancy, eine großartige Lehrerin: »As if in compensation, the developing of highly praised and well-attended courses became something of an obsession for her.« (*MLA*, 200) Deborah Rames wurde Opfer der postmodernen Literaturwissenschaft und der Entwicklung in den Universitäten hin zur Präferenz neuester Theorietrends, die ihr deshalb den Platz, für den sie schwer gearbeitet hat, verweigerten. Aber es gibt für die Mörderin wie schon für die Detektivin ein Happy End. Deborah Rames gelangt an einen Ort, an dem ihre Art zu forschen und lehren respektiert wird und an dem sie erfüllt arbeiten kann:

> Four years later, however, in the maximum security region of Dwight Correctional Center, Rames was serving the front end of consecutive life sentences. [...] Safe within rigid structures, refocused, Doctor Rames had become, in fact, respected as only

Murder One commands respect in prison, and as only the profession of teaching commands respect in that institution, as well. She developed and continues to conduct two daily classes both having already shown a certain measure of success. Her 8:00 o'clock class is 'Basic Literacy'. At 10:00 A.M. is 'Introduction into Good Books.' (*MLA*, 216-217)

Nicht Rames ist eine Verbrecherin, sondern die poststrukturalistischen Theorien und deren Verfechter. Sie töten gute Forschung und Lehre, während Kriminelle diese noch zu schätzen wissen. Nicht von ungefähr beginnt *MLA* mit: »'The irony of it all ...'« (*MLA*, 1)

So wie in *MLA* sind auch in *DF* und in *EDD* keine klassischen Täter- und Opfer-Konzeptionen mehr wirksam.

Janet Mandelbaum in *DF* ist, obwohl sie Selbstmord begeht, ein Opfer: »'Janet was murdered all the same,' Sylvia said.« (*DF*, 149) Die Schuldigen finden sich in Harvard und einem überkommenen Literaturkanon: »'And a little help from everybody at Harvard, that is, and one rather distinguished poet, dead himself named Herbert.'« (*DF*, 142) Die Frauen in Harvard tragen die Mitschuld am Selbstmord der Professorin, weil sie ihr eine vorbehaltslose Aufnahme in ihre Gemeinschaft verweigert haben: »'We all conspired in it. We isolated her, we gave her no community. Only death welcomed her.'« (*DF*, 149)[549] Janets Selbstmord ist die Konsequenz von mangelndem *female-bonding*, denn es waren Frauen, die den Badewannenvorfall ausgeführt haben, um sie zu diskreditieren:

> 'A graduate student. Not a liber type. Actually, it was her idea, and the others', to ask Janet. [...] Well, actually, it was their idea to make her drink stronger. [...] When she, Janet, went to the ladies' room and was clearly passing out, the girls went in and, well, they lowered her into the tub. I think they were scared she might be, well, having a fit or something.' (*DF*, 110-11)

Außerdem wird die Forderung nach einem neuen literarisch-feministischen Kanon mit der Frage nach Täter und Schuld verknüpft. Die Gedichte George Herberts, die für Janet Mandelbaum den gedanklichen Impuls zum Selbstmord als Lösung boten, weisen auf die für Frauen fatalen Konsequenzen des klassischen Kanons hin. Sie suchte Rat in einem Text mit männlichen Denkweisen und Wertvorstellungen und fand den falschen Beistand: »'I like to think she died believing she had been called to a holy feast, but I don't believe it. That kind of faith belonged to Herbert's time and Herbert's sort.'« (*MLA*, 147)

Die dritte Gruppe von Tätern besteht aus den männlichen Akademikern und dem patriarchalischen Gesellschaftssystem. Entsprechend der Konvention des Detektivromans, das Milieu vorzustellen, in dem ein Verbrechen geschieht, sowie Motiv und Verdächtige zu präsentieren, geschieht dies in *DF* durch drei

Briefe zu Beginn des Romans. Sie schildern die Reaktionen in Harvard angesichts der ersten Frau auf einem Lehrstuhl im Englischen Seminar und daraus resultierende Motive[550]: »'One scarcely knows whether to cheer or sabotage. I need hardly to tell you what I suspect of going through the minds of some of our stately colleagues...'« (*DF*, 2)[551] Es muß verhindert werden, daß weitere Frauen die männliche Vorherrschaft in Harvard einschränken: »'Anyway, someone [...] has endowed this woman's chair, and threatens to endow others. I say threaten because that's how some people look at it, I think.'/ 'You think someone has set out to sabotage it.'« (*DF*, 23-24) Nach dem Vorfall, bei dem man Janet betrunken in der Badewanne mit einem Mitglied der lesbischen Lebensgemeinschaft *sisters* gefunden hat, konkretisieren sich die Verdachtsmomente: »'Someone Clarkville put up to it, if you ask me,' Andy said. 'Someone of his acolytes at the party.'« (*DF*, 55) Neben den Frauen ist Howard Falkland verantwortlich, der Luellen May unter falschen Vorgaben in die Damentoilette bestellt hatte:

> 'O.K., I'm still a male chauvinist pig. I think women are happier when they're looking up to some man, and having kids which is what nature intended for them.' [...] 'Of course they should be educated like men; they have to live with men, though some of them don't seem to think so these days.' (*DF*, 108)

Zudem wollte er durch die Aktion bei seinem Vorgesetzten Eindruck schinden: »'I suppose I vaguely thought Clarkville would be amused if she made a fool of herself.'« (*DF*, 110) Nach Janets Tod weist alles auf die Angehörigen des *English Department*, damit konventiongemäß auf einen geschlossenen Kreis von Verdächtigen hin. So haben sie ein Motiv:

> 'It does seem as though this chair [for a woman] might have begun to look like the beginning of the end to the old Harvard establishement. The fact is, no one but the Harvard English Department, which didn't want and had never wanted a full-time, tenured woman member, had anything to gain from Janet's death.' (*DF*, 60)

Nur Mitarbeiter des Seminars haben nachts Zugang zum Gebäude: »Keys to Warren House had been no evidence: too many were about, could have been produced at any time. Still the possession of such key was certainly suggestive, pointing to a member of the English Department, a restricted group, which must have been an uncomfortable thought.« (*DF*, 83) Als zwei Studentinnen aussagen, daß sie niemanden in der fraglichen Nacht von Janets »Ermordung« in das *Warren House* haben gehen sehen, verstärken sich die Verdachtsmomente gegen die Gruppe: »Looks bad for the English Department.« (*DF*, 127) Schon aus falschen Gründen von ihnen ausgewählt[552], versetzen die Kollegen Janet endgültig den Todesstoß, als sie ihr auf drastische Weise deutlich machen, daß sie als Frau immer eine Außenseiterin bleiben wird, obwohl sie als *honorary man* sich den Vorstellungen der männlichen Akademiker anpaßt. Sie hatte gehofft, nicht als Alibi-Frau eingestellt worden zu sein[553], aber voller Verachtung klären die Kollegen sie auf:

> 'Since it is only the efforts of those women's studies devotees who have brought you here, Professor Mandelbaum, I can't imagine why you want to take so high and mighty a tone. Of course women's studies are nonsense, pure nonsense. [...] But since we've got saddled with you, it does seem the least thing you could do would be to take care of this problem for us.' (*DF*, 131)

Frauen mögen die besseren Studierenden sein und Janet »'the best seventeenth century person'« (*DF*, 128), aber man(n) würde bei Besetzungsentscheidungen immer dem Kandidaten des gleichen Geschlechts den Vorzug geben: »'Oh, given a choice, I'd have chosen not to have a woman professor in the department. It's bound to be in the nature of things.'« (*DF*, 128)

Zusammengefaßt ist es gerechtfertigt, Janet Mandelbaum somit als Mordopfer zu verstehen und ihre Kollegen sowie das männlich dominierte, frauenfeindliche Harvard als Mörder. Das Merkmal der *campus novel*, die Universität als Mikrokosmos, bricht den geschlossenen Kreis von Verdächtigen auf, und am Beispiel Harvard wird das gesamte patriarchalische Gesellschaftssystem angeklagt: »Cross's metaquestion is 'who kills women and why?' her answer, in part, is 'the established order'.« [554] Zudem werden, wie schon in der Figur der Detektivin, nicht die Wiederherstellung der Ordnung als Prinzip des Detektivromans zugrunde gelegt, sondern durch die Figuren des Opfers und der Täter die Brüche im Systems aufgezeigt und Änderungen gefordert. Gleichzeitig wird mit *DF* selbst ein Beispiel für eine literarische Form präsentiert, die sich mit feministischen Fragestellungen beschäftigt und einen neuen literarischen Kanon symbolisiert.

EDD orientiert sich definitiv an der Opfer/Täter-Konzeption des Kriminalromans. Schuldig, wenn auch nicht im juristischen Sinn machen sich, bis auf Owen Kraznik und Homer Kelly alle Literaturwissenschaftler. Ihr Opfer ist Emily Dickinson, deren Leben und Werk sie mißbrauchen:

> There was something that dismayed him. The flaw was common failing - a note of ownership, of territorial arrogance. *My theory, my picture, my poet.* The inference was always the same, *Emily Dickinson belongs to me.*
>
> On the surface it seemed innocent enough, this habit of grasping at the great and good after they were gone. And yet to Owen there was something violent about it. It was like graverobbers stealing

rings from the fingers of the dead, or groping in the lifeless jaws to extract the golden teeth. It was like an exhumation. *These bones are mine*. (*EDD*, 5)[555]

Tom Perry ist einer der ungefährlicheren Repräsentanten dieser Art von Grabräubern, da er zumindestens etwas von Emily Dickinson versteht: »Tom was one of Owen's superb successes, the youngest full professor at Amherst College, and another deed holder, of course, in the Emily Dickinson *real-estate bonanza*.« (*EDD*, 8) Dombey Dell, für den das Aussehen einer Dichterin von Bedeutung ist - »'If Emily Dickinson was as homely as that picture on your wall, I hold it against her. I'm sorry to admit it but it's something in my glands.'« (*EDD*, 15) - kann dagegen die Lyrikerin nicht einmal wissenschaftlich richtig beurteilen:

> He had called Emily Dickinson typical Victorian female poet of helplessness and fragility. He had been clever and sarcastic at her expense. His pose of *enfant terrible* had enraged them all. There had been boos and catcalls, and during the question period Dombey had been dismembered. (*EDD*, 92)

Die Popularität der Dichterin mißbraucht er nur zur Untermauerung des eigenen Ruhmes in der akademischen Welt und zur Erhöhung seines Egos:

> [...] Dombey's display of scholarly megalomania. [...] But Dombey was throwing back his head in a paroxysm of self-congratulation. [...] 'I've never had a whole entire conference to call my own. *The Emily Dickinson Centennial Symposium, brainchild of Professor Dombey Dudley Dell, founder, guiding star, principal factotum, and distinguished major-domo*. [...] 'Get out my pick and shovel, start digging the woman up.' [...] 'Metaphorically speaking of course,' [...] 'I mean, just as a figure of speech.' (*EDD*, 16)[556]

Wenn er Emily Dickinson »ausgeschlachtet« hat, wird eine andere Autorin herhalten müssen: »Even Dombey Dell was abandoning Emily Dickinson getting ready to rip and claw at somebody else. This time it was Julia Moore, the Sweet Singer of Michigan.« (*EDD*, 235-236) Auch Peter Wiggins, obwohl er sorgfältiger Wissenschaftler ist und Erfolg mit seinem Vortrag auf der Konferenz[557] hat, mißbraucht Emily Dickinson, weil er bei der Beschäftigung mit ihr nur ihr Aussehen in den Mittelpunkt stellt. Er will beweisen, daß sie die Schönheit auf der umstrittenen Photographie ist: »'A photograph exists,' said Peter boldly, 'so we know very well what she looked like.' [...] 'And Emily Dickinson was very beautiful indeed.'« (*EDD*, 79) Die Beschäftigung mit Emily Dickinson wird seine Ersatzreligion und ihr Haus zu seiner Kirche:

And he paused, awestruck [...] It was Emily Dickinson's own bedchamber, sacred as a church. [...] In his half-drunken condition Peter was so moved, he almost sobbed aloud. Instead he whispered to himself, '*Put off thy shoes from off thy feet, for the place where on thou standest is holy ground.*'« (*EDD*, 134)

Man kann von krankhafter Besessenheit sprechen: »'You've got this obsession. I mean, face it, an obsession with a dried-up old corpse in a cemetery.' »(*EDD*, 34)[558] Peter Wiggins wird als Opfer seiner Liebe zu Emily Dickinson, ja seines Fanatismus zum Täter. Er wird Fälschungen anfertigen, seinen Beruf auf's Spiel setzen, um sein Bild der Dichterin, im konkreten wie übertragenen Sinn, als das wahre zu manifestieren:

Peter Wiggins was no sentimentalist. He had been schooled in the dry astringency and healthy caustic scepticism of a great graduate department. But something had happened to him that was worse than sentiment, worse than slipshod scholarship. The single overwhelming reason why Peter was willing to sacrifice his principles and endanger his scholarly good name was simply that he had fallen in love with a dead woman. (*EDD*, 149 -150)

Winifred Gaw zählt ebenso zu den Tätern, die Emily Dickinson entwürdigen, da sie nicht das Werk betrachtet, sondern nur die Person für ihre Zwecke in Anspruch nimmt:

Deep down, as a matter of fact, Winnie felt small and delicate, sort of like Emily Dickinson. The truth was, Winnie felt a special bond of closeness to Emily Dickinson. Actually, Winnie was more interested in Emily as a person than as a poet. Emily Dickinson had loved somebody, just like Winnnie, and she hoped and longed, just like Winnie, and she was homely to look at, sort of, the way Winnie was fat. [...] Sometimes Winnie thought she was the only one who understood what Emily Dickinson had really been like, deep down inside. (*EDD*, 21)[559]

Wie Wiggins ist auch sie besessen von der Person und verehrt deren dingliche Hinterlassenschaft: »The place [Emily Dickinson-House] was hers alone, every Tuesday and Friday. Emily Dickinson's white dress in the closet was Winnie's own personal possession. She could show it or keep it an arrogant secret.« (*EDD*, 40-41) Da es ihr um das Besitzen der Person geht, wird sie jedoch nie die wahre Emily Dickinson erkennen: »In the face of her listeners [at a tour through the house] Owen sensed a patient disappointment. Totally absent from Winnie's talk was any sense of the woman who had lived and worked in this room.« (*EDD*, 77) Winifred ist nicht nur Opfer ihrer familiären Verhältnisse und ihrer, durch das

Englische Seminar[560], enttäuschten Hoffnungen, sondern auch einer Gesellschaft, die einen Menschen ausschließlich nach dem Äußeren beurteilt[561]. Deshalb braucht Winnie ihre Vorstellung von einer reizlosen Dichterin als Identifikationfigur. Als man es ihr wegnehmen will, wird sie zur Mörderin. Sie tötet Alison Grove, weil sie u.a. die Personifikation einer schönen Emily Dickinson ist[562]: »It was Alison Grove, in her white dress. Alison Grove, the girl whose terrible prettines had robbed Winnie of everything she held dear.« (*EDD*, 115).

Durch eine Fälschung will sie beweisen, daß die schöne Frau auf Peter Wiggins' Photo nicht Emily Dickinson sein kann und ihre Vorstellung die wahre ist. Es ist dann Ironie des Schicksals, daß ihre Manipulation Peter Wiggins' Betrug auffliegen läßt, aber auch ihre eigene durchsichtig macht. Allerdings ist sie zu diesem Zeitpunkt schon an Herzversagen gestorben und erlebt ihren »Triumph« nicht mehr. Wiggins hatte eine Kopie der Photographie angefertigt[563] und sie mit einer Beschriftung versehen, auf die er sein fachliches Wissen angewendet hat:

> Looking at his forged inscription, he could almost believe it was real, it looked so right, so similar to Lavinia Dickinson's handwriting, so much like something Emily's sister might actually have said-
>
> *Emily don't like this much.*
>
> [...] After studying hundreds of Dickinson family letters, Peter was especially proud of his use of the word *don't*, rather than doesn't. It was what they said informally, in writing to each other. (*EDD*, 149)

Er versteckt die Fälschung im Haus von Tilly Porch, deren Vorfahren die Dickinsons kannten. Auch Winnie macht eine Kopie der Photographie mit der schönen Dichterin[564] und wirft es bei einer Bekannten, Helen Gaunt, in den Briefkasten. Auch sie hat es mit einer Beschriftung versehen, die schicksalhaft für Peter Wiggins wird. Als Owen Kraznik ihm erzählt, eine Frau habe ihn angerufen und von einem neuen Bildfund berichtet, verspricht sich Wiggins in der Annahme, es handele sich um seine Fälschung:

> 'Oh, I feel sure it's genuine,' babbled Peter [...] 'I mean it just sounds so right, don't you think? *Emily don't like this much.*' [...] 'That would explain why the picture disappeared, don't you see? Emily didn't like it. [...]'
>
> Owen was puzzled. 'But that's not what it says.' [...] 'See, here, it says, 'Mother before we moved to Topeka.'' [...]
>
> 'But Tilly wouldn't -' Peter caught himself. [...]
>
> 'Well, this woman claims it's the same one, she says she saw your slide-lecture. A woman named Helen Gaunt.' (*EDD*, 180)

Kurz darauf ruft erst Tilly Porch an, um von der Entdeckung »ihres« Bildes zu berichten. Owen erkennt das Ausmaß von Peter Wiggins' Taten.[565]

Wiggins braucht aber nicht nur sein Bild der Dichterin als Inhalt seiner Obsession, sondern er mißbraucht sie zudem zur Erfüllung seiner beruflichen Wunschvorstellungen. Er ist ein Opfer des *Ivy-League Mythos* und der Hegemonie der prestigeträchtigen Universitäten. Ihn beherrscht die typische Unzufriedenheit von Dozenten der *campus novel.* Frustriert durch familiäre Verhältnisse[566], gefangen an einer unbedeutenden Universität, träumt er von wahrer Gelehrsamkeit, von der er glaubt, sie nur an einem der Ostküstencolleges finden zu können:

> Left to himself, Peter went to the sink and gazed eastward out the window, hardly seeing the raw hills, imagining instead some college in the East, with mellow brick buildings set tenderly around a tree-shaded lawn, where Peter would have an office to himself, a room like a green bower, engulfed with leafy growth, entwined with ivy, moist with dew. (*EDD*, 34)

Als Schlüssel zur Erfüllung seiner Träume sieht er die angebliche Photographie Emily Dickinsons, deren Echtheit er glaubt beweisen zu können:

> [...] he imagined her great eyes staring out of the front page of *The New York Times* the day after tomorrow. And there would be a headline: WIGGINS PROVES VALIDITY OF DICKINSON PHOTOGRAPH. [...] he might win the job at Harvard. Or if not Harvard, somewhere else, anywhere east of Albany. Anywhere in the green and wooded East, far from the desert county of Pancake Flat, Arizona. [...] he closed his eyes and clenched his fists. 'Soon, soon, soon.' (*EDD*, 52-53)

Da Winnie seine Träume bedroht[567] hat Peter Wiggins keine Schuldgefühle als sie ihn bei der Suche nach ihren angeblichen Beweisen überrascht und bei dem folgenden Kampf stirbt:

> After all, it was no business of his what happened to Winifred Gaw! [...] what would happen to his precious photograph, what would become of his new destiny, if he found himself all mixed up in the public eye in a murderous scramble with a freakish fat lady in Emily Dickinson's bedroom? (*EDD*, 137)

Es plagt ihn auch kein schlechtes Gewissen, als er, nachdem die Echtheit seiner Photographie widerlegt wird, neue »Beweise« fälscht. Als Owen Kraznick dies entdeckt, schreckt Wiggins auch nicht mehr vor Mord zurück: »Owen's knowledge of Peter's dishonesty was like a bond of blood between them, a kind of open wound from which vital juices would flow [...]. Somehow he must keep the blood from leaking out and drenching everything. *Owen must not tell.*« (*EDD*, 183) Er stößt Kraznick und die beide Männer begleitende Ellen Oaks den Schacht 12 des Quabbin Stausees hinunter (*EDD*, 192). Peter Wiggins wird wegen des *Ivy-League*-Mythos zum Täter und buchstäblich Opfer seiner Träume, als er sich in der Wildnis verirrt: »The gracious greenwood of New England, the forest of leafy verdure for which he had hungered had brought him to death's door.« (*EDD*, 214) Anders als die tote Winifred Gaw erhält er eine zweite Chance und kehrt geläutert nach Pancake, Arizona zurück.

Die Analyse der ausgewählten *college mystery novels* belegt, daß ihre Synthese der Täter/Opfer-Konzeption des Kriminal-/Detektivromans mit den negativen Stereotypen der *campus novel* die kritische Auseinandersetzung mit den menschlichen, fachlichen, inhaltlichen und politischen Entwicklungen innerhalb der Universität übersteigert. Dabei zeigt sich ein Unterschied in der Art der Verbrechen, die von Naturwissenschaftlern, Administratoren oder Geisteswissenschaftlern begangen werden, nicht aber in ihren Motiven und Zielen. Alle drei Gruppen charakterisiert Egoismus, Ehrgeiz, Machtstreben.

Im Falle der Naturwissenschaftler und Verwalter als Täter wird eine diffuse Bedrohung durch eine juristisch verfolgbare Straftat konkret und nimmt eine »meßbare« Größe von Schuld an. Die Mörder können verhaftet und einer Bestrafung zugeführt werden. Ihre charakterliche Schilderung entbehrt jeglicher parodistischer, karikaturhafter oder satirischer Untertöne. So rächt man sich fiktional an akademischen Feinden.

Bei der Darstellung der Literaturwissenschaftler in der *college mystery novel* beginnt die Parodie und Satire gerade mit ihrer Täterschaft, weil ihre Delikte, obwohl nicht im Strafrecht zu finden, als Verbrechen definiert werden. Begehen Geisteswissenschaftler dann einen Mord, wird dieser, da sie selbst Opfer des »kriminellen« akademischen Milieus sind, begreiflich.

Das eigentliche Opfer aller akademischen Verbrecher ist jedoch die Integrität von Forschung und Lehre:

> Rather than defending the life of the mind, they attack it from within. Intellectually speaking, they themselves constitute the criminal class; and whereas detectives find only a handful of murders, they find many crimes against the intellectual life by academics who value neither the 'fortifying classical curriculum' nor 'straight thinking.[568]

3.2. Verbrechen und Rätsel im akademischen Milieu

Nach der Figur des Detektivs, der Verdächtigen, der Opfer und Täter sind in der *college mystery novel* gleichfalls das Verbrechen und das Rätsel des Detektiv-/Kriminalromans mit inhaltlichen Topoi des Universitätsromans verschmolzen. Neben und/oder anstelle einer Tat, die strafrechtlich verfolgbar ist, verweist das Delikt auf einen Kritikpunkt am akademischen System, seiner Funktionsweise und Mitglieder. Ebenso kann ein Rätsel, ein *mystery* den Detektiv und/oder den Leser gefangennehmen.

Die Verbrechen, die in *OB* durch die Aufklärung der Morde an Bim Marcus, Tiggie Jones sowie den Anschlägen auf Saffron St. Ives bloßgelegt werden, sind die soziale Ungerechtigkeit und der Jugendkult, die der Mythos Oxford hervorbringt. Die Realität eines Studiums in Oxford hat für die Mehrheit der Studierenden wenig mit dem Klischee gemein:

> Was that uncomfortable thing at the heart of the idyll simple human envy? In an age of grants, declining, and unemployment, rising, it was easy to see how some undergraduates might actively envy Saffron for his advantage. [...] many students came up to Oxford, envisaging themselves enjoying their own Mini-Brideshead existence for a year or two, before setting down to a more serious way of life. Oxford was a place of great expectations. What happened when those expectations were disappointed? Great envy? Even, perhaps, great hatred? For that matter what price the classless society based on merit which many might hope to find at a university if nowhere in Britain. (*OB*, 95)

Der Lebensstil der reichen *Oxford Bloods* ist für andere tödlich. Bim Marcus verliert sein Leben, weil er zufällig einen Tag im Kreis der Privilegierten verbrachte: »'He was jolly poor. And he worked jolly hard. Most of the time, anyway. If only he hadn't been on the same staircase as *Lord* Saffron. People like him shouldn't be allowed places at university when there are plenty of other people.'« (*OB*, 61)[569] Der Student starb aber auch, weil der Mörder Mossbanker die Jugend haßte. So schweigt er zu der Frage, ob die Todesfälle Tiggie Jones und Bim Marcus wirklich nur Teil seines Planes zur Ermordung Saffrons waren: »'Wasn't it a case of well being rid of - *them*?' [...] 'The death of Tiggie and Bim Marcus [...] wasn't it all part of the same - [...] same plan,' she finished./ Proffy ignored the question.« (*OB*, 214) Der Mythos Oxford, durch Saffrons Lebensstil symbolisiert, verstärkt die Minderwertigkeitskomplexe Mossbankers, seine Verzweiflung an seiner Mittelschichtexistenz, seinem Alter und seinen familiären Verhältnissen, also den typischen Frustrationen der Dozenten der *campus novel*: »'The hatred of the old for the young. Must be easily encouraged by a life at Oxford.'« (*OB*, 220) Schon der Titel des Romans drückt diese Thematik mit seiner Doppeldeutigkeit aus.

In *SWNQ* wird ein anderes Verbrechen der britischen Universitäten aufgedeckt, Oxford damit gleichzeitig entmythologisiert: Die Bürokratisierung und der Niedergang des Bildungssystems. Zwar glaubt man, den anderen in Sprache und Kultur überlegen zu sein[570], aber wie alles im Land ist auch das Niveau der Bildung gesunken:

> [...] still, in spite of it all, there remained among our foreign friends a firm and charming faith in efficiency and efficacy of the British educational system; and as corollary to this in the integrity and fair-mindedness of the British system of public examination. Heigh-ho! (*SWNQ*, 30)[571]

Großbritannien ist käuflich geworden[572], so auch die britische Bildung und ihre Abschlüsse, wie die Manipulationen der Prüfungsergebnisse demonstrieren. In den Ermittlungen der Mordsache Nicholas Quinn verschmelzen die detaillierte Beschreibung der Vorgehensweise des *Foreign Examination Syndicate*, das für den Leser wie eine Geheimorganisation wirkt, mit der Funktion der Schilderung des Schauplatzes im klassischen Detektivroman: Es sollen Hinweise präsentiert werden. Sie decken eine Bürokratisierung auf, die wiederum erst einen Mißbrauch ermöglicht. Das *Syndicate* besteht aus einer »[...] tangled complexity of relationships within the office.« (*SWNQ*, 119)[573]. Der Grad der Organisation zeigt sich u.a. in Gleichartigkeit der Schreibgeräte der Mitarbeiter: »'Have you noticed how everyone in this office uses black biro, Lewis?'/ 'Bartlett's got 'em all organized, sir - even down to the pens they use.'« (*SWNQ*, 72)[574] Der Aufwand im verwaltungstechnischen Bereich schlägt sich vor allem in dem komplizierten System der Prüfungsfragen nieder, wie Morse auf seine Frage, ob man bestimmte Papiere heraussuchen könnte, erklärt bekommt:

> 'Technically, I suppose, yes. If he had the keys, knew where to look, knew the complicated system of syllabus numbering, had the intelligence to understand and the various amendments and printing symbols. Then he'd have to copy what he'd got, of course. Every page of proofs and revises is carefully numbered, and no one could get away with just pinching a page. (*SWNQ*, 88)[575]

Trotzdem oder gerade deswegen ist eine Manipulation durch einen Insider möglich: »'If one of the people *at the top* was crooked, it would be very easy.'« (*SWNQ*, 89)[576] Der bürokratische Aspekt von Bildung wird am Ende des Romans zudem durch die Auswechselbarkeit des *Syndicate* nach seiner Schließung mit jeder anderen Behörde bedauernd herausgestrichen:

> The building itself has been taken over by a department of HM Inspectorate of taxes, and today female clerks clack up and down its

> polished corridors, and talk of girlish things in the rooms where the little secretary and his graduate stuff administered their examinations. (*SWNQ*, 204)

Der Vorwurf, ihrer Aufgabe der (Aus)Bildung und der Verantwortung für die Zukunft junger Menschen nicht gerecht zu werden[577], wird in *PM* als Verbrechen der Universität verstanden. Das offizielle Vergehen der Spielmanipulation löst der Privatdetektiv Spenser schnell, dann steht er dem wirklichen *mystery* gegenüber - wie konnte Dwayne Woodcock als Analphabet vier Jahre lang ein College besuchen: »'I [Spenser] shouldn't have to tell anyone, Dwayne. This is a goddamned college. You've been here four years. They should know.'« (*PM*, 61) Er stellt deshalb die Aufklärung dieses Rätsels in den Mittelpunkt seiner Ermittlungen: »'Dwayne can't read and he's tied up in some gambling scam. They're not connected, but since I don't know what to do about the gambling thing I may as well look into the other thing.'« (*PM*, 135) Der Struktur der *hard-boiled novel* folgend, befragt der Detektiv verschiedene Dozenten. Diese einzelnen Episoden erhellen das Außmaß der akademischen Verfehlungen. Zu seinem Entsetzen begegnet Spenser Dozenten, die kaum Interesse für die Lehre und für die Studierenden zeigen. Die Studienberaterin des Basketballteams ist, als der PI sie mit der Tatsache von Dwaynes Analphabetismus konfrontiert, mehr um ihren eigenen Ruf besorgt als um das Wohlergehen des Studenten: »'And what about me?' she asked./ 'What about you?'/ 'Are you going to tell that he can't read?' [...] 'It would be very hurtful to my professional standing,' she said.« (*PM*, 83)

Dwaynes Geschichtsprofessor J. Taylor Hack gab ihm für einen Kurs die Note »B-« (*PM*, 142), obwohl er zugibt, nie von ihm gehört geschweige denn ihn im Kurs gesehen zu haben. Er zeigt sich zwar schockiert, als er von Dwaynes Analphabetismus erfährt, ist jedoch nicht bereit, die Verantwortung für seine Unterlassungen zu übernehmen. Er schiebt die Schuld auf überfüllte Kurse und seine Forschungstätigkeit: »'[...] there are forty or fifty people in this class, I give it every semester. I have two other classes each year. There're papers, and my own research.'« (*PM*, 142)

Die junge Literaturdozentin Mary Ann Hedrick kennt Dwayne zumindestens und bestätigt, daß er, wenn auch unregelmäßig, an ihrem Kurs über Emily Dickinson teilgenommen hat (*PM*, 143). Sie bekennt, Zweifel an Dwaynes Autorenschaft seiner Hausarbeit gehabt zu haben, fand es aber bequemer, nicht nachzufragen: »'They come in and whine to you and swear they did it, but their roommate helped them, and ...' Mary Ann made a push-it-all-away gesture with both hands. 'I'm doing a book on Ellen Glasgow, and I like to work on it when I'm not teaching.'« (*PM*, 145) Zudem haben viele Sportlerstudenten Schwierigkeiten mit den akademischen Anforderungen des College: »He [Dwayne] showed up once in a while and he'd come to conference in my office when it was scheduled. But he had practise, and then he had games, and it's hard for a kid. The course is required, and I'm sure was about things that he had no interest in.'« (*PM*, 143)

Die Dozentin führt seine Schwierigkeiten nicht auf den Analphabetismus zurück, der sie überrascht und entsetzt. Sie ist bereit, einen Teil der Schuld zu übernehmen:

> 'It happens because nobody gives a goddamn. Me included. The students are the necessary evil in the teaching profession. Otherwise it's a pretty good deal. You don't work hard, you have a lot of time off. The pay's not much, but nobody hassles you. You can read and write and publish, pretty well unimpeded except for students. Most of us don't like them very much.' (*PM*, 144)

Harold Wagner, ein weiterer Geschichtsdozent, hatte etwas von Dwaynes Schwierigkeiten vermutet, sich dann aber von Madelaine Roth, seiner Studienberaterin, vom Gegenteil überzeugen lassen. Denn: »'I didn't want to take away his chance,' Wagner said. 'There's not that many of us get a chance like Dwayne.'« (*PM*, 146) Er versucht nicht, sein Fehlverhalten zu entschuldigen: »Wagner looked down at his hands for a moment. 'Our fault too,' he said.« (*PM*, 146)

Spenser deckt als Verbrechen der Universität auf, nicht die (Aus)Bildung ihrer Studierenden in den Mittelpunkt zu stellen. Anders ergeht es den Kriminellen Gerry Broz und Bobby Deegan. Ironischerweise ist es das Studium, welches die Verbindung zwischen beiden herstellt: »'So she [Madelaine Roth] knows Broz from Georgetown, she knows Deegan from Queens College. When Deegan is looking for someone to srag me, she puts him in touch with Broz.'« (*PM*, 160), Weiterhin »erlernte« Gerry Broz die Fähigkeiten zur Ausübung seines »Berufes« am College: »Gerry was a second generation thug, been to college, graduated into the old man's business. [...] The first time I [Spenser] met Gerry was still an undergraduate, selling coke and blackmailing women when he wasn't studying for midterms.'« (*PM*, 101-102) Oder wie Hawk ironisch anmerkt: »'Education a wonderful thing,' [...].« (*PM*, 160)

Verbrechen bedrohen in *DAD* nicht nur das Leben junger Frauen, sondern zugleich ihre Chancen auf Bildung. Auf der einen Seite hat George Hellier die finanzielle Misere des Gladstone College durch seine Unterschlagungen noch verstärkt: »'The fraud on the college. With Mr Greenlees' help, Hellier was getting something like £ 10,000 a year out of his deal with Greenlees catering.' [...] 'But Alice Hellier doesn't mind much about money, does she?' [...] 'No, it was him that minded,' [...]« (*DAD*, 232)

Auf der anderen Seite symbolisieren die Überfälle auf die Frauen, unwichtig vom wem und aus welchen Gründen ausgeführt, die Fragilität weiblicher Existenz. Es wird deutlich: »[...] how vulnerable the college was.« (*DAD*, 81) Sie gefährden die (Aus)Bildung und damit die Zukunft der Studentinnen:

> 'Do we keep Securicor booked [after an arrest]?'
> 'No need,' and 'Yes.' Alan Toms and Sarah spoke simultaneously,

> and Sarah, catching Tom's outraged expression, hastened to explain. 'I don't want parents in droves collecting their daughters. These exams are critical to their future.' (*DAD*, 162)[578]

Die Lehre ist auch gefährdet, weil die Dozentinnen mit ihren eigenen Ängsten zu kämpfen haben: »'[...] and academics just choose different ways of ceasing to function effectively. [...] My academics *are* having breakdowns or going sick [...].'« (*DAD*, 200) Am einschneidendsten ist die Bedrohung für die Historikerin Louise Taylor. Sie wird kurz nach ihrem triumphalen Vortrag überfallen, bleibende Schäden durch den Schädelbruch und das Koma sind nicht auszuschließen: »[...] the vision of Louise Taylor damaged and mumbling rather than the quick-moving, beautiful and rousing and entire audience.« (*DAD*, 154)

Abstrakter dagegen sind die kriminellen Vorgänge in *RYM*. In Balaclava wird alles unter finanziellen Gesichtspunkten betrachtet und dem Kommerz untergeordnet. So darf der Tod Jemima Ames' die einträgliche *Grand Illumination* nicht beeinträchtigen: »'The funeral?' [...] 'It's tomorrow morning at ten o'clock in the college chapel. Don't want to drag it out and put a damper on the Illumination.'« (*RYM*, 51)[579] Selbst die Morde werden noch ausgeschlachtet werden:

> 'There will be much publicity when the wicked Dysart and his young strumpet come to trial. This will be unpleasant for us, but we shall take a vigorous stand on the side of the good and right and you [Svenson] will be dignified and majestic for the photographers and next year, many more thousands of people will come to our Illumination and thus we gain back the money.' (*RYM*, 221-222)

Die Ausrichtung der Aktivitäten des College auf deren finanziellen Gewinn führt zu dem Delikt der Vernachlässigung der Geisteswissenschaften. Entsprechend der Rätselkonvention des Detektivromans wird mehrfach daraufhingewiesen, daß außer Peter Shandy nicht einmal der Bibliothekar Porble für die *Buggins Collection* und deren Bücher Interesse aufbringt. Er nennt die Bücher »'old junk'« (*RYM*, 113) und »'[h]e wouldn't know the Brontë sisters if they walked up and hit him over the head with their reticules.'« (*RYM*, 202) Schuld daran ist nicht nur Porble, sondern die Geisteshaltung in Balaclava, aufgrund derer er keine Hilfe für die Sammlung bekommt[580], weil sie keine Fachbücher enthält:

> [...] as the books had nothing to do with agriculture, they were dumped into a room at the back of the library building [...]. The books couldn't be circulated, or even consulted, because they had not been catalogued. Nobody cared because nobody wanted to read them anyway, until Peter Shandy joined the faculty. (*RYM*, 44-45)

In dieser Umgebung ist es nicht verwunderlich, daß Dysart fast unbemerkt die wertvollen Bücher stehlen und verkaufen konnte. Das Desinteresse an den Büchern führte schließlich zum Mord: »'[...] it was the Buggins Collection that killed her,' [...].« (*RYM*, 219) Das Motiv der *college mystery novel* der neu entdeckten und raren Manuskripte oder Bücher und deren Mißbrauch symbolisiert die Unterordnung der Geisteswissenschaft unter ein Universitätssystem, für das finanzieller und nicht wissenschaftlicher Erfolg seiner Forschung zählt. Dies verweist auf die Funktion der Universität als Mikrokosmos, in dem geschäftliche Vorteile dem Schicksal des Individuums untergeordnet werden.

In *RYM* steht zumindest noch der Nutzen für das College hinter den gewinnbringenden Tätigkeiten seiner Mitglieder. In *PI* wird das Verbrechen der Spaltung der Universität zur persönlichen Bereicherung Jeremiah Strauss' begangen, als er für die Erweiterung des Campus jenseits des Flusses sorgte: »A stupid decision, in my opinion, since it split the University in half and turned it into a schizophrenic monster, the humanities on one side, the sciences on the other. Reduced the possibility of a dialogue between them [...].« (*PI*, 125) Erkenntnis als eigentlicher Sinn der Universität ist in *PI* tödlich. Ihr Symbol, der Apfel, ist vergiftet: »[...] the University, the state's most hallowed institution [...] distinguished scholars from all over the country. And the murder weapon, of course, a poisoned apple.« (*PI*, 19)

Auch in *MLA* steht nicht Erkenntnis im Mittelpunkt akademischen Strebens. Man vergeht sich stattdessen im Namen von Ideologien an der Literatur und ihrer Wissenschaft:

> 'And nobody knows what to do to fix the main split. Which is between those people who think 'the Anglo-American tradition', as it's called, is valuable and wonderful, and those who think it should be trashed. [...] I know of two professors who refuse to teach Milton and Shakespeare because both of them are 'sexist' and 'racist' and because they supposedly lure people into the acceptance of war. I know teachers who've taken *Huckleberry Finn* off their reading lists because some of the characters are slaves.' (*MLA*, 65)

Die Literatur wird jedoch nicht nur »ermordet«, sondern als Spielball in den akademischen Machtkämpfen mißbraucht: »'Power is the issue in the academy.'« (*MLA*, 123)[581] Dies zieht weitere Vergehen nach sich. Junge Akademiker erhalten keine Chance, weil sie nicht in die jeweilige Theoriepolitik ihres *Department* passen, selbst wenn sie gute Wissenschaftler und Lehrer sind:

> 'So here you are, let's say, as a star grad student from Stanford, [...]. You're one of the new people, say. You're not a Trendy exactly, but you're familiar with the new thinking, and you've had

> an article published in some journal. Now you have to come here and be interrogated by tenured old men who've published zip, from schools that maybe aren't even very good. Schools that have mixed feelings about whether they want to 'upgrade' their department with pushy, hotshots like you. [...] you'll have to sit in a hotel room with some old boy who despises everything later than criticism of the 1940s. But here he is, shopping with great disdain among 'poststructuralists' and 'Marxist-materialists' and 'cultural critics,' every one of them has written a lot, maybe even a whole book. Feelings can run pretty high.' (*MLA*, 57)

Abgerundet wird das kriminelle Vorgehen des Universitätssystems durch die Würdigung von Wissenschaftlern wie Joan Mellish und ihren fragwürdigen Thesen: »Joan Mellish, drafting [...] her next colecture with Jason (a guest-speaker event scheduled at Harvard, to be entitled 'The Colors of Excrement and the Palette of Creativity', was interrupted by a phone call from New York. [...] that her name was now shortlisted for the MacArthur Foundation 'genius award'.« (*MLA*, 216)

In *EDD* wird als kriminell erachtet, das Leben Emily Dickinsons und die Erinnerungsstücke an das Licht der Öffentlichkeit zu zerren, weil sie gerade diese gemieden hat.[582] Heute suchen Menschen aus der ganzen Welt ihr Vaterhaus auf[583], und ein besonders schweres Vergehen wird begangen, als ihrer Zufluchtsstätte, ihr Schlafzimmer, Alison Grove zur Übernachtung überlassen wird:

> Owen was remembering the story of a particular day when Emily Dickinson had refused to see a caller, because, she said, *My own Words so chill and burn me*. Those words had been hundreds of poems, written within these four walls. For an instant Owen felt in the gooseflesh on his arms and legs the fever of that unearthy chill. But it was no use. If Dombey felt no such bodily alarms, there was no way to transfer the sense of violation. (*EDD*, 72)

Ebenso ist es ein Verbrechen, Details aus dem Leben der Dichterin zu nehmen und diese so zu interpretieren, damit es in das eigene Bild von ihr paßt:

> Marybelle Spikes summed it up. 'It was her father's fault, right? He wouldn't let her go. So she couldn't get married, so she was unhappy in love, and that's why she retired from the world and wore white dresses and wrote her beautiful poems, right?'
>
> Owen cringed. He wanted to speak up and say, She [sic] retired from the world to get away from people like you, because *they talk of Hallowed things, aloud, and embarrass my Dog*. (*EDD*, 79)[584]

Es gehört gleichermaßen zu den Verfehlungen, Emily Dickinsons persönliche Besitztümer zu verehren: »'This was her dress,' she said, hauling it out, holding it high./ There were exclamations of pleasure. One of the sensitive ladies reached out her hand impulsively, then snatched it back. The dress hung among them glistening.« (*EDD*, 78)[585]

Das schwerste Verbrechen an der Dichterin ist, ihr Aussehen in den Mittelpunkt des Interesses zu stellen. Das ist um so fragwürdiger, da Emily Dickinson vor allem ihr Gesicht bewußt vor der Außenwelt verborgen hat und stattdessen ihre Gedichte als Portrait verstand.[586] Aufgrund dieser Haltung der Nachwelt kann der Vortrag Peter Wiggins', der die äußere Schönheit Emily Dickinsons sogar mit Berechnungen beweisen will, zum Höhepunkt des Symposiums werden:

> And then Peter launched into a detailed comparison of the photograph with the daguerreotype, displaying his diagrams of facial measurements and angles. [...] As Peter quoted from friends and relations, the words seemed to drift over the handsome face and settle there. [...] *Emily Dickinson's face a wonderous restoration of youth ... not a gray hair or wrinkle, and a perfect peace on the beautiful brow.*
>
> As the lights came on again, there was a standing ovation. (*EDD*, 93)

Solche Herangehensweise widerspricht nicht nur dem Leben der Schriftstellerin; vielmehr wird man auf solch populistische Art nie der wahren Lyrikerin begegnen, die sich nur in den Gedichten offenbart: »'It's the poetry that counts. Nothing else.'« (*EDD*, 15) Owen Kraznik liebt die Dichterin in ihren Werken, und zeigt deren Schönheit auf, ohne die Frau dahinter zu entblößen und besitzen zu wollen[587]:

> His address was simple and lucid, reverent and sane. The poems he examined were not in the anthologies. They came from his lips majestic, tragic, vast. Veils were withdrawn from central mysteries, trivialities vanished in the breath of the poet's ethereal wind, immensities spread outward from her short quatrains, the sea parted to show a further sea. For a moment Emily Dickinson stood before them in all her amplitude, her grandeur and strength, her melancholy power, her quivering vulnerability. Then, as Owen finished his brief address, she rose in sober stature and withdrew into the sublimity of privacy. (*EDD*, 105)

Es ist die Quintessenz der Ereignisse in *EDD*, daß die Dichterin nur in ihren Werken weiterlebt, nicht im Haus, dem Garten oder dem Kleid. Daher kann und wird sie überall erfahren und geliebt werden:

> 'Emily Dickinson is dead. [...] Stone dead. She only comes alive when some kid in Anchorage, Alaska, or Nashville Tennessee, or Brooklyn, New York, or [...] - Pancake, Arizona! - opens an anthology of American poetry and reads one of her poems for the first time. It's all the life she's ever going to have. Listen, you idiot, Emily Dickinson is alive and well in Pancake Flat as long as you're there to pass the book around.' (*EDD*, 237)[588]

Die Frage, wer Emily Dickinson wirklich war, zusammen mit dem Problem um die Identität der Frau auf der umstrittenen Photographie, ist das eigentliche Haupträtsel und wird dem Roman *EDD* vorangestellt. Das Werk übernimmt dabei auch die Funktion einer Einführung in Leben und Werk der Autorin. Vor dem Titelblatt ist das zweifelhafte Bild von 1860 mit der Beschriftung abgedruckt und darunter das formulierte *mystery*: »WHO IS SHE?« Die Antwort gibt der Plot des Romans selbst: sie ist diejenige, die sich in den Gedichten offenbart.

Gleichzeitig wird die Frage nach der Echtheit der Photographie gestellt. Das *mystery* um dieses Bild ist genuin und Teil der wissenschaftlichen Beschäftigung mit Emily Dickinson. Die Ergebnisse der Untersuchungen und Überlegungen sind in einem Nachwort zusammengefaßt (*EDD*, 243-245) und enden mit: »The photography remains mysterious.« (*EDD*, 245) Es folgen Abbildungen der echten Daguerreotypie der Lyrikerin aus dem Jahr 1848 und nochmals die umstrittene Photographie mit Beschriftung, so daß der Leser im direkten Vergleich sich seine eigene Meinung bilden kann.

In der Fiktion des Romans wird Wiggins' Photographie[589] durch die Fachwelt mit den Argumenten der Realität zur Fälschung erklärt:

> 'It's some Columbia professor,' he said. 'He's discovered who wrote the identification on the back of that picture of yours. You thought it was probably some relative, right? Well, he says it was the guy who originally sold the picture, back in the nineteen-sixties.' [...] 'if only Professor Wiggins had done his homework,' said Dr. Ransome, 'he would know that the handwriting on the back of the picture is that of a New York collector notorious for his overoptimistic attributions.' (*EDD*, 143-145)

Für den Leser gibt es jedoch eine interessantere fiktionale Auflösung des *mystery* um die Photographie. Wie schon bei den Straftaten Peter Wiggins' und Winnie Gaws spielt das Schicksal die entscheidende Rolle. Tilly Porch findet nach dem Ende der Konferenz auf dem Dachboden ihres alten Hauses ein Negativ. Wegen der früheren Fälschungen ist sie erst skeptisch, dann jedoch überzeugt, ein Original gefunden zu haben:

> [...] but the silhouette on the plate looked awful lot like that of the Emily don't like this much picture that had been planted in

> Tilly's attic by Peter Wiggins. [...] The envelope was obviously an old one, yellowed and disintegrating at the edges. And surely this was Great-Great Grandmother Louisa's handwriting on the outside? Tilly had already found sheaves and sheaves of Louisa' letters. There was no mistaking that tiny little hand. [...] There was a date on the envelope, *February 18, 1860*. And the name of the woman whose image was recorded in quadruplicate was *Emily D*. (*EDD*, 220-221)

Allerdings wird diese Entdeckung nie publik werden, denn das Leben greift ein. Elvis, ein Kleinkind, für das Tilly sorgt, seit seine Mutter ihn bei ihr »vergessen« hat, spielt Schicksal:

> The black glass negative on the mantelpiece was gathering dust. Tilly couldn't seem to get time to examine it carefully. [...] It looked like 'No, no, Elvis!' [...] Miraculously he carried it to the floor without mishap.
>
> Where to now? Outdoors! [...] Dropping the piece of glass on the driveway [...] Only then did she find it at last in the driveway, crushed into a million splintered shards by the wheel of the police chief's car. (*EDD*, 239-241)

Eine Fügung löst das Rätsel auf fiktionaler Ebene, zugleich bestätigt sie die Aussage des Romans: »'Oh, well,' said Tilly regretfully, stirring the pieces with her foot, 'who cares what Emily Dickinson looked like? It's the poems that count, after all.'« (*EDD*, 241)

Auch in *DF* besteht das Verbrechen darin, daß man einer Frau die Persönlichkeit nimmt. Schon früh sah sich Janet Mandelbaum dem Druck gesellschaftlicher Erwartungen an ihr Geschlecht ausgesetzt:

> 'But she always had the sense that something from childhood was going to be redeemed, acted out [...] she was going to show them when she grew up. The trouble with that is, you show them, you become the smartest girl in college and graduate school, and all they can say is, When [sic] are you going to get married?' (*DF*, 138)

Im Laufe ihrer Karriere hat sie die Ablehnung ihrer männlichen Kollegen ertragen müssen: »'No more than other women was she pursued, as she achieved a reputation in the academic world, from the attacks of cruel and envious men.'« (*DF*, 54) Um erfolgreich sein zu dürfen, zwang die Gesellschaft sie, ihr Selbst aufzugeben; nur als *honorary man* erhielt sie überhaupt eine Chance, aber dies war gleichzeitig ihr Todesurteil:

> 'She [Janet] didn't think of herself as a man sexually, physically, psychically: that's Freudian nonsense. But she thought of herself as a full-fledged member of the brotherhood of professsors, males all. Of course she did. And you know,' Kate sadly added, 'I think she died for that.' (*DF*, 79)[590]

Denn egal, wie sehr sich eine Frau bemüht: »'Once the male club refuses to support its special female members, where has she to turn.'« (*DF*, 24)

Janet Mandelbaum war dabei nicht eigentliches Ziel der Diffamierung. Sie gilt jeder Frau, die versucht, in den Domänen, die die Männer für sich beanspruchen, Fuß zu fassen:

> 'Is it personal grudge against you, a grudge against women at Harvard, women as professors at important universities, women at large? [...] They meant to discourage you and make you ashamed, but were they trying to discourage *you*, the donor of your chair, Harvard or the women's movement?' (*DF*, 40)

Selbst die tote Janet müssen die Männer noch entwürdigen und an ihr ein Exempel statuieren. Obwohl sie im Büro des Seminarleiters Selbstmord begangen hat, wurde sie auf die Herrentoilette gebracht: »'Why? I know, don't tell me. To discredit her. To make her look metaphorically speaking like someone who insisted on invading male territory.'« (*DF*, 60)

Während in anderen *college mystery novels* (*RYM*, *SWNQ*, *OB*) die Verbrechen nur indirekt gesellschaftliche Problematiken widerspiegeln, wird in *DF* mit der Schilderung der Repression von Frauen in Harvard konkret und am weitreichendsten die Funktion der Universität als Mikrokosmos verwendet.

Die Verbrechen des akademischen Systems sind, da nicht im eigentlichen Sinn strafbar, Metaphern für die Defekte der Zustände an den Hochschulen. Mit dieser inhaltlichen Konzeption von Verbrechen wird die Kritik am System verstärkt. Die juristisch nicht verfolgbaren Taten sind gefährlicher als ein Mord, weil sie Ausdruck der erschütterten Grundfesten der akademischen Ideale sind. Neben konkreten Rätseln, auch wissenschaftlichen, wird in der *college mystery novel* durch die detektivischen Ermittlungen vor allem das *mystery* Universität erhellt.

V. Schlußbemerkung

> A critic's attitude towards a work of literature is comparable to that of a detectice at the scene of crime. A novel, like a corpse, is approached by professionals as an enigma requiring solution. It, too, is assumed to be in need of a mediating intelligence if its true story is to be told.[591]

Die »*scene of crime*«, der Ausgangspunkt dieser Arbeit war, die anglo-amerikanische *college mystery novel* als *blurred genre* zu verstehen und an dessen Typologie einen Modus der Hybridisierung von literarischen Formen aufzuzeigen. Die Erarbeitung der Merkmale dieser Mischform läßt erkennen, daß die Subgattung bezeichnend für die Genreüberschreitungen und Auflösungen zeitgenössischer Fiktion ist: Sie weist durch die Übernahme von deren Charakteristika Überlappungen mit ihren Ursprungsformen Kriminal-/Detektivroman und Universitätsroman auf. Gleichzeitig entsteht durch die Verschmelzung dieser Merkmale etwas Neues, das die Eigenständigkeit der *college mystery novel* bedingt. So entzieht sie sich einer Zuordnung, aber gleichzeitig ist sie als autonome Romanform zu erkennen.

Zusammengefaßt zeigt sich, daß das Subgenre die Konventionen der *detective novel* hinsichtlich der Figuren und ihrer Konstellation, Erzählstruktur sowie erzähltechnische Erfordernisse (*clues*, *red herrings*, Unbestimmtheitsstellen) und/oder die Täter-/ Opferkonzeption der *crime novel* anwendet. Dabei wird oft mit den gattungstypischen Vorgaben gespielt oder diese werden parodiert. Von dem Universitätsroman werden neben dem Schauplatz, die stereotypischen Figuren, die oft mit ihnen verbundene Komik und sein Bild der akademischen Institutionen übernommen.

Vor allem kennzeichnen den Hybriden *college mystery novel* jedoch die eigenständigen Charakteristika, die aus der Synthese entstehen: Die inhaltlich kritische Auseinandersetzung des Universitätsromans mit der akademischen Lebenswelt wird mit den literarischen Konventionen der *detective novel* und/oder der *crime novel*, z.B Erzählstruktur, erzähltechnische Merkmale und die Figuren, verbunden.

Die *campus novel* versteht sich mit ihrer Darstellung des universitären Systems und seiner Vertreter vor allem als Satire:

> Der Leser soll erheitert und amüsiert reagieren beim Entdecken und Verfolgen der Diskrepanz zwischen dem hehren Ideal der zweckfreien Wissenschaft und ihrer selbstlosen Vermittlung einerseits und dem dargestellten Bild einer prosaischen Wirklichkeit mit ihren zweckgerichteten Bestrebungen und selbstbezogenen Aspirationen auf der anderen Seite.[592]

Diese Diskrepanz diskreditiert das System gänzlich, wenn sie, wie in der *college mystery novel* sich im kriminellen Verhalten ihrer Mitglieder manifestiert. Dies macht das Subgenre gleichzeitig für Autoren und Leser attraktiv, weil beide auf ungefährliche Weise ihren Gefühlen der Desillusionierung mit dem akademischen System sowie der Abneigung und der Furcht vor Kollegen und Feinden Ausdruck verleihen können:

> As members of academic institutions, we long to poison, stab, shoot, or strangle presidents, deans, department chairs, colleagues, and students. But as creatures of the mind we content ourselves - usually - with reading about such crimes, with, that is, murders academic. A few academics - most of them [...] English professors - go one step further [...] and *write* about them, which has the almost inevitable result of said professors reproducing themselves.[593]

Die Verschmelzung der Merkmale des Kriminal-/Detektivromans mit denen des Universitätsromans ist dabei mannigfalt.

Clues und *red herrings* können literarischer Art sein. Aber auch wissenschaftliche Ergebnisse oder neue Forschungsmöglichkeiten (ein neuentdecktes Manuskript etc.) motivieren zum Verbrechen. Zudem betont die Bedeutung von Literatur für den Erfolg der Aufklärung deren Relevanz für die Menschen.

Die Figur des Detektivs in der *college mystery novel* weist in vielfacher Weise neue Merkmale auf, die durch die Synthese entstehen. Von vornherein besitzen der klassische Ermittler und ein Stereotyp des Dozenten gleiche Eigenschaften. Beide sind exzentrisch, werden von der Umwelt aufgrund ihres oft unbeholfenen Verhaltens verkannt und nicht ernstgenommen, am Ende machen jedoch die Ereignisse sie zu Helden. Zugleich wird die Parallele zwischen wissenschaftlicher und detektivischer Vorgehensweise deutlich.

Die Ermittlungen des Detektivs haben die Funktion einer Schilderung der Eigenheiten und Verhältnisse des universitären Systems, u.a. weil sich gerade darin Hinweise, z.B eine Abweichung von der Norm, verbergen können. Diese kann wiederum nur ein Vertrauter mit dem Milieu als solche interpretieren. Verstärkt wird der Topos der Ermittlung als Einführung in die universitäre Welt, wenn der Detektiv ein Gastdozent ist.

Hauptaufgabe der Detektivfigur, ob nun Wissenschaftler oder Laie, in der *college mystery novel* ist die Funktion der positiven Gegenfigur in fachlicher und menschlicher Hinsicht zu den Akademikern. Der Ermittler wird zum Vertreter der wahren Auffassung von Forschung und Lehre, ebenso symbolisiert er ein bejahendes, humanistisches Menschenbild.

Da die Ermittler wie die meisten ihrer Autoren Geisteswissenschaftler sind, wird durch ihren detektivischen Erfolg die Relevanz der philosophischen Fächer und ihrer Arbeitsweise, auch für das Leben außerhalb des *Departments*, ausgedrückt.

In der *college mystery novel* prädestiniert auf der einen Seite das stereotype Merkmal der Weltfremdheit die Akademiker zu Tätern, da es sie gemäß den Regeln des Detektivromans zur unverdächtigsten Person macht.

Bedeutender für das Subgenre ist jedoch auf der anderen Seite ein Bruch mit den Vorgaben der *detective novel* hinsichtlich der Konzeption des Verbrechers. Es gibt die von vornherein charakterlich unsympathischen Naturwissenschaftler, deren Ziel nicht wissenschaftliche Erkenntnis, sondern persönliche Bereicherung auf Kosten von Forschung und Lehre ist. Auf diese Weise wird die Abneigung der Geisteswissenschaftler oder die unbewußte Furcht vor der drohenden Bedeutungslosigkeit angesichts der Dominanz der Naturwissenschaftler symbolisiert. Da letztere strafrechtlich verfolgbare Verbrechen begehen und am Ende den Behörden übergeben werden, wird das nicht faßbare Gefühl der Bedrohung, die von ihnen ausgeht, in eine konkrete kriminelle Tat mit »meßbarer« Schuld umgesetzt und durch eine konkrete Bestrafung geahndet.

Das gleiche literarische Motiv kommt zur Geltung, wenn der Täter ein Vertreter der Verwaltung, also eines weiteren »Feindbilds« der Geisteswissenschaftler, ist.

Anders wird die Figur eines Geisteswissenschaftlers als Täter angelegt. Sie werden zu Mördern, weil sie als Opfer eines verbrecherischen akademischen Systems Rache nehmen. Oder sie machen sich durch die »Verbrechen« der Vernachlässigung ihrer Funktion als Lehrer, der »Ermordung« der Forschung sowie der Literatur zur Befriedigung persönlicher Ziele bis zur Mißachtung des Individuums und seiner Würde reichen, schuldig, wenn auch nicht im juristischen Sinn.

In diesen »Verbrechen« werden sie von einem weiteren Täter unterstützt: Der Institution Universität. Die Vergehen der Hochschulen erstrecken sich von einem Menschen verachtenden System, der Dominanz von Kommerz bis zur Förderung des Strebens nach Macht und persönlichem Ruhm auf Kosten von Kultur und Gelehrsamkeit. Ziel der Ermittlungshandlung ist daher nicht, durch das Aufdecken der Verbrechen die Ordnung und Hierarchie wiederherzustellen, sondern gerade deren Brüche, Abgründe und Machenschaften offenzulegen. In der *college mystery novel* kann das universitäre System *per se* als kriminell angeprangert werden. Wer auch immer die Verbrechen in den Romanen begehen mag, ihre Aufklärung erhellt die akademische Welt. Deshalb eignet sich der Terminus *college mystery novel* für das Subgenre. Begriffe, wie u.a. »university detective novel« [594] oder »academic detective novel« [595], bringen nicht zum Ausdruck, daß weder Detektiv noch die Täter, deren Verbrechen und Opfer das Hauptaugenmerk der Romane sind. Erst die Verwendung des Wortes *mystery*, wie es zu Beginn der Untersuchung definiert wurde, verdeutlicht, daß das »Rätsel« oder »Mysterium« der Institution Universität die Handlung letztendlich kennzeichnet.

Die Auseinandersetzung mit dem akademischen System erfolgt stilistisch auf vielfertige Weise. Die *college mystery novel* kann die Form einer Parodie, einer

Posse oder Satire, vor allem aber die Erzähltechnik des realistischen Romans annehmen. Durch die Schilderung strafrechtlich verfolgbarer Verbrechen der Akademiker wird deren Treiben meist jegliches Potential zur Verharmlosung durch die Mittel der Komik genommen. Anders liegt der Fall, wenn die Delikte der Dozenten nicht in den Bereich der Gerichtsbarkeit fallen. Dies definiert geradezu die satirische Darstellung. In den ausgewählten Beispielen des Subgenres zählen hinsichtlich der Art der kritischen Darstellung zu den als realistisch interpretierten Romanen *PI*, *PM*, *DF*, *DAD* und in eingeschränktem Maße *OB*. *RYM* parodiert stilistisch den klassischen Detektivroman und inhaltlich die *Ivy-League*-Universitäten. In *SWNQ* wird die ernsthafte Kritik an den Mängeln des britischen Bildungssystems durch die Parodie der Figur des klassischen Detektivs überlagert. Mit *EDD* liegt die Synthese aus einer satirischen, zum Teil burlesken Darstellung des akademischen Daseins und dem Verständnis des Kriminalromans von Opfern und Tätern vor. *MLA* dagegen ist eine bissige Realsatire auf das akademische Treiben, für dessen Darstellung die detektivische Handlung nur als loser Rahmen dient.

In den untersuchten Beispielen der *college mystery novel* wirken zugleich weitere Literaturformen. Inhaltlich gibt es z.B. Grenzüberschreitungen zum *roman à clef,* zum feministischen Roman, zu fachlichen Einführungen in Literaturtheorien oder in das Werk und Leben von Autoren.

Neben den Gattungsüberschreitungen in den ausgewählten Romanen weisen andere *college mystery novels* auf mögliche weitere Synthesen hin. Mit H.R.F. Keatings *Cheating Death* (1992) mit einer indischen Universität als Schauplatz werden Merkmale zeitgenössischer postkolonialer Literatur aufgegriffen. Die Darstellung von Akademikern als Gastdozenten oder Vortragsreisende integriert Elemente des Reiseromans, wie in Robert Barnards *Death of an Old Goat* (1977). Auch der historische Roman wird mit der *college mystery novel* verknüpft. In den mittelalterlichen Colleges von Oxford ist der Roman *Falconer's Judgement* (1995) angesiedelt. Susannah Gregory wählte für *A Plague on Both Your Houses* (1996) die gleiche Ära, aber Cambridge zu ihrem Schauplatz.

Die anglo-amerikanische *college mystery novel* wird so zum Muster für die literarischen Strömungen unserer Zeit und für eine Möglichkeit der Hybridisierung von Romanformen. Zudem wird deutlich, daß durch die Synthese verschiedener Untergattungen eine Aufwertung sogenannter *genre fiction* möglich ist. Wurde besonders der Detektivroman aufgrund seiner Regelhaftigkeit noch als minderwertig abgeurteilt[596], so macht dieses Subgenre deutlich, wie Konventionen sogenannter Unterhaltungsliteratur kritische Inhalte vermitteln können.

Trotzdem behält die *College Mystery Novel* ihren hohen Unterhaltungswert bei. Er liegt im Wiedererkennungseffekt der universitären Figuren und Thematiken besonders bei seinem akademischen Leser, den Identifikationsmöglichkeiten mit der Figur des Detektivs und, in Anlehnung an die *crime novel*, mit den Opfern und manchmal den Tätern. Es ist gerade das Paradox der *college mystery novel*, daß ihr Unterhaltungswert, obwohl sie nicht mehr den Beruhigungs- und Kompensationseffekt der orthodoxen Varianten detektivischen Erzählens vermittelt, gerade in der harmlosen fiktionalen Begegnung mit den Abgründen des univerversitären Milieus besteht und sich so als eskapistische Lektüre anbietet.

Daher wird das Subgenre noch lange zahlreiche Anhänger finden.

Anmerkungen

---

[1]Alistair Fowler, *Kinds of Literature: An Introduction to the Theory of Genre and Modes*, (Oxford: Clarendon Press 1982), 256.
Einen guten Überblick über die verschiedenen Ansätze der Genretheorie bietet Heather Dubrow, *Genre* (London, New York: Methuen 1982).
[2]Jacques Derrida, »The Law of Genre«, in: Derek Aldridge (ed.), *Acts of Literature* (London, New York: Routledge 1992), 221-252, 230.
[3]Wolfgang Wicht, »Change of Genre«, in: Horst Höhne (ed.), *Development in Genre in English and American Literature in the Second Half of the 20th Century* (Universität Rostock: 1989), 16-20, 17.
[4]Linda Hutcheon, *A Poetics of Postmodernism: History, Theory, Fiction* (New York, London: Routledge 1988), 20.
[5]Z.B. Fowler, *Kinds*, 10: »Our age has a great appetite for studies of writing that is hardly worth studying. Thrillers, detective stories, science fiction, advertisements, pop poetry, pornography: these and other kinds of *Trivialliteratur* are accorded a weighty treatment that nevertheless avoids, somehow, questions of value.«
[6]Ansgar Nünning, *Von historischer Fiktion zu historiographischen Metafiktion: Erscheinungsformen und Entwicklungstendenzen des historischen Romans in England seit 1850*, Bd. II, (Trier: Wissenschaftlicher Verlag Trier 1995), 341.
[7]Fowler, *Kinds*, 183.
Siehe dazu auch Nünning, *Fiktion*, 341ff., er spricht auch von »Gattungskontaminationen«, 366.
[8]Clifford Geertz, »Blurred Genre: The Refiguration of Social Thought«, *The American Scholar*, 49, 1980, 165-179, 165.
[9]Ralph Cohen, »Do Postmodern Genres Exist?«, in: Marjorie Perloff (ed.), *Postmodern Genres* (Univ. of Oklahoma Press 1988), 11-27, 11.
[10]Rüdiger Imhof, »Akademia im Roman«, in: Annegret Maack & Rüdiger Imhof (Hgg.), *Radikalität und Mäßigung: Der englische Roman seit 1960* (Darmstadt: Wiss. Buchges. 1993), 130-148, 139.
[11]Marjorie Perloff, »Introduction«, in: Marjorie Perloff (ed.), *Postmodern Genres* (Univ. of Oklahoma Press 1988), 3-9, 4.
[12]Vgl. Gero von Wilpert, *Sachwörterbuch der Literatur* (Stuttgart: Kröner 1989, 7. überarb. und erw. Auflage), s.v. »Gattung«, 320-322.
[13]Vgl. Chris Baldick, *The Concise Dictionary of Literary Terms* (Oxford, New York: OUP 1990), s.v. »novel«, 90-91.
[14]Für die Definition und Darstellung des Verhältnisses von Kriminal- und Detektivroman siehe Kapitel II.
[15]Vgl. Ulrich Schulz-Buschhaus, *Formen und Ideologien des Kriminalromans. Ein gattungsgeschichtlicher Essay* (Frankfurt am Main: Athenäum 1975), 1-5.
Siehe auch Ulrich Broich, »Detektivliteratur«, in: Dieter Borchmeyer & Victor Žmegac (Hgg.), *Moderne Literatur in Grundbegriffen* (Frankfurt am Main: Athenäum 1987), 77-81, 77.
[16]David Bevan, »Introduction«, in: David Bevan (ed.), *University Fiction* (Amsterdam, Atlanta: Rodopi 1990), 3-7, 3.
Siehe auch Malcolm Bradbury, »Graduating from Nostalgia to Reality«, *Times Higher Education Supplement*, November 9, 1984, 12-13, 12,
Rüdiger Ahrens, »Satirical Norm and Narrative Technique in the Modern University Novel: David Lodge's *Changing Places and Small World*, in: Joachim Schwend u.a. (Hgg.), *Literatur im Kontext - Literature in Context*, Festschrift für Horst W. Drescher, Scottish Studies vol. 14 (Frankfurt am Main: Peter Lang 1992), 277-295, 279.
[17]Kuno Schumann, »Die Wirklichkeit der Fiktion: J.I.M. Stewarts Oxford-Quintett«, in: Hans-Jürgen Diller (Hrsg.), *Recent Novels on Society*, anglistik & englischunterricht, Bd. 19 (Heidelberg: Carl Winter Verlag 1983), 43-63, 43.
Siehe auch Rudolf Böhm, »Der englische Universitätsroman«, in: Maria Diedrich & Christoph Schöneich (Hgg.), *Studien zur englischen und amerikanischen Prosa nach dem ersten Weltkrieg*, Festschrift für Kurt Otten (Darmstadt: Wiss. Buchges. 1986), 72-84, 72.

[18]Wolfgang Weiß, *Der Anglo-Amerikanische Universitätsroman: Eine historische Skizze* (Darmstadt: Wiss. Buchges. 1988), 20.
[19]Ich stütze mich mit diesem Ansatz auf die Definition von Baldick s.v. »novel« 151-152, 152: »Special subgenres of the novel have grown up around particular kinds of character (the *Künstlerroman*, the spy novel), setting (the historical novel, the campus novel), and plot (the detective novel) [...].«
[20]Vgl. Patricia Craig & Mary Cadogan, *The Lady Investigates: Women Detectives and Spies in Fiction* (London: Gollancz 1981), 108.
[21]Ian Carter, *Ancient Cultures of Conceit: British University Fiction in the Post-War Years* (London, New York: Routledge 1990), 34.
[22]John E. Jr. & John E. III. Kramer, *College Mystery Novels: An Annotated Bibliography, Including a Guide to Professorial Series-Character Sleuth* (New York, London 1983), IX.
[23]Vgl. Günther & Irmgard Scheike, *Metzler Literatur Lexikon* (Stuttgart: Metzler 1984), 452, s.v. »Typologie«.
Vgl. Wilpert, *Sachwörterbuch*, 476, s.v. »Typologie«.
[24]Reginald Hill, »The Educator: The Case of the Screaming Spires«, in: Winn, Dilys (ed.), *Murder Ink: The Mystery Reader's Companion* (New York: Workmann 1977), 470-471, 471.
[25]Kramer, *College Mystery Novels*, XIII.
[26]Siehe dazu die Sammlungen der inzwischen zu Klassikern gewordenen Essays:
Howard Haycraft (ed.), *The Art of the Mystery Story: A Collection of Critical Essays* (New York: Biblo & Tennen, 1975 rev. ed., first ed. 1946).
Robin W. Winks, *Detective Fiction: A Collection of Critical Essays* (Englewood Cliffs, New Jersey: Prentice Hall 1980).
Dorothy L. Sayers versuchte die literarischen Wurzeln des Detektivromans in der Antike und in biblischen Geschichten aufzuzeigen. Siehe dazu: »Introduction«, in: *Great Short Stories of Detection, Mystery and Horror*, vol. 1/2 (London: Gollancz 1960, first ed. 1928), 9-47.
[27]Régis Mesaac, *Le 'detective Novel' et L' Influence de la Pensée Scientifique* (Paris: Champion 1929).
[28]Vgl. A.E. Murch, *The Development of the Detective Novel* (London: Owen 1968, rev. ed.).
Leroy Panek, *An Introduction to the Detective Story* (Bowling Green, Ohio: Popular Press 1987).
Julian Symons, *Bloody Murder - From the Detective Story to the Crime Novel: A History* (London: Faber & Faber 1972).
[29]Vgl. T.J. Binyon, *'Murder Will Out': The Detective in Fiction* (Oxford, New York: OUP 1990).
Peter Drexler, *Literatur, Recht, Kriminalität: Untersuchungen zur Vorgeschichte des englischen Detektivromans 1830-1890*, Studien zur Germanistik Bd. 7 (Frankfurt am Main: Peter Lang 1991).
[30]Vgl. Georg N. Dove, *The Police Procedural* (Bowling Green, Ohio: Popular Press 1982).
[31]Vgl. David Geherin, *The American Private Eye: The Image in Fiction* (New Yok: Ungar 1985).
Robert A. Baker & Michael T. Nietzel, *Private Eyes: One Hundred and One Knights: A Survey of American Detective Fiction 1922-1984* (Bowling Green, Ohio: Popular Press 1985).
[32]Vgl. Jessica Mann, *Deadlier than the Male: An Investigation into Feminine Crime Writing* (London: David & Charles 1981).
Maureen T. Reddy, *Sisters in Crime: Feminism and the Crime Novel* (New York: Ungar 1988).
Katherine Gregory Klein, *The Woman Detective: Gender and Genre* (Urbana,Chicago: Univ. of Illinois Press 1988).
Evelyne Keitel, *Kriminalromane von Frauen für Frauen: Unterhaltungsliteratur aus Amerika* (Darmstadt: Wiss. Buchg. 1998).
[33]Vgl. John G. Cawelti, *Adventure, Mystery, and Romance: Formula Stories as Art and Popular Culture* (Chicago, London: Univ. of Chicago Press 1976).
Jon Thompson, *Fiction, Crime, and Empire: Clues to Modernity und Postmodernism* (Urbana, Chicago 1993).
[34]Jochen Vogt (Hrsg.), *Der Kriminalroman*, Bd. I/II (München: Finke 1971).
[35]Vgl. Paul G. Buchloh & Jens P. Becker, *Der Detektivroman* (Darmstadt: Wiss. Buchges. 1978, 2. überar. und erg. Auflage).
Ulrich Suerbaum, *Krimi: Analyse einer Gattung* (Stuttgart: Reclam 1984).

[36]Schindler, Nina (Hrsg.), *Das Mordsbuch: Alles über Krimis* (Hildesheim: Claasen 1997). In der Auswahl der Essays werden die neuesten Entwicklungen des Subgenres berücksichtigt.
[37]Ulrike Leonhardt, *Mord ist ihr Beruf: Eine Geschichte des Kriminalromans* (München: C.H. Beck 1990).
[38]Vgl. Mortimer R. Proctor, *The English University Novel* (Berkeley, Los Angeles: Univ. of California Press 1957).
John O. Lyons, *The College Novel in America* (Carbonville: Southern Illinois Univ. Press 1968, 2nd ed.).
[39]Vgl. Weiss, *Universitätsroman.*
[40]Ulrike Dubber, *Der englische Universitätsroman der Nachkriegszeit*, Kieler Beiträge zur Anglistik und Amerikanistik, Neue Folge Bd. I (Würzburg: Königshausen & Neumann 1991).
[41]Barbara Himmelsbach, *Der englische Universitätsroman* (Frankfurt am Main: Peter Lang 1992).
[42]Martin Goch, *Der englische Universitätsroman nach 1945: »Welcome to Bradbury Lodge«* (Trier: Wiss. Verlag 1992).
[43]Cordelia Borchardt, *Vom Bild der Bildung: Bildungsideale im anglo-amerikanischen Universitätsroman des zwanzigsten Jahrhunderts* (Münster: LIT 1997).
[44]Carter, *Ancient Cultures.*
Janice Rossen, *The University in Modern Fiction: When Power is Academic* (London, New York: St. Martins Press 1993).
[45]Marjorie Nicholson, »The Professor and the Detective«, in: Haycraft, *The Art of the Mystery Story: A Collection of Critical Essays* (New York: Biblo & Tennen 1975, rep. ed., first ed. 1946), 110-127.
[46]Steven Olderr, *Mystery Index: Subjects, Settings, and Sleuth of 10,000 Titles* (Chicago, London: American Library Assc. 1987).
[47]Vgl. Rosemary DePaolo, »Scholastic Skullduggery«, *TAD*, vol. 21, no. 3, 1988, 281-284.
Jane Gottschalk, »Mystery, Murder and Academe«, *TAD*, vol. 11, no. 2, 1978, 159-169.
Susan Leonardi, »Murder is Academic: Women Professors and the Crimes of Gender«, in: Irons, Glenwood (ed.), *Feminism in Women's Detective Writing* (Toronto: Univ. of Toronto Press 1995), 112-126.
[48]M.D. Lake, *Poisened Ivy* (New York: Avon Books 1992), im folgenden mit *PI* abgekürzt, alle Angaben im Text beziehen sich auf diese Ausgabe.
[49]Janet Neel, *Death Among the Dons* (Harmondsworth: Penguin 1994, first published in 1993), im folgenden mit *DAD* abgekürzt, alle Angaben im Text beziehen sich auf diese Ausgabe.
Erwähnung der Autorin in: Jean Swanson & Dean James, *By a Woman's Hand: A Guide to Mystery Fiction by Women* (New York: Berkley Publishing 1996, 2nd. ed.), 169.
[50]D.J.H. Jones, *Murder at the MLA* (London, Athens: The Univ. of Georgia Press 1993), im folgenden mit *MLA* abgekürzt, alle Angaben im Text beziehen sich auf diese Ausgabe.
[51]Charlotte MacLeod, *Rest You Merry* (New York: Avon Books 1979, first published 1978),
im folgenden mit *RYM* abgekürzt, alle Angaben im Text beziehen sich auf diese Ausgabe.
[52]Jane Langton, *Emily Dickinson Is Dead* (Harmondsworth: Penguin 1985, first published in 1984), im folgenden mit *EDD* abgekürzt, alle Angaben im Text beziehen sich auf diese Ausgabe.
[53]Antonia Fraser, *Oxford Blood* (London: Mandarin 1991, first published in 1985), im folgendem mit *OB* abgekürzt, alle Angaben im Text beziehen sich auf diese Ausgabe.
[54]Colin Dexter, *The Silent World of Nicholas Quinn* (London: Pan Books 1978, first published in 1977), im folgenden mit *SWNQ*, alle Angaben im Text beziehen sich auf diese Ausgabe.
[55]U.a. zu Charlotte MacLeod und *RYM*: Charlotte LacLeod, »Peter Shandy: On First Acquintance«, *TAD*, vol. 27, no. 3, 1994, 302-303; Beiträge aus dem *Charlotte MacLeod Newsletter* und Material, das die Autorin zur Verfügung gestellt hat.
Zu Jane Langton und *EDD*: Rosemary Herbert, *The Fatal Art of Entertainment: Interviews with Mystery Writers* (New York: G.K. Hall & Co 1994), 225-249.
Zu Antonia Fraser und *OB*: Mel Gussow, »Antonia Fraser: The Lady Is a Writer«, *New York Times Magazine*, September 9, 1984, 60-80;
Antonia Fraser, »Jemima Shore: Telly Detective«, in: Dilys Winn (ed.), *Murderess Ink: The Better Half of the Mystery* (New York: Bell Publishing 1981), 288-289.

Zu Colin Dexter und *SWNQ*: Bernard Benstock & Thomas F. Staley, »Colin Dexter«, in: *British Mystery Writers Since 1940*, Dictionary of Literary Biography, vol. 87 (Detroit 1989), 55-71;
Anders Lykke, »Sidste bus til Woodstock«, in: René Rasmussen (red.), *Den sidste gode genre: Krimiens aktualitet* (Århus: Kim & NSU 1995), 59-71;
Axel Bornkessel; *Miss Marples Erben: Englische Krimiautoren Heute*, Austrahlung am 28. Juli 1996 auf arte.

[56]Vgl. Donna Waller Harper, »The Image of Women in Robert B. Parker's Spenser Novels« (Middle Tennessee State University 1992).
Gwendolyn Whitehead, »The Hard-Boiled Heir: Robert B. Parker as Literary Descendant of Dashiell Hammett, Raymond Chandler, and Ross MacDonald« (Univ. of Louisiana 1992).

[57]Robert B. Parker, *Playmates* (Harmondsworth: Penguin 1990, first published in 1989), im folgenden mit *PM* abgekürzt, alle Angaben im Text beziehen sich auf diese Ausgabe.

[58]Carolyn G. Heilbrun, *Writing a Woman's Life* (London: The Women's Press Limited 1989).

[59]»Nachwort zur deutschen Ausgabe«, in: MacLeod, Charlotte, *Schlaf in himmlischer Ruh'* (Köln: Dumont 226-228), 227.

[60]Jane S. Bakerman, »MacLEOD, Charlotte«, in: John Reilly (ed.), *Twentieth-Century Crime and Mystery Writers* (London, Basingstoke: Macmillan 1985), 593-594, 594.

[61]Jane Gottschalk, »Criminous Christmases«, *TAD*, vol. 13, no. 4, 281-285, 285.

[62]Patricia Craig, »Janet Neel: Death Among the Dons«, *TLS*, June 25, 1993, 24.

[63]Ebda.

[64]Steven R. Carter, »Amanda Cross«, in Earl F. Bargainnier (ed.), *10 Women of Mystery* (Bowling Green, Ohio: Popular Press 1981), 269-296, 292.

[65]Rossen, *University*, 89-91.

[66]Richard Dyer, »Parker gets back in form«, *The Boston Globe*, April 25, 1989, 21,23, 23.

[67]»Playmates«, *AP*, April 12, 1989, o.S..
Siehe auch »Parker, Robert B., PLAYMATES,« *Kirkus Review*, March 15, 1989, o.S.: »[... *PM*] is easy reading, low-level fare, with vitually no mystery at all and very little suspense. [...] Thinly plotted, including one highly extraneous murder - but fast, bruzy, and with enough of the usual trimmings [fancy cooking, smart one-liners, tough guy preening] to please the undemanding fans.«

[68]R.W.B. Lewis, »PLAYMATES«, *The New York Times*, April 23, 1989, o.S..

[69]Robin Cuzzort, »'Napa Valley' mystery pleasing to palate, 'Murder at the MLA' difficult to swallow«, *Nashville Banner*, July 30, 19939, o.S..

[70]»Jones, D.J.H. MURDER AT THE MLA«, *Kirkus Review*, February 1, 1993, o.S..

[71]»Murder at the MLA«, *Wisconsin Bookwatch*, May 1993, o.S..
Siehe auch Richard Longford, »Books«, *New Smyrna Beach Observer*, December 2, 1993, o.S.: »This is a delightful mystery and a serious presentation of current problems in academia, regarding tenure and teaching. It is solid satire has provocative dialogue, and creates an interesting detective team.«

[72]P.D. James, »More than a Puzzle and Its Solution«, *Weekend Telegraph*, September 3, 1988, IX.

[73]Suerbaum, *Krimi*, 11.

[74]Reddy, *Sisters*, 3.

[75]Die Begriffe »Detektivroman« und »detective novel« bzw. »Kriminalroman« und »crime novel« werden von mir synonym verwendet werden. In Zitaten kann der Gebrauch variieren.
Ich werde nicht weiter auf den Unterschied von »story« und »novel« eingehen, siehe dazu Buchloh/Becker, *Detektivroman*, 4.

[76]Vgl. Schulz-Buschhaus, *Formen*, 1.

[77]Gerhardt Schmidt-Henkel, »Die Leiche am Kreuzweg«, in: Gerhardt Schmidt-Henkel u.a. (Hgg.), *Trivialliteratur*, (Berlin: Literarisches Kolloquium 1964), 142-161, 142.

[78]Peter Nusser, *Der Kriminalroman* (Stuttgart: Metzler 1980), 1ff.

[79]Richard Gerber, »Verbrechensdichtung und Kriminalroman«, in: Jochen Vogt (Hrsg.), *Der Kriminalroman* (München: Fink 1971), Bd. II, 404-420, 414.

[80]Ždenko Škreb, »Die neue Gattung: Zur Geschichte und Poetik des Detektivromans«, in: Viktor Žmegac (Hrsg.), *Der wohltemperierte Mord: Zur Theorie und Geschichte des Detektivromans* (Frankfurt am

Main: Athenäum 1971), 35-95, 35.
Siehe auch Helmut Heißenbüttel, »Spielregeln des Kriminalromans«, in: Jochen Vogt (Hrsg.), *Der Kriminalroman* (München: Fink 1971), Bd. II, 356-371, 360: »Der Kriminalroman so wie er sich historisch entwickelt hat und wie er heute eine bestimmte und nichtwegzudenkende Rolle spielt, ist immer ein Detektivroman«.

81)Margaret Drabble (ed.), *The Oxford Companion to English Literature* (Oxford, New York: OUP 1985, 5th rep. ed.), s.v. »detective fiction«, 269-287, 269.
Vgl. auch Broich, »Detektivliteratur«, 77ff.,
Richard Alewyn, »Anatomie des Detektivromans«, in: Jochen Vogt (Hrsg.), *Der Kriminalroman* (München: Fink 1971), Bd. II, 371-404, 373: »Der Kriminalroman erzählt die Geschichte eines Verbrechens, der Detektivroman die Geschichte der Aufklärung.«.

82)Symons, *Bloody Murder*, 173.

83) Tony Hilfer, *The Crime Novel: A Deviant Genre* (Austin: Univ. of Texas Press 1990), 1.

84)Für die Darstellung der Unterschiede siehe Kapitel 2. und 3.

85)*Webster's Third New International Dictionary* (Springfield 1981), 1497, s.v. »mystery story«.

86) Howard Haycraft, *Murder for Pleasure: The Life and Times of the Detective Story* (New York: Biblo & Tennen 1968, rev. ed.), 87.

87)*Encyclopedia Britannica* (Chicago, London, Toronto 1959), 49A-51, 49A, s.v. »mystery stories«.

88)Murch, *Development*, 17.

89)Cawelti, *Adventure*, 10.

90)Siehe Jochen Schmidt, *Gangster, Opfer, Detektive: Eine Typengeschichte des Kriminalromans*, (Frankfurt am Main: Ullstein 1989), 27: Eigentlich wurde das Subgenre von Chinesen begründet. Im Jahr 1669 erschien in P'u Sunglings Novellensammlung *Liao Chai Chihi* die erste Detektiverzählung der Welt. Mit *Dee Gong An* wurde im 18. Jahrhundert der erste Detektivroman veröffentlicht. Von diesen Werken ging jedoch keine Initialzündung für den Detektivroman der westlichen Welt aus, da die Erzählung erst 1880, der Roman nach dem Zweiten Weltkrieg nach Europa kamen.

91)Buchloh/Becker, *Detektivroman*, 69.

92)Suerbaum, *Krimi*, 32.

93)Dennis Porter, *The Pursuit of Crime: Art and Ideology in Detective Fiction* (New Haven, London: Yale Univ. Press 1981), 12.

94)Vgl. Binyon, *Murder*, 3: Daniel Defoe, *The History of the Remarkable Life of John Sheppard* (1724).
Vgl. Murch, *Development*, 21: Henry Fielding; *The History of the Life of the Late Mr. Jonathan Wilde the Great* (1743).

95)Vgl. u.a. Murch, *Development*, 38, und Schmidt, *Gangster*, 28.

96)Vgl. Drexler, *Literatur*, 10.

97)Vor allem Werke, in denen übernatürliche Erscheinungen am Ende rational erklärt werden, wie Ann Radcliff's *The Mysteries of Udolpho* (1794) oder *The Italian* (1797), die auch *mystery novels* genannt werden. Siehe dazu Nusser, *Kriminalroman*, 86.

98) Z.B. Edward Bulwer-Lytton, *Pelham: or the Adventures of a Gentleman* (1828), *Paul Clifford* (1830) und *Night and Morning* (1841). Siehe dazu Murch, *Development*, 38 und Symmons, *Murder*, 33.

99)Vgl. Nusser, *Kriminalroman*, 77: 1748 schuf Henry Fielding die erste Detektivorganisation, die sog. *Bow Street Runner*. 1829 entstand nach der Polizeireform die Metropolitan Police. 1843 wurde das Criminal Investigation Department gegründet.
Vgl. Ernst Bloch, »Philosophische Ansicht des Detektivromans«, in: Jochen Vogt (Hrsg.), *Der Kriminalroman*, Bd. II (München: Fink 1971), 322-343, 323: Ab Mitte des 18. Jahrhunderts war die Überführung eines Täters nur durch Beweise und Tatzeugen möglich, welche oft nur durch die Arbeit eines Detektives zu beschaffen waren.

100)Vgl. Mann, *Deadlier*, 65.

101)Binyon, *Murder*, 5.

102)Symons, *Murder*, 57.

103)Binyon, *Murder*, 5.

104)Nusser, *Kriminalroman*, 95.

[105]Es ist in der Kritik umstritten, ob *The Moonstone* schon ein Detektivroman ist oder eine *mystery story*. Haycraft, *Murder*, 39, argumentiert gegen *The Moonstone* als Detektivroman. T.S. Eliot, »Wilkie Collins and Dickens«, in: *Selected Essays 1917-1932* (New York, Harcourt & Brace 1932), 373-382, 377, sieht in dem Roman den ersten britischen Detektivroman.
[106]Symons, *Murder*, 52.
[107]Buchloh/Becker, *Detektivroman*, 53.
[108]Eliot, »Collins«, 377.
[109]Symons, *Murder*, 46.
[110]Zur weiteren Diskussion der Rolle Charles Dickens' in der Entwicklung des Detektivromans siehe Panek, *Introduction*, 41ff.
[111]Murch, *Development*, 114.
[112]Mann, *Deadlier*, 27.
Andere sehen in dieser Funktion Metta Victoria Fuller und ihren Roman *The Dead Letter* von 1866. Siehe dazu Charles Champlin, »O, Pioneers«, in: Jan Grape & Dean James & Ellen Nehr (eds.), *Deadly Women: The Woman Mystery Reader's Indispensible Companion* (New York: Carroll & Graf 1998), 5-8, 5.
Craig/Cadogan, *Lady*, 15, nennt als weibliche Detektive vor Greenes Protagonistin z.B: Haywards Heldin Mrs. Paschal in *The Revelation of a Lady Detective* (1861) oder die namenlose Ermittlerin in *The Female Detective* (1864) von Andrew Forrester. Diese Romane sind jedoch noch keine *detective novels*, sondern eine Mischung aus *mystery* und *romance*.
[113]Michele B. Slung; »Introduction«, in: Michele B. Slung (ed.), *Crime on Her Mind* (Harmondsworth: Penguin 1977), 13-28, 20.
[114]Schulz-Buschhaus, *Formen*, 46.
[115]Symons, *Murder*, 69.
[116]Nusser, *Kriminalroman*, 97.
[117]Symons, *Murder*, 80.
[118]Ebda. 88.
[119]Ebda. 82.
[120]Für eine Übersicht siehe Panek, *Introduction*, 106ff.
[121]Ebda. 113.
[122]Vgl. Amanda Cross, »Spinster Detectives«, in: Winn Dilys (ed.), *Murderess Ink: The Better Half of the Mystery* (New York: Bell Publishing 1981), 96-97, 96.
[123]Weitere Vertreterinnen dieses Typus sind Dorothy L. Sayers' Miss Climpson in *Unnatural Death* (1927) und Patricia Wentwoths Miss Maud Silver in *Grey Mask* (1928).
[124]Panek, *Introduction*, 129.
[125]H.R.F. Keating, *Writing Crime Fiction* (London: A & C Black 1986), 6.
[126]Binyon, *Murder*, 7.
[127]Suerbaum, *Krimi*, 108.
[128]Dove, *Police Procedural*, 37.
[129]Schulz-Buschhaus, *Formen*, 115.
[130]Dorothy L. Sayers, »Gaudy Night«, in: Howard Haycraft (ed.), *The Art of the Mystery Story: A Collection of Critical Essays* (New York: Biblo & Tennen 1975, rep. ed., first published in 1946), 208-221, 209.
[131]Leroy Panek, »The Novels of Michael Innes«, *TAD*, vol. 16, no. 2 (1983), 116-130, 117.
[132]Buchloh/Becker, *Detektivroman*, 70.
[133] Schulz-Buschhaus, *Formen*, 86.
[134]Edmund Crispin; »Introduction«, in: *Best Detective Stories* (London: Faber & Faber 1959), 9-15, 11.
[135]Suerbaum, *Krimi*, 74.
[136]Vgl. Porter, *Pursuit*, 2.
[137]Anders Austin R. Freeman, »The Art of the Detective Story«, in: Howard Haycraft (ed.), *The Art of the Mystery Story: A Collection of Critical Essays* (New York: Biblo & Tennen 1975, rep. ed., first published in 1946), 7-17, 14. Er geht von 4 Handlungsstufen aus: »(1) statement of the problem; (2) production of the data for its solution ('clues'); (3) the discovery, i.e., completion of the inquiry by the investigator and

declaration by him of the solution; (4) proof of the solution by an exposition of the evidence.«
[138]Suerbaum, *Krimi*, 67.
[139]Vgl. Franz K. Stanzel, *Theorie des Erzählens* (Göttingen: Vandenhoeck & Ruprecht 1979), 202ff.
[140]Beatrix Finke, *Erzählsituation und Figurenperspektiven im Detektivroman* (Amsterdam: Grüner 1983), 48.
[141]Nusser, *Kriminalroman*, 52.
[142]Colin Watson, »Mayhem Parva and Wicked Belgravia«, in: H.R.F. Keating (ed.), *Crime Writers* (London: BBC 1978), 48-63, 61.
[143]Ulrich Broich, *Gattungen des modernen englischen Romans* (Wiesbaden: Athenäum 1975), 29.
[144]Nusser, *Kriminalroman*, 165.
[145]Schulz-Buschhaus, *Formen*, 104.
[146]Škreb, »Die neue Gattung«, 82.
[147]Vgl. Howard Haycraft (ed.), *The Art of the Mystery Story: A Collection of Critical Essays* (New York: Biblo & Tennen 1975; rep. ed., first published in 1946):
»The Detection Club Oath«, 197-199,
Knox, Ronald A., »A Detective Story Decalogue«, 194-196,
S.S. Van Dine, »Twenty Rules for Writing Detective Stories«, 189-193.
[148]Raymond Chandler, »The Simple Art of Murder«, in: Howard Haycraft (ed.), *The Art of the Mystery Story* (New York: Biblo & Tennen 1975, rep. ed., first published in 1946), 222-237, 223.
[149]Haycraft, *Murder*, 183.
[150]Hanna Charney, *The Detective Novel of Manners: Hedonism, Morality, and the Life of Reason* (London, Toronto: Associated Univ. Press 1981), XII.
[151]Bei den Romanen von Mary Roberts Rhinehart spricht man schon von einem Subgenre, der *Had-I-But-Known* Formel, die dem Geisteszustand der Heldin entspricht.
[152]Raymond Chandler, »Letter to James Sandoe«, in: Dorothy Gardiner & Katherine Sorley Walker (eds.), *Raymond Chandler Speaking* (London: Hamish Hamilton 1962), 48.
[153]Chandler, »The Simple Art«, 237.
[154]Vgl. Geherin, *American Private Eye*, IX: Die Bezeichnug *private eye* für den professionellen Privatdetektiv hat seinen Ursprung in dem Firmenzeichen der Pinkerton Detektei (1850 gegründet). Es zeigt ein weit geöffnetes Auge und das Motto »We never sleep«.
[155]David Geherin, *Sons of Sam Spade* (New York: Ungar 1980), 1.
[156]Baker/Nietzel, *Private Eyes*, 5.
[157]Leslie A. Fiedler, *Love and Death in the American Novel* (New York: 1975, rev. ed.), 499.
[158]Robert B. Parker, »The Violent Hero, Wilderness, Heritage and Urban Reality: A Study of the Private Eye in the Novels of Dashiell Hammett, Raymond Chandler und Ross MacDonald«, Phil Diss., Boston Univ., 1971, 87.
[159]Binyon, *Murder*, 42.
[160]Robert B. Parker, »Marxism and the Mystery«, in: Dilys Winn (ed.), *Murder Ink: The Mystery Reader's Companion* (New York: Workmann 1977), 123-125, 125.
[161]Buchloh/Becker, *Detektivroman*, 22.
[162]Suerbaum, *Krimi*, 129.
[163]Geherin, *American Private Eyes*, 133.
[164]Ebda. 135.
[165]Geoffrey H. Hartmann, »Literature High and Low: The Case of the Mystery Story«, in: Geoffrey H. Hartmann, *The Fate of Reading and other Essays* (Chicago, London 1985), 203-222, 218.
[166]Scott R. Christianson, »Tough Talk and Wisecracks: Language as Power in American Detective Fiction«, *JPC*, vol. 23, no. 2, 1989, 151-162, 151.
[167]Ebda. 154.
[168]James Naremore, »Dashiell Hammett and the Poetics of Hard-Boiled Detection«, in: Bernard Benstock (ed.), *Essays on Detective Fiction* (London, Basingstoke: Macmillan 1983), 49-72, 55.
[169]Buchloh/Becker, *Detektivroman*, 106.
[170]Z.B. Van der Falk seit 1962 *Love in Amsterdam* von Nicholas Freeling oder Martin Beck seit 1965

Roseanna von Maj Sjöwall und Per Wahlöö.
171)Dove, *Police Procedural*, 116.
172)Ebda. 73.
173)Panek, *Introduction*, 176.
174)Hilfer, *Crime Novel*, 2.
175)Symons, *Bloody Murder*, 178.
176)Späth, *Kriminalroman*, 106.
177)Hilfer, *Deviant Genre*, 34.
178)Ebda. XIV.
179)Cawelti, *Adventure*, 137.
180)Scott R. Christianson, »A Heap of Broken Images: Hardboiled Detective Fiction and the Discourse(s) of Modernity«, in: Ronald G. Walker & June M. Frazer (eds.), *The Cunning Craft: Original Essays on Detective Fiction and Contemporary Literary Theory* (Western Illinois Univ. 1990), 135-148, 147.
181)U.a. schreibt Joyce Carol Oates Detektivromane unter dem Pseudonym Rosamond Smith, Julian Barnes als Dick Kavanagh.
182)James, »More«, IX.
183)Siehe dazu P.D. James in Herbert, *Fatal Art*, 72: »'[...] within the detective novel I could write a novel that has a moral ambiguity and psychological sublety like a serious novel. Writing within the constraint isn't in fact inhibiting; it's positively liberating.'»
184)Barbara Godard, »Sleuthing: Feminist Re/writing the Detective Novel«, *Signature*, no. 1, Summer 1989, 45-70, 50.
Reddy spricht vom feministischen Detektivroman als eigenständigem Genre. Maureen T. Reddy, »The Feminist Counter-Tradition in Crime: Cross, Grafton, Paretsky, and Wilson«, in: Ronald G. Walker & June M. Frazer (eds.), *The Cunning Craft: Original Essays on Detective Fiction and Contemporary Literary Theory* (Western Illinois Univ. 1990), 174-188, 174: »Feminist crime novels are best understood as constituting a new genre, less part of an existing tradition than a distinct countertradition. As this countertradition develops, expands, and deepens numerous shared features and variations on these features become discernible.«
185)Glenwood Irons, »Introduction«, in: Glenwood Irons (ed.), *Feminism in Women's Detective Fiction* (Toronto: Univ. of Toronto Press 1995), IX-XXIV, XII.
Sally R. Munt unterscheidet in *Murder by the Book? Feminism and the Crime Novel* (London, New York: Routledge 1994) die verschiedenen weiblichen Detektive nach den Formen des Feminismus, die durch sie vertreten werden:
1. *liberal feminist crime fiction* (Sara Paretsky, P.D. James, Joan Smith)
2. *socialist feminist crime fiction* (Gilian Slovo, Valerie Miner, Val McDermid)
3. *lesbian crime fiction* (Sarah Dreher, Katherine V. Forrest, Claire McNabb).
186)Z.B. Truman Capote, *Tough Guys Don't Dance* (1984), Saul Bellow, *The Dean's December* (1982), Don DeLillo, *Libra* (1988).
187)Baker/Nietzel, *Private Eyes*, 11-12.
188)Panek, *Introduction*, 200.
189)Auf britischer Seite sind zu nennen: Liz Codys Anna Lee und Gilian Slovos Kate Baeier, die in London ermitteln, in Manchester arbeitet Val McDermids Kate Brannigan.
190)Lynn Pykett; »Seizing the Crime: Recent Women's Crime Fiction«, *The New Welsh Review*, Summer 1989, no. 2, 24-27, 25.
191)U.a. Kate Sedley und Margaret Frazer schreiben über England im 15. Jahrhundert. Candace M. Robb siedelte ihre Romane in York im 14. Jahrhundert an.
192)Weitere Romanreihen mit viktorianischen Schauplatz schreiben u.a. Amy Myers und Alanna Knight.
193)David R. Anderson, »Afterword«, in: Ronald G. Walker & June M. Frazer (eds.), *The Cunning Craft: Original Essays on Detective Fiction and Contemporary Literary Theory* (Western Illinois Univ. 1990), 188-190, 190.
194)David Lodge, »Robertson Davies and the Campus Novel«, in: David Lodge, *Write On: Occasional Essays '65-85* (London: Seeker & Warburg 1986), 169-173, 169.

[195] Himmelsbach, *Universitätsroman*, 22.
[196] Vgl. Malcom Bradbury, »Campus Fictions«, in: David Bevan (ed.), *University Fiction* (Amsterdam, Atlanta: Rodopi 1990), 49-55, 50.
[197] Wolfgang Klooß, »Murder in the English Department: Der englische Universitätsroman der Nachkriegszeit«, *CHRISTIANA ALBERTINA*, 28.04.1989, 33-45, 44.
[198] John E. Kramer, Jr., *The American College Novel: An Annotated Bibliography* (New York, London: Garland 1991), IX.
[199] Vgl. Dubber, *Universitätsroman*, 3.
[200] Ebda. 53.
[201] Malcolm Bradbury, »Graduating from Nostalgia to Reality«, *Times Higher Education Supplement*, November 19, 1984, 12-13, 12.
[202] Ebda. 12.
[203] Borchardt, *Bild*, 15.
[204] Vgl. Weiß, *Universitätsroman*, 36.
[205] Proctor, *University Novel*, 34.
[206] Vgl. Weiß, *Universitätsroman*, 42.
[207] Vgl. Proctor, *University Novel*, VII.
[208] Weiß, *Universitätsroman*, 46.
[209] Proctor, *University Novel*, 94.
[210] Ebda. 112-113.
[211] Richard Sheppard, »From Narragonia to Elysium: Some Preliminary Reflections on the Fictional Image of the Academic«, in: David Bevan (ed.), *University Fiction* (Amsterdam, Atlanta: Rodopi 1990), 11-48, 36: Neugründungen - University of the City of London 1828, Manchester 1851, Newcastle 1871, Aberystwyth 1877, Leeds 1874, Liverpool und Nottingham 1881, Cardiff 1883, Bangor 1884.
[212] Weiß, *Universitätsroman*, 71.
[213] Proctor, *University Fiction*, 128.
Siehe dazu *Colliers Encyclopaedia* (o.O. 1968), vol. 7, 433, s.v. »CHRICHTON, James (1560-1582)«: »Chrichton was a man of handsome appearance, whose remarkable intellect, prodigious memory, and athletic accomplishments earned for him a fabulous reputation.«
[214] Rossen, *University*, 108.
[215] Proctor, *University Novel*, 154.
[216] Weiß, *Universitätsroman*, 87.
[217] Ebda. 88.
[218] Siehe zu den *Somerville novelists* die ausgezeichnete Monographie von Susan J. Leonardi, *Dangerous by Degrees: Women at Oxford and the Somerville College Novelists* (New Brunswick, London: Rutgers Univ. Press 1989).
[219] Lyons, *College Novel*, 5.
[220] Ebda. 9.
[221] Weiß, *Universitätsroman*, 101.
[222] Lyons, *College Novel*, 184.
[223] Kramer, *College Novel*, 12.
[224] George Watson, »Fictions of Academe: Dons & Reality«, *Encounter*, vol. 5, no.5, 1978, 42-46, 42.
[225] Vgl. Bradbury, »Campus Fiction«, 52.
[226] Watson, »Fictions«, 42.
[227] Bradbury, »Campus Fiction«, 51.
[228] Vgl. Weiß, *Universitätsroman*, 113.
[229] Rossen, *University*, 9.
[230] Vgl. Weiß, *Universitätsroman*, 113: In Großbritannien 1944 der *Butler Act*, in den USA staatliche Stipendien für Kriegsheimkehrer.
[231] Vgl. Dubber, *Universitätsroman*, 12-13: Für die Nicht-Oxbridge Universitäten gibt es verschiedene Bezeichnungen: »Redbrick« für Gründungen zwischen 1851-1909, »white-tile« bis zum 2. Weltkrieg und »plateglass« oder »new universities« für Neugründungen zwiwschen 1961-65.

[232] Klooß, »Murder«, 37.
[233] Steven Connor, *The English Novel in History: 1950-1995* (London: Routledge 1996), 70.
[234] Bevan, »Images«, 102.
[235] Sheppard, »Narragonia«, 42.
[236] Dubber, *Universitätsroman*, 65.
[237] Goch, *Universitätsroman*, 65.
[238] John Schellenberger, »University fiction and the university crisis«, *CQ*, vol. 24, no. 3, 1982, 45-48, 46.
[239] Lyons, *College Novel*, 106.
[240] Rossen, *University*, 146.
[241] Thomas Kühn, »*CUTS* - Thatcherism and the Universities in Recent Literature: A Look at British Campus Novels«, *Hard Times*, no. 51, June/July 1994, 22-27, 24.
[242] Carter, *Ancient Cultures*, 159.
[243] Rossen, *University*, 55.
[244] Ebda. 91ff.: Rossen setzt den Mythos Oxbridge und *Ivy-League* gleich.
[245] Vgl. Carter, *Ancient Cultures*, 216, 218: Carter zählt in einer Übersicht der Schauplätze des britischen Universitätsroman vom 1945-88 204 Romane, davon haben 145 Oxbridge als Schauplatz. 46,2% der Autoren haben einen Abschluß einer dieser Universitäten.
[246] Thomas Kühn, »Exploring the Myth of English University Life: Observations on Some Contemporary English University Novels«, in: Hans-Jürgen Diller u.a. (Hgg.), *Englishness*, anglistik & englischunterricht (Heidelberg: Carl Winter Verlag 1992), Bd. 46/47, 155-178, 155/156.
[247] Carter, *Ancient Cultures*, 218.
[248] Ebda. 15.
[249] Ebda. 64.
[250] Goch, *Universitätsroman*, 383.
[251] Rossen, *University*, 171/172.
[252] Vgl. Späth, *Kriminalroman*, 399 und »Intelligenz liest Krimi«, *Spiegel Spezial - Bücher '95, 7.*
[253] Reddy, *Sisters*, 42.
[254] Vgl. Kramer, *College Mystery Novel.*
Carter, *Ancient*, 279-285.
Olderr, *Mystery Index.*
[255] Vgl. T.J. Binyon, *'Murder'*, 50.
[256] Vgl. Klooß, »Murder«, 3.
[257] Frühe amerikanische Beispiele der Entwicklung sind u.a. Timothy Fuller, *Harvard Has a Homicide* (1936), Anthony Boucher, *The Case of the Seven Cavalry* (1937), Aaron Marc Stein, *The Case of the Absent-Minded Professor* (1943), Helen Eustis, *The Horizontal Man* (1946). Für weitere britische und amerikanische Autoren siehe Binyon, *Murder*, 52ff..
[258] Keating, *Writing*, 22.
[259] Vgl. Panek, »Innes«, 125: »What happens here is that Innes jolts farce into comedy of manners.«.
[260] Vgl. Kramer, *College Mystery Novel*, 51: »Absentminded, often caustic in conversation, and a man whose everyday lifestyle is a composite of eccentricities [...].«.
[261] Bruce Merry, »Dorothy L. Sayers: Mystery and Demystification«, in: Benstock, Bernard (ed.), *Essays on Detective Fiction* (London, Basingstoke: Macmillan 1983), 18-32, 24.
[262] Elizabeth Peters & Barbara Michaels, »Meet the Guest of Honor: Charlotte MacLeod«, in: *Malice Domestic - Program Book* (1991), o.S..
[263] Anne Ponder, »A Dialogue with Robert B. Parker«, *TAD*, vol. 17, no. 4, 1984, 341-348, 341.
[264] Es gibt mittlerweile sogar »Inspector Morse Tours« durch Oxford. Vgl. Peter Sager, »Mord im College«, *Die Zeit*, Nr. 6, 20.01.1998, 57-58, 58.
[265] Carolyn G. Heilbrun, *Writing a Woman's Life* (London: The Women's Press 1989), 112-113.
[266] Carol Cleveland, »CROSS, Amanda«, in: John Reilly (ed.), *Twentieth-Century Crime and Mystery Writers* (London, Basingstoke: Macmillan 1980), 399-401, 400.
[267] Späth, *Kriminalroman*, 277.
[268] Vgl. Swanson & James, *Woman's Hands*, 169.

[269]*The Chronicle of Higher Education*, 27.01.1993, o.S..
[270]Für weitere Beispiele siehe: Binyon, *'Murder'*, 122ff. und verschiedene Aufsätze in Earl F. Bargainnier (ed.), *Comic Crime* (Bowling Green, Ohio: Popular Press 1987).
[271]Vgl. »This was the seventy-third time in eighteen years she'd nagged him about decorating his house. He'd kept count. Shandy had a passion for counting. He would have counted spots on an attacking leopard.« (*RYM*, 7) oder: »He glanced at his watch and did rapid calculations in his head. At that precise point, the 742 outside red bulbs on the spruce trees would have flashed on for the 28,000th time - a total of 21,369,000 flashes. [... he] began to count the stars.« (*RYM*, 10-11).
[272]Deutlich wird die ironische Absicht MacLeods auch in der Aussage Helen Marshs: »'Rutabagas are just a sideline. But think of all the cows you've made happy. Poor things, eating's about all they have to look forward nowadays.'« (*RYM*, 104).
[273]So erinnert sich Boaz immer noch an ein kleines Mädchen, das mit ihren Geschwistern von der Mutter ermordet wurde und deren Leiche er auf dem Arm trug: »The limpness of the little girl's weight he could still feel sometimes across his arms. He was not a hard-drinking man, but he'd drunk like a shark that night.« (*MLA*, 71).
[274]Lewis tätigt auch die Polizeiarbeit, die bei der Festnahme von Bartlett notwendig ist. Fünfmal beginnt die Beschreibung der Schritte, die zur Verhaftung führen mit »It was Lewis [...]« (*SWNQ*, 189).
[275]»Lewis decided to plod along in his own methodical manner [...].« (*SWNQ*, 60).
[276]Benstock, »Dexter«, 57.
[277]Siehe auch: »It was a ritual with Morse. [...] It was always the same after a haircut. He would take off his shirt and vest, and dip his head into a basin full of hot water. Bliss! He would shampoo his hair twice, and then flannel his face and ears thoroughly. He would then rub his back with a towel, dry his hair, wash down the short black hairs from the sides of the basin, select a clean vest and shirt, and finally comb his hair with loving care in front of the bathroom mirror.« (*SWNQ*, 40).
[278]Dexter zählt Raymond Chandler zu seinen Lieblingsautoren, siehe dazu: »Samtaler i Natten: Colin Dexter«, Danmark Radio, TV 1, 19. Mai 1997.
[279]Erst in seinem letzten Roman *Death Is Now Thy Neighbour* (1996), ließ sich Dexter von seinen Lesern dazu drängen, Morses Vornamen preiszugeben: Endeavour.
[280]Gegenüber Winnies Eltern tritt er als offizieller Ermittler auf: »Homer fumbled in his pocket for an old card, dating back to his years of service in the office of the District Attorney of Middlesex County. He flashed it, then pocketed it quickly.« (*EDD*, 197).
[281]Das Brandmittel im Studentenwohnheim war Kerosin, das man in einer Autowerkstatt finden kann (*EDD*, 45).
[282]Benstock, »Dexter«, 64.
[283]Dies ist eine Vorliebe, die der Autor mit seinem Protagonisten teilt: Vgl. Colin Dexter, »Crosswords and Whodunnits: A Correlation Between Addicts?«, in: Dilys Winn (ed.), *Murder Ink; The Mystery Reader's Companion* (New York: Workmann 1977), 447-450: Dexter ist mehrfacher Meister nationaler Kreuzworträtselmeisterschaften.
[284]Wieder ein Charakterzug, den er mit dem Autor Dexter teilt: Vgl. Interview mit Dexter in: Axel Bornkessel, *Miss Marples Erben: Englische Kimiautoren Heute*, Austrahlung am 28. Juli 1996 auf arte.
[285]An anderer Stelle sind es nicht Kaninchen, sondern »[...] the unresting birds of thought winged round and round his brain ... » (*SWNQ*, 109).
[286]Dexter benutzt dieses Bild den ganzen Roman hindurch. Je weiter die Ermittlungen fortschreiten, desto besser funktioniert Morses Denkmaschine: »The previous day the cogs had started turning all right, but turning now, it appeared, in the wrong direction; and whilst Noakes had been speaking they'd temporarily stopped turning altogether. But they were off again now, in forward gear, with two or three of them whirring furiously.« (*SWNQ*, 76).
[287]Anspielung auf *The Memorial Hall Murder* (1978).
[288]Schon vorher hatte sich Homer Kellys Interesse an der menschlichen Psyche gezeigt: »Homer Kelly, too, was enchanted with the afternoon. It wasn't the justice of the women's cause that had diverted him, it was the everlasting melodrama of human souls in conflict. It was the handful of gritty sand that were forever being sprinkled into the machinery of daily life, grinding the ill-fitting cogs against each other,

warping the sprockets, jamming the mismatched teeth.« (*EDD*, 68).
[289]Siehe auch: »He wished he didn't keep coming back to the likelihood that he himself was responsible for the whole rotten chain of events.« (*RYM* 203).
[290]George J, Thompson; »PARKER, Robert B(rown)«: in John Reilly (ed.), *Twentieth-Century Crime and Mystery Writers* (London, Basingstoke: Macmillan 1980), 1150-1152, 1151.
Dieser Vergleich wird oft gemacht: Siehe dazu auch: Geherin, *Sons*, 10: »Like Sam Spade, he is tough and often cynical. Like Philip Marlowe, he has a quick wit, an insolent tongue, and an observant eye for the pompous and absurd. Like Lew Archer, he frequently finds himself drawn into the personal lives of his clients.«
[291]Vgl. Geherin, *Sons*, 7.
Siehe auch Baker/Nietzel, *Private Eyes*, 48: So wie sein Vorbild Marlowe wegen Insubordination aus dem Dienst des L.A. County District Attorney entlassen wurde, mußte Spenser aus dem gleichen Grund die Bezirkstaatsanwaltschaft von Suffolk County verlassen.
[292]Vgl. Geherin, *Sons*, 11: »Parker said he was looking for a name that would evoke the chivalric warrior/poet/lover/fighter quality of the period and after rejecting the name Sidney (after Sir Philip Sidney, the archetype of a renaissance courtier), he settled on Spenser.«.
[293]Vgl. Whitehead, »The hard-boiled Heir«, 164-165: »Spenser is no longer the typical hard-boiled code hero: He is still hard-boiled; he is still a code hero; however, he is not a Spade-Marlowe-Archer clone. In many respects, he has become the image of the contemporary man. Growing and changing in ways which reflect contemporary life.«.
[294]Schon in seinem Roman *Mortal Stakes* (1976) beschäftigte sich Parker mit Bestechung und Korruption im Sport, es ging dabei um Baseball.
[295]Parker sagt in Ponder, Dialogue«, 342: »'[...] women and children serve as a nice methaphor for the powerless.'«.
[296]Dieses wiederkehrende Thema läßt Kritiker den Einfluß Hemingways auf den Autor betonen: Vgl. Baker/Nietzel, *Private Eyes*, 250.
Siehe auch Parkers Roman *Early Autumn* (1981), in dem Spenser die Erziehung des Jugendlichen Paul Giacomin übernimmt.
[297]Barry Donnelly, »A Catcher in the Rye«, *TAD*, vol. 23, no. 1, 1990, 13-25, 25.
[298]Ira Berkov, »Stranger Than Nonfiction«, *The New York Times*, 23 April 1989, o.S..
[299]Dyer, »Parker«, 23.
[300]Seit *God Save the Child* (1974).
[301]Siehe auch Carolyn Heilbrun, »Keynote Adress: Gender and Detective Fiction«, in: Barbara A. Rader & Howard Zettler (eds.), *The Sleuth and the Scholar: Origin, Evolution, and Current Trends in Detective Fiction* (New York, Westport Conn., London: Greenwood Press 1988), 1-8, 4: »Robert B. Parker is one of the real exceptions. Spenser is tough, to be sure, but he is also tender, and his views on women and poetry would terrify Rambo as well as the moral majority.«
[302]Sie sind seit dem Roman *Promised Land* (1976) befreundet.
[303]Hawk will Dwayne nicht helfen, er tut es nur Spenser zuliebe: »'Besides, I think we're trying to help him,' I said./ 'What's this we, white man? You the helper, I just along to see how it goes.'/ 'Mr. Warm,' I said.« (*PM*, 88).
[304]Siehe dazu Robert B. Parker & Anne Ponder, »What I know About Writing Spenser Novels«, in: Robin W. Winks (ed.), *Colloquium on Crime: Eleven Renowned Mystery Writers Discuss Their Work* (New York, Scribner's Sons 1986), 189-203, 194: Parker spricht von »'[...] the unspoken and inarticulate love relation between Spenser and Hawk [...]'«.
[305]Siehe auch den Dialog zwischen Spenser und dem Bezirkstaatsanwalt Arlett (*PM*, 191-192).
[306]Siehe auch: »Other cops that morning were turning pages back at the District One station on State Street. They were making phone calls, slogging through identities of fired hotel staff, looking for motives, looking for a match with known criminals.« (*MLA*, 106).
[307]Siehe auch: »'I never understood how the mafia worked until Francesca married into the force,' Perry said, thoughtfully, to Sarah. 'None of us four brothers dare to put a toe out of line now, for fear of large men decending on us, or telling our brother-in-law. You've had it now, Dame Sarah, you know: you're

family. You'll get a great deal more support and encouragement than you actually want from huge men in Terrylene raincoats.'« (*DAD*, 104).

[308]Siehe auch. »[...] the independent secretive clan [of the CID] housed in the four big offices on the third floor. Not that interference would have been particularly effective; the CID had their own seperate entrance from the street, used primarily, according to the uniformed branch, for bringing in women and wine.« (*DAD*, 26-27).

[309]Ein weiterer Fall in »'[...] east Yorkshire, where they got thirty detectives suspended and half the uniformed branch disappeared on sick leave.'« (*DAD*, 214).

[310]Auch das sogenannte »Miranda-Gesetz« wird gedehnt. »[...] nothing about todays information would stand up in court if he ever needed it, since he hadn't officially informed Nancy of her rights.

There was a way around all that, of course, as Boaz knew from many sessions in the interview areas in the district station. It was a matter of repeating pertinent questions inside a room so small and windowless that it felt not only unreal, but cut off permanently from all the other rooms in the world. People tended to talk in that circumstance, Miranda or not.« (*MLA*, 83).

[311]Vgl. »[...] a big man, six feet four inches in his socks, with thick dark hair, regular features, marred by a slightly crooked nose, relics of a rugby accident [...] He picked up his uniform tunic and shrugged it on then buttoned up his coat and pulled his tie. [...] He was, thus dressed, an impressive sight.« (*DAD*, 23).

[312]»'Why me? What's happened to the CID?' [...] 'We've got two chief inspectors and DIs off with the flue. And MacAllister is on leave till Friday, and he can't come back. [...] 'His superior, Chief Superintendent Beattie [...] was at the moment attending a conference in Bournemouth on the young offender. In his absence, technically, the CID came under McLeish's command. [...] But it was sensible and careful of Davidson to get someone above his own rank of detective sergeant to take a look before the body was removed.« (*DAD*, 25-26).

[313]Auch nach dem zweiten Überfall darf sich McLeish nicht einmischen: »'And John won't be involved any further; he can't be. He's a bystander here - it's not his patch. He'll go back this morning to Notting Dale and Alan Toms will be doing it all.'« (*DAD*, 155).

[314]Nur einmal vorher erwähnt McLeish diese Gabe: »'I'm not a happy man - I've had these - well, I suppose instincts - all my life, and I think I - we - missed out over Judith Symond's death. But it was not Michael Taylor [arrested for the attacks] who killed her [...].'« (*DAD*, 201).

[315]Siehe dazu die zeitgenössische Definition der *spinster detective* in: Cross, »Spinster Detectives«, 97.

[316]Vgl. Elaine Budd, *13 Mistresses of Murder* (New York: Ungar 1986), 35.

[317]Virginia Blain, Particia Clements & Isobel Grundy, *The Feminist Companion to Literature in English: Women Writers from the Middle Ages to the Present* (London: Babford 1990), 395.

Siehe auch Fraser, »Jemima Shore«, 289: »Since any discussion of an intelligent and powerful woman has to get round to the subject of Elizabeth I. quite soon, I gave Jemima Shore some of the physical characteristics of the Tudor Queen (golden-red hair, white skin, beautiful white hands, a virginal air). Like the queen, she has a great many suitors. On the other hand, this being the twentieth century, her virginal aspect belongs to her looks, not the way she behaves. In fact, her very name is tended to be a combination of the repressed and the unrepressed: Jemima is a good seventeenth-century Puritan name, whereas Shore is taken from the beautiful dissolute mistress of Edward IV, Jane Shore.«

[318]Eugenia Jones sagt zu Jemima: »'Besides, you seem so remote from love.'« (*OB*, 223).

[319]Vgl. Karen Klitsgaard-Povlsen, »Dødskys. Kvindelig detektiver hos Marcia Muller og Sara Paretsky«, in: Réne Rasmussen & Anders Lykke (red.), *Den sidste gode genre: krimiens aktualitet* (Århus: Kim & NSU 1995), 85-110, 91.

[320]Munt, *Murder*, 36.

[321]Siehe auch ihr einsames Mahl: »I made coffee and zapped a sweet roll into the hot mush in my microwave, took both into my living room [...].« (*PI*, 161).

[322]Z.B bei einer akademischen Feier: »'You, on the other hand are dressed for your graduation picture.'

I was wearing a dark skirt and an inexpensive, white blouse. My one concession to the occassion was that I'd replaced the blouse's buttons with fancier ones. I'd read in a magazine in my dentist's office about how doing that would make a cheap blouse look more expensive.

'Don't you have patent leather pumps?' she asked.« (*PI*, 8).

[323]»'By chance the other mother she [Elsie Connolly] was looking after was going to give the baby for adoption anyway. I got the impression she was unmarried [...]. Anyway it was a cloak-and-daggger delivery. [...] The other Baby was also a boy.'« *(OB,21)*.

[324]»'I might have known it,' John Cunningham said [...] 'That brouhaha at Harvard, that imbroglio with the first women professor. Why didn't I know at once you were involved. After all, I knew you were in the area, but I should have been suspicious even if you weren't.'« (*DF*, 87).

[325]»'Because it will so thoroughly and delightfully upset my brothers, who don't think Harvard should ever have let women wander around Widener Library.' [...] 'Janet Mandelbaum, beware! Rescue is on the way.'« (*DF*, 26).

[326]Siehe auch: »I'd grown up in a home a lot like the Trask's, except that my mother hadn't run from it [like Donna's]. If she had, and if she'd given me the chance to run with her, I'd have jumped at it and never looked back. But she had different strategies for dealing with a husband like Donald Trask, chief among them obliterating her own personality.« (*PI*, 63)

[327]Auch bei dem Mord an Tiggie Jones, der Verlobten Saffrons, ist es dem Subgenre folgend eine Ungereimtheit, die Jemima, im Gegensatz zur Polizei erkennen läßt, daß es Mord war. Tiggie kann sich keine Überdosis Heroin gespritzt haben: »'She hated needles. I remember her saying it about blood tests. [...] You see, there were no other syringe marks. [...] Only her prints on it? Why no prints of the person who sold it to her? [...] But if the syringe was wiped clean after she was killed - injected with the enormous dose, that is on the top of a lot of cocaine - the murderer had only then to plant her prints on the syringe with her hand.'« (*OB*, 177-178).

[328]Auch beim zweiten Mord, das Opfer ist der Freund Donnas, Bert Coombs, steht Peggy wieder in Opposition zur Polizei. Letztere glaubt an einen Mord im Drogenmilieu, Peggy erkennt den Zusammenhang mit ihren Ermittlungen (*PI*, 215).

[329]Mehrfach wird auf die Parallele des Berufs einer Detektivin und einer Journalistin hingewiesen, z.B.: »As a practised interviewer, she recognized the need for silence, an irrisistable interrogative silence.« (*OB*, 14) Zudem dient Jemima der Beruf als geeignete Tarnung für Nachforschungen: »[...] 'I've agreed to go to the Chimneysweeper's Dinner at the beginning of next term as his [Saffron's] guest. I'll pretend to be researching the programme.'« (*OB*, 75).

[330]Siehe auch: »If the worst comes to the worst, thought Jemima, the programme comes first, and if I ever doubted it, witness the fact that I'm going to have to stalk into the sitting room starkers except for a pair of green sandals, and assume my clothing as graciously as possible under the eye of Professor Mossbanker [...] in order to get to St. Lucy's on time to film Kerry Barber's Demo.« (*OB*, 205).

[331]»'We were in the same crowd in the old days, and I [Janet] thought you would be in the same situation, if you see what I mean. You were always so ...'/ 'Establishment?'/ 'Yes, I guess so. And I can't believe that you believe in women' studies.'« (*DF*, 39).

[332]Siehe zu diesem Begriff Munt, *Murder*, 34.

[333]»No, the problem wasn't entering an unknown world, it was that being here [the coffee shop of the *sister's*], one defined oneself too sharply: either one was an observer from the outside, automatically 'other', or else one qualified to be a member of the club, which limited one in a different way. Was this how a Leftist felt in England in the thirties, attending the first socialist meeting? Hard to stay away, impossible to join?« (*DF*, 64).

[334]Kate macht diese Bemerkung zu Joan Theresa, einer der *sisters*, die das genaue Gegenteil hinsichtlich der Kleidung darstellt: »She removed her downjacket, revealing a T-Shirt with a picture of Virginia Woolf on it, and workmanlike trousers.« (*DF*, 7).

[335]Weitere Beispiele für ihre Konformität: Kate glaubt bis zu einem gewissen Grad an die Institution Polizei (*DF*, 68).

Kate mag niemandem Geld schulden: »This was the sort of thing, she knew, which made her so straight in the eyes of the women in the coffee house on Hampshire Street.« (*DF*, 136).

[336]Ebenso ist Peggy die Einzige, die den Tod Bert Coombs betrauert, während die Polizei ihn als ein weiteres Drogenopfer abtut: »His death bothered me for a confusion of reasons. He'd gotten himself involved in a game for which he wasn't suited - a killing game - and he didn't know how to get out. I'd disliked him and yet found him funny and, somehow, touching - as if, with time, something might have

become of him, of his nervous energy, and vitality. I thought of the craft he'd learned, juggling, and the transient magic he would create in the air. I felt the loss of that now, as I stared down at his sprawled, inert body.« (*PI*, 209).

[337]Z.B als sie eine Mitgliederliste des Ausschusses für das neue Konferenzzentrum erhalten möchte: »I explained that I was a reporter for a consortium of neighborhood newspapers, working on an article on 'Movers and Shakers at the U', and I wanted photographs of a cross-section of University administrators.« (*PI*, 119).

[338]»'How do you know she's Japanese?' [...]/ 'Cause I was in the Army for a couple of years, Nancy Drew, '[...].« (*PI*, 79)

»'Thanks to you, Nancy Drew, everybody knows Donna's sad death was of her own doing.'« (*PI*, 197).

[339]Vgl. Chris Steinbrunner & Otto Penzler, *Encyclopedia of Mystery and Detection* (London: Routledge & Kegan Paul 1976), 130-131, s.v. »Nancy Drew«.

[340]Peggy hat eine Klosterschule besucht (*PI*, 8), war bei der Marine (*PI*, 5), und ihre Ehe ist gescheitert (*PI*, 106).

[341]Z.B. hilft Sergeant Belson dem Detektiv mit einem Autokennzeichen (*PI*, 162).

[342]Zudem muß er unter Druck arbeiten: »'This is the first night I've taken off since Friday, Peggy, and I feel guilty about it. It's not just Strauss who's demanding action. Wolf [university president] is, too. I've been told that even the Governor's called, wanting to know how soon we'll find the killer.'

'It's only been four days,' I said.

'It doesn't usually take that long.'« (*PI*, 25)

[343]Shandy steht konventionsgemäß dieser Gruppe unverdächtig gegenüber, da er ein Alibi hat: »'And Grimble says she probably came straight here [Shandy's house] from the Dysarts party, about half past nine on the evening of the twenty-second.' Shandy's lips twisted. 'At least that gives me an alibi. I was running away to sea by then.'« (*RYM*, 35).

[344]»'Taxine isn't something a grown-up takes by accident. It comes from yew. We had a lecture at the garden club.'« (*RYM*, 163-164).

»There was a lot of yew around Balaclava.« (*RYM*, 130).

[345]Zudem kennt Nancy sich mit Taxin aus, da sie einen Garten hat. Dieses aus dem Samen der Eibe gewonnene Gift ist mit dem Kaffee des Komitees versetzt worden: »'Got any evergreens around? Trees and stuff? Yews?' [...]

'No yews,' she told him. 'Yews are kind of boring. Besides, there are some toddlers next door and I don't want them eating them.'

Boaz was a troubled man. This woman was definetely aware of the wrong greenery. And smart enough to do anything she wanted with it.« (*MLA*, 109-110).

[346]Helen Marshs erster Eindruck von ihm wird durch die späteren Ereignisse bestätigt: »'I'll bet Professor Dysart's field is artificial insemination. He looks like a male chauvinist pig. Probably a terror among the undergraduate women.'« (*RYM*, 104).

[347]»He had one of those plastic Red Sox caps that has an adjustable strap and plastic mesh in the back. The hat crown was too high, and the brim was too short, and he'd down nothing to break it in or shape it, so it sat on the top of his head like a saucepan.« (*PM*, 118).

[348]»He was wearing pale brown boaters and starched acid-washed jeans and a green polo shirt with the collar up. His jacket was silk tweed, dark brown and nipped in at the waist. A gold medallion on a thick gold chain showed at his throat. [...] There was a yellow handkerchief in the breast pocket of his jacket. He had the jacket sleeves pushed up over his forearms. On the left wrist was a gold Rolex.« (*PM*, 71).

[349]Siehe auch nach Tiggies Tod: »'She [Tiggie's mother] became like one of her own Greek characters, Medea perhaps.« (*OB*, 177).

[350]»[...] she had been threatened at knife-point by a man. Too scared to scream for help, she had escaped rape only because a group, who had been passing quite close, had frightened off the intruder.« (*DAD*, 79-80).

[351]»'The attacker cut her hands with the knife but missed anywhere important. The real injury is a fractured skull. He hit her with something heavy [...].'« (*DAD*, 152).

[352]»'He's trying to turn over a new leaf,' Buck said, his voice flat. 'But it's just so hard, 'cause we won't let

him forget his past. We're always hassling him. Poor guy. But he does seem to have a genuine tragedy in his life. His kid brother's dying.'« (*PI*, 186).

353)»'[...] she knew what was wrong [in her relation towards her father], and yet she wouldn't admit she'd made a mistake about her father. [...] She was determined to have him. To win him over, no matter what it took. She endured almost everything from him.'« (*PI*, 61).

354)»'[...] I discovered that he was sharing the details of his affairs with her [...] making her feel that she was his 'partner' in all aspects of life [...].'« (*PI*, 61).

355)Z.B. mit der Austauschstudentin Sumiko: »'But soon I saw that she was not really helping me to make my way here; she was trying to keep me to herself instead. She would meet me after my classes were over, and became very impatient if I stopped to talk to another student,' [...] 'She called me her shadow,' [...].« (*PI*, 86).

356)»'She flaunted Bert [...] in front of Mr. Trask, exactly as he flaunted his women in front of her.'« (*PI*, 92).

357)Siehe dazu Langton, in Herbert, *Fatal Art*, 241: »'[...] I think I feel happier about Winnie Gall [sic]. She's the very fat woman who kills Alison Grove [...]. I think I've felt a good deal sympathy with her.'«.

358)Die Geschichte um den Quabbin-Stausee ist Realität, siehe dazu Langton in Herbert, *Fatal Art*, 230ff.. Diese Düsternheit umgibt die neue Stadt, die nach dem Verlust der alten durch den Stausee gebaut wurde: »[...] Ware, the melancholy little mill town Winnie called home.« (*EDD*, 196).
Siehe auch: »'It must have been hard on living relatives, picking up their great-grandparents' bones, losing places where their ancestors had lived, never being able to go back.'« (*EDD*, 194).

359)»Winifred Gaw was not stupid. It was true that her mind had not been encouraged in childhood. [...] But Winnie had picked up a lot of miscellaneous information in other ways. Escaping from bad times at home, she had often holed up in the library or spent the afternoon at the movies [...] The result of all this snatched education was not a collection of verbal skills but a kind of shrewdness, a cleverness sharpened by a violent compulsion after another.« (*EDD*, 127).

360)»'I'd like some doughnuts, please,' she said coldly. 'A dozen glazed, a dozen chocolate, a dozen cinnamon.' And then she saw the éclairs. 'Oh, and a dozen of those too, okay.' [...] The first bite was rapture. Crystalline sugar flaked against her mouth, crumbs fell on the shelf of her bosom, the airy interior dissolved upon her tongue. Holding the doughnut delicately between finger and thumb, Winnie started the car again. On the way home she polished off three more glazed doughnuts and two of the chocolate éclairs. [...] Driving along Greenwich Road, Winnie forgot the woes of the morning. She chewed and swallowed and chewed and swallowed [...] Putting down the boxes on the dresser, she sat down beside them on the bed and began her way through them methodically, alternating cinnamon doughnuts with chocolate, glazed with éclairs, until at last she could eat no more.« (*EDD*, 109-112).

361)Langton, in Herbert; *Fatal Art*, 227.

362)»As to why she'd climbed the stool, a plastic Santa Claus face lying across her chest gave silent answer.« (*RYM*, 15).

363)»'Why do you suppose Dr. Cadwall wanted the key to the weaving shop at two minutes before six? Why should he want it at any time, for that matter?' [...] He didn't particularly want to confront Ben Cadwall right away.« (*RYM*, 119-120).

364)Weitere markierte Unbestimmtheitsstellen, die sich im Laufe der Ermittlungen ergeben: Warum ist Roger Jackmann, der Mary Enderble von seinem Haus zu ihrem begleitete, auf seinem Rückweg Jemima nicht begegnet (*RYM*, 88ff.)? Warum haben die jeweiligen Ehepartner, die wartend aus dem Fenster schauten, Jemima nicht gesehen (*RYM*, 108)?

365)Zuerst erkennt sie das Fehlen von Büchern (*RYM*, 198), dann den Wert der Sammlung (*RYM*, 199-200) und ermittelt, daß wertvolle Exemplare unbekannter Herkunft auf dem Büchermarkt angeboten werden (*RYM*, 201).

366)»Morse found himself recalling the words of Dr Hans Gross, one-time Professor of criminology at the University of Prague. He had them by heart: 'No human action happens by pure chance unconnected with other happenings. None is incapable of explanation.'« (*SWNQ*, 132).

367)Am Ende von »WHY?«: »At 7.35 p.m. the caretaker knocked deferentially and put his head round the door. 'I don't want to interrupt, sir, if -'

'Don't, then,' snapped Morse, and the door was quietly reclosed. The two policemen looked across the table at each other - and grinned happily.« (*SWNQ*, 64)
Am Ende von »WHEN?«: »It all happened, as it always seemed to do with Morse, in the twinkling of an eye. Yes, as he sat there, oblivious to everything about him, *Morse felt he knew when Nicholas Quinn had met his death.*« (*SWNQ*, 142).

368)»But ... The silhouetted figures once again reformed, and they were all now grouping around one man. Arnold Philip Ogleby.
'You're right, you know Lewis. Go and fetch him straight-away.'« (*SWNQ*, 115).

369)»It happened three times after that, and she felt a deep tenderness towards him, for he [Quinn] made no other demands on her body than to pass the tips of his fingers silkily over her legs and her swollen belly. And just that once she had done more than passively lean back and surrender herself to the exquisite thrill that his hands could bring her. Just the once - when so diffidently and so lightly her outstretched fingers had caressed him.« (*SWNQ*, 98).

370)»'[...] a period of between 72-120 hours before the body was discovered. [...] *When* had Quinn died? If Aristotle could be believed (Why not?) the truth would probably lie somewhere in the middle: 94 hours, say. That meant Friday lunchtime ore thereabouts.« (*SWNQ*, 66).

371)1. An einer Feueralarmübung um 12.00 Uhr scheint Quinn teilgenommen zu haben, wie eine Namensliste beweist (*SWNQ*, 72).
2. Ein Mann namens Quinn hat um 12.00 Uhr in einer Schule angerufen (*SWNQ*, 73)
3. Roope hat Quinn bei seinem Besuch am Freitagnachmittag nicht in dessen Büro angetroffen, aber dessen Anorak hing über dem Stuhl, und eine Notiz lag auf dem Schreibtisch (*SWNQ*, 105).
4. Der Hausmeister sah Quinns Wagen um 16.50 Uhr wegfahren; Quinns Putzfrau war zwischen 15.00 Uhr und 16.30 Uhr in dessen Haus. Sie kam um 18.15 zurück, und Quinn muß in der Zwischenzeit dort gewesen sein, denn eine Notiz sagt, er sei einkaufen gegangen (*SWNQ*, 80-81). Dies wird durch Lewis' Ermittlungen bestätigt (*SWNQ*, 102).
5. Mrs Greenaway glaubt, Quinn gegen 17.00 Uhr nach Hause kommen gesehen zu haben und daß er danach ein Telefongespräch geführt habe (*SWNQ*, 123-124).

372)Vorher hatte Morse schon die Diskrepanzen, die er als Hinweise erkannt hat, aufgezählt: »'Everything was cleverly arranged to give the clear impression to anyone going into his room that Quinn was *there* - in the office; or, at least would be there very soon. It was raining heavily all day Friday - a piece of good luck - and there on the back of Quinn's chair, was his green anorak. Who would leave the office on a day like that without taking his coat. [...] Quinn? Recently appointed; briefed, doubtless *as nauseam*, about the need for the strictest security at every second of every day. And what does he do, Roope? He goes out and leaves his cabinets open! Yet, at the very same time, we find evidence of Quinn's punctilious adherance to the secretary's instructions. [...] - if he does go out, he's to leave a note informing anyone [...].« (*SWNQ*, 157).
Siehe dazu die Beschreibung von Quinns Büro, als Roope und der Hausmeister Noakes es vor der Entdeckung der Leiche betreten (*SWNQ*, 35-36) und die Aussagen beider (*SWNQ*, 74, 105) darüber, die diese Hinweise enthalten.

373)Ebenso ist die Fairplay-Regel bei dem Erkennen des Motivs gegeben. Morse erkennt in einem unbedeutenden Brief eine verborgene Botschaft, diese bleibt eine Unbestimmtheitsstelle für den Leser, allerdings : »'But they tell me that some of these cockeyed foreigners start from right and read down.'« (*SWNQ*, 64), und der Text des Briefes ist abgedruckt, und die Botschaft kann vom Leser entschlüsselt werden: »'[...] your [...] package [...] ready [...] Friday [...] 21st [...] room [...] three [...] Please [...] destroy [...] this [...] immediately [...].'« (*SWNQ*, 63).
Durch einen Perspektivenwechsel gab es für den Leser schon vorher Hinweise auf eine Manipulation der Prüfungen. Einer der Schüler in Al-jamara schneidet außergewöhnlich gut ab: »One of the boys (not a pupil of the school, but the son of one of the sheiks) had in fact finished his work some considerable time earlier [...] the work of Muhammed Dubal, Index Number 5; and he saw immediately that it was very good [...].« (*SWNQ*, 49) Der Leser kann in diesem Moment eine Beziehung zu dem Treffen des Scheichs Ahmed Dubal mit den Mitgliedern des Syndikats zu Beginn des Romans knüpfen.

374)Zuerst schon vor dem Mord *SWNQ*, 25.

375)Spenser geht zuerst zur Studentenzeitung, die das Gerücht verbreitet hat (*PM*,12-13), besucht dann das Training der *Taft Falcons* (*PM*, 21ff.) und unterhält sich erfolglos mit dem Trainer (*PM*, 23ff.). Dwayne wird wütend, als Spenser ihn befragt (*PM*, 38ff.). Dieser folgt der einzigen Spur und bittet um dessen Akte. Nächste Station bei der Ermittlung ist ein Buchmacher, der in einem Quotenvergleich den Beweis für eine Manipulation entdeckt (*PM*, 47). Die Lösung findet Spenser, als er mit einem Experten Videoaufzeichnungen vergleicht (*PM*, 52ff.).

376)Weitere Situationen sind das Treffen mit Dixie Dunham (*PM*, 23ff.), Dwayne Woodcock (*PM*, 34ff.) und mit Ms. Merriman, der Sekretärin des Präsidenten (*PM*, 40ff.).

377)Strauss (*PI*, 8-9), President Wolf (*PI*, 6), Donald Trask und Hudson Bates (*PI*, 14-16).

378)Siehe auch: »'I don't suppose your informant [...] could find out for you if Bates has a hobby making jewelry?'

I laughed, puzzled. 'I don't think Bates wears jewelry, why, what's the joke?

'Silversmiths keep cyanide around, my laywer tells me,' Edith replied. 'It's very effective in removing tarnish.'« (*PI*, 160).

379)Siehe dazu die Hinweise: »'He would even get down on the floor and play jacks with her.' [...] 'Oddly enough, Jerry was quite good at jacks. It was fascinating, watching him pluck up the correct number of them with his thick fingers before that little colored ball came down again. And he'd make her laugh sometimes, by dancing for her. He was remarkably light on his feet.'« (*PI*, 57)

»Donald Trask seemed almost to fall, or jump, into the grave when time came for him to throw dirt into it. Strauss, moving quickly for so heavy a man, shot out an arm and pulled him back.« (*PI*, 54)

»Trask was up off the couch before Strauss finished the sentence, lunging at him. Strauss's long arms moved through the air faster than I would have believed possible [...].« (*PI*, 237).

380)Jemima befragt eine Ärztin nach der Relevanz von Blutgruppen bei der Bestimmung von Eltern: 'You see, to form AB, he must have one parent who is A and another who is B,' [...] 'But B is relatively uncommon [...] Yes, eight point six percent.'

'If AB demand not only one B parent, but also B in combination with an A, you can see that the chances of an AB child diminish rapidly, 'she went on. 'Three per cent of the British population [...].'« (*OB*, 114)
Später, als sie weiß, daß Eugenia Jones Saffrons Mutter ist, ermittelt Jemima, daß niemand Tiggies Vater kennt und ein paar Jahre später Eugenia für sechs Monate verschwand, angeblich, um ein Buch zu schreiben, welches aber niemals erschien. Das war um die Zeit von Saffrons Geburt (*OB*, 184).

381)So war die letze Besucherin bei der Hebamme nicht Daphne Iverstone, wie Jemima angenommen hatte (*OB*, 65), sondern Eugenia Jones (*OB*, 193).

382)William Shakespeare, *Cymbeline* (London, New York: Methuen 1981), Arden Edition, IV, 2, 258-281.

383)»Jemima did not think she was merely carried away by Profesors Ho's mandarin appearance. That was as incidental to her personality as Sister Suella May Mackintosh's colour was to her. Thus Professor Ho incarnated the intelligent balanced English lady of a certain age, while Sister Mackintosh stood for the fiercely bossy - but golden hearted - Scottish nurse.« (*OB*, 112).

384)»'Your predecessor, Judith, had become very involved with the college accounts, and would probably have known at once whether what Bourn [from Custom and Excise] was asking was possible.' [...] 'She said that Hellier was extremly willing, but not really very good at matters financial.'« (*DAD*, 218).

385)Vgl. Swanson & Dean, *Woman's Hand*, 169.

386)Die einzige Ermittlung, die Francesca hätte ausführen können, ist die Überprüfung der Aussage der Steuerfahndung, daß die Bücher des College frisiert sind: »'With an hour and a phone call, I could probably tell you what.'« (*DAD*, 213). Sie kommt nicht dazu, weil Hellier ihr die Unterlagen abnimmt.

387)Z.B nach dem Überfall auf Louise Taylor: »Francesca's eyes were swollen and gummy with weeping and sleep [...]. She looked like a caricature of herself, ten years older and heavily plain.« (*DAD*, 153).

388)An dessen Arbeit hat sie sich noch nicht gewöhnt: »'Me, now - I'm taken aback all the time by police practise.'« (*DAD*, 155).

389)Schon vorher wurde auf Schacht 12 und seine technische Funktion hingewiesen: »And in the neighboring valley of Swift River, the chief engineer for the waterworks at the Quabbin Reservoir left the Adminstration Building and drove to the Crystal Spring Dairy Bar in Belchertown. There, sitting at the counter, he ordered a tunafish sandwich and wondered when to close off the Ware River intake and open the valve at Shaft 12, to beginn the annual surge water through the tunnel to Boston. Soon now. He would call Jesse Jack Gaw today or tomorrow.« (*EDD*, 97-98).

[390]Sein Unfall ist auch eine Auswirkung von Winnies Verbrechen. Beim Angeln auf dem Stausee gerät er in Panik, weil er glaubt Emily Dickinson wandert durch das Dorf im Stausee, und er hört Glocken (*EDD*, 176-177). Es ist jedoch die Leiche Alison Groves im Dickinson Kostüm, an deren Bein als Last die alte Glocke der versunkenen Dorfschule hängt.

[391] Man könnte die Ironie des unberechenbaren Schicksals weiterverfolgen: Erst der Stausee hat Jesse Gaw zu dem verbitterten Menschen gemacht, der seine Tochter quälte, während sie wiederum den See als Tarnung für ihre Verbrechen braucht.

[392]»Around them the water had begun to move in a slow circle. Now it was swirling faster and faster. [...) far below them the valve at the bottom of the shaft was opening. In a mighty flood the water of the Quabbin Reservoir was bursting into the tunnel, gushing in a pouring tide fourteen feet high, surging towards the spinning blades of the hydroelectric station at Wachusett, and from there, plunging through deep rock, to the thirsty pipes and water mains of the city of Boston.« (*EDD*, 208).

[393]»If Peter had been a student of Calvinist doctrine, if he had agreed with the notion that God punishes the evildoer, or even if he believed with Henry Thoreau in the moral lessons of nature - *Every zephyr speaks of some reproof!* - then he might have taken his misadventures in the woods as a personal reprimand, a kind of savage, enforced atonement for his misdeeds.« (*EDD*, 213).

[394]Charlotte MacLeod, »Charlotte MacLeod on Balaclava Agricultural College«, *CMN*, vol. 1, no. 2, o.J., o.S..

[395]Vgl. MacLeod, »Peter Shandy«, 303.

[396]Vgl. MacLeod, »Balaclava«, o.S.: »[...] I seldom forget anything really important, like those little dishes of soil in the Aggie room or the fact that anything to do with the growth cycle is a mystery and miracle.«

[397]Vgl. Kurzbiographie in *DAD*.

[398]Gussow, »Fraser«, 65.

[6] Z.B. *Mary, Queen of Scots* (1969), *Cromwell, Our Chief of Men* (1973) oder *Boadicea's Chariot: The Warrior Queen* (1988).

[400]*Chronicle of Higher Education*, o.S..

[401]Carolyn G. Heilbrun, *Reinventing Womanhood* (London: Gollancz 1979), 16.

[402]Z.B. *Towards a Recognition of Androgyny* (London: Gollancz 1973).

[403]Der Name setzt sich zusammen aus dem Schriftzug eines Straßenschildes in Nova Scotia »MacCharles Cross« und »I chose 'Amanda', under the [...] impression that no one since Noel Coward's early plays had had that name.«, aus *Writing*, 116.

[404]Ebda. 110.

[405]Siehe auch Mrs. Svenson am Morgen: »[...] more Valkyrie-like than usual in a long pale blue robe, with thick flaxen braids down over her shoulders.« (*RYM*, 195).

[406]»[...] she thought of conversions as it was practised today, in all the little college towns of the Connecticut Valley, right here and now. These days it was sexual, not spiritual - a sudden overnight metamorphosis from virginity to rapturous understanding. Everyday in the week, women students came into Ellen's office to learn how to win this blessed transfiguration without embarassing consequences.« (*EDD*, 56-57).

[407]»[...] a party that had gotten out of hand the night before at one of the fraternities.« (*PI*, 82).

[408]Siehe auch: »'[...] just finished spending another two hours with a bunch of undergraduates whose most burning question was how long their term papers are supposed to be.'« (*PI*, 35).

[409]Siehe auch: »I rarely saw anyone after 1:30 in the morning, not even students in the graduate student offices, nodding into their computer monitors from exhaustion.« (*PI*, 83).

[410]Das Thema wird auch in einem Hinweis auf die unterschiedliche Einstellung der Studentinnen aufgenommen. Jemima bewundert die jungen Frauen, die die Chance eines Studiums in Oxford angemessen nutzen: »[...] she could return to Oxford and make something of this intelligent generation of women and undergraduates, the post-Brideshead types, living in colleges in equal numbers and on equal terms with the men.« (*OB*, 49) Zu kritisieren sind dagegen Frauen wie Tiggie Jones: »A good Second in

English. [...] Jemima found herself agreeing with Eugenia that Tiggie was doing something like wasting her opportunities. [...] Wasn't Tiggie actually using her so-called intellectual advantages to get exactly what she wanted? A rich husband.« (*OB*, 105).

411)Die *Oxford Bloods* stehen nicht nur im Gegensatz zur Mehrheit der Studierenden, sondern zur Lebenssituation in Großbritannien in den Achtzigern allgemein, wie ein Zeitungsartikel über die Verwüstungen Saffrons in einem Hotel verdeutlicht: »You scarcely needed a knowledge of the latest unemployment figures - which some sardonic newspaperman had in any case thoughtfully placed alongside the lead item concerning Lord Saffron - to be disgusted by such gratuitous display of upper-class insolence. (*OB*, 35)

Siehe auch Kerry Barbers Einsatz: »'Did you see my piece on the redistribution of Britain's wealth as reflected or rather *not* reflected in the average income of an undergraduate's parents?' (*OB*, 96).

412)Auch die Plakate der Demonstrierenden verdeutlichen die Diskrepanz des Balles zu der realen Welt, z.B. der Eintrittspreis von 100 Guineas (*OB*, 201): »[...] - most of which mentioned the price of a Commem ticket - ONE HUNDRED PIECES OF SILVER was the most effective - in contrast to the plight of the Third World. [...] ONE NIGHT'S FOR YOU; ONE YEAR'S FOOD FOR THEM.« (*OB*, 208).

413)Siehe auch: »'[... Commem Ball] cost a packet, the dinner's disgusting, you generally quarrel with your partner or lose him more likely or fancy someone else's partner, they last for ever, and end up at six in the morning with everyone totally pissed and, worse still, most people sick as dogs. Some civilisation.'« (*OB*, 199).

414)Siehe auch die Beurteilung Saffrons durch Kerry Barber: »'He's rather bright you know,' [...] 'Good mind. Much brighter for example than his cousin Jack of our college.'« (*OB*, 97).

415)Die negativen administrativen Vertreter in *DAD* sind die Mitglieder des *Board of Trustees*, die sich lange Zeit nicht genügend um die schwierige Situation gekümmert haben: »Not time before; all might well wonder what the Trustees had been doing for the past four years. [...] the good Lord, having taken his responsibilities as Trustee fairly lightly up to then, [...].« (*DAD*, 42).

Es wird auch angedeutet, daß beim DES nicht die fähigsten Beamten arbeiten: »'[...] that I [Francesca] do not work in the Department of Education and Science. Not that I ever would have, mind you - furnished as it is with those who couldn't make the grade in *real* Departments.'« (*DAD*, 99).

416)Siehe auch: »Sarah, who had been a minor celebrity in her mid-twenties following five years in the Dutch resistance movement, [...] but those wartime years in occupied Holland with her mother's family, helping to run a life line for Allied prisoners as well as resistance workers [...].« (*DAD*, 52).

417)»Phyllis Trench, the college's Bursar, was an acknowledged disaster in the role. [...] to do Lady Trench justice, she had not wanted the job originally, seven years ago when she was appointed, but it had been felt at the time that a mathematician [...] would have the basic qualification of numeracy and could also be best spared to the task. It turned out that the ability to add two and two and produce the sum of four as opposed to some fascinating mathematical abstraction have been left out of Phyllis Trench's make-up, and she alternatively neglected the job and interfered in every aspect of it.« (*DAD*, 14).

418)»Reassured that the outside world was still in place - she was in danger of losing all interest in it, so absorbing were the affairs of Gladstone [...].« (*DAD*, 141).

419)»She collected a clean handkerchief and applied perfume, feeling that all the armour she could put on would be useful for morale. She decided to go and eat breakfast in the college dining-room, as a sign that the captain of the ship was on the bridge [...].« (*DAD*, 134).

420)Siehe auch: »'[...] universities are going to have to improve their financial control, and hire properly qualified people. Hard men in charge of government funding, such as are drafted into DES, will otherwise not play.'« (*DAD*, 114).

421)Der Bibliothekar vergleicht Svenson mit einem Killerwal: »'*Grampus orca*, I should say,' Porble replied gloomily. 'They say it doesn't kill for sport, but we take no chances.'« (*RYM*, 114)

Shandy vergleicht den Besuch des Präsidenten mit: »Now I know how Rome felt when the Visigoth arrived.« (*RYM*, 65).

422)Siehe dazu im Vergleich das Gebäude der Campuspolizei: »The University Police Department is housed in a wooden two-storey building [...]. Built in a hurry at the end of the Second World War, it was meant to last just long enough to provide extra classroom for GIs returning to school. [...] Winter and summer it was like an oven, and when faculty finally refused to teach in it anymore, the building was given to campus cops.« (*PI*, 41-42).

423)»'Oh, and Bennett, see about cancelling tomorrow's ground-breaking ceremony, too, will you? I'll have a statement for the press in the morning.'/ The University's next president showed no surprise, just vanished as good butlers do.« (*PI*, 242).

424)»I wouldn't want Bates behind me, if I were Strauss and I knew there was somebody out there who hates me enough to have tried to kill me.« (*PI*, 151).

425)Siehe auch: »top Dickinson scholar in the world« (*EDD*, 21).

426)»Looking over a new class at the beginning of a term, his heart would sink as he recognized yet another sorry case. Their eyes would meet, a flash of terrible understanding would pass between them, and before long the tyrant would have fallen upon its greedy knees at his feet, demanding rescue.« (*EDD*, 23).

427)Siehe auch: »'I'm sorry, but we've got to quadruple the size of your lecture course. I mean, it's some of those famous courses everybody wants to take sometime in their college career. We'll get you another dozen teaching assistants and move you into Mohar Auditorium.'« (*EDD*, 31).

428)Siehe auch: »'I thank God [...] that I do not work in the Department of Education and Science. [...].'/ 'When the university grandees attend the same meeting as DES people, it is the DES who has the money.'/ 'So the university people have to be civil, not bitch at whinge at everyone as they did all blasted morning?'/ 'They do all that, but not for so long, because the DES are running the meeting.'« (*DAD*, 100).

429)Siehe auch: »The fellows were not financially sophisticated, but they wanted to have the fun of spending any money there was. » (*DAD*, 76).

430)»[...] these teacher guys in the halls looked a lot like what plainclothes cops always used to look like: polyester suits with white shirts, jacket sleeves too short, a rep tie with slanted stripes of blue or red.« (*MLA*, 27).

431)Siehe auch in *PI*: »A lot of guests had already arrived and were milling about, sipping wine and nibbling cheese and looking one another up and down surreptitiously - why, I couldn't imagine, since they all seemed to be dressed alike.« (*PI*, 6).

432)»On the whole, their faces had a different kind of intentness, their bodies less confidence. As a group, they didn't resemble the striding, arrogant women of wealth in Chicago [...].« (*MLA*, 26).

433)Siehe dazu in *RYM*: »'The tom-toms will be beating long before the president gets around to it.'« (*RYM*, 96). Die Cafeteria ist die Drehscheibe des Klatsches: »This was the place where all the news and much of the gossip got circulated.« (*RYM*, 147).

In *DAD*: »'In the coffee-break, my fellow bursars were being exceedingly snide - and I quote - 'the close relation between some of our senior Fellows and the DES.'« (*DAD*, 107).

In *PI* kommentiert Edith Silberman die Beschreibung ihrer Verhaftung in den Nachrichten mit der Bemerkung: »'In an 'agitated manner?' I can think of my younger colleagues who would have happily told the newshound that one.'« (*PI*, 101).

434)Siehe auch: »Martin Snave was one of hundreds who'd be educated over the next few days almost exclusively by rumor.« (*MLA*, 4)

»More upwellings of gossip kept converting the forty-story Fairfax into a Tower of Babel.« (*MLA*, 74).

»Something about the rate of behavior, in fact, appeared to be almost formulaic, and analogous possibly to the great electromagnetic and gravitational formulae of the physical world. But in the MLA, the terms were $D=(I)\ R_1R_2/T^2$, where R_1 is the first Rumor, R_2, the second Rumor, their product divided by T (for Time), all multiplied by the constant I, which is the Intensity by the desire to appear important, yielding the force of D, the Descent of rationality.« (*MLA*, 159).

435)Siehe auch: »They [the geometrical designs] would not then intimidate the business-minded or the English-business-minded visitants of such a hotel, to whom the dark beauties of geometry remained a darkness indeed, and among whom the name of Euclid was known only to crossword enthusiasts.« (*MLA*, 31).

436)Siehe auch: »Around them, breezy bits of talk rose and wafted like effusions from fumerols./ 'Lacan's mirror stage again, but re-fracted, I'd say ...'/ 'Commodification in the nonlinear modes ...'/ 'Really a synecdoche for ...'/ 'Well, but it's metonymy, really, not metaphor, wouldn't you say?'« (*MLA*, 111-112).

437)Auch die einzige menschliche Reaktion eines der Teilnehmer wird ironisiert: »'I can't believe it! An

English teacher broke down and gave me - three dollars. A real goddam tip for a change. That has got to be the first. Third floor, on the west wing. I was gonna put a plague on the wall.'« (*MLA*, 21-22).

[438]Es gibt sogar noch eine Steigerung des *MLA Swivel*: »The Mudge panel had been interrupted several times by the door opening at the rear of the room. Some academic would peer in to see who was there and, he hoped, to get some notice for himself for a moment. Then would come the slamming of the door. At panels that were less prestigious, men and women in the audience would actually get up in midtalk, or turn around in their chairs to see who else was in the room, sometimes making comments audible across half the area. The success of the swivel, when performed at a panel, depends on how clearly you get across the implication that you're too important to come into this room, or too important to stay for long.« (*MLA*, 112).

[439]John C. Carr, »Interview mit Robert B. Parker«, in: John C. Carr, *Mord ist ihr Geschäft: Gespräche mit Krimi-Autoren* (Frankfurt/Main, Berlin: Ullstein 1985), 31-64, 35.

[440]Siehe auch: »'Not too much in the way of violent activity there [Princeton], I imagine.'/ 'Not the visible, physical kind, no. Just the occasional soul murder - of babies of a very advanced age.'« (*MLA*, 43).

[441]Jedoch nur bei Studierenden, die sich um die Materie bemühen: »'Mine's intolerant. She wouldn't accept ideas and didn't give a shit what her students thought. A real arrogant bitch.'« (*DAD*, 32).

[442]»'[...] I believed Donna's behavior was a cry for help. All semester long, every piece of work she had turned in was full of resentment, as if she were deliberately holding back whatever creativity she had, or making a joke out of it. I confronted her about it once. I called her into my office and told her that's what I thought she was doing. She just laughed in my face, said I didn't like her and was out to get her. After that, I left her alone.« (*DAD*, 39).

[443]»Any entanglement between a supervisor and an undergraduate was always highly undesirable even if, as in this case, the undergraduate was not one of his pupils. He should have more sense. In the charged atmosphere of feminist debate in the University, he was risking accusations of exploitation and sexual harassment.« (*DAD*, 120).

[444]Ansonsten werden Affären mit gleichberechtigten Partnern nicht weiter problematisiert, z.B. die Affäre Louise Taylors mit Neville Allason in *DAD*. Oder sie werden als ironisches Beispiel für die menschliche Schwäche der hehren Akademiker skizziert: »The appalled and rattled Professor Doog had a solid alibi for the rest of the afternoon. He'd gone to the Art Institute with a woman from Swarthmore ('Are you going to tell my wife about this?' he'd asked several times during Halleran's late-afternoon visit to his room). Then Doog and the woman had taken an architecture tour down Michigan Avenue.« (*MLA*, 98).

[445]Das Erscheinungsbild wurde immer als Unterschied zwischen berufstätigen Frauen in der freien Wirtschaft oder im öffentlichen Dienst gesehen. Judith Symonds war schon eine Ausnahme: »[...] she looked reassuringly unlike the senior classical scholar she was and more like her expensively clothed contemporaries who had fought their way to senior, highly paid jobs in major companies, or who had married men who had done that.« (*DAD*, 8) Damit steht sie im Gegensatz zu ihren Kolleginnen: »[...] senior and distinguished educationalists were not renowned for their elegance in matter of dress. Decent fur-lined boots and ancient raincoats would probably be *de rigueur* among the rest of the guests.« (*DAD*, 7) Alice Hellier erfüllt dieses Klischee: »[...] she was indeed wearing fur-lined boots and a skirt of some much too bunchy material.« (*DAD*, 11).

[446]Siehe dazu: U.a. hat *TLS* ihren Vortrag vollständig abgedruckt (*DAD*, 141) und: »'I've been ... well, not promised exactly, but near enough ... a Reader in the University and a Fellowship at UCL.'« (*DAD*, 147).

[447]Siehe auch: »No one in the real world think that problems in the academy are important.« (*MLA*, 56).

[448]» [...] those golden calves the tourists.« (*RYM*, 19).

[449]Siehe für einen Überblick über die Kosten eines »Unternehmens« College (*DAD*, 109-113).

[450]Auch private Geldspenden erleichtern den Weiterbestand des College: »'I've [the pop singer Peregrine Wilson] told Frannie I've decided to underwrite your crêche for two years and help with the building.'« (*DAD*, 196).

[451]Siehe dazu Deirdre Donahue, »Investing the appeal of author Parker«, *USA Today*, June 1, 1989, o.S.: »'That has clearly happened. Big-time college are a business.'«

Siehe auch Berkov, »Stranger«, o.S.: Anregungen zu *PM* erhielt Parker durch David Haberstams Buch *The Break of the Game* und dessen Porträtierung des Basketballspielers Billy Ray Bates. Weitere

Vorlagen waren John Feinsteins *A Season on the Brink* über den Trainer Bobby Knight und verschiedene Wettskandale.
Zu dieser Problematik siehe auch Bruce Bennett, »Scholars or Slaves: The Story of Athletic Scholarship«, *JPC*, vol. 20, no. 3 (1986), 167-178, 174: »[...] the athletic scholarship leads not to scholarship but to a condition close to slavery.«
Und Virgina Van Vynekt, »Spenser's back, and so's his compassion«, *Chicago Sun-Times*, June 18, 1989, o.S.: »[...] sports programs that use athletes like trained animals, paying scant attention to the skills and intellectual abilities they'll need in real life.«
452)»'University rules for eligibility are two point oh average. [...] Every player graduates with his class. Everyone.'« (*PM*, 26-27).
453)Selbst in *RYM* wird die Bedeutung von Machtstrukturen für das Handeln innerhalb des Systems kritisch skizziert: Um etwas zu erreichen, muß man die Spielregeln kennen: »'I think you're showing great acumen in -er- ordering fullspeed ahead on the Buggins Collection just now. Mrs. Ames's death is bound to raise questions at the next general meeting. I know you don't play campus politics, but it can't hurt to have a jump on those who do.'« (*RYM*, 114) Vor allem kann man die eigene Stellung ausnutzen, wie z.B. den Besitz eines Lehrstuhls: »So Shandy, once tenure had made him bold, started chanting at faculty meetings, [...].« (*RYM*, 45).
454)Dabei werden die Bewerber für Dozentenstellen noch bevorzugt behandelt. Bei ihren Einstellungsgesprächen herrscht eine private Atmosphäre, denn es gibt ein zwei-Klassensystem für Bewerbungsmodalitäten: »'Language teachers and comparative literature people have their interviews here, too. I gather there's some horrible huge hall at the Marriott where the candidates have to get interviewed at little tables, like at a flea market. And your competition for the same job is standing right in line behind you.'« (*MLA*, 47)
Wie sehr der Roman dabei auf Tatsachen aufbaut, siehe »Program of the 1990 convention« in: *PMLA*, vol. 105, no. 6, 1990, 1233 z.B die Workhops, die für Bewerber angeboten werden: »Professional Demeanor and the Marketplace«.
455)»'But some of the Ivy schools, or places like Virginia' [...] 'what they'll do is, they'll wait until you're sitting down, probably on the sofa, someplace that's not an easy place to get up from. Then one of them will smile and ask you if you'd like to *help yourself* to coffee of tea.
'Even if you don't really want any,' [...] 'there's something of about the way it's offered that is an order, really. See, they want to watch you: they want to see how gracefully you get up from the sofa, and whether you can walk around the furniture without bumping into everything [...]. They don't *want* you to have a table. They want to see how you're going to sit down with that cup and how you're going to hold it.'« (*MLA*, 79-80).
456)»'Yale's interview was more like taking a SAT test. They want to know what your views are. Whether you're combative and interesting. They're more concerned about getting people who're on the cutting edge of new theories and stuff.'« (*MLA*, 80).
457)»'On that one interview hangs everything. Really, your whole future career. So, of course, life plays a joke on you. You can be sure that there'll be something going on among the people on the committee. Competition about turf, maybe; or an affair between two of the committee members; or somebody's got the flu. Some agenda you can't guess: Professor X hates blue shirts and you've got blue shirt on.'« (*MLA*, 49).
458)Für reale Vorbilder siehe »Program«, 1234 »'Mourning, Masochism and Mothers: Felicia Hermanson the Origin of Poetry'«, oder 2775 »Cross Feeders and Flowing Cups: Is Naked Ministering Pornographic in Book 5 of *Paradise Lost*'«.
Ein weiteres Beispiel für die Absurdität der Entwicklung der Literaturwissenschaft ist die sehr bewunderte, dekonstruktive Interpretation der Schriften Augustinus', die diesen jeglichen religiösen, belehrenden, sinnvollen Inhalt absprechen: »Merk's tightly argued premise, much admired, was that Augustine's intentions in the *Confessions* and *the City of God* are 'linguistically subverted on every page' (Merk providing lists of puns and ironies and other 'subtextual sabotage'), so that 'both texts are merely repeated examples of language languaging.'« (*MLA*, 74)
Auch die *Popular Culture Studies* übernehmen die Tendenzen der Literaturwissenschaft, z.B. mit

Themen wie: »'*Auto*eroticism or *Carn*al Knowledge: Steven Spielberg and the Vehicle of Desires' and 'Rapping/Raping in the Eighteenth Century'« (*MLA*, 139) oder »'The Subcultural Signification of Gothic Rock Music: Ideology or Resistance'« (*MLA*, 139). Im wirklichen »Program«, 1271: »'What Was the Name of That Opera That Had the Aria That Begun LaDiDaDiDa'«.

459)Siehe auch das Thema einer Rede Joan Mellishs: »'Anal Re-Attention,' [...] the talk is about something about overlooked anal allusion in Shelley's 'Mont Blanc'.'« (*MLA*, 130) und ihre Kurse und Veröffentlichung: »'The same kind of stuff, I gather, makes her classroom material. No works of literature, or very few. Some field trips to preschools and porno shops.' (What Nancy did not yet know was that in press for *Diacritics* was Professor Mellish's latest foray into hermeneutics, 'Threes, Threes, Threes, Diaposing of Diapering: The Cultural Significance of the Triform Fold.')« (*MLA*, 129).

460)Siehe auch die Auswirkungen ihres Erscheinens auf den *MLA swivel*: »Prestige was now expressed exclusively in terms of the number of feet and inches one stood from this personage.« (*MLA*, 116).

461)An Kate Fanslers Alma Mater, der Columbia Universität in New York, herrschen »male pomposities and long-windedness« (*DF*, 7). und ihre Freundin Sylvia sagt über die Institutionen: »'Why not desert that male institution of yours for the even more male institution on the Charles.'« (*DF*, 20-21).

462)Vgl. Diana Cooper-Clark, »Interview with Amanda Cross«, in: Diana Cooper-Clark, *Designs of Darkness: Interviews with Detective Novelists* (Bowling Green, Ohio: Popular Press 1983), 187-202, 202: Als Cross 1981 *DF* schrieb, war noch keine Frau Lehrstuhlinhaberin am Englischen Seminar in Harvard. Das änderte sich erst 1983.

463)Angeblich typisch frauliche Qualitäten werden auch von *University of Virginia* von den Bewerberinnen erwartet, nicht zu vergessen die »richtige« Herkunft: »The UVA (there being only three tenured women on the UVA faculty, none of them on the hiring committee) concluded, of course, that this woman [Annette Lisordi] was hopelessly *infra dig* and inappropriate. A real lady would have no such sordid experiences. Besides, although Miss Lisordi came with stellar recommendations, was the Tidewater really constrained to add to its numbers a somewhat swarthy Italian.« (*MLA*, 162).

464)Cross unterstreicht den Konservatismus Harvards und dessen Postition außerhalb gesellschaftlicher Entwicklungen durch eine Schilderung der Abschlußfeier aus dem Jahre 1969 und der Rede eines Studenten: »'The streets of our country are in turmoil. The Universities are filled with students rebelling and rioting. Communists are seeking to destroy our country. Russia is threatening us with her might. And the republic is in danger. Yes, in danger from within and without. We need law and order! Without law and order our nation cannot survive.' After a wild applause, the law student continued: 'Those words were spoken in 1932 by Adolf Hitler.'« (*DF*, 153).

465)»'This department *will* make one final all-male decision.'« (*DF*, 3).

466)»'Of course, they are all worried about menopause - it is all they can think of when a woman threatens to penetrate their masculine precinct [...].'« (*DF*, 1).

467)Zu diesem Begriff siehe Heilbrun, *Reinventing*, 29 und die Charakterisierung Janet Mandelbaums durch einen Studenten, der keine Probleme mit ihr hatte: »'I didn't present any of the problems the women students did: I wasn't asking her support as a woman [...]. And I treated her as though ... '/ 'As though she were a man, a male professor,' Kate said for him.« (*DF*, 79).

468)Schon an ihrer alten Universität hatte Janet Mandelbaum den Status eines *honorary man*, und beide Seiten kamen damit zurecht: »At her former university Janet had turned her back upon the whole idea of women; she had operated within her department, had been accepted, at least to her satisfaction, as one of the boys. Telling herself that any woman with qualification could make it, she had been strict as any man in judging the women who applied for jobs or tenure. She had come to Harvard full of hope for the same scene, but better; that hope had been harshly denied.« (*DF*, 47-48)

469)Siehe auch: »'[...] you can't invite a *lone* woman; Harvard clings to the Noah's Ark Principle.'« (*DF*, 52) Auf einem Vortragsabend heißt es über die Zuhörer: »[...] they were not more than eleven in number, of whom one other [than Kate] was a woman: the wife presumably.« (*DF*, 74).

470)Und Penny Artwright bemerkt zu dem Erstaunen von Studentinnen, die sie und Kate Fansler auf der Damentoilette antreffen: »'The trouble with most women students is they don't really believe women professors exist, and they certainly don't believe they pee.'« (*DF*, 106).

471)Zeitgenössische Frauencolleges, die nach traditionellen Vorbildern der Männerinstitutionen errichtet wurden, übernehmen weiterhin deren System z.B in den Bezeichnungen ihrer Dozentinnen: »'Funny to call them Fellows, when they are all ladies, as I understood they are.'/ 'You have a point, Mr Toms. The term is rooted deep in the college's history - but of course, the college was set up as in imitation of a men's college, and retains all the same terms.' »(*DAD*, 86).

472)»'But all the women [...] seem to think I should rally to some woman's course: women's studies, the problem of women at Harvard, welcoming women to the graduate program, to Radcliffe - as though there were only one sex in the universe. Why should I be more interested in the women than the men? I'm interested in good seventeenth-century scholars; the sex is irrelevant. [...] I honestly think that if women have the ability and are willing to pay the price they can make it. I did. You [Kate] did.'« (*DF*, 37).

473)Siehe dazu Carolyn Heilbrun; »Bringing Back the Spirit to English Studies« in: Elaine Showalter (ed.), *The New Feminist Criticism. Essays on Women, Literature and Theory* (New York: Pantheon 1985), 21-28, 26: »My hope is that eventually the viewpoint of feminism will begin to permeate all courses, whether taught by men or women, as psychoanalysis has done.«

Natürlich lehnen Frauen wie Janet Mandelbaum *women's studies* ab, wie eine Studentin berichtet: »'So I asked her about women's studies, and she said they were nonsense, a fad, there was no such thing, one was only interested in good poetry.'« (*DF*, 97).

474)»[F]ictions of female destiny« hat hier eine doppelte Bedeutung, siehe dazu Carolyn Heilbruns Äußerung in: Tom Mathews and Lucille Beachy, »The Lives of Women«, *Newsweek*, no. 46, Novemver 13, 1989, 58-59, 59: »'Women have been deprived of the narratives, or the texts, plots, or examples, by which they might take control of their lives.'«

Siehe dazu auch Heilbrun, *Reinventing*, 95: »For individual women, it means not accept the limitations of 'proper behaviour' or of 'female destiny' but insisting that women can seek any human goal.«

475)Vgl. Virginia Woolf, »A Room of One's Own,« in: Mary Eagleton (ed.), *Feminist Literary Theory: A Reader* (Oxford, New York: Blackwell 1986), 47-51, 47.

476)Siehe auch: »'But none the less, boys are trained to self-assertion, and they band together very efficiently to impose their values and put down any young woman who threatens them.'« (*DAD*, 67) und »'But young men are trained to dominance. At eighteen they would feel they had to get their own way, whereas young women are brought up to feel that they have no right to insist.'« (*DAD*, 69).

477)Um den Unterricht in einigen Fächern zu sichern, gibt es ein Austauschprogramm mit anderen Colleges: »'I [Louise Taylor] teach for the UCL; we exchange two hours of me for two hours's supervision in physics and chemistry for our students.'« (*DAD*, 68) Allerdings stehen diese Abmachungen und damit die Ausbildung der Studentinnen auf tönernen Füßen: »'Two of them [physics students] should get First. They would be safe candidates indeed, but our supervision arrangements broke down in the Michaelmas term. John Beattie got a fellowship at the UCL, just before term started, and told us, very late, that he could only give us four hours a week.'« (*DAD*. 90)

478)»Not clearly clever enough for her, but then few men were, including apparently Michael Taylor.« (*DAD*, 117).

479)»Louise Taylor lifted a hand lazily to a group of young women gathered, covertly watching, at the steps, and two of them came eagerly over to her. [...] Louise Taylor watched as Francesca loaded up Dawn, Susan and several others, who had joined the group. Francesca picked up the remaining load herself, wedging her chin on the top of the files, leaving Louise, unemcumbered except for a briefcase, to lead Sarah to her office. A very neat demonstration of power for the alien visitors, Sarah thought, watching Francesca scowl as she, too, registered the point.« (*DAD*, 65-66).

480)»Sarah watched, amused, as her Bursar worked out how to engage with this unexpectedly and competitive colleague [...].« (*DAD*, 67);

»Francesca sat back, watching Louise with interest and pleasure [...].« (*DAD*, 69);

»Louise Taylor, on weak ground and too intelligent not to realize it, conceded the point [...] with a look of mingled respect and resentment at Francesca.« (*DAD*, 76).

481)Der »Wettstreit«, wer von beiden Frauen besser mit der Doppelbelastung fertig wird, ist unentschieden. Louise kommt besser mit ihrer Mutterrolle zurecht als Francesca, diese hat aber einen Ehemann, der sie unterstützt. »'And I've got a better husband than Louise has.'« (*DAD*, 106).

482)Zu dieser Verbindung siehe auch: »Hazel Bradford, a young, lively economist, whom the college was lucky to have kept and who had a lucrative consultancy with one of the City stockbrokers [...].« (*DAD*, 74).

483)Gottschalk, »Mystery«, 164.

484)DePaolo, »Scholastic Skullduggery«, 284.

485)Eine Ausnahme sind z.B. die Romane Victoria Silvers *Death of a Harvard Freshman* (1984) und *Death of a Radcliffe Roommate* (1986), in denen Studierende Opfer sind und die Studentin Lauren Adler sich als Amateurdetektivin betätigt. Siehe dazu Reddy, *Sisters*, 43.

486)Schon in dem Klassiker des Subgenres *The Case of the Gilded Fly* (1944) fiktionalisiert der Autor Edmund Crispin in der Freundschaft des akademischen Amateurdetektivs Gervase Fen mit dem Chief Constable Richard Freeman diese Parallele. Der Polizist hat Fachbücher über Skakespeare, Chaucer und Blake verfaßt, während sich der Literaturwissenschaftler Fen vor allem als Detektiv betätigt. Siehe Edmund Crispin, *The Case of the Gilded Fly* (Harmondsworth: Penguin 1971, rep. ed.), 17: »And in fact, the relation between the two men was a peculiar one, Sir Richard's chief interest being English Literature, and Fen's police work. They would sit for hours expounding fantastic theories about each others work, and developing a fine scorn for each others competence [...].«.

487)Robert D. Altick, *The Scholar Adventurers* (New York: Macmillan 1950), 14.

488)Nicholson, »The Professor and the Detective«, 125.

489)DePaolo, »Scholastic Skullduggery«, 284.

490)Binyon, '*Murder*', 52.

491)Craig, Cadogan, *The Lady Investigates*, 109.

492)DePaolo, »Scholastic Skullduggery«, 281.

493)W.H. Auden, »The Guilty Vicarage,« in: Robin Winks (ed.), *Detective Fiction: A Collection of Critical Essays* (Englewood Cliffs, New Jersey: Prentice Hall 1980), 15-24, 18.

494)Vgl. Margaret Yorke, »Oxford vs. Cambridge: The Dark Blues Have the Most«, in: Dilys Winn (ed.), *Murder Ink: The Mystery Reader's Companion* (New York: Workmann 1977), 264-266, 264.
Ihre eher humorvolle Begründung dieser Tatsache, 266: »On this evidence the verdict must be that Cambridge persons, living beside tranquil water under the wide sky, need no escape into the world of fantasy [...] Oxford persons, pressured amid their busy streets under darker, lowering skies, suffer from more blues.«.

495)Weiss, *Universitätsroman*, 166.

496)DePaolo, »Scholastic Skullduggery«, 281.

497)Michael Innes, »Death at the President's Lodgings«, in: *The Michael Innes Omnibus* (Harmondsworth: Penguin 1983), 7-220, 9.

498)Sheppard, »Narragonia«, 26.

499)Vgl. Gottschalk, »Mystery«, 159-169.

500)Kramer, *College Mystery Novel*, X-XI unterscheidet *professorial series-character sleuth* und *free-standing college mystery novel.*

501)»Homer flipped a pancake inexpertively, and it did a somersault in the air, then dropped with a splat on the floor. Picking it up, he dabbed at it with a towel. 'I'll eat this one.' [...] This time the pancake hit the ceiling, stuck for a moment, then fell on a bicycle pump that happened to be lying on the counter.« (*EDD*, 157).

502)»Homer Kelly moved in on Monday, with his Velveeta [sic] cheese, his tortilla chips, his Pizza snax [sic], his kosher dill pickles, his SpahettiOs [sic] with sliced Franks, his frozen fish sticks, his Grandmaw [sic] Butterworth's Homestyle Chicken pie, his marshmellow cookies, and his instant banana creampudding.« (*EDD*, 31).

503)Siehe auch: »[...] Homer began experimenting, branding out. By Christmas he had boiled, scorched, and charred, and incinerated some fifty-five pounds of beef, lamb, chicken, fish, and pork.« (*EDD*, 33).

504)Vgl. Peters, »Shandy«, o.S.: »The college and the country in which it [RYM] is located are inhibited by a collection of characters Dickensian in vivacity of their eccentricities, against whom Peter's affable, low-keyed normality stands out in striking contrast.«

505)Shandys Dialoge mit Helen Marsh sind Beipiele für literarische Wortspiele, typisch für die komische Variante der *college mystery novel*: 'If I [Shandy] don't show up with the doods at twelve o'clock

tomorrow, Svenson will be nailing my flayed pelt to the chapel door by a quarter to one.'
'And Sieglinde will be right beside him, holding the hammer. [...]'
'*De gustibus non est disputandum.*'
'Oh, don't pull that professorial stuff on me. If you were nailing up President Svenson's hide, wouldn't you like me caddy for you.'« (*RYM*, 211).

[506] Ein weiteres Beispiel in *DF* für die Infragestellung des Sinns der Geisteswissenschaften ist die Figur des Privatdetektivs, der für den Anwalt Cunningham ermittelt: »'One of the operators we used believe it or not, used to be a professor of philosophy, complete with Ph.D. He decided to live instead of thinking about life.'« (*DF*, 124).

[507] Siehe dazu Parkers Verachtung für seine ehemaligen Kollegen in Carr, »Interview«, 40-41: »'Mehr als in jeder anderen Menschengruppe, die ich erlebt habe, scheinen Akademiker nicht zu wissen, wie sie agieren sollen, und dabei gibt es doch eine Form des richtigen Handelns [...] Wenn ich einmal in echten Schwierigkeiten wäre und ganz dringend echte Hilfe brauchte, dann wäre wohl die akademische Welt die allerletzte, an die ich mich wenden würde.'«

[508] »[...] during the entire holiday season the Crescent became a welter of twinkling lights, red sleighs, and students in quaint costume chanting totally superfluous injunctions to Deck the Halls. Those faculty members whose houses faced the Crescent threw themselves into the jollification. No energy shortage dimmed the multicolored blaze because the college generated its own power from methane gas. [...] Students sold doughnuts and mulled cider from whimsical plywood gingerbread houses, hawked song sheets, ran parking lots, or put on the guise of Santa's elves and hauled people around on old-fashioned sleds at a dollar a haul.« (*RYM*, 8).

[509] Eine solche Gegenfigur ist auch Professor Curtiss Naylor in *PI* - »'An art historian. You'll like him. He's an oddball.'« (*PI*, 121), der der Detektivin Peggy O'Neill bei ihren Ermittlungen hilft und durch seine Individualität besticht: »Curtiss Naylor lived in a neighborhood of tidy little homes. Those around his were all done in dull colors that had mostly faded into some virtually identical beige with the years. Naylor's house seemed to have been newly redone, his stucco a lively pink and the trim a green that was almost glossy. I liked it, but I wondered if his neighbors did.« (*PI*, 123).

[510] »Only 'possible' professor, because [...] her outfit wasn't loud and dowdy: [...] This woman had on a very dark gray dress. Over that, some kind of wide-shouldered, olive-green jacket, long: Big gray purse. [...] The woman's earrings, three inches long, were wispy gold metal shapes, vaguely sculptural. Very nice.« (*MLA*, 34).

[511] »'I've sent the first chapters out to a few places, publishers. Little samples of the ultimate Cook book.' [...] 'That's probably the reason I'm so bitchy lately. A pre-crone.'
'Pre-crone?'
'I'm afraid so, yes. I mean, I *know* I am: if I can't find a publisher for my book - well, it's not just that I'll be fired at Yale: I'll be fired at Yale anyway: But I won't be hired anywhere else, or not without some fancy maneuvering.'« (*MLA*, 70).

[512] »'I'm in modernism, but I'm using some of my work I did for my master's degree in Chaucer: There are some new ways to talk about narrative, some new thinking that isn't *too* demented, I hope: Im applying some of that to Chaucer's *Tales*.'« (*MLA*, 69).

[513] Ein Beispiel für Nancys Engagement für ihre Studierenden: »[...] Nancy Cook's worry about an undergraduate student of hers at Yale. A brainy, original young woman from Montana [...] vivid freshman was floundering. Whether from 'culture shock' [...] or from unguessable personal restructering was hard to know.
It was trying for this young teacher, how limited her resources were for this problem. Her attempts to arrange a meeting [...] with her student's other Yale professors had fallen through. They weren't interested.« (*MLA*, 32-33).

[514] »'I'm sort of thinking about other things to do if I can't get another teaching job. Maybe I'll join the circus. *Another* Circus.' [...] 'I'd like do do something different, maybe: I warn my classes about turning into cut-paper dolls. Just living out stereotypes. Most of them don't know what I'm talking about but they might eventually.'« (*MLA*, 42).

[515] Auch Nancy Cook hat Boaz Dixons Verhalten beim ersten Gespräch mißinterpretiert. Sie muß

erkennen, daß er sie verdächtigt: »Sternly, she told herself that her reading of the text of the last eighteen hours had been deficient, to say the least.« (*MLA*, 132)
Selbst der Polizist weiß, auch ohne postmoderne Bildung, daß sprachliche Zeichen keine finite Bedeutung vermitteln: »Earlier, Boaz' assessment-apparatus had racketed up a notch at Nancy's repeated choice of the word *power*. Now, with her talking about stories, his attention racketed up again. What story did she really want to tell him? *Was* there another story behind her mockeries?« (*MLA*, 70).

[516)]Erst nach dem dritten Mord nimmt sie eine aktive Rolle in den Ermittlungen ein: »Instead, she was doing some deliberate thinking about it. [...] On a yellow legal pad, Nancy began to jot some notes under the headings M.A., S.E., and now a woman named Foster. Who *were* these people.« (*MLA*, 139)
Die Beamten ziehen sie zu ihren Besprechungen hinzu: »'Now what we'd like you to do, Nancy, is sit here for a while and listen and let me know, or let Timmy know, if anything comes to your mind about what you hear, no matter how little it is.'« (*MLA*, 141)
Zudem beginnt sie mit eigenen Ermittlungen. »[...] Nancy said she wanted to ask around her colleagues about the status of USD [University of South Dakota]. 'Maybe I can find out something.'« (*MLA*, 145).

[517)]Siehe auch: »Boaz shrugged. 'By the way, what all was Alcott wearing? You remember?'
Malley glanced at Hong and looked irritated anew. 'What do you mean, do I remember? He had leather pants on, tight stuff. Black leather.'
'A white T-shirt?'
Malley produced a toothy smile. 'Well, I guess it was white to begin with. Yeah.'
'One earring?' [...] 'His right ear.'
'But Engleton, if I recall, was partial to silk,' Boaz said. [...] 'So they were in different worlds, [...]. Might well have been at two different conventions. No Arizona-Wellesley connection. None.'« (*MLA*, 101).

[518)]»But only 'Love', it seemed, had been so carefully perused. It was only now, as Kate flipped the pages back and forth, that she saw what her eye had missed many times before: a small addition in Janet's neat hand. Under the last Herbert poem whose title was printed on page viii of the table of contents, another title had been written in: 'Hope': There was, of course, no page given, since the poem was not included.« (*DF*, 137).

[519)]Zu Gett: »'[...] you need to know something about Malcolm Gett's panel this morning. It was called [...] 'The Postmodernist Necessity: The Violation of genre/ Gender Limits.' [...] 'Gett was repeating all kinds of assertions he'd made in his book. [...] It's called *Final Freedoms: Violation as Value*. What it's about - well, his position is, or was, that the ultimate human freedom resides in the act of murder. *Freedom* was his buzz word, in a way.' [...] 'Gett's trendy location was Derridean rather than Marxist-materialist, but he was also very much into power implication he perceived in Foucault.' [...] 'If you're not a hypocrite, you'll admit that you feel more freedom from the burdens of society as a result of imagining the act.
'But that wasn't enough, according to Gett,' Nancy went on. 'Complete, *real* freedom comes only ....' [...] 'by making the morally confirmational act for the self that only deliberate death-making can eventuate." [...] Nancy went on saying that Gett had shown up at the panel wearing a white T-shirt proclaiming; 'Cain: The First Free Man.'« (*MLA*, 174-175).

[520)]Auch für die männlichen Dozenten gibt es keine Rückkehr zur alten Ordnung. Es wird sogar ein weiterer Lehrstuhl für eine Professorin gestiftet: »'Janet's death has merely inspired the donor to greater efforts. There may now be two endowed chairs for women. Harvard is going to pay greater attention to *two* million dollars, we can trust their financially astute little hearts for that.'« (*DF*, 149).

[521)]Kate Fansler wurde mit einer Teilnahme an einer Komiteesitzung in den Roman eingeführt: »She had so many demands on her time and attention that occasionally her committee assignments overlapped [...] She hoped that whatever marked the eighties, it would not be committee meetings. Something if not more exciting, at least - well, token.« (*DF*, 4-5).

[522)]Cook, »Crime and Comedy«, 100.

[523)]Siehe auch: »'The University may be the most corrupt and cynical institution in the state, but at least it tries to be circumspect about it.'« (*PI*, 103).

[524)]An anderer Stelle vergleicht Nancy Cook die Konferenz mit einem Patricia Highsmith-Scenario: »'I should warn you, too: lots of this is going to sound like *Ripley's Believe It or Not*.'« (*MLA*, 65).

[525]Verstärkt wird diese äußerliche Charakterisierung Mossbankers durch sein Verhalten. So vergißt er die Anzahl seiner Kinder und verwechselt den Namen seiner Ehefrau mit dem seiner Geliebten: »'How many children do you have, Professor Mossbanker?' [...] 'Oh, the usual number, the usual large number,' he said crossly: 'I don't know why people always expect me to have that kind of information at my fingertips. You should ask Eugenia if you're interested.'
'Eleonor,' put in Tiggie [...] 'Eugenia is my mother. Eleonor is your wife.'« (*OB*, 44-45).
[526]Das gleiche Motiv weist auf George Hellier als Täter hin: »'I suppose the police suspects George, too, now - given that it was he who had an affair with Louise.'/ 'I can't see why he would have wanted to get rid of Dr Symonds,' McLeish objected./ 'So his wife could be Warden?'« (*DAD*, 204).
[527]»'Strauss's influence reaches that high?' I asked her.
'You bet. When Strauss speaks, the president listens.'
'Why? What power does a dean have anyway?'
'Depends on the dean. Strauss is dean of the Graduate School, which means he controls a lot of research money for equipment, labs, paid leaves of absence, travel - you name it. And he's got contracts with every major grantgiving foundation in the country. You get on Jeremiah Strauss's hit list, and all of a sudden you can't afford to buy paper clips, much less take trips to study the elimination of habits of mollusks in the Yapp Islands, or whatever is you do around here to get advancement and salary increases. You'd better just cut your losses and look for another job.'« (*PI*, 44).
[528]Siehe auch: »'Strauss has at least as many enemies as any administrator on campus. He's been Dean of Graduate Schools a long time, and stepping on people is apparently the only exercise he gets.'« (*PI*, 22),
[529]»'Over the years there've been a number of former faculty members here - men and women alike - who've gone away mad, for one reason or another. Some of them have been indiscreet enough to send Strauss nasty letters.'« (*PI*, 46-47)
Die Drohbriefe sagen viel über seines Amtsführung aus, wobei die letzten Briefe ironischerweise von ihm als *red herring* selbst initiiert wurden: »They all said much the same thing: Strauss didn't deserve to be a Scholar; as Dean of the Graduate School, he'd crippled or ruined the careers of many fine scholars over the years; he'd probably engineered his own appointment to the ranks of the University Scholars; and he was occupying a place among the Scholars that should rightfully have gone to a woman or a minority faculty member.« (*PI*, 10).
[530]»'She went to Strauss's office in January and, in front of witnesses, threatened to kill him.' [...] 'She thinks he's had a vendetta against her for years,' [...] 'Fifteen years ago, before he became dean of the Graduate School, Strauss was chairman of the Humanities Department. Silberman was up for promotion to full professor. The rest of the Humanity faculty supported her, but Strauss said he didn't think she was ready - she hadn't published enough. So he voted against it, which meant the University turned her down. The same thing happened the next year. She finally did win promotion, but only after the affirmative action regulations became tighter and there was a good chance she could have won a discrimination suit against the University.'
'But that was a long time ago,' I said. 'What's Strauss done to her recently?'
'Withheld a teaching award from her, apparently. Her graduate students put her up for it. It's quite a prestigious thing, and carries a nice monetary prize, too. It's awarded by a big local corporation - on the recommendation of the dean of Graduate School.'« (*PI*, 47-48)
Nicht zu vergessen den Diebstahl von Ideen durch Strauss (*PI*, 69-70).
[531]Siehe auch: »'But Jerry *knows*, you see. It's not just a vague rumor that comes to him, all out of shape and missing the best parts. He's got names, dates, places, *prices* - that sort of thing.'« (*PI*, 132).
[532]»'He [Strauss] doesn't like sex between consenting adults, if they're not blessed by a clergyman first [...]. Now Wolf [...] has been divorced a while, you know, and no one believes he rattles around in that mansion of his alone - not all the time, not even often.'
'You're suggesting that Strauss may use some knowledge he has on Wolf to blackmail him.'
'That's not the right name for it, Peggy. [...] You blackmail people for money. Jerry Strauss would never do that. [...]'
'But for something like a University Scholarship?'
[...] 'something like that. And it wouldn't be any kind of direct threat either. He'd just mention to Wolf -

very offhand, you know - that he'd like to be appointed to the vacancy [...].'« (*PI*, 130-131).
[533]Dies ist eine mögliche Sanktion Bates' durch Strauss wegen moralischen Fehlverhaltens: »'Then she [Donna] reached up quickly and kissed Bates on the Cheek - or on the side of the mouth. Like old lovers, Kevin said, not old friends. [...] When Strauss fired Kevin - he made Bates do it, of course - Kevin told Strauss the whole story.'/ 'And that ended Bates's chance of getting his wife here.'« (*PI*, 154).
[534]Z.B. ein versteckter Hinweis: »'Don did some legal work for the University fifteen years ago, in connection with acquiring land that the University needed for the New Campus. Jerry was head of the committee that oversaw the expansion. [...] This was shortly before he became Dean of the Graduate School, around the time he inherited all that money from his father.'« (*PI*, 57)
»'You can see the river, and the New Campus, right below the hotel, and a little bit of the Old Campus, too, across the river.' [...] 'He [Trask] said to me that Mr. McCord owned everything I could see out that window. [...] 'He owns the University, too?' Mr. Trask turned to Mr. McCord then and laughed harshly and said, 'How would you answer that, Hal?' [...] McCord said, 'Why not? It's just too bad we can't name the center after him: the Jeremiah Strauss Conference Center.'« (*PI*, 89-90).
[535]Eine unmarkierte Unbestimmtheitsstelle ist der Grund, der Strauss veranlaßt hat, seine Meinung zu ändern: »'Okay,' I said. 'Because Strauss chaired the New Campus committee fifteen years ago, Wolf made him chair of the conference center committee last year. Wasn't that almost guaranteeing that it would end up on the New Campus?'
'You'd think so, wouldn't you?' Naylor replied. 'And that's the odd thing! Strauss made it clear he was no longer convinced it had been a wise move to expand to the New Campus. He even went on record as being committed to putting the new conference center on the Old Campus. He led me to believe that, in his heart of hearts, he'd seen the light, realized the error of having split the University. [....]'
'He led you to believe,' I said. [...] 'You used that phrase twice in two sentences,' I pointed out to him. [...]
'Even so, I was quite surprised at the final vote: Five in favor of the New Campus, only three votes in support of the Old Campus.'
'A defeat for Strauss.'« (*PI*, 126-127).
[536]Für alle Einzelheiten hinsichtlich des Landhandels für den *New Campus* und den Bau des Konferenzzentrums siehe *PI*, 166-170.
[537]Als Peggy den Männern deutlich macht, daß Donna das eigentliche Opfer war, legt sie auch Bates' Motiv für einen Mord an der jungen Frau offen: »'You gave her too much of your time,' [...] 'some of it after hours. I can produce two witnesses to that. One will testify that he saw the two of you kissing, the other that you came to her door, a week after Donna died, and asked if she could help you get into Donna's apartment, to retrieve something you'd lent her. [...] Donna Trask could have ruined you by making her story public.'« (*PI*, 235-236)
[538]»'The Tweeds you'd recognize. They're the gentlemanly professionate, straight out of the movies - Frank Capra stuff. They're smoking pipes and wearing tweed jackets with leather patches on the elbow. Or even if they're not, somehow they've still got the *attitude* of a pipe and a jacket.' [...] 'For me,' Nancy said, 'the Tweeds are sort of like lounge lizards. You talk to one of them and it seems as if this guy were born on a sofa, with loafers on: I mean they try to be professionally relaxed.' (*MLA*, 56).
[539]So wie die *Tweeds* in ihrer Forschung festgefahren sind, haben sie auch ihren Ruf als gute Lehrer eingebüßt: »'In the old days, say in the 1950s' [...] 'the old guard was - well, in the best cases, they put together the Great Books Foundations and *The Book of Knowledge*. They were good teachers and were honored for it. I mean, as long as they could stay out of the way of the HUAC witch-hunters.
'But the old guard doesn't have so many fine teachers any more. They tend to be arrogant and aloof. And they get more dismissive about their students every year. You should hear how they talk about students in the faculty lounge at Yale.'« (*MLA*, 57-58).
[540]»'If you were going to go around visiting all the Trendy camps here' [...] 'the main factions you'd see would be, oh, the radical feminists, the gay studies activists, the academic Marxists, the ethnic studies people - who else? The 'new historicists' and what's left of the deconstructionists. There are subsets, like the psychoanalytic literary theorists' group and maybe a group you could just call multiculturalists.'« (*MLA*, 66).
[541]Z.B.: »'Here at MLA, those particular groups argue, but they manage to agree that white male

hegemony and 'heterosexism' in the academy are cultural prejudices that need to bee corrected, period.' [...] 'The charges being made against that position - that the slant of courses in women' studies and black studies and gay studies is always dogmatic, and the bias in the reading lists is so extreme as to amount to censorship [...].'« (*MLA*, 66).

542)Wie bei den Dekonstruktivisten wird bei der Vorstellung durch Nancy Cook auch die Theorie kurz erklärt: »'Since the literature of any given time is [...] a product, as well as a rebellion against the power structures of its time (a standing premise of new historicism) [...].'« (*MLA*, 108).

543)»It [his] lecture was modulated, as were Mudge's outfit, on the work and attire of another scholar sometimes known as 'The father of New Historicism' [...] manicured, Italian-shoed, in a rumpled beige linen suit [...].« (*MLA*, 108).

544)Siehe auch: »'More'n likely he [Alcott] wasn't anything near a communist, Timmy,' Boaz said. 'If Nancy's description's right, then the Marxists here like to talk big, but they wouldn't know a 'real' worker in a room with ten lights on. They'd all do real well in a tall-tale competition.'« (*MLA*, 97).

545)Alcott hatte auch die typische Karriere eines *Trendys*: »'I got the idea he was some kind of a big deal. Sprague talked about him like he was some kind of prize.' [...] 'Alcott used to teach at the University of Georgia.' [...] 'Then Arizona bought him away from there. Sprague was really bragging about that; I guess he had something to do with it. Even with Alcott dead, he seemed to think Arizona's reputation is big time now. Gave the impression the guy could pitch a no-hitter or something.'« (*MLA*, 97).

546)»'It's not hard for me to believe that Michael Alcott would become a target. I've heard stories about his cruelties, breathtaking stuff. I know he said once at a party at Georgia, he said like, 'Yes, I've looked over these new gradstudents and frankly, I don't think there's one who can last a year. Where *are* these people coming from?' Alcott was a loathed individual, even though he was courted by people who didn't feel comfortable with him.'« (*MLA*, 181).

547)Siehe auch: »It was in the faculty dining room before the meeting of the tenure committee that Deborah Rames had heard her work publicly dismissed by Michael Alcott as 'negible, even if published, which is' (turning to Rames in the room), 'as you must realize, a dubious enterprise in your case.' The sneer on his face was memorable.

'[...] Alcott was meaner than a yalla dog about the whole thing [in the tenure committee].'« (*MLA*, 200).

548)Aus den gleichen Gründen hat sie auch keinen Verlag für ihr Buch gefunden: »[...] her book, on the subsidence of the Oedipus myth in eighteenth-century American literature compared to the recrudescence of that mythic structure in works of the nineteenth century, had not been accepted for publication by any university press.« (*MLA*, 200).

549)Siehe auch: »'But instead of telling her she was a hero, a great girl, stick with it and those men will see your sterling qualities, we told her she was standing up for womanhood. Perfectly true of course, but hardly comforting to one who had wanted to join the male club and who didn't conceive womanhood as anything worth standing up for, now or ever.'« (*DF*, 144).

550)Nur einmal wird, als *red herring*, ein sonst typisches Motiv der *college mystery novel*, angedeutet: »Could Janet have been murdered for her scholarly work, to be passed off as the murderer's own.« (*DF*, 199).

551)Weitere Beispiele für die misogyne Atmosphäre in Harvard und seinem *English Department*: »'[...] these hetereo types are more terrified of women than we are. And Hopkins had actually thought we might continue the separation of the sexes after dinner at parties.'« (*DF*, 2)

»'[...] if only women had stayed happily confined with those female ranks [in Radcliffe]. [...] A wonderful thought occurs to me. Do you think we could get Iris Murdoch? We would take her respected husband, John Bayley, too, a fine critic. He could teach the course (husbands must have some rights left) and she could quietly write her novels. That's the pleasantest thought I've had since this dreary business began ...'« (*DF*, 3).

552)»'Janet was chosen with great foresight; they couldn't refuse the endowment, but they made sure that they got someone, not only impeccable academically and all that, but also [...] someone they knew would crack.'« (*DF*, 55).

553)»She needed, desperately needed, to believe that the time had nothing to do with it: she had been chosen because she deserved to be chosen, and had simply been overlooked earlier.« (*DF*, 38).

[554] Reddy, *Sister*, 14.
[555] Siehe auch: »In all the five colleges of the Connecticut River Valley there were professors who regarded the poet property - not to mention the fifty thousand students swarming on the streets of the local towns, Amherst and Northampton and South Hadley. Was there any other places in the world where one literary deity was worshipped so universally? Well, there was Stratford-on-Avon, and Concord, Massachusetts. Did everybody in Stratford own Shakespeare? Did everybody in Concord lay claim to Henry Thoreau? Here in Amherst even a piece of paper whipping down South Pleasant Street was apt to be a title page from *The Complete Poems*, unstuck from the paper-back edition, fluttering out of somebody's motorcycle saddlebag. Impulsively, Owen covered his ears as he thought of the sounds of righteous Dickinson ownership, the rattle of a thousand typewriters, the battering of chalk on a hundred classsroom blackboards.« (*EDD*, 6-7).
[556] Siehe auch: »'And afterwards, when anybody thinks of Emily Dickinson, who will they think of first? Dombey Dell, that's who.' Dombey smirked.« (*EDD*, 15).
[557] »Peter's talk was altogether more successful. As his slices succeeded one another in the darkened auditorium, he could feel the silence of complete attention. Relentlessly he had stricken from his speech all sentiment, all subjective response to the face in his photograph. He spoke only of facts. [...] carefully he raised the issues that cast doubt on the identification of the woman in the picture with Emily Dickinson, and then destroyed them, one by one. [...] As the lights came on again, there was a standing ovation.« (*EDD*, 92-93).
[558] Z.B: »He was in the attic, Emily Dickinson's attic [...]. *She* must see everything too. Swiftly, fumbling at the latch, Peter took his slide projector out of its case and set it up on the top of the dresser. Soon the beautiful face of the woman in his photograph was looking at him from the blank wall above his bed.« (*EDD*, 52).
[559] Siehe auch: »At last she had Emily Dickinson's room all to herself. She could commune with the soul of Emily. Emily would understand Winnie's feelings. Surely Emily would sympathize with Winnie's dread of the beautiful Alison Grove.« (*EDD*, 85).
[560] »'We took a vote. The entire English faculty. I warned you, Owen. That girl has to go. Winifred Gaw is no longer an employee of the English Department. She is no longer a candidate for the doctor's degree.' [...] If I looked like Winifred Gaw, I hope I'd have the grace to shoot myself.'« (*EDD*, 14)
Selbst Owen Kraznik benutzt sie als Instrument der Rache an Dombey Dell. Dieser hatte keine Rednerinnen eingeladen: »'Your essay on Emily Dickinson's method of capitalization? Well, why not?' Grim Owen reflected that the entire faculty would now be punished for Dombey Dell's tiresome display of sexist chauvinism.« (*EDD*, 67).
[561] »Owen felt sorry for Winnie. It wasn't Peter's beautiful photograph that was on trial, it was Winifred Gaw herself, in her obesity and ugliness. [...] 'What does it matter, any way, okay? What a poet looks like?' [...] 'When you're, you know, a genius, okay? Who cares about her looks? Who cares?'
But they all did, that was the trouble. They cared about looks, and the condemned Winnie for hers, for the grossness of her bulk, for her swollen arms, for her slablike hips, for her massive ankles, for her flat feet in her gum-soled shoes. And Winnie cared, too, thought Owen. You could sense the invisible track of her caring in the expressionless mask of her face.« (*EDD*, 80).
[562] »Alison Grove was stepping into the ring of light.
The rest of the audience was electrified, too, at the sight of Emily Dickinson. [...] What a lovely facsimile. [...] As for Winnie Gaw, she couldn't bear it. [...] 'Emily didn't look like that.' [...] And someone sitting behind Winnie leaned forward and offered her opinion. [...] 'Like some people have these really, really beautiful faces, because their spirit just really shines out of them, you know? You don't even *look* at their features. [...] you just say '*Hey*, there goes a beautiful *woman*."« (*EDD*, 91).
[563] »The second picture of Emily Dickinson was exactly like the first. And that was its glory, because Peter had manufactured it from nothing./ It had cost him a year of effort, a year of failure, a year of trying one thing after another.« (*EDD*, 148).
[564] »[...she] took the second volume of Sewall's biography of Emily Dickinson out of the bookcase, and opened it to the controversial frontispiece, the so-called photograph of Emily Dickinson. [...] carrying the book, Winnie tramped downstairs, all the way to her darkroom in the basement.

She had her work cut out for her, the manufacture of a solid piece of *documentary evidence*. It wouldn't be easy, but Winnie had figured out a way to do it.« (*EDD*, 113).

565)»'It's another copy of Peter's photograph of Emily Dickinson. And listen to this, Owen. There's a writing on the back. Wait till you hear.'

Owen had a premonition. He could feel it coming. With his back to Peter Wiggins he stared at the refrigerator and mouthed the words to himself as Tilly pronounced them - 'Emily don't like this much.'« (*EDD*, 181).

566)Er fühlt sich von seiner Frau, die mit den Kindern überfordert ist, unverstanden: »[...] Peter Wiggins was thrilled to find Dombey's invitation in his mailbox. [...] Angie was not impressed. Angie didn't want to be left alone with the children for days on end.« (*EDD*, 34) Sie nimmt keinen Anteil an seinem Erfolg nach dem Vortrag: »[...] and call Angie [...] and tell her the good news. But Angie didn't seem to be listening. 'The kids,' she said, 'they're driving me bananas.'« (*EDD*, 102) Ebenso spendet sie keinen Trost: »But Angie had no comfort to give. [...] Peter listened to his wife's complaints and made soothing noises and hung up at last, more miserable than ever [...].« (*EDD*, 146-147).

567)Sie zweifelt aus Trotz die Echtheit der Photographie an: »Winnie Gaw was more pugnacious. She spluttered at Peter Wiggins, 'It's wrong. That picture isn't her. She didn't look like that.' [...] 'I can prove that picture isn't Emily Dickinson.'« (*EDD*, 94).

568)Cook, »Crime and Comedy«, 102-103.

569)Siehe auch: »'[...] the wretched innocent Bim Marcus killed for a coincidental of one wasted day of high life.'« (*OB*, 220).

570)»Oh dear! These foreigners might be all right at Mathematics or Economics or that sort of thing. But they couldn't write ***English*** - that was a fact. Still, it wasn't really surprising. English was their second language, poor kids [...].« (*SWNQ*, 144-145).

571)Siehe auch das Urteil des Inspectors über die *O-Levels*: »Morse mumbled something about not being worth the paper they were printed on.« (*SWNQ*, 60).

572)»'[...] but for these links of ours with some of the new oilstates, we'd soon be bankrupt, like as not, and that's the truth of the matter.'« (*SWNQ*, 28).

573)Siehe dazu: »[...] five graduates on the permanent staff of the Syndicate, four men and one women, severally superintending the fields of study corresponding, in the main to the discipline which they had pursued for their university degrees, and to the subjects taught in their subsequent careers.« (*SWNQ*, 24).

574)Weitere organisatorische Einzelheiten, die die Bürokratie offenlegen und gleichzeitig als Hinweise dienen: Jeder Mitarbeiter muß eine Nachricht hinterlassen, wenn er das Gebäude während der Dienstzeit verläßt (*SWNQ*, 22), der Aktenschrank mit den Prüfungsaufgaben muß immer verschlossen sein (*SWNQ*, 25), und es gibt ein System von komplizierten Abkürzungen wie Morse ironisiert: »'What does AED stand for Lewis?'/ 'Dunno, sir.'/ 'Have a guess.'/ 'Association of Eccentric Dentists.'« (*SWNQ*, 31).

575)Es wird zudem geschildert, wie die Vorschriften direkt bei den Prüfungen ausgeführt werden: »At 11.55 a.m. this same morning, in strict accord with the explicit instructions issued by the examining body, invigilators in Geneva, in East and West Africa, in Bombay, and in the Persian Gulf, were reminding their candidates that only five minutes remained before scripts would be collected; that all candidates should ensure that their full names and index numbers appeared on each sheet of their work; and that all sheets must be handed in the correct order.« (*SWNQ*, 48-49).

576)Es ist nicht an den Korrekturen manipuliert worden, sondern die Prüfungsaufgaben wurden vorher verkauft (*SWNQ*, 144-145).

577)Siehe dazu Parker in Carr, »Interview«, 40: »'[...] mir scheint doch, daß die Funktion eines Colleges die ist, die Jugend zu unterrichten. Doch das stand wahrscheinlich erst an achtzehnter Stelle auf der Prioritätenliste. Wenn sie Professor sind, sollten sie dann nicht versuchen, die Jugend zu bilden.'«

578)Beispiele für gefährdete Examina durch die Überfälle: »A student visiting the third-years nervous breakdown who, it had been hoped, would manage to take her finals from the hospital, had idiotically told her about the latest events at Gladstone, and the girl had promptly relapsed. So the procedure for organizing a medical certificate, and the delicate business of negotiating an arrangement with the University, would, after all, have to be undertaken. [...] Clarissa Dutt, blamelessly recovering consciousness in hospital, should be exempled from the second-year exams.« (*DAD*, 137).

[579]Das gleiche Prinzip gilt ebenso nach dem zweiten Todesfall: »Next most dire was the fact that, although its presiding genius was dead and its acting chairman perhaps even now being arrested for murder she almost certainly didn't commit, business at the Illumination was brisk as usual.« (*RYM*, 159).
[580]»'Most librarians have a bunch of old books stuck away somewhere that they're afraid to dump and haven't time to bother about.'« (*RYM*, 99).
[581]Siehe auch: »'You have to realize it's been a long time since anyone teaching English could feel that he or she was important, really respected. I sometimes think the MLA system is one of our power-substitutes to make up for the feeling so - well, insignificant.'« (*MLA*, 55).
[582]Siehe dazu u.a. ein Gedicht der Lyrikerin in: Nancy Sullivan (ed.), *The Treasury of American Poetry* (New York: Dorset press 1978), 313:
»I'm Nobody! Who are you?/ Are you - Nobody - Too?/ Then there's the pair of us?/ Don't tell they'd advertise - you know
How dreary - to be -Somebody!/ How public - like a Frog -/ To tell one's name - the livelong June -/ To an admiring Bog!«
Siehe auch zu Emily Dickinson Rückzug vor den Menschen Judith Farr, *The Passion of Emily Dickinson* (Cambridge, Mass.: Harvard University Press 1992), 25: »There seems no doubt that her avowed love of silence and solitude may have arisen in part from a neurosis, and anxiety about being defenseless when 'seen'. [...] But other nineteenth-century American artists had elected and recommended solitude. [...] Sometimes she quite literally ran to hide from them [callers...].«
[583]»People kept surging in the front door, college professors from Illinois and California and Arkansas, grammar-school teachers from Stockholm, two middle-aged women from Queens, a salesman for wood-burning stoves from New Hampshire, an endless stream of poetry-lovers from Tokyo, and drobes of Dombey's sensitive ladies from everywhere, including Marybelle Spike from Springfield.« (*EDD*, 76).
[584]Eine noch krassere Fehlinterpretation leisten die Mitglieder von »S.I.N.G.E.D.«, den »'SINGLES FOR EMILY DICKINSON'« (*EDD*, 39): »'I mean, Emily Dickinson is our role model, right? She was a single woman, right? She's one of us, isn't that right?' [...] 'You know, when a man - I mean it's a lot like what they did to Emily Dickinson.'« (*EDD*, 43-44).
[585]Zur Farce wird auch das Verhalten der Dickinson-Verehrer, wenn sie glauben, ihr nah zu sein, indem sie alte Rezepte ausprobieren »A pitcher was passing around again, another kind of wine, sweet malmsey this time, a heroic attempt of Barbara Teeter to follow a recipe of Mrs. Edward Dickinson's. Everyone made the same joke, *I taste a liquor never brewed - From Tankards scooped in Pearls.* [...] When Dottie Poole appeared with an enormous memento on a tray everyone cheered.
It was the pinnacle and masterwork of the picnic, an enormous black cake, made according to Emily's own recipe.« (*EDD*, 168-169).
[586]Vgl. Farr, *Passions*, 16: »[...] this hidden face has seemed paradoxically to be Dickinson's most flamboyant message to the world. The attentive reader, moreover, may ponder a real connection between the gradual and final concealment - what one poem calls the 'vail[ing of her] too inspecting face' - and her concentration on the image of the 'Face' in scores of poems and letters.«
[587]Dabei wäre Owen Kraznik durch sein Wissen und seine Haltung am ehesten dafür prädestiniert: »If some supreme judge had pounded his gavel and pronounced a ruling on the insubstantial domain that was Emily Dickinson, the title of ownership would surely have been awarded to Professor Owen Kraznik of the University of Massachusetts.
But Owen would never have accepted it.« (*EDD*, 10).
[588]An zahlreichen Beispielen wird deutlich gemacht, daß die Gedichte auch heute nichts von ihrer Gültigkeit verloren haben, z.B: »At six o'clock the air of Amherst was still bright with afternoon. The common lay in shadow, but the whole length of Amity Street was flooded with sunset, and an old woman walking her dog across the intersection mumbled a line or two from Emily Dickinson -
'Blazing in Gold and quenching in Purple
Leaping like leopards to the Sky ...'« (*EDD*, 123)
Zudem ist jedem Kapitel ein passendes Zitat der Lyrikerin vorangestellt.
[589]»[...] a famous photograph of Emily Dickinson. [...] there was a controversy about it. [...] He had bought it from a collector.« (*EDD*, 4).

[590]Man hat Janet eingestellt, weil sie keine Feministin war: »'After all, we had all confirmed the search committee's choice of a woman professor who was perfectly safe on the subject of feminism and women's studies. Perhaps that was a mistake, as I [Clarksville] look back at it now. [...] But we aren't used to dealing with women as colleagues, and to tell you the truth she was the last woman I would have thought would have done anything like that, crying at a meeting, don't you know.'« (*DF*, 132).

[591]Porter, *Pursuit*, 226.

[592]Raimund Borgmeier, »'Science Fiction Comes to College': Gregory Benfords *Timescape* als SF-Universitätsroman« , in: Raimund Borgmeier (Hrsg.), *Gattungsprobleme in der anglo-amerikanischen Literatur: Beiträge für Ulrich Suerbaum zu seinem 60. Geburtstag* (Tübingen: Niemeyer 1986), 239-253, 250.

[593]Leonardi, »Murder is Academic« , 112.

[594]Connors, *English Novel*, 69.

[595]Leornardi, »Murder is Academic« , 122.

[596]Vgl. Connors, *English Novel*, 19: »Literary fiction is usually defined by negation - it is *not* formula fiction or genre fiction, *not* mass-market or best-selling fiction.«

LTERATURLISTE

VERWENDETE ABKÜRZUNGEN:

Charlotte MacLeod Newsletter	*CMN*
Critical Quarterly	*CQ*
College Literature	*ColLit*
Journal of Higher Education	*JHE*
Journal of Popular Culture	*JPC*
Massachusetts Studies in English	*MSE*
Modern Fiction Studies	*MFS*
Mystery and Detection Annual	*MDA*
New University Quarterly	*NewUnivQ*
Publication of the Modern Language Association of America	*PMLA*
The Armchair Detective	*TAD*
Times Literary Supplement	*TLS*

PRIMÄRLITERATUR

Crispin, Edmund, *The Case of the Gilded Fly* (Harmondsworth: Penguin 1971, first published in 1944).

Cross, Amanda, *A Death in the Faculty* (London: Virago 1988, first published in the U.S.A. in 1981 under the title *Death in a Tenured Position*).

Davis, Robertson, »The Rebel Angels«, in: *The Cornish Trilogy* (Harmondsworth: Penguin 1991, first published in 1981), 1-311.

Dexter, Colin, *The Silent World of Nicholas Quinn* (London: Pan 1978, first published in 1977).

Fraser, Antonia, *Oxford Blood* (London: Mandarin 1991, first published in 1985).

Innes, Michael, »Death at the President's Lodging«, *The Michael Innes Omnibus* (Harmondsworth: Penguin 1983, first published in 1935), 7-220.

Jones, D.J.H., *Murder at the MLA* (Athens, London: The University of Georgia Press 1993).

Lake, M.D., *Poisoned Ivy* (New York: Avon 1992).

Langton, Jane, *Emily Dickinson Is Dead* (Harmondsworth: Penguin 1985, first published in 1984).

MacLeod, Charlotte, *Rest You Merry* (New York: Avon 1979, first published in 1978).

Neel, Janet, *Death Among the Dons* (Harmondsworth: Penguin 1994, first published in 1993).

Parker, Robert B., *Playmates* (Harmondsworth: Penguin 1990, first published in 1989).

Shakespeare, William, *Cymbeline* (London, New York: Methuen 1980, Arden Edition ed. by J.M. Nosworthy).

NACHSCHLAGEWERKE

Arnold, Arnim & Schmidt, Josef, *Reclams Kriminalromanführer* (Stuttgart: Reclam 1978).

Baldick, Chris, *The Concise Oxford Dictionary of Literary Terms* (Oxford, New York: OUP 1990).

Barzun, Jacques & Taylor, Wendell Hertig, *A Catalogue of Crime* (New York: Harper & Row 1971).

Blain, Virginia & Clements, Patricia & Grundy, Isobel, *The Feminist Companion to Literature in English: Women Writers from the Middle Ages to the Present* (London: Babford 1990).

Collier's Encyclopaedia (o.O. 1968), vol. 7.

DiAndrea, William L., *Encyclopedia Mysteriosa: A Comprehensive Guide to the Art of Detection in Print, Radio, and Television* (New York: Prentice Hall 1995).

Drabble, Margaret (ed.), *The Oxford Companion to English Literature* (Oxford, New York: OUP 1985, 5. rep. ed.).

Encyclopaedia Britannica (Chicago, London, Toronto 1959), vol. 16.

Hagan, Ordean A., *Who Done It? A Guide to Detective, Mystery and Suspense Fiction* (New York, London: R.R. Bowker 1969).

Henderson, Leslie (ed.), *Twentieth-Century Crime & Mystery Writers* (Chicago, London: St. James Press 1991, 3rd. ed.).

Hubin, Allen J., *The Bibliography of Crime Fiction 1749-1975* (San Diego: Publisher's Inc. 1979).

Kramer, John E., Jr., *The American College Novel: An Annotated Bibliography* (New York, London: Garland 1981).

Kramer, John E., Jr., & Kramer John E. III., *College Mystery Novels: An Annotated Bibliography, Including a Guide to Professorial Series - Character Sleuths* (London, New York: Garland 1983).

Mainiero, Lina (ed.), *American Women Writers* (New York: Ungar 1980).

Nichols, Victoria & Thompson, Susan, *Silk Stalkings: When Women Write of Murder* (Berkeley: Black Lizard 1988).

Olderr, Steven, *Mystery Index: Subjects, Settings, and Sleuths of 10,000 Titels* (Chicago, London: American Library Association 1987).

Przybilka, Thomas, *Krimi - Frauen. Frauen - Krimi: Eine Auswahlbibliographie der Sekundärliteratur zu weiblichen Autoren und Detektivfiguren in der Kriminalliteratur* (Bonn: Selbstverlag 1989).

Reilly, John (ed.), *Twentieth-Century Crime and Mystery Writers* (London, Basingstoke: Macmillan 1980 & 1985, 2. rev. ed.).

Schlueter, Jane & Paul (eds.), *An Encyclopedia of British Women Writers* (London, New York: St. James Press 1988).

Schweike, Günther & Irmgard, *Metzler Literatur Lexikon: Stichwörter zur Weltliteratur* (Stuttgart: Metzler 1984).

Steinbrunner, Chris & Penzler, Otto, *Encyclopedia of Mystery and Detection* (London: Routledge & Kegan Paul 1976).

Swanson, Jean & James, Dean, *By a Woman's Hand: A Guide to Mystery Fiction by Women* (New York: Berkley Publishing 1996, 2nd ed.).

Todd, Janet (ed.), *Dictionary of British Women Writers* (London: Routledge 1989).

Walle, Klaus-Peter (Hrsg.), *Lexikon der Kriminalliteratur* (Meiningen seit 1993).

Webster's Third New International Dictionary (Springfield, Mass. 1981).

Wilpert, Gero von, *Sachwörterbuch der Literatur* (Stuttgart: Kröner 1989, 7. überarbeitete und erweiterte Auflage).

SEKUNDÄRLITERATUR

Aird, Catherine, »Gervase Fen and the Teacake School«, in: Winn, Dilys (ed.), *Murder Ink: The Mystery Reader's Companion* (New York: Workmann 1977), 98-100.

Addison Roberts, Jeanne, »Feminist Murder: Amanda Cross Reinvents Womanhood«, in: Irons, Glenwood (ed.), *Feminism in Women's Detective Fiction* (Toronto: Univ. of Toronto Press 1995), 94-111.

Ahrens, Rüdiger, »Satirical Norm and Narrative Technique in the Modern University Novel: David Lodge's *Changing Places and Small World*«, in: Schwend, Joachim & Hagemann, Susanne & Völkel Hermann (Hgg.), *Literatur im Kontext - Literature in Context*, Festschrift für Horst W. Drescher (Frankfurt am Main: Peter Lang 1992, Scottish Studies Bd.,vol. 14) 277-295.

Alewyn, Richard, »Anatomie des Detektivromans«; in: Vogt, Jochen (Hrsg.), *Der Kriminalroman*, (München: Fink 1971, Bd. II), 372-404.

- »Die Anfänge des Detektivromans«, in: Žmegac, Victor (Hrsg.), *Der wohltemperierte Mord: Zur Theorie und Geschichte des Detektivromans* (Frankfurt am Main: Athenäum 1971), 185-202.

Altick, Richard D., *The Scholar Adventurers* (New York: Macmillan 1950).

Ames, Katrine, »Murder Most Foul and Fair«, *Newsweek*, no. 20, May 14, 1990, 54-55.

Anders, Karl, »Der Kriminalroman: Versuch einer Einordnung«; in: Vogt, Jochen (Hrsg.), *Der Kriminalroman* (München: Fink 1971, Bd. II), 533-545.

Anderson, Davis R., »Afterword«, in: Walker, Ronald G. & Frazer, June M. (eds.), *The Cunning Craft: Original Essays on Detective Fiction and Contemporary Literary Theory* (Western Illinois Univ. 1990), 188-190.

Angelo, Bonnie, »Not Quite Your Usual Historian«, *Time Magazine*, no. 3, January 15, 1990, 44-46.

Arden, Leon, »A Knock at the Backdoor of Art: The Entrance of Raymond Chandler«, in: Benstock, Bernard (ed.), *Essays on Detective Fiction* (London, Basingstoke: Macmillan 1983), 73-96.

Auden, W.H., »The Guilty Vicarage«, in: Winks, Robin W. (ed.), *Detective Fiction: A Collection of Critical Essays* (Englewood Cliffs, New Jersey: Prentice Hall 1980), 15-24.

Baker, Robert A. & Nietzel, Michael T., *Private Eyes: One Hundred and One Knights: A Survey of American Detective Fiction 1922-1984* (Bowling Green, Ohio: Popular Press 1985).

Bakerman, Jane S., »Jane Langton«, in: Henderson, Leslie (ed.), *Twentieth Century Crime & Mystery Writers* (Chicago, London: St. James 1991, 3rd. ed.), 650-652.

- »MacLEOD, Charlotte«, in: Reilly, John (ed.), *Twentieth-Century Crime and Mystery Writers* (London, Basingstoke: Macmillan 1985, 2. rev. ed.), 593-594.

Bander, Elaine, »'What Fun!': Detection as Diversion«, in: Bargainnier, Earl F. (ed.), *Comic Crime* (Bowling Green, Ohio: Popular Press: 1987), 44-54.

Barasch, Frances K., »Faculty Images in Recent American Fiction«, *ColLit*, vol. 10, 1983, 28-37.

Bargainnier, Earl F., »Farcial Worlds of Comic Crime«, in: Bargainnier, Earl F. (ed.), *Comic Crime* (Bowling Green, Ohio: Popular Press 1987), 55-73.

- »Preface«, in: Bargainnier, Earl F. (ed.), *Comic Crime* (Bowling Green, Ohio: Popular Press 1987), 1-7.

Barzun, Jacques, »Detection and the Literary Art«, in: Nevins, Jr., Francis M. (ed.), *The Mystery Writer's Art* (Bowling Green, Ohio: Popular Press 1970), 248-262.

Becker, Jens-Peter, *Sherlock Holmes & Co: Essays zur englischen und amerikanischen Detektivliteratur* (München: Goldmann 1975).

Bennett, Bruce, »Scholars or Slaves: The Story of Athletic Scholarship«, *JPC*, vol. 20, no.3, 1986, 167-178.

Benstock, Bernard, »Colin Dexter«, in: Benstock, Bernard & Staley, Thomas F. (eds.), *British Mystery and Thriller Writers since 1940 - Dictionary of Literary Biography* (Detroit: Bruccol & Clark 1989), vol. 87, 55-64.

Berger, Dieter A., »Das Bild der Universität im zeitgenössischen englischen Roman«, in: *Jahrbuch der Universität Düsseldorf* (1981-1983), 103-111.

Berkley, Miriam, »Carolyn Heilbrun/Amanda Cross - An Interview«, *Publisher's Weekly*, April 14.1989, 47-48.

Berkov, Ira, »Stranger Than Nonfiction«, *The New York Times*, April 23, 1989, o.S.

Bevan, David, »Images Of Our Tottering Tower: The Academic Novel as a Metaphor for Our Times«, *Dalhousie Review*, vol. 5, 1985, 101-110.

- »Introduction«, in: Bevan, David (ed.), *University Fiction* (Amsterdam, Atlanta: Rodopi 1990), 3-7.

Bien, Günter, »Abenteuer und verborgene Wahrheit: Gibt es den literarischen Kriminalroman?«, in: Vogt, Jochen (Hrsg.), *Der Kriminalroman* (München: Fink 1971, Bd. II), 457-472.

Binyon, T.J., *'Murder Will Out': The Detective in Fiction* (Oxford, New York: OUP 1990).

- *»Oxford Blood«*, *TLS*, November 22, 1985, 1310.

Blair, Walter, »Dashiell Hammett: Motive und Erzählstrukturen«, in: Vogt, Jochen (Hrsg.), *Der Kriminalroman* (München: Fink 1971, Bd. I), 147-164.

Bloch, Ernst, »Philosophische Ansicht des Detektivromans«, in: Vogt, Jochen (Hrsg.), *Der Kriminalroman* (München: Fink 1971, Bd. II), 322-342.

Blom, K. Arne, »Deckarens gamla och nya kläder«, in: Broberg, Jan (ug.), *Ord om Mord* (Halmstad: Bökförlaget Spekta AB 1974), 239-247.

Böhm, Rudolf, »Der englische Universitätsroman«, in: Diedrich, Maria & Schöneich, Christoph (Hgg.), *Studien zur englischen und amerikanischen Prosa nach dem ersten Weltkrieg* - Festschrift für Kurt Otten (Darmstadt: Wiss. Buchges. 1986), 72-84.

Borchardt, Cordelia, *Vom Bild der Bildung: Bildungsideale im anglo-amerikanischen Universitätsroman des zwanzigsten Jahrhunderts* (Münster: LIT 1997).

Borgmeier, Raimund, »'Science Fiction Comes to College': Gregory Benfords *Timescape* als SF-Universitätsroman«, in: Borgmeier, Raimund (Hrsg.), *Gattungsprobleme in der anglo-amerikanischen Literatur*, Beiträge für Ulrich Suerbaum zu seinem 60. Geburtstag (Tübingen: Niemeyer 1986), 239-253.

Bornkessel, Axel, *Miss Marples Erben: Englische Krimiautoren Heute*, Ausstrahlung am 28. Juli 1986 auf arte.

Bradbury, Malcolm, »Campus Fiction«, in: Bevan, David (ed.) *University Fiction* (Amsterdam, Atlanta: Rodopi 1990), 49-55.

- »Graduating from Nostalgia to Reality«, *Times Higher Education Supplement*, November 19, 1984, 12-13.

Brecht, Bertolt, »Über die Popularität des Kriminalromans«, in: Vogt, Jochen (Hrsg.), *Der Kriminalroman* (München: Fink 1971, Bd. II), 315-321.

Broich, Ulrich, »Detektivliteratur«, in: Borchmeyer, Dieter & • megac, Victor (Hgg.), *Moderne Literatur in Grundbegriffen* (Frankfurt am Main: Athäneum 1987), 77-81.

- *Gattungen des modernen englischen Romans*, (Wiesbaden: Athäneum 1975).

Browne, Ray B., »The Detective as a Contemporary Hero«, *AB Bookman's Weekly*, May 9, 1988, 1943-1948.

Buchloh, Paul G. & Becker, Jens P., *Der Detektivroman* (Darmstadt: Wiss. Buchges. 1978, 2. überarbeitete und ergänzte Auflage).

Budd, Elaine, *13 Mistresses of Murder* (New York: Ungar 1986).

Burkhardt, Rainer, *Die »hartgesottene« Amerikanische Detektivgeschichte und ihre gesellschaftliche Funktion*, Europäische Hochschulschriften Bd. 59 (Frankfurt am Main: Peter Lang 1978).

Carlson, P.M., »Clues, Red Herrings and other Plot Devices«, in: Grafton, Sue (ed.), *Writing Mysteries: A Handbook by the Mystery Writers of America* (Cincinnati: Writer's Digest Books 1992), 126-131.

Carr, John C., »Interview mit Robert B. Parker«, in: Carr, John C., *Mord ist ihr Geschäft: Gespräche mit Krimi-Autoren* (Frankfurt am Main, Berlin: Ullstein 1985), 31-64.

Carter, Ian, *Ancient Culture of Conceit: British University Fiction in Post-War Years* (London, New York: Routledge 1990).

Carter, Steven R., »Amanda Cross«, in: Bargainnier, Earl F. (ed.), *10 Women of Mystery* (Bowling Green, Ohio: Popular Press 1981), 269-296.

Cawelti, John G., *Adventure, Mystery, and Romance: Formula Stories as Art and Popular Culture* (Chicago, London: Univ. of Chicago Press 1976).

Champlin, Charles, »O, Pioneers«, in: Grape, Jane & James, Dean & Nehr, Ellen (eds.), *Deadly Women: The Woman Mystery Reader's Indispensible Companion* (New York: Carroll & Graf 1997), 5-8.

Chandler, Raymond, »Letter to James Sandoe«, in: Gardiner, Dorothy & Katherine Sorley Walker (eds.), *Raymond Chandler Speaking* (London: Hamish Hamilton 1962), 48.

- »The Simple Art of Murder«, in: Haycraft, Howard (ed.), *The Art of the Mystery Story: A Collection of Critical Essays* (New York: Biblo & Tennen 1975, rep. ed., first ed. 1946), 222-237.

Charney, Hanna, *The Detective Novels of Manners: Hedonism, Morality, and the Life of Reason* (London, Toronto: Associated University Press 1981).

Chesterton, G.K., »A Defence of the Detective Story«, in: Haycraft, Howard (ed.), *The Art of the Mystery Story: A Collection of Critical Essays* (New York: Biblo & Tennen 1975, rep. ed., first ed. 1946), 3-6.

Christianson, Scott R., »A Heap of Broken Images: Hardboiled Detective Fiction and the Discourse(s) of Modernity«, in: Walker, Ronald G. & Frazer, June M. (eds.), *The Cunning Craft: Original Essays on Detective Fiction and Contemporary Literary Theory* (Western Illinois University 1990), 135-148.

- »Talkin' Trash Kickin' Butt: Sue Grafton's hard-boiled Feminism«, in: Irons, Glenwood (ed.), *Feminism in Women's Detective Fiction* (Toronto: Univ. of Toronto Press 1995), 127-147.

- »Tough Talk and Wisecracks: Language as Power in American Detective Fiction«, *JPC*, vol. 23, no. 2, 1989, 151-162.

Cleveland, Carol, »CROSS, Amanda«, in: Reilly, John, (ed.), *Twentieth-Century Crime and Mystery Writers* (London, Basingstoke: Macmillan 1980), 399-401.

Cohen, Ralph, »Do Postmodern Genres Exist?«, in: Perloff, Marjorie (ed.), *Postmodern Genres* (Univ. of Oklahoma Press 1988), 11-27.

Connery, Brian A., »Inside Jokes: Familiarity and Contempt in Academic Satire«, in: Bevan, David (ed.), *University Fiction* (Amsterdam, Atlanta: Rodopi 1990), 123-137.

Connor, Steven, *The English Novel in History: 1950-1995* (London: Routledge 1996).

Cook, Wister, »Crime and Comedy on Campus«, in: Bargainnier, Earl F., *Comic Crime* (Bowling Green, Ohio, Popular Press 1987), 92-110.

Cooper-Clark, Diana, »Interview with Amanda Cross«, in: Cooper-Clark, Diana, *Designs of Darkness: Interviews with Detective Novelists* (Bowling Green, Ohio: Popular Press 1983), 187-202.

Coward, Rosalind & Semple, Linda, »Tracking Down the Past: Women and Detective Fiction«, in: Carr, Helen (ed.), *From My Guy to Sci-Fi: Genre and Women's Writing in the Postmodern World* (London, Sydney, Wellington: Pandora 1989), 39-58.

Craig, Patricia, »FRASER, (Lady) Antonia«, in: Reilly, John M. (ed.), *The Twentieth-Century Crime and Mystery Writers* (London, Basingstoke: Macmillan 1980), 606-607.

- »Janet Neel: Death Among the Dons«, *TLS*, June 25, 1993, 24.

Craig, Patricia & Cadogan, Mary, *The Lady Investigates: Women Detectives and Spies in Fiction* (London: Gollancz 1981).

Crass, Wolfgang, *Untersuchung zur Entwicklung, Struktur und Funktion des englischen 'Action Thrillers'* (Marburg 1976, Diss.).

Crispin, Edmund, »Introduction«, in: *Best Detective Stories* (London: Faber & Faber 1959), 9-15.

Cross, Amanda, »Spinster Detectives«, in: Winn, Dilys (ed.), *Murderess Ink: The Better Half of the Mystery* (New York: Bell Publishing 1979), 96-97.

Cuzzort, Robin, »'Napa Valley' Mystery pleasing to palate, 'Murder at the MLA' Difficult to Swallow«, *Nashville Tennessee Banner*, July 30, 1993, o.S.

Dahl, Willy, »Om litterariteten i kriminallitteraturen«, in: Rasmussen, René & Lykke, Anders (red.), *Den sidste gode genre: Krimiens aktualitet* (Århus: Kim & NSU 1995), 157-163.

Daiber, Hans, »Nachahmung der Vorsehung«, in: Vogt, Jochen (Hrsg.), *Der Kriminalroman* (München: Fink 1971, Bd. II), 421-436.

Dash, Irene, »Carolyn G. Heilbrun«, in: Mainiero, Lina (ed.), *American Women Writers* (New York: Ungar 1980, vol. 2), 273-274.

Demarr, Mary Jean, »Edmund Crispin«, in: Bargainnier, Earl F. (ed.), *Twelve Englishmen of Mystery* (Bowling Green, Ohio: Popular Press 1984), 250-275.

- »The Comic Village«, in: Bargainnier, Earl F. (ed.), *Comic Crime* (Bowling Green, Ohio: Popular Press 1987), 75-91.

Derrida, Jacques, »The Law of Genre«, in: Aldridge, Derek (ed.), *Acts of Literature* (London, New York: Routledge 1992), 221-252.

DePaolo, Rosemary, »Scholastic Skullduggery«, *TAD*, vol. 21, no.3, 1988, 281-284.

»The Detection Club Oath«, in: Haycraft, Howard (ed.), *The Art of the Mystery Story: A Collection of Critical Essays* (New York: Biblo & Tennen 1974, rep. ed., first ed. 1946), 197-199.

Dexter, Colin, »Crosswords and Whodunnits: A Correlation Between Addicts?«, in: Winn, Dilys (ed.), *Murder Ink: The Mystery Reader's Companion* (New York: Workmann 1977), 447-450.

Donahue, Deirdre, »Investing the Appeals of Author Parker«, *USA TODAY*, June 1, 1989, o.S.

Donovan, Mark, »PLAYMATES«, *People*, June 19, 1989, o.S.

Donnelly, Barry, »A Catcher in the Rye«, *TAD*, vol. 23, no. 1, 1990, 13-25.

Dove, George N., »The Detection Formula and the Act of Reading«, in: Walker, Ronald G. & Frazer, June M. (eds.), *The Cunning Craft: Original Essays on Detective Fiction and Contemporary Literary Theory* (Western Illinois University 1990), 25-37.

- *The Police Procedural* (Bowling Green, Ohio: Popular Press 1982).

Dove, George N. & Bargainnier, Earl F., »Introduction«, in: Dove, George N. & Bargainnier, Earl F. (eds.), *Cops and Constables: American and British Fictional Policemen* (Bowling Green, Ohio: Popular Press 1986), 1-8.

Drexler, Peter, *Literatur, Recht, Kriminalität: Untersuchungen zur Vorgeschichte des englischen Detektivromans 1830-1890*, Studien zur Germanistik Bd. 7 (Frankfurt am Main: Peter Lang 1991).

Dubber, Ulrike, *Der englische Universitätsroman der Nachkriegszeit*, Kieler Beiträge zur Anglistik und Amerikanistik, Neue Folge, Bd. 1 (Würzburg: Königshausen & Neumann 1991).

Dubrow, Heather, *Genre* (London, New York: Methuen 1982).

Dyer Richard, »Parker Gets Back in Form«, *The Boston Globe*, April 25, 1989, 21-23.

Egloff, Gerd, *Soziale Norm und literarische Form: Gesellschaftliche Bedingungen der Romanrezeption in England in den Jahren 1918-1930* (Meisenheim am Glan: Hain 1978).

Eliot, T.S., »Wilkie Collins and Dickens«, in : *Selected Essays 1917-1932* (New York: Harcourt & Brace 1932), 373-382.

Erickson, Amy, »Fraser, Antonia«, in: Todd, Janet (ed.), *Dictionary of British Women Writers* (London: Routledge 1989), 260-261.

Farr, Judith, *The Passion of Emily Dickinson* (Cambridge, Mass.: Harvard University Press 1992).

Fiedler, Leslie A., *Love and Death in the American Novel* (New York: Stein & Day 1975, rev. ed.).

Finke, Beatrice, *Erzählsituationen und Figurenperspektiven im Detektivroman* (Amsterdam: Grüner 1983).

Fischer, Peter, »Neue Häuser in der Rue Morgue: Entwicklungslinien des modernen Kriminalromans«, in: Vogt, Jochen (Hrsg.), *Der Kriminalroman* (München: Fink 1971, Bd. I), 185-200.

Fowler, Alistair, *Kinds of Literature: An Introduction to the Theory of Genre and Modes* (Oxford: Clarendon Press 1982).

Fraser, Antonia, »Foreword«, in: Herbert, Rosemary, *The Fatal Art of Entertainment: Interviews with Mystery Writers* (New York: G.K. Hall & Co. 1994), IX-XI.

- »Jemima Shore: Telly Detective«, in: Winn, Dilys (ed.), *Murderess Ink: The Better Half of the Mystery* (New York: Bell Publishing 1979), 288-289.

Frazer, June M. & Walker, Ronald G., »Introduction«, in: Walker, Ronald G. & Frazer, June M. (eds.), *The Cunning Craft: Original Essays on Detective Fiction and Contemporary Literary Theory* (Western Illinois University 1990), I-VII.

Freeling, Nicholas, *Criminal Convictions: Errant Essays on Perpetrators of Literary Licence* (London: Peter Owens 1994).

Freeman, Austin R., »The Art of the Detective Story«, in: Haycraft, Howard (ed.), *The Art of the Mystery Story: A Collection of Critical Essays* (New York: Biblo & Tennen 1975, rep. ed., first ed. 1946), 7-17.

Friedman, Kinky, »Robert Parker's Spenser wits Basketball Crooks«, *Chicago Tribune*, April 9, 1989, o.S.

Geertz, Clifford, »Blurred Genres: The Refiguration of Social Thought«, *The American Scholar*, 49, 1980, 165-179.

Geherin, David, *The American Private Eye: The Image in Fiction* (New York: Ungar 1985).

- »The Hard-Boiled Detective Hero in the 1970s: Some New Candidates«, *TAD*, vol. 11, no. 1, 1978, 49-51.

- *Sons of Sam Spade: The Private-Eye Novel in the 70s* (New York: Ungar 1980).

Gerber, Richard, »Verbrechensdichtung und Kriminalroman«, in: Vogt, Jochen (Hrsg.), *Der Kriminalroman* (München: Fink 1971, Bd. II), 404-420.

Goch, Martin, *Der Englische Universitätsroman nach 1945: »Welcome to Bradbury Lodge«* (Trier: Wiss. Verlag 1992).

Godard, Barbara, »Sleuthing: Feminist Re/writing the Detective Novel«, *Signature*, no. 1, Summer 1989, 45-70.

Gottschalk, Jane, »Criminous Christmases«, *TAD*, vol. 13, no. 4, 1980, 281-285.

- »Mystery, Murder and Academe«, *TAD*, vol. 11, no. 2, 1978, 159-169.

Gussow, Mel, »Antonia Fraser: The Lady Is a Writer«, *New York Times Magazine*, September 9, 1984, 60-80.

Haas, Willy, »Die Theologie im Kriminalroman«, in: Vogt, Jochen (Hrsg.), *Der Kriminalroman* (München: Fink 1971, Bd. I), 116-122.

Harper, Donna Waller, »The Image of Women in Robert B. Parker's Spenser Novels«, (Phil.Diss.: Middle Tennessee State University 1992).

Hartman, Geoffrey H., »Literature High and Low: The Case of the Mystery Story«, in: *The Fate of Reading and Other Essays* (Chicago, London: University Press 1985), 203-222.

Haycraft, Howard, *Murder for Pleasure: The Life and Times of the Detective Story* (New York: Biblo & Tennen 1968, rev. ed.).

Heilbrun, Carolyn G., »Bringing the Spirit Back to English Studies«, in: Showalter, Elaine (ed.), *The New Feminist Criticism: Essays on Women, Literature, and Theory* (New York: Pantheon 1985), 21-27.

- »Keynote Address: Gender and Detective Fiction«, in: Rader, Barbara A. & Zettler, Howard G. (eds.), *Origin, Evolution, and Current Trends in Detective Fiction* (New York, Westport Connecticut, London: Greenwood Press 1988), 1-8.

- *Reinventing Womanhood* (London: Gollancz 1979).

- *Towards Androgyny: Aspects of Male and Female in Literature* (London: Gollancz 1973).

- *Writing a Woman's Life* (London: The Women's Press Limited 1989).

Heißenbüttel, Helmut, »Spielregeln des Kriminalromans«, in: Vogt, Jochen (Hrsg.), *Der Kriminalroman* (München: Fink 1971, Bd. II), 356-371.

Hellmann, Harald & Hölzer, Ulrich, »Die Morde der Lady ABC oder 'Mehr Arbeit für den Totengräber'«, in: Grieg, Hiltrud & Möhnmann, Renate (Hgg.), *Frauen - Literatur - Geschichte: Schreibende Frauen vom Mittelalter bis zur Gegenwart* (Stuttgart: Metzler 1985), 367-379.

Herbert, Rosemary, *The Fatal Art of Entertainment: Interviews with Mystery Writers* (New York: G.K. Hall & Co. 1994).

- »Mortal Steaks: A Dinner with Robert B. Parker«, *TAD*, vol. 18, no. 1, 1980, 71-73.

- »Mystery Books Today«, *Publisher's Weekly*, July 8, 1988, 17-21.

Hilfer, Tony, *The Crime Novel: A Deviant Genre* (Austin: Univ. of Texas Press 1990).

Hill, Reginald, »The Educator: The Case of the Screaming Spires«, in: Winn, Dilys (ed.), *Murder Ink: The Mystery Reader's Companion* (New York: Workmann 1977), 470-472.

Himmelsbach, Barbara, *Der englische Universitätsroman* (Frankfurt am Main: Peter Lang 1992).

Hoffman, Carl, »Spenser: The Illusion of Knighthood«, *TAD*, vol. 16, no. 2 (1983), 131-143.

Holquist, Michael, »Whodunit and Other Questions: Metaphysical Detective Stories in Postwar Fiction«, in: Most, Glenn W. & Stowe, William W. (eds.), *The Poetics of Murder: Detective Fiction and Literary Theory* (New York, London, San Diego: Harcourt 1983), 149-174.

»Hot Type«, *The Chronicle of Higher Education*, January 27, 1993, o.S.

Hühn, Peter, »The Detective as Reader: Narrativity and Reading Concepts in Detective Fiction«, *MFS*, 33 (1987), 451-466.

Humm, Maggie, »Feminist Detective Fiction«, in: Bloom, Clive (ed.), *Twentieth-Century Suspense: The Thriller Comes of Age* (Basingstoke, Houndsmill, London: Macmillan 1990), 237-254.

Hurstfield, Julian G., »Mean Streets, Mystery Plays: The New Pathology of Recent American Crime Fiction«, in: Clark, Graham (ed.), *The New American Writing: Essays on American Literature Since 1970* (London, New York: Vision Press 1990), 165-181.

Hutcheon, Linda, *A Poetics of Postmodernism: History, Theory, Fiction* (New York, London: Routledge 1988).

»I Love a Mystery«, *Wisconsin Bookwatch*, November, 1994, o.S.

Imhof, Rüdiger, »Akademia im Roman«, in: Maack, Annegret & Imhof, Rüdiger (Hgg.), *Radikalität und Mäßigung: Der englische Roman seit 1960* (Darmstadt: Wiss. Buchges. 1993), 130-148.

»Intelligenz liest Krimi«, *Spiegel Spezial-Bücher '95*, Nr. 10, 1995, 7.

Irons, Glenwood, »Introduction«, in: Irons, Glenwood (ed.), *Feminism in Women's Detective Fiction* (Toronto: Univ. of Toronto Press 1995), IX-XXIV.

- »Introduction«, in: Irons, Glenwood (ed.), *Gender, Language, and Myth* (Toronto: Univ. of Toronto Press 1992), XIII-XVIII.

-»New Women Detectives: G Is for Gender-Bending«, in: Irons, Glenwood (ed.), *Gender, Language, and Myth* (Toronto: Univ. of Toronto Press 1992), 127-141.

Isaac, Frederick, »Laughing with the Corpses«, in: Bargainnier, Earl F. (ed.), *Comic Crime* (Bowling Green, Ohio: Popular Press 1987), 23-43.

James, Dean, »Interview with Charlotte MacLeod«, in: Grape, Jan, & James, Dean & Nehr, Ellen (eds.), *Deadly Women: The Woman Mystery Reader's Companion* (New York: Caroll & Graf 1998), 347-351.

James, P.D., »Dorothy L. Sayers: From Puzzle to Novel«, in: Keating, H.R.F. (ed.), *Crime Writers* (London: BBC 1978), 64-75.

- »More Than a Puzzle and its Solution«, *Weekend Telegraph*, September 3, 1988, IX.

Jameson, F.R., »On Raymond Chandler«, in: Most, Glenn W. & Stowe, William W. (eds.), in: *The Poetics of Murder: Detective Fiction and Literary Theory* (New York, London, San Diego: Harcourt 1983), 122-148.

»Jones, D.J.H. MURDER AT THE MLA«, *Mystery and Detective Monthly*, April, 1993, o.S.

Just, Klaus Günther, »Edgar Allan Poe und die Folgen«, in: Vogt, Jochen (Hrsg.), *Der Kriminalroman* (München: Fink 1971, Bd. I), 9-32.

Keating, H.R.F., *The Bedside Companion to Crime* (London: Michael O'Mara: 1989).

- »Comedy and the British Crime Novel«, in: Bargainnier, Earl F. (ed.), *Comic Crime* (Bowling Green, Ohio: Popular Press 1987), 7-22.

- *Crime and Mystery: The 100 Best Books* (London: Xanadu 1987).

- »New Patents Pending«, in: Keating, H.R.F. (ed.), *Crime Writers* (London: BBC 1978), 138-155.

- *Writing Crime Fiction* (London: A & C Black 1986).

Keitel, Evelyne, *Kriminalromane von Frauen für Frauen: Unterhaltungsliteratur aus Amerika* (Darmstadt: Wiss. Buchg. 1998).

Kenyon, J.P., »The Business of University Novels«, *Encounter*, June 1980, 81-84.

Klein, Kathleen Gregory, »Feminists as Detectives: Harriet Vane, Kate Fansler, Sarah Chayse«, *TAD*, vol. 13, no. 1., 1980, 31-35.

- *The Woman Detective: Gender & Genre* (Urbana, Chicago: Univ. of Illinois Press 1988).

Klitgaard Povlsen, Karen, »Dødskys: Kvindelige detektiver hos Marcia Muller og Sara Paretsky«, in: Rasmussen, René & Lykke, Anders (red.), *Den sidste gode genre: Krimiens aktualität* (Århus: Kim & NSU 1995), 85-110.

Kloss, Wolfgang, »'Murder in the English Department': Der englische Universitätsroman der Nachkriegszeit«, *Christiana Albertina*, Bd. XXVIII, 1989, 33-45.

Knox, Ronald A., »A Detective Story Decalogue«, in: Haycraft, Howard (ed.), *The Art of the Mystery Story: A Collection of Critical Essays* (New York: Biblo & Tennen 1974, rep. ed., first ed. 1946), 194-196.

Kramer, John E.F., »College and University Presidents in Fiction«, *The Journal of Higher Education*, vol. 52, 1981, 81-95.

Krugman Ray, Laura, »The Mysteries of *Gaudy Night*: Feminism, Faith, and the Depth of Character«, *MDA*, no. 3, 1974, 272-285.

Kühn, Thomas »*CUTS* - Thatcherism and the Universities in Recent Literature: A Look at British Campus Novels«, *Hard Times*, no. 51, June/July 1994, 22-27.

- »Exploding the Myth of English University Life: Observations on some Contemporary English University Novels«, in: Diller, Hans-Jürgen u.a. (Hgg.), *Englishness*, anglistik & englischunterricht Bd. 46/47 (Heidelberg: Carl Winter 1992), 155-178.

Ladenthin, Volker, »Aufklärung vor der Aufklärung: Literarische Detektive im deutschen Mittelalter«, in: Arnold, Armin (Hrsg.), *Sherlock Holmes auf der Hintertreppe* (Bonn: Bouvier 1981), 82-103.

Langford, Richard, »Books«, *New Smyrna Beach Observer*, December 2, 1993, o.S.

Lehmann, David, *The Perfect Murder: A Study in Detection* (New York: The Free Press 1989).

Lenz, Bernd, »'Of Tough Guys, Private Eyes and Spies': Neuere Tendenzen des Kriminal- und Agentenromans«, in: Maack, Annegret & Imhof, Rüdiger (Hgg.), *Radikalität und Mäßigung: Der englische Roman seit 1960* (Darmstadt: Wiss. Buchges. 1993), 94-108.

Leonardi, Susan J., *Dangerous by Degrees: Women at Oxford and the Somerville College Novelists* (London, New Brunswick: Rutgers Univ. Press 1989).

- »Murder is Academic: Women Professors and the Crimes of Gender«, in: Irons, Glenwood (ed.), *Feminism in Women's Detective Fiction* (Toronto: Univ. of Toronto Press 1995), 112-126.

Leonhardt, Ulrike, *Mord ist ihr Beruf: Eine Geschichte des Kriminalromans* (München: C.H. Beck 1990).

Lewis, R.W.B., »PLAYMATES«, *The New York Times*, April 25, 1989, o.S.

Locher, Frances Carol, »FRASER, Antonia (Pakenham) 1932-«, in: *Contemporary Authors* (Detroit, Michigan: Gale Research Co.), vol. 85-88, 184-186.

Lodge, David, »Robertson Davies and the Campus Novel«, in: Lodge, David, *Write On: Occasional Essays '65-'85* (London: Seeker & Warburg 1886), 169-172.

Lykke, Anders, »Sidste bus til Woodstock«, in: Rasmussen, René & Lykke, Anders (red.), *Den sidste gode genre: Krimiens aktualitet* (Århus: Kim & NSU 1995), 59-71.

Lyons, John O., *The College Novel in America* (Carbonville: Southern Illinois Univ. Press 1968, 2nd ed.).

Maack, Annegret, *Der experimentelle Roman der Gegenwart* (Darmstadt: Wiss. Buchges. 1984).

Maack, Annegret & Imhof, Rüdiger, »Einleitung«, in: Maack, Annegret & Imhoff, Rüdiger (Hgg.), *Radikalität und Mäßigung: Der englische Roman seit 1960* (Darmstadt: Wiss. Buchges. 1993), 1-13.

Macdonald, Ross, »The Writer as Detective Hero«, in: Nevins, Francis M., Jr. (ed.), *The Mystery Writer's Art* (Bowling Green, Ohio: Popular Press 1970), 295-305.

MacLeod, Charlotte, »Charlotte MacLeod on Balaclava Agricultural College«, *CMN*, vol. 1, no. 2, November 1987, o.S.

- Niederschrift einer Rede Charlotte MacLeods vor einem Symposium über »Mystery« am Jersey City State College in New Jersey, o.J.

- »Peter Shandy: On First Acquaintance«, *TAD*, vol. 28, no. 3, 1994, 302-303.

Mandel, Ernst, *Ein schöner Mord: Sozialgeschichte des Kriminalromans* (Frankfurt am Main: Athenäum 1987).

Mann, Jessica, *Deadlier than the Male: An Investigation into Feminine Crime Writing* (London: David & Charles 1981).

Marchino, Lois A., »The Female Sleuth in Academe«, *JPC*, vol. 23, no. 3, 1989, 89-100.

Marcus, Steven, »Dashiell Hammett«, in: Most, Glenn W. & Stowe, William W. (eds.), *The Poetics of Murder: Detective Fiction and Literary Theory* (London, New York, San Diego: Harcourt 1983), 197-209.

Marsch, Edgar, *Die Kriminalerzählung: Theorie, Geschichte, Analyse* (München: Winkler 1972).

Massie, Allan, *The Novel Today: A Critical Guide to the British Novel 1970-1989* (London, New York: Longman 1990).

Mathews, Tom & Beachy, Lucille, »The Lives of Women«, *Newsweek*, no. 46, November 13, 1989, 58-59.

Merry, Bruce, »Dorothy L. Sayers: Mystery and Demystification«, in: Benstock, Bernard (ed.), *Essays on Detective Fiction* (London, Basingstoke: Macmillan 1983), 18-32.

Messac, Régis, *Le 'Detective Novel' et L' Influence de la Pensée Scientifique* (Paris: Champion 1929).

Mitchie, Helena, »Murder in the Canon: The Dual Personality of Carolyn Heilbrun«, *MSE*, no. 9, 1985, 1-12.

Moretti, Franco, »Clues«, in: Bennett, Tony (ed.), *Popular Fiction, Technology, Ideology, Production, Reading* (London, New York 1990), 240-251.

Munt, Sally R., *Murder by the Book? Feminism amd the Crime Novel* (London, New York: Routledge 1994).

Montgomery, Robert Bruce, »Edmund Crispin«, *TAD*, vol. 12, no. 2, 1979, 183-185.

Mottram, Eric, »Ross Macdonald and the Past of a Formula«, in: Benstock, Bernard (ed.), *Essays on Detective Fiction* (London, Basingstoke: Macmillan 1983), 97-118.

Murch, A.E., *The Development of the Detective Novel* (London: Owen 1968, rev. ed.).

»Murder at the MLA«, *The Bookwatch*, August 1995, o.S.

»Murder at the MLA«, *Kirkus Review*, February 1, 1993, o.S.

»Murder at the MLA«, *Publishers Weekly*, March 8, 1993., o.S.

»Murder at the MLA«, *Voice Literary Supplement*, April, 1993, o.S.

»Murder at the MLA«, *Wisconsin Bookwatch*, May, 1993, o.S.

Musgrove, Frank, »The Domesticated University«, *New UnivQ*, vol. 23, no. 4, 1978, 402-412.

»Nachwort zur deutschen Ausgabe«, in: MacLeod, Charlotte, *Schlaf in himmlischer Ruh'* (Köln: Dumont 1989), 226-228.

Naremore, James, »Dashiell Hammett and the Poetics of Hard-Boiled Detection«, in: Benstock, Bernard (ed.), *Essays on Detective Fiction* (London, Basingstoke: Macmillan 1983), 49-72.

Naumann, Dietrich, »Kriminalroman und Dichtung«, in: Vogt, Jochen (Hrsg.), *Der Kriminalroman* (München: Fink 1971, Bd. II), 473-483.

- »Zur Typologie des Kriminalromans« in: • megac, Victor (Hrsg.), *Der wohltemperierte Mord: Zur Theorie und Geschichte des Detektivromans* (Frankfurt am Main: Athenäum 1971), 241-260.

Nicolson, Marjorie, »The Professor and the Detective«, in Haycraft, Howard (ed.), *The Art of the Mystery Story: A Collection of Critical Essays* (New York: Biblo & Tennen 1975, rep. ed., first ed. 1946), 110-127.

Nünning, Ansgar, *Von historischer Fiktion zu historiographischer Metafiktion, Bd. II: Erscheinungsformen und Entwicklungstendenzen des historischen Romans in England seit 1950* (Trier: Wissenschaftlicher Verlag 1995).

Nusser, Peter, *Der Kriminalroman* (Stuttgart: Metzler 1980).

- *Trivialliteratur* (Stuttgart: Metzler 1991).

Ogletree, Kimberly, »Book Review«, *Red & Black*, April 19, 1995, o.S.

Olsen, Anda, »DEXTER, (Norman) Colin«, in: Reilly, John (ed.), *Twentieth-Century Crime and Mystery Writers* (London, Basingstoke: Macmillan 1985, 2. rev. ed.), 270-271.

Olsen, Clarence E., »PLAYMATES«, *St. Louis Post-Dispatch*, April 23, 1989, o.S.

Ousby, Ian, *Bloodhounds of Heaven: The Detective in English Fiction from Godwin to Doyle* (Cambridge, Mass., London: Harvard Univ. Press 1976).

Painter, Alice Lorraine, »Antonia Fraser (Lady Antonia Pinter)«, in: Schlueter, Paul & Jane (eds.), *An Encyclopedia of British Women Writers* (New York, London: St. James Press 1988), 181-183.

Panek, Leroy, *An Introduction to the Detective Story* (Bowling Green, Ohio: Popular Press 1987).

- »The Novels of Michael Innes«, *TAD*, vol. 16, no. 2, 1983, 116-130.

»Parker, Robert B., PLAYMATES«, *Kirkus Review*, March 15, 1989, o.S.

Parker, Robert B., »Marxism and the Mystery«, in: Winn, Dilys (ed.), *Murder Ink: The Mystery Reader's Companion* (New York: Workmann 1977), 123-125.

- »The Violent Hero, Wilderness Heritage and Urban Reality: A Study of the Private Eye in the Novels of Dashiell Hammett, Raymond Chandler and Ross MacDonald«, (Phil. Diss.: Boston University 1971).

Parker, Robert B. & Ponder, Anne, »What I Know about Writing Spenser Novels«, in: Winks, Robin W. (ed.), *Colloquium on Crime: Eleven Renowned Mystery Writers Discuss Their Work* (New York: Scribner's Sons 1986), 189-203.

Pederson-Krag, Geraldine, »Detective Stories and the Primal Scene«, in: Landrum, Larry & Browne, Pat & Browne, Ray B. (eds.), *Dimensions of Detective Fiction* (Bowling Green, Ohio: Popular Press 1976), 58-63.

Peters, Elizabeth & Michaels, Barbara, »Meet the Guest of Honor: Charlotte MacLeod«, in: *Malice Domestic - Program Book* (o.O. 1991), o.S.

Peters, Elizabeth, »Peter Shandy«, *CMN*, vol. 4, no. 3, November 1984, o.S.

»Playmates«, *AP*, April 12, 1989, o.S.

»Playmates«, *Los Angeles Times*, May 14, 1989, o.S

»Playmates«, *Time Magazine*, no. 20, May 15, 1989, 57.

Ponder, Anne, »A Dialogue with Robert B. Parker«, *TAD*, vol. 17, no. 4, 1984, 341-348.

Porter, Dennis, *The Pursuit of Crime: Art and Ideology in Detective Fiction* (New Haven: Yale Univ. Press 1981).

Proctor, Mortimer R., *The English University Novel* (Berkeley, Los Angeles: Univ. of California Press 1957).

Purcell, J.M., »The 'Amanda Cross' Case: Sociolizing the U.S. Academic Mystery«, *TAD*, vol. 13, no. 1, 1980, 36-40.

Pykett, Lynn, »Seizing the Crime: Recent Women's Crime Fiction«, *The New Welsh Review*, 2, 1989, 24-27.

Quinke, Ralph, *Philip Marlowes Erben*, Bücherjournal Extra, Austrahlung am 28. Juli 1996 auf arte.

Radford, Jean, »A Certain Latitude: Romance as Genre«, in: Irons, Glenwood (ed.), *Gender, Language, and Myth* (Toronto: Univ. of Toronto Press 1992), 3-19.

Reddy, Maureen T., »The Feminist Counter-Tradition in Crime: Cross, Grafton, Paretsky, and Wilson«, in: Walker, Ronald G. & Frazer, June M. (eds.), *The Cunning Craft: Original Essays on Detective Fiction and Contemporary Literary Theory* (Western Illinois Univ. 1990), 174-187.

- *Sisters in Crime: Feminism and the Crime Novel* (New York: Ungar 1988).

Reed, J.D., »Mistress of Murder«, *Time Magazine*, no. 40, October 6, 1986, 46-52.

Richardson, Maurice, »Simenon and Highsmith: Into the Criminal's Head«; in: Keating, H.R.F. (ed.), *Crime Writers* (London: BBC 1978), 100-117.

Röder, Rudolf, »Zur Frage des Kriminalromans«, in: Vogt, Jochen (Hrsg.), *Der Kriminalroman* (München: Fink 1971, Bd. II), 523-528.

Rossen, Janice, »Oxford *In Loco Parentis*: The College as Mother in

Dorothy Sayer's *Gaudy Night*«, in: Bevan, David (ed.), *University Fiction* (Amsterdam, Atlanta: Rodopi 1990), 139-156.

- *The University in Modern Fiction: When Power is Academic* (London, New York: St. Martin's Press 1993).

***Routley, Eric**, The Puritan Pleasures of the Detective Story: A Personal Monograph* (London: Gollancz 1972).

Sager, Peter, »Mord im College«, *Die Zeit*, Nr. 6, 29.01.1998, 57-58.

Sarjeant, William A.S., »Obsequies About Oxford: The Investigations and Eccentricities of Gervase Fen«, *TAD*, vol. 14, no. 3, 1981, 196-209.

Samtaler i Natten: Colin Dexter, Danmarks Radio, TV 1, 19. Mai 1997.

Sayers, Dorothy L., »Aristotle on Detective Fiction«, in: Winks, Robin W. (ed.), *Detective Fiction: A Collection of Critical Essays* (Englewood Cliffs, New Jersey: Prentice-Hall 1980), 25-34.

- »Gaudy Night«, in: Haycraft, Howard (ed.), *The Art of the Mystery Story: A Collection of Critical Essays* (New York: Bilbo & Tennen 1975, rep. ed., first ed. 1946), 208-221.

- »Introduction«, in: *Great Short Stories of Detection, Mystery and Horror*, vol. 1 & 2 (London: Gollancz 1960, rep. ed., first ed. 1928), 9-47.

- »Introduction«, in: *Great Short Stories of Detection, Mystery and Horror*, vol. 3 (London: Gollancz 1961, rep. ed., first ed. 1931), 11-26.

Schellenberger, John, »University Fiction and the University Crisis«, *CQ*, vol. 24, no. 3, 1982, 45-48.

Schindler, Nina (Hrsg.), *Das Mordsbuch: Alles über Krimis* (Hildesheim: Claasen 1997).

Schmidt, Jochen, »Die beiden Seelen in Spensers Brust: Über den Bostoner Krimiautor Robert B. Parker«, *Das gestohlene Manuskript* (Frankfurt am Main: Ullstein 1984), 157-160.

- *Gangster, Opfer, Detektive: Eine Typengeschichte des Kriminalromans* (Frankfurt am Main: Ullstein 1989).

Schmidt-Henkel, Gerhardt, »Die Leiche am Kreuzweg«, in: Schmidt-Henkel, Gerhardt & Enders, Horst & Knilli, Friedrich & Maier, Wolfgang (Hgg.), *Trivialliteratur* (Berlin: Literarisches Kolloquium 1964), 142-161.

Schuhmann, Kuno, »Die Wirklichkeit der Fiktion: J.I.M. Stewarts Oxford-Quintett«, in: Diller, Hans Jürgen (Hrsg.), *Recent Novels on Society*, anglistik & englischunterricht, Bd. XIX (Heidelberg: C. Winter Universitätsverlag 1983), 43-63.

Schulz-Buschhaus, Ulrich, *Formen und Ideologien des Kriminalromans: Ein gattungsgeschichtlicher Essay* (Frankfurt am Main: Athenäum 1975).

Seaman, Donna, »Jones, D.J.H. Murder at the MLA«, *Booklist Chicago*, April 1, 1993, o.S.

Sheppard, Richard, »From Narragonia to Elysium: Some Preliminary Reflection on the Fictional Image of the Academic«, in: Bevan, David (ed.), *University Ficton* (Amsterdam, Atlanta: Rodopi 1990), 11-48.

Sheppard, R. Z., »Capering«, *Time Magazine*, no. 40, October 2, 1989, 72.

- »Neither Tarnished nor Afraid: Hard-boiled Fiction Continues to Influence and Entertain«, *Time Magazine*, no. 24, June 16, 1986, o.S.

Skinner, Robert E., *The New Hard-Boiled Dicks: A Personal Checklist* (San Bernardino: The Borgo Press 1987).

Škreb, Zdenko, »Die neue Gattung: Zur Geschichte und Poetik des Detektivromans«, in Žmegac, Victor (Hrsg.), *Der wohltemperierte Mord: Zur Theorie und Geschichte des Detektivromans* (Frankfurt am Main: Athenäum 1971), 35-95.

Slung, Michele B., »Introduction«, in: Slung, Michele B. (ed.), *Crime on Her Mind* (Harmondsworth: Penguin 1977), 13-28.

Smith, Julie, »Background, Location, and Setting«, in: Grafton, Sue (ed.), *Writing Mysteries: A Handbook by the Mystery Writers of America* (Cincinnati: Writer's Digest Books 1992), 39-45.

Smuda, Manfred, »Variation und Innovation: Modelle literarischer Möglichkeiten der Prosa in der Nachfolge Edgar Allan Poes«, in: Vogt, Jochen (Hrsg.), *Der Kriminalroman* (München: Fink 1971, Bd. I), 33-63.

Späth, Eberhard, *Der britische Kriminalroman 1960-1975: Ein Beitrag zur Untersuchung der nicht so hohen Literatur* (Gießen: Hoffmann 1983).

Stanzel, Franz K., *Theorie des Erzählens* (Göttingen: Vandenhoeck & Ruprecht 1979).

Stewart, J.I.M., *Myself and Michael Innes: A Memoir* (London: Gollancz 1987).

Suerbaum, Ulrich, »Der gefesselte Detektivroman: Ein gattungsgeschichtlicher Versuch«, in: Vogt, Jochen (Hrsg.), *Der Kriminalroman* (München: Fink 1971, Bd. II), 437-456.

- *Krimi: Eine Analyse der Gattung* (Stuttgart: Reclam 1984).

- »Neues vom Krimi? P. D. James und die Veredelung des Detektivromans«, in: Diller, Hans Jürgen (Hrsg.), *Crime and Treachery: Neuere Kriminal- und Spionageliteratur*, anglistik & englischunterricht, Bd. 37 (Heidelberg: C. Winter Universitätsverlag 1989), 7-31.

Sullivan, Nancy (ed.), *The Treasury of American Poetry* (New York: Dorset Press 1978).

Sullivan, Robert, »Two Bostonians Examine Sports in their Town«, *Sports Illustrated*, July 3, 1989, o.S.

Sweeny, S.E., »Locked Rooms: Detective Fiction, Narrative Theory, and Self-Reflexity«, in: Walker, Ronald G. & Frazer, June M. (eds.), *The Cunning Craft: Original Essays on Detective Fiction and Contemporary Literary Theory* (Western Illinois Univ. 1990), 1-14.

Symons, Julian, *Bloody Murder, From the Detective Story to the Crime Novel: A History* (London: Faber & Faber 1972).

- »Dashiell Hammett: The Onlie Begetter«, in Keating, H.R.F. (ed.), *Crime Writers* (London: BBC 1978), 79-93.

Thomson, George J., » PARKER, Robert B(rown)«, in: Reilly, John (ed.), *Twentieth-Century Crime and Mystery Writers* (London, Basingstoke: Macmillan 1980), 1150-1152.

Thompson, Jon, *Fiction, Crime, and Empire: Clues to Modernity and Postmodernism* (Urbana, Chicago 1993).

Tomc, Sandra, »Questing Women: The Feminist Mystery after Feminism«, in: Irons, Glenwood (ed.), *Feminism in Women's Detective Fiction* (Toronto: Toronto Univ. Press 1995), 46-63.

Vande Water, Bill, »Holidaying: The Christmas Mystery Lecture«, in: Winn, Dilys (ed.), *Murder Ink: The Mystery Reader's Companion* (New York: Workmann 1977), 488-490.

Van Dine, S.S., »Twenty Rules for Writing Detective Stories«, in: Haycraft, Howard (ed.), *The Art of the Mystery Story: A Collection of Critical Essays* (New York: Biblo & Tennen 1974, rep. ed., first ed. 1946), 189-193.

Van Vynekt, Virginia, »Spenser's Back, and so's his Compassion«, *Chicago Sun-Times*, June 18, 1989; o.S.

Wald, Gayle F., »Strong Poison: Love and the Novelistic in Dorothy L. Sayers«, in: Walker, Ronald G. & Frazer, June M. (eds.), *The Cunning Craft: Original Essays on Detective Fiction and Contemporary Literary Theory* (Western Illinois Univ. 1990), 98-108.

Wall, Donald C., »Contemporary British Fictional Policemen«, in Dove, George N. & Bargainnier, Earl F. (eds.), *Cops and Constables: American and British Policemen* (Bowling Green, Ohio: Popular Press 1986), 183-201.

Watson, Colin, »Mayhem Parva and Wicked Belgravia«, in Keating, H.R.F. (ed.), *Crime Writers* (London: Crime Writers 1978), 48-63.

- *Snobbery With Violence: Crime Stories and Their Audience* (London: Eyre & Spottiswoode 1971).

Watson, George, »Fiction of Academe: Dons & Reality«, *Encounter*, vol. 51, no. 5, 1978, 42-46.

Waugh, Hillary, »Das Police Procedural: Der Polizeiroman«, in: Ball, John (ed.), *Morde, Meister und Mysterien: Die Geschichte des Kriminalromans* (Frankfurt am Main: Ullstein 1988), 120-138.

Weiss, Wolfgang, *Der anglo-amerikanische Universitätsroman: Eine historische Skizze* (Darmstadt: Wiss. Buchges. 1988).

White, Jean M., »Parker's Slam Dunk«, *Washington Post Book World*, May 21, 1989, o.S.

Whitehead, Gwendolyn, »The Hard-Boiled Heir: Robert B. Parker as Literary Descendant of Dashiell Hammett, Raymond Chandler, and Ross McDonald«, (Phil.Diss.: University of Southwestern Louisana 1992).

Wicht, Wolfgang, »Change of Genre in the Contemporary British Novel«, in Höhne, Horst (Hrsg.), *Developments in Genre in English and American Literature in the Second Half of the Century* (Universität Rostock 1989), 16-20.

Winks, Robin W., »Encountering Some Old Friends«, *The Boston Sunday Globe*, April 30, 1989, 17.

- »Foreword«, in: Rader, Barbara A. & Zettler, Howard G. (eds.), *The Sleuth and the Scholar: Origins, Evolution, and Current Trend in Detective Fiction* (New York, London: Greenwood Press 1988), IX-XIII.

- »Introduction«, in: Winks, Robin W. (ed.), *Detective Fiction: A Collection of Critical Essays* (Englewood Cliffs, New Jersey: Prentice-Hall 1980), 1-14.

Woolf, Virginia, »A Room of One's Own«, Eagleton, Mary (ed.), *Feminist Literary Theory: A Reader* (Oxford, New York: Blackwell 1986), 47-51.

Yorke, Margaret, »Oxford vs. Cambridge: The Dark Blues Have the Most«, in: Winn, Dilys (ed.), *Murder Ink: The Mystery Reader's Companion* (New York: Workmann 1977), 264-266.

Žmegac, Victor, »Aspekte des Detektivromans«, in: Žmegac, Victor (Hrsg.), *Der wohltemperierte Mord: Zur Theorie und Geschichte des Detektivromans* (Frankfurt am Main: Athenäum 1971), 9-34.